本书受到国家社会科学基金重大项目“长江经济带产业绿色发展战略与政策体系研究”（批准号：15ZDA020）的资助。

中南大学
哲学社会科学学术成果文库

长江经济带产业绿色发展战略与政策体系研究

任胜钢等 著

中国社会科学出版社

图书在版编目（CIP）数据

长江经济带产业绿色发展战略与政策体系研究/任胜钢等著．—北京：中国社会科学出版社，2019.7

（中南大学哲学社会科学学术成果文库）

ISBN 978－7－5203－4564－4

Ⅰ.①长…　Ⅱ.①任…　Ⅲ.①长江经济带—绿色经济—经济发展—研究—中国②长江经济带—绿色经济—政策体系—研究—中国　Ⅳ.①F127

中国版本图书馆CIP数据核字(2019)第115413号

出 版 人　赵剑英
责任编辑　郭晓鸿
特约编辑　王　潇
责任校对　王佳玉
责任印制　戴　宽

出　　版　中国社会科学出版社
社　　址　北京鼓楼西大街甲158号
邮　　编　100720
网　　址　http://www.csspw.cn
发 行 部　010－84083685
门 市 部　010－84029450
经　　销　新华书店及其他书店

印　　刷　北京明恒达印务有限公司
装　　订　廊坊市广阳区广增装订厂
版　　次　2019年7月第1版
印　　次　2019年7月第1次印刷

开　　本　710×1000　1/16
印　　张　24.25
插　　页　2
字　　数　346千字
定　　价　99.00元

《中南大学哲学社会科学学术成果文库》和《中南大学哲学社会科学博士论文精品丛书》出版说明

在新世纪，中南大学哲学社会科学坚持“基础为本，应用为先，重视交叉，突出特色”的精优发展理念，涌现了一批又一批优秀学术成果和优秀人才。为进一步促进学校哲学社会科学一流学科的建设，充分发挥哲学社会科学优秀学术成果和优秀人才的示范带动作用，校哲学社会科学繁荣发展领导小组决定自2017年开始，设立《中南大学哲学社会科学学术成果文库》和《中南大学哲学社会科学博士论文精品丛书》，每年评审一次。入选成果经个人申报、二级学院推荐、校学术委员会同行专家严格评审，一定程度上体现了当前学校哲学社会科学学者的学术能力和学术水平。“散是满天星，聚是一团火”，统一组织出版的目的在于进一步提升中南大学哲学社会科学的学术影响及学术声誉。

中南大学科学研究部

2017年9月

序　言

2014年国务院发布《关于依托黄金水道推动长江经济带发展的指导意见》，明确提出要顺应全球新一轮科技革命和产业变革趋势，推动沿江产业由要素驱动向创新驱动转变，依靠创新驱动促进产业转型升级，将长江经济带打造成具有全球影响力的内河经济带、东中西互动合作的协调发展带和生态文明建设的先行示范带。

2016年，习近平总书记在重庆主持召开推动长江经济带发展座谈会。会上，他不仅强调推动长江经济带发展是一项国家级重大区域发展战略，更明确指出，长江拥有独特的生态系统，是我国重要的生态宝库，在当前和今后相当长的一个时期，要把修复长江生态环境摆在压倒性位置，共抓大保护，不搞大开发，推动长江经济带发展必须坚持生态优先、绿色发展的战略定位。

2018年，习近平再次考察调研长江经济带时强调，新形势下推动长江经济带发展，要“坚持新发展理念，坚持稳中求进工作总基调，坚持共抓大保护、不搞大开发”，并且突出要求探索出一条生态优先、绿色发展的新路子。

鉴于长江经济带生态文明建设与绿色发展在国家发展战略中的重要地位，推动长江经济带产业绿色发展有着重要的现实意义。首先，有助于破解产业发展面临的资源、环境约束，实现长江经济带创新驱动发展，促进长江经济带绿色崛起具有重大现实意义；其次，对保护长江经济带产业生态安全，实现长江经济带产业可持续发展具有重大现实意义；再次，推动产业转型升级和协调发展，促进产业生态化发展和可持续发展，同时为其他区域产业绿色发展提供重要示范。

一个国家或地区的发展，大致要经历要素驱动、投资驱动、创新驱动等发展阶段，为实现我国经济持续较快发展，进入更高层次的创新驱动发展阶段。党的十八大明确提出实施创新驱动发展战略，强调科技创新是提升社会生产力和综合国力的战略支撑，因此必须将其摆在国家发展全局的核心位置。而加快创新驱动对于提升长江经济带发展的质量与效益无疑具有重大的理论与现实意义。在这样的背景和趋势下，《长江经济带产业绿色发展战略与政策体系研究》一书的出版，相信会给关心长江经济带产业发展、绿色发展以及创新驱动等问题的专家、学者、企业家、管理者带来一定启迪。

本书立足于长江经济带产业发展面临的重大问题与国家整体战略部署，整体思路为以创新驱动作为推动长江经济带产业绿色发展的主线，以产业转型升级与协调发展为路径，并深入、详细地探讨了创新驱动促进长江经济带产业转型升级的主要任务，研究建立完善的环境规制体系，构建长江经济带中上游产业绿色承接转移模式和生态补偿机制，提出长江经济带产业绿色发展战略和政策体系。

本书是任胜钢教授 2015 年度国家社会科学基金重大项目（15ZDA020）“长江经济带产业绿色发展战略与政策研究”的科研成果。文稿中部分的相关政策建议分别在中宣部主办的《成果要报》，《教育部简报（高校智库专刊）》中国社会科学院《要报》，《经济日报・理论版》，《湖南日报・理论版》刊发，而且有些政策建议获得了批示并被相关部门采纳。

目前，随着长江经济带经济绿色可持续发展的不断推进，我相信，这本著作的出版，一定能为更多区域、产业和经济的创新发展、转型发展和绿色发展，发挥一定的借鉴、参考作用。

2018.12.25

前　　言

从本书的研究开始到本书的最终成稿已三年有余，它是在知名学者陈晓红院士所领导下的中南大学中国“两型社会与生态文明协同创新中心”，以及“中部崛起发展战略研究中心”的集体创作中诞生的。

2015 年笔者在申报国家社科重大选题中提出：当前沿江工农业粗放式的发展模式对长江经济带生态环境造成了巨大损害，长江经济带发展面临严峻的资源、环境约束和生态保护压力，面临着资源消耗量大、工业污染突出、产业同质同构竞争引发的重复建设等问题。推进长江经济带产业绿色发展是破解资源环境约束、化解产业经济发展与生态安全、绿色发展之间矛盾的必然选择。当前，国际产业日益朝着高端化、智能化、网络化和绿色化等方向快速发展，长江经济带建设要促进工业文明与生态文明协调发展，必须推动长江经济带产业走绿色发展的新路。

基于上述研究思路，本书共分为八篇，主要内容如下。

第 1—2 篇介绍了长江经济带产业绿色发展的现状分析与国际经验借鉴。第 1 篇重点分析了长江经济带在产业创新、产业转型升级、产业协调发展等方面存在的问题；第 2 篇主要分析并总结国际上重要流域的环境治理与经济发展经验，重点介绍与借鉴了德国莱茵河、英国泰晤士河和美国密西西比河流域的治理与开发经验。

第 3—6 篇介绍了长江经济带的总体发展战略与实施路径。其中，第 3 篇系统地提出了推动长江经济带产业绿色发展的总体战略与思路，即以创新驱动为发展主线、以产业转型升级和产业协调发展为路径的整体设计与布局，进一步提出了推进产业绿色发展的战略重点及实施路径。第4—6篇分别围绕长江经济带产业创新驱动、产业转型升级、产业协调发展三方面深入展开论述。第4篇针对推动长江经济带产业绿色发展的技术创新、组织创新与商业模型创新提出了系统的建议与措施。第5篇提出了长江经济带现代农业生产化、传统产业高端化、战略性新兴产业规模化、现代服务业网络化的发展方向与路径。第6篇从产业协调发展的角度研究了长江经济带产业承接转移、产业生态化布局以及生态补偿的机制。

第7篇从产业政策、环境政策、科技创新政策、金融政策以及财税政策几方面系统地提出了促进长江经济带产业绿色发展的具体可操作性政策建议。第8篇为实证分析篇，分析了环境规制对于工业生态效率的影响，以及长江中游城市群在产业创新驱动、转型升级以及协调发展三方面的实践研究。

本书是集体智慧与合作的结晶，全书由笔者设计框架思路、提纲并指导写作，书稿由课题组成员合作完成，其中各篇章作者如下：第一篇李晓磊、朱四伟；第二篇贾倩、项秋莲；第三篇袁宝龙、刘东华；第四篇王傅强、李琛、刘明玉；第五篇汪阳洁、郑晶晶、杨轩宇；第六篇何朵军、赵天宇；第七篇胡玉才、申高翔；第八篇孙合林、王谦、粟廷菲。在本书写作过程中，上述课题参与的主要老师、博硕士给予了倾力支持。

无论是在课题研究还是在本书出版的过程中，我们都从课题组实地调研、课题中期检查和结题评审相关专家意见中得到了许多启发和教益，这对我们不断修改完善获益良多。在课题研究以及本书写作过程中，我们参阅并借鉴了国内外学者的文献成果，在此对文献作者表示诚挚的谢意，课题研究前后延续多年，参阅受益的资料良多，参考文献中的列举如有遗漏，敬请谅解。同时，书稿的出版得到了中国社会科学出版社有关领导与编辑的大力支持与帮助，也对他们的辛苦工作表示诚挚的感谢。

鉴于长江经济带产业绿色发展战略这一课题涉及领域之多、范围之广，研究内容需要不断深化、适时修正和完善，才能适应新情况和新问题。因此，本书仅仅是抛转引玉，尽管在编著过程中作者力求准确完善，但由于作者知识有限，书中难免存在疏漏与不足之处，恳请广大读者、专家和学者提出宝贵意见，并加入这一有意义的研究中，让我们携手一道为长江经济带的绿色可持续发展和生态文明建设贡献一份力量。

任胜钢

2018.12.25

目　　录

第1篇　长江经济带产业绿色发展现状分析篇

第1章　长江经济带产业绿色发展的现状

1.1　长江经济带产业绿色发展的宏观背景

1.1.1　长江经济带产业绿色发展背景

2014年9月国务院发布《关于依托黄金水道推动长江经济带发展的指导意见》，提出推动沿江产业由要素驱动向创新驱动转变，依靠创新驱动促进产业转型升级，将长江经济带打造成具有全球影响力的内河经济带、东中西互动合作的协调发展带和生态文明建设的先行示范带，统筹产业发展与资源环境承载力，促进沿江沿湖经济文明和生态文明协调发展。习近平总书记指出："我国依靠要素成本优势所驱动、大量投入资源和消耗环境的产业发展方式已经难以为继，要着力增强创新驱动发展新动力，使产业发展更多依靠节约资源和循环经济推动。"围绕这一整体部署，李克强总理在2015年政府工作报告中提出，要依靠创新驱动长江经济带产业转型升级和协调发展。

由此可见，优化沿江产业结构，推动我国经济提质增效升级，缩小东中西部地区发展差距，保护长江生态环境，是长江经济带建设的重大战略任务。然而，沿江工农业粗放式的发展模式对长江经济带生态环境造成了巨大损害，长江经济带发展面临严峻的资源、环境约束和生态保护压力。主要表现在三个方面。

（1）长江经济带环境污染严重、资源消耗量大，给未来建设带来严重制约

其一，工业废水污染。2013 年长江经济带工业废水排放总量达 301.3 亿吨，占全国工业废水排放量的 43.3%。其中，化学需氧排放量达 858.32 万吨，占全国排放量的 36.5%；氨氮排放量达 106.09 万吨，占全国排放量的 43.2%。其二，大气污染。2013 年长江经济带工业废气排放总量达 1696.98 万吨，占全国排放量的 31%，其中，2013 年长江经济带二氧化硫排放总量达 706.45 万吨，占全国排放量的 35%。其三，能源消费导致的工业污染。2012 年长江经济带煤炭消费总量为 139028 万吨，占全国总量的 32%。然而，煤炭基础储量仅为 32935 万吨，煤炭消费总量是基础储量的 4.2 倍，这表明长江经济带能源、资源缺口较大，给未来长江经济带建设带来巨大的资源供给压力。

（2）长江经济带化工、钢铁等高能耗、高污染行业结构占比较高，工业结构性污染突出

长江经济带集中布局了钢铁、石化、汽车、机电、建材等一批重点产业项目，其中钢铁产量占全国的 36%，汽车和石化产量都超过全国的 40%。主要排污企业集中在化学原料及化学制品制造业、造纸及纸制品业、黑色金属冶炼及压延加工业、有色金属冶炼及压延加工业，沿江分布的工业园区加剧了流域结构性污染的特征。

（3）长江经济带产业同质、同构竞争引发的重复建设问题突出

目前长江沿江分布着五大钢铁基地（上海、武汉、攀枝花、马鞍山、重庆），七大炼油厂（上海、南京、安庆、九江、岳阳、荆门、武汉），沿江城市主要以高排放、高能耗的重工业为主。2012 年 11 个省（市）制造业结构相似系数平均为 0.7，最高为上海—江苏的 0.88。沿江九省二市将电子信息列为主导产业的有 8 个，将汽车、石化、装备制造列为主导产业的有 5 个。

因此，基于长江经济带产业发展面临的重大问题与国家整体战略部署，增强长江经济带产业创新驱动力，由资源消耗大、污染物排放多的粗放生产向质量效率型集约增长方式转变，推动产业转型升级与协调发展，是长江经济带产业中长期发展的战略举措，推进长江经济带产业绿色发展是破解资源环境约束、化解产业经济发展与生态安全矛盾的必然选择。

使用中共中央政治局 2016 年 3 月审议通过《纲要》，纲要指出要加快推动长江经济带产业绿色发展。推动长江经济带整体的工业发展水平与我国《中国制造 2025》相互映衬，把长江经济带建设成我国产业绿色发展的示范区域。2017 年 7 月，环境保护部与发展改革委、水利部联合印发了《长江经济带生态环境保护规划》，是贯彻五大发展理念的生动实践，对长江经济带生态环境保护领域做出了具体安排。长江经济带是我国经济平稳增长的重要支撑，推动长江经济带产业转型升级和协调发展，提升长江经济带产业生态化发展水平和可持续发展能力，同时也是缩小地区经济发展差距，促进各区域协调发展的重要举措，强化我国“两横三纵”主体功能区划布局[1]。

1.1.2　国内推动产业绿色发展背景

在 21 世纪初期，我国逐步提出绿色发展的概念，2003 年科学发展观提出坚持全面协调可持续发展，实现发展与环境保护之间的平衡；2005 年在“十一五”规划中提出建设资源节约型与环境友好型社会，明确了经济绿色发展目标，并建立节能减排分省考核制度；《“十一五”国民经济与社会发展规划纲要》中首次将节能减排作为约束性指标列入规划；2012 年 11 月，中国共产党第十八次全国代表大会首次将生态文明建设写入大会报告与党章，标志着中国生态文明建设达到了新的高度[2]。

2015 年以来，我国出台了多项涉及绿色发展的政策文件以及促进产业绿色发展的专项文件，见表 1－1。2015 年 3 月国务院出台了《中国制造 2025》，全面推行绿色制造，构建完善的绿色制造体系，推进工业化与信息化的高度融合。《工业绿色发展规划（2016—2020 年）》与《全国生态保护“十三五”

规划纲要》明确了我国工业发展的路径及方向，以科技创新为驱动，落实智能制造，改变高能耗、高污染的粗放式发展模式，从而实现我国经济的可持续发展。我国的“工业 4.0”具有互联网企业与传统工业相互融合渗透的趋势，表现为“互联网+”与“+互联网”两种模式。中国模式在某种程度上深化了全球工业 4.0 的发展路径，使得工业 4.0 的发展更加多元化。

表 1-1　　中国经济绿色发展 2003—2016 年的相关政策

年份	政策及文件	目　标
2003	科学发展观	坚持全面协调可持续发展维持环境与发展之间的平衡
2005	《中华人民共和国国民经济和社会发展第十一个五年规划纲要》	建设资源节约型环境友好型社会
2012	中共十八大	绿色发展、循环发展、低碳发展作为生态文明建设的重要着力点
2015	环保部重启绿色 GDP 研究项目	将资源消耗、环境损害、生态效益等指标纳入经济社会发展评价体系
2015	《中国制造 2025》	推行绿色制造，构建绿色制造体系
2015	《关于推进生态文明建设的意见》	明确与绿色发展相关的体制改革举措
2016	《中华人民共和国国民经济和社会发展第十三个五年规划纲要》	将绿色发展作为我国全面建成小康社会的五大理念①之一
2016	《工业绿色发展规划（2016—2020 年）》	加快构建绿色制造体系大力发展绿色制造产业
2016	《全国生态保护“十三五”规划纲要》	推进生态文明建设强化生态监管、完善制度体系

① 全面建成小康社会的五大理念：创新发展、协调发展、绿色发展、开放发展和共享发展。

1.1.3　世界潮流：第四次工业革命

第四次工业革命又被称为“绿色工业革命”，集合了人工智能、清洁能源、虚拟现实、生物技术等手段发展传统工业，打造全新的工业一体化与绿色化。面对外部环境和自身条件的变化，国际制造业积极应对挑战，利用“互联网+”与“+互联网”新模式、新业态，致力于发展清洁能源，实现经济的绿色发展及制造业绿色化转型升级，这不仅能够降低整个经济发展的能耗、减少经济发展对化石能源的需求，还能够减少对生态环境的破坏，实现生态环境与经济增长的协调发展。2012年6月，“里约+20峰会”——联合国可持续发展会议将能源与气候变化、水资源与生态保护等纳入会议议程[3]，寻求在全世界范围内推动可持续创新，推动各国实现经济发展的绿色转型，实现经济的可持续发展。

美国政府借助大企业积极推动“工业互联网”，大型制造企业创新具有专注性、前瞻性、持续性等特点，在美国制造业创新过程中发挥着引领作用。2009年，美国总统奥巴马便提出了重振美国制造业，使美国继续保持在制造业中的绝对优势。美国的“工业4.0”主要依托于互联网，借助互联网再次激活传统的工业，以通用电气为代表的美国传统制造业提出了“工业互联网”的概念，进而维持美国制造业的传统竞争优势。美国“工业4.0”的发展主要围绕技术研发与技术转移，以此促进绿色工业革命的发展。美国政府实施一系列相关的配套政策，例如财税政策、人才培养政策、专项基金、投资政策等。

欧盟各国也采取了多样化的政策促进经济绿色发展，包括制定绿色经济、低碳经济、能源战略等政策及发展规划，以及加强碳减排和低碳经济的国际合作，引领世界各国向低碳经济转型。德国为促进制造业的持续创新，于2013年正式推出了“工业4.0”战略，借助信息物理整合系统推动德国制造业的智能化发展[4]。德国政府启动的升级版“工业4.0平台”提出：促进智能化时代（CPS）虚拟网络加实体物理的结合，实现互联网工业化、云计算、海量数据的处理，全面推动工业 4.0 朝智能化发展，在这种模式中，传统行业界限将消失，并产生各种新活动领域和合作形式。

日本科技部相继出台“以 3D 造型技术为核心的产品制造革命”、《科学技术创新综合战略 2015》和《2015 日本制造业白皮书》等政策法规为智能制造开辟广阔的发展空间，进一步推广机器人的应用。尤其是政府根据机器人工业的发展进程，对中、小企业的一系列经济优惠政策，从机器人的创新到推广都给予了不同程度的支持。日本制造业在某些领域已经达到了世界顶尖水平，与德国、美国的距离在不断缩小。日本的“工业 4.0”主要是通过工业、智能化创新促进本国制造业的技术创新，改变以往依靠廉价劳动力及资源消耗的发展模式，逐步实现经济的绿色发展。世界各国工业发展规划见表 1－2。

表 1－2　　世界各国工业 4.0 战略规划

国家	年份	政府规划	战略重点
德国	2010	《高技术战略 2020》	成为新一代工业生产技术的供应国与主导市场
	2012	《2020——创新伙伴计划》	促进制造业技术创新
美国	2009	《重振美国制造业框架》	再工业化、工业互联网
	2011	《先进制造伙伴计划》	开发创新的、能源高效利用的制造工艺
	2012	《先进制造业国家战略计划》	重塑美国在制造业方面的竞争力
日本	2014	《以 3D 造型技术为核心的产品制造革命》	人工智能、智能化生产线
	2015	《科学技术创新综合战略 2015》	借助物联网和大数据库培育新产业
	2015	《2015 年日本制造业白皮书》	把信息通信、节能等产业作为国家重点培育领域

1.2　长江经济带经济社会发展的基本特征

1.2.1　长江经济带资源禀赋与经济发展概况

长江经济带包含上海、江苏、浙江、安徽、湖北、湖南、江西、重庆、四川、云南、贵州9省2市，具有其他区域不可比拟的优势[5]。长江经济带地理条件优越，区域交通便捷，拥有长江“黄金水道”之称，整体区域经济发展态势良好，在全国经济发展中占有突出地位。近年来，长江经济带经济综合实力进一步加强，经济发展速度保持稳定增长，其经济总量约占全国经济总量的40%，并呈现缓慢上升的趋势。2010年以来，长江经济带各省区经济增长速度步入新常态，中下游各省经济增长速度逐步减慢，在西部大开发、中部崛起等重大战略推动下，中上游各地区经济发展速度持续保持较快增长，地区发展差距逐渐缩小。

长江经济带水资源丰富。长江经济带水资源总量占全国的40%左右，其中上游占到长江经济带水资源总量的50%左右，中游地区水资源含量明显高于下游地区。从人均水资源含量方面来看，层次性分布明显，长江经济带水资源分布、占比情况如图1-1所示，人均水资源含量整体上呈现上、中、下游依次递减，且各省之间差异性较为显著。

长江经济带地区间能源储量差异大。石油资源储量比较稀少，约占全国石油资源储量的2%，主要分布在江苏省、湖北省和四川省，超过长江经济带石油资源储量的90%。2013年，长江经济带中石油储量为5538.57万吨，占全国石油资源储量的1.93%。天然气资源储量较丰富，占全国天然气资源总量的20%以上，主要分布在重庆市和四川省，超过长江经济带天然气总储量的99%。2013年，长江经济带天然气储量为14427.73亿立方米，占全国天然气储量的33.46%。煤炭资源储量占全国煤炭资源储量的13%～15%，主要分布在安徽、四川、云南和贵州四省，煤炭资源总储量超过长江经济带煤炭储

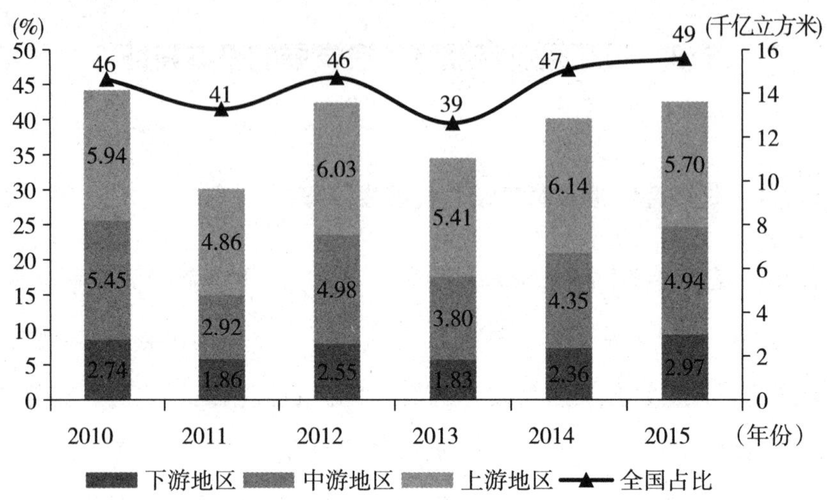

图1-1　长江经济带水资源分布、总量及全国占比

数据来源：国家统计局网站。

量的85%。2013年，长江经济带煤炭储量为329.35亿吨，占全国煤炭储量的13.94%。

长江经济带金属矿产资源含量丰富，分布具有显著的空间差异。黑色矿产资源较丰富，铁矿储量占全国的25%左右，主要分布在四川、湖北与云南，铁矿储量超过长江经济带总量的70%；锰矿储量占全国的45%左右，主要分布在贵州、湖南、重庆、云南和湖北五省。有色金属矿产种类丰富、储量大。铜矿储量占全国铜矿储量的40%以上，主要分布在江西、云南和安徽；铅矿储量约占全国铅矿储量的33%，主要分布在云南和四川两省；锌矿储量占全国锌矿储量的40%左右，主要分布在云南、湖南、四川和江西四省。非金属矿产储量差异大，磷矿储量相当丰富，占到全国磷矿储量的80%以上，主要分布在湖北、四川、贵州和云南；高岭土储量较少，占全国的14%左右，主要分布在江西、湖南和浙江。

1.2.2　长江经济带产业绿色发展基本概况

单位GDP能耗不断降低，但能耗水平存在较大差异。随着传统产业技术水平的提高和新兴产业发展，长江经济带各省（市）的单位地区生产总值能耗强度呈现逐年降低趋势，各类能源资源的利用效率提高，产业绿色发展效率不断提升。长江经济带的能耗水平出现分化，整体上表现为下游最低，中游次之，上游较高。以 2014 年为例，上海、江苏和浙江三个省（市）产业绿色发展水平较高，单位 GDP 能耗低于 0. 5 吨标准煤/万元，除贵州省（1. 63 吨标准煤/万元）和云南省（0. 82 吨标准煤/万元）以外，其他省份的能耗水平都远低于全国平均水平（0. 67 吨标准煤/万元）。上中下游的电耗和水耗水平有差异，从图 1 -2 中可以发现，中游省份单位 GDP 电耗水平总体上处于长江经济带较低水平，其中湖南省的电耗水平为 11 个省份中最低，为 529. 22 千瓦/万元。

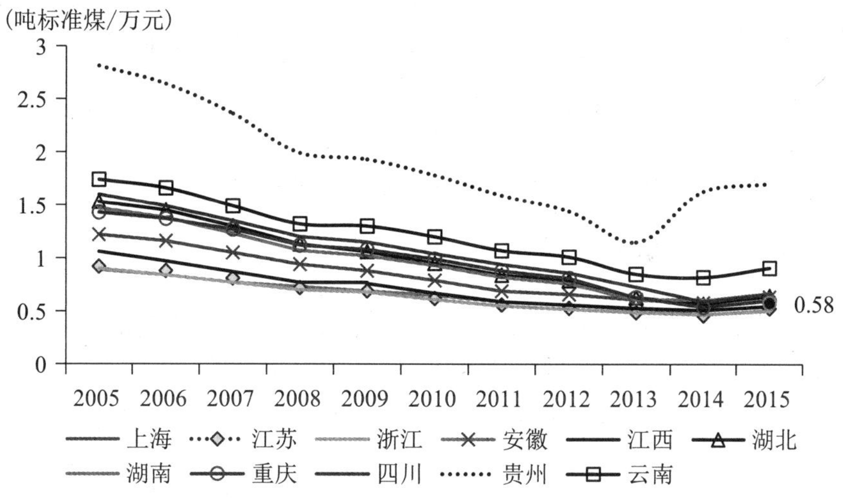

图 1 -2　长江经济带 2005—2015 年各省（市）单位 GDP 能耗

资料来源：根据《中国能源统计年鉴》和国家统计局网站数据整理。

长江经济带废水排放中主要污染物排放量减少，但是水污染仍然较普遍、排放总量大。近年来，随着长江经济带各省（市）不断调整产业结构，促进产业绿色发展转型升级，节能减排措施的有效实施，使长江经济带各省（市）的治污减排体系逐步得到完善。废水排放中主要污染物排放量减少，2015 年长江经济带工业废水中氨氮排放总量为 99. 84 万吨，占全国氨氮排放总量的43.42%，同比减少将近4个百分点，而化学需氧量排放总量为811.18万吨，占全国化学需氧量排放总量的36.52%。

废气排放治理成效显著，排放总量依然处于较高水平。早在1987年，我国就制定了《中华人民共和国大气污染防治法》，用于控制废气排放，并于1995年至2000年，对该法进行了两次修订，以利于开展大气污染防治工作。在当前大气污染严峻的形势下，废气污染物减排方面仍取得了明显成效，表现在大气污染物排放总量的减少。2014年长江经济带各省（市）二氧化硫和氮氧化物的排放量均比2013年有所减少。其中，上海市减排率最高分别为12.81%、12.52%；江苏省的二氧化硫和氮氧化物排放总量最高，分别达到90.47万吨、123.26万吨。主要污染物排放见表1-3。

表1-3　　长江经济带2013—2015年各省（市）污染物排放数据

省（市）	化学需氧量/万吨			氨氮/万吨			二氧化硫/万吨			氮氧化物/万吨		
	2013年	2014年	2015年	2013年	2014年	2015年	2013年	2014年	2015年	2013年	2014年	2015年
上海	23.56	22.44	19.88	4.58	4.46	4.25	21.58	18.81	17.08	38.03	33.26	30.06
江苏	114.89	110.00	105.46	14.74	14.25	13.77	94.17	90.47	83.51	133.80	123.26	106.76
浙江	75.51	72.54	68.32	10.75	10.32	9.85	59.34	57.41	53.78	75.30	89.79	60.77
安徽	90.27	88.56	87.11	10.33	10.05	9.68	50.13	49.30	48.01	86.37	80.73	72.10
江西	73.45	72.01	71.56	8.88	8.60	8.46	55.77	53.44	52.81	57.04	54.01	49.27
湖北	105.82	103.31	98.61	12.49	12.04	11.43	59.94	58.38	55.14	61.24	58.03	51.45
湖南	124.90	122.90	120.77	15.77	15.44	15.11	64.13	62.38	59.55	58.82	55.28	49.69
重庆	39.18	38.64	37.98	5.22	5.13	5.01	54.77	52.69	49.58	36.20	35.51	32.07
四川	123.20	121.63	118.64	13.70	13.48	13.14	81.67	79.64	71.76	62.43	58.54	52.59

续　表

省（市）	化学需氧量/万吨			氨氮/万吨			二氧化硫/万吨			氮氧化物/万吨		
	2013	2014	2015	2013	2014	2015	2013	2014	2015	2013	2014	2015
贵州	32.82	32.67	31.83	3.82	3.80	3.64	98.65	92.58	85.30	55.73	49.11	41.91
云南	54.72	53.38	51.03	5.81	5.65	5.49	66.31	63.67	58.37	52.38	49.89	44.94

资料来源：根据国家统计局和各省（市）统计年鉴相关数据整理。

工业固体废弃物综合利用量趋于增加，长江经济带的工业固体废弃物综合利用量处于增加态势[6]，如图 1－3 所示，其中江苏省和安徽省的利用量处于较高水平。

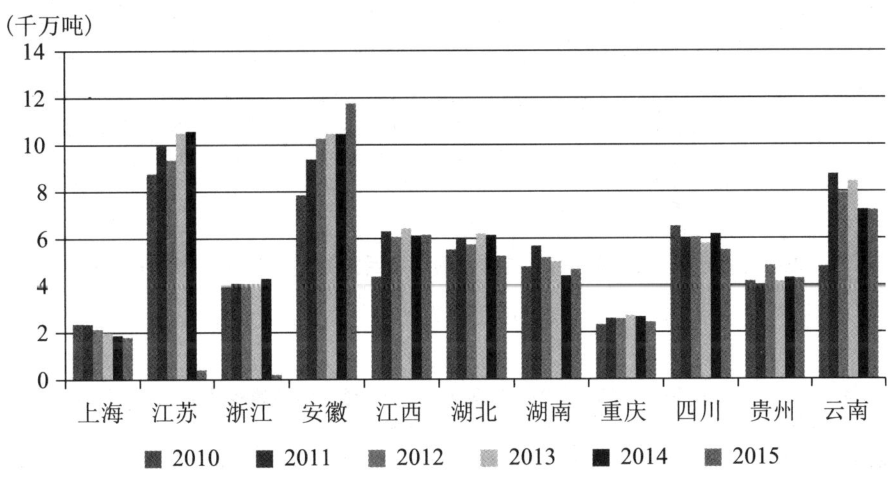

图 1－3　长江经济带 2010—2015 年各省（市）工业废物综合利用量

资料来源：根据《中国环境统计年鉴》中的数据整理。

长江经济带环保投入力度逐年加大，治理效果初显。工业污染治理投资力度显著加大。从长江经济带 11 个省（市）的工业污染治理完成投资额看，整体上呈现出增长趋势。自 2011 年起投资完成总额逐年增加，且增长幅度比较大，长江经济带各地区环境污染治理投资占 GDP 的比重不平衡（如图 1－4

所示)，环境污染治理投资整体上低于全国平均水平。2015 年长江经济带中环境污染治理投资占 GDP 的比重高于或等于全国平均水平的只有浙江省和云南省。突发环境事件次数总体上减少（见表 1－4)，中游地区突发环境事件次数较少，下游地区较多。以江苏省蓝藻事件为例，太湖蓝藻暴发事件近年频繁发生，2014 年蓝藻暴发 70 次，比 2013 年减少 55 次。上海市的突发环境事件次数最多，其次为江苏省。

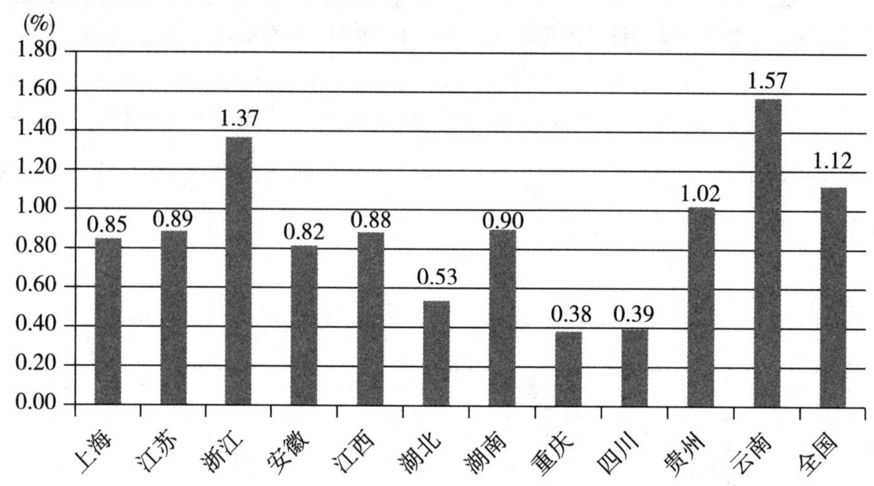

图 1－4　长江经济带 2015 年和全国环境污染治理投资占 GDP 的比重

资料来源：《中国环境历年统计年鉴》。

表 1－4　　长江经济带 2011—2014 年各省（市）突发环境事件次数（次）

年份	上海	江苏	浙江	安徽	江西	湖北	湖南	重庆	四川	贵州	云南
2011	197	27	31	12	8	7	9	18	25	7	1
2012	192	77	23	20	1	4	3	25	16	4	1
2013	251	125	26	6	5	7	3	11	14	9	2
2014	108	70	27	9	6	5	2	16	7	3	3

资料来源：数据来源于国家统计局网站。

1.3　长江经济带产业绿色发展的机遇与挑战

1.3.1　长江经济带产业绿色发展的机遇

（1）绿色发展政策带来的机遇

2015 年 7 月，习近平总书记主持了中共中央全面深化改革领导小组的第十四次会议，会议审议通过了生态文明体制“1 +6”改革方案，完成了生态文明体制改革的顶层设计（见表 1 –5）。“1 +6”① 改革方案明确了我国生态文明体制改革的总体目标，构建了具有中国特色的生态文明国家治理体系。总体目标要求到 2020 年构建起完善的生态文明体系，逐渐结束单一依靠政府补贴进行生态补偿的模式，形成多元参与的长效的生态保护机制。

表 1 –5　　中国 2015 年生态文明体制“1 +6”改革方案

发布部门	政策文件
中共中央、国务院	《生态文明体制改革总体方案》
中共中央、国务院	《环境保护督察方案(试行)》
国务院	《生态环境监测网络建设方案》
国务院	《生态环境损害赔偿制度改革试点方案》
中共中央、国务院	《党政领导干部生态环境损害责任追究办法(试行)》
国务院	《编制自然资源资产负债表试点方案》
中共中央、国务院	《开展领导干部自然资源资产离任审计试点方案》

① “1”是《生态文明体制改革总体方案》，“6”分别是《环境保护督察方案（试行）》《生态环境监测网络建设方案》《生态环境损害赔偿制度改革试点方案》《党政领导干部生态环境损害责任追究办法（试行）》《编制自然资源资产负债表试点方案》《开展领导干部自然资源资产离任审计试点方案》。

（2）科技创新体制改革带来的机遇

其一，构建新型的区域协调发展创新体系，建立推进科技创新引领产业绿色发展的协同机制。一是成立专门的管理机构，负责统筹绿色科技促进三次产业转型升级的相关政策制定与实施工作。调动科技创新工作者参与科技创新政策制定的积极性，使政策的制定能够落实到实处。二是建立长江经济带高层次科技创新联席会议制度。由推动长江经济带发展领导小组牵头，各省（市）、相关部门主要负责人共同参与，加快构建跨区域、多部门协同创新机制。三是依托互联网构建长江经济带科技创新网络。落实产业集群式创新，强化产业主体之间的资源共享与协同合作，扩大知识溢出效应。

其二，强化政策引导，释放创新主体的活力。一是强化科技人才的创新地位，引进或培养高科技人才，建立具有区域特色的科技创新团队。二是强化领军企业的创新带动作用，以武汉东湖国家自主创新示范园区为例，建成具有全球竞争力的光电子产业基地。三是推动产学研合作，发挥高校的智力集聚效应，加快推进企业与高校的协同创新能力。推进产学研协同创新过程中，应紧扣市场需求，即以“产学研需”的对接方式推动高校与企业的研发工作，促使研发成果快速转化。四是通过政策优化等措施激发社会科研机构的研发活力。社会科研机构具有研发效率高、以需求为导向等特点，通过税收优惠、财政补贴的方式能够促进社会科研机构发展壮大，形成完善的社会科研组织机构。

其三，完善科技成果转化体系、减少科技成果转化障碍、推动产业转型升级和产业技术创新、走绿色发展之路，促进产业结构向中高端迈进。强化金融配套措施，解决中小型科技企业融资难的问题。设立科技成果转化基金或政府专项资金，拓宽中小型科技企业融资。强化中央和地方的财税支持力度，完善对高校及其他科研机构的资助体系。激发科研机构的创新活力，推动产学研结合，加快转化具有自主知识产权的科研成果。落实国家技术创新工程，以市场需求为导向构建新型的研发机构，制定具有可操作性的科技成果转化政策，提高科技成果转化的效率，促进科技创新。

1.3.2　长江经济带产业绿色发展的挑战

资源环境的约束。其一，资源要素成本上升。近年来我国资源要素成本价格显著上升，给长江经济带产业绿色发展带来了巨大挑战。其二，人均资源占有量低，资源浪费严重。整体上，长江经济带自然资源丰富、品种多、总储量大，但是长江经济带总人口占到我国总人口的 40% 以上，资源的人均占有量较低。例如我国淡水总量比较丰富，约占全球水资源的 6%，人均用水却不足 2000 立方米，处于严重的缺水状态①。其三，能源结构不合理，资源利用率需进一步提高[7]。长江经济带作为我国重要的经济区域，煤炭消费占能源消费的比重大，与国际水平相差较大。煤炭的消费若不继续降低，空气中的 PM2.5 等污染物难以减少。其四，生态环境破坏严重，环境承载力接近极限。水环境质量不断下降、水土流失加剧、自然湿地面积锐减、水生态系统破坏严重，特别是近几年来，水质不断恶化，大气污染加剧，洪涝、泥石流等自然灾害频发[8]。

低碳技术发展不健全，缺乏核心技术。其一，缺乏完善低碳技术投融资机制。长江经济带低碳技术投融资机制不健全，缺乏有效的投融资激励机制、交易机制和退出保障机制等，限制了低碳技术发展。2014 年 4 月 15 日，在国家发改委和财政部的支持下，亚洲开发银行选择在湖南试点低碳技术投融资机制创新，着力解决低碳技术投资无标准、收益无保障等融资问题。其二，缺乏核心技术，对外依存度高。缺乏核心技术是长江经济带实现由“高碳”向“低碳”转变的最大制约与挑战。由于技术基础薄弱，缺乏相应的配套技术、装备以及高端低碳技术人才，长江经济带低碳技术自主研究开发能力不足，整体上长江经济带低碳领域还处于比较落后水平，与西方发达国家相比还有很大的差距。

产业绿色发展评价体系不健全，缺乏有效的绿色发展机制。其一，产业绿色发展评价体系是评价地区产业绿色发展成效的标准，对地区产业绿色发展具有重要的影响作用。现实中，由于产业绿色发展评价体系在指标选取、

---

① http：//www. kaixin001. com/repaste/144190443_ 7006950897. html.

测度等方面存在较大的困难，因而搭建科学合理的产业绿色发展评价体系是长江经济带产业绿色发展的难点之一。其二，长江经济带现有的生态环境保护协调机制和生态补偿机制仍然存在许多问题，如生态环境保护协调机制中各主体责任不明确，环境保护标准存在差异性和生态补偿机制中生态补偿标准不科学，主体和客体界定不清晰，还有一些生态补偿政策尚未落实到位，需要得到进一步的补充和完善。

长江经济带发展水平呈现显著的空间异质性。其一，资源分配不合理。长江经济带上、中、下游地区经济发展水平具有较大的差异性，下游地区各省的经济发展水平很高，工资待遇、工作机会等各方面优于中上游地区；而中上游地区人才、资金大部分流入下游地区，导致长江经济带资源分配不合理。下游地区人才、资金等资源丰富，技术创新水平高；而中上游地区产业绿色发展所需要的专业人才、资金等缺乏，技术创新能力不足。其二，绿色发展不平衡，人才保障体系不完善。促进长江经济带产业绿色发展，需要建立健全的区域管理协调机制。长江经济带各地区在人才、技术、环境、经济发展等方面呈现巨大差异性。其中，人才短缺问题十分突出，长江经济带高层次科技领军型人才在科技活动人员中所占比例偏低，许多领域的高新技术和新兴产业的核心技术受国外控制，对外技术依存度高。同时，本地人才外流现象严重，长江上中游地区的武汉、长沙、重庆和成都等科教资源丰富、科研院所集聚，是我国人才培养的重要基地，但是由于工资待遇、就业环境等原因，绝大多数人才流入长三角、京津冀和珠三角地区。

1.4 长江经济带产业创新发展的基本情况

1.4.1 长江经济带产业创新发展的现状

科技研发人员数量增多，下游地区人才储备丰富。从全国层面来看，长江经济带汇聚了我国大量的科技资源，特别是关键的科技人才。上海、南京、合肥、武汉、长沙、重庆和成都等地汇聚了大量的高等院校和科研院所，科技人才储备十分丰富。如图 1－5 所示，长江经济带各区域的研究人员全时当量呈现逐年增加的趋势，而高于长江经济均值的只有上海、浙江、江苏两省一市。截至 2015 年年末，长江经济带 9 省 2 市科技研发人员全时当量总数为 1730715.7 人/年，约占全国科技研发人员全时当量总数的 23.02%。从长江经济带区域内来看，各区域内的研发人员储备量呈现与地理梯度相反的趋势，其中下游地区人才储备丰厚，2015 年下游 3 省 1 市的研发人员全时当量为 1190369 人/年，占长江经济带总量的 68.78%，从时空演化格局来看，下游区域的研发人员集聚现象呈现逐年递增，所占比重环比每年增加 1% 左右。

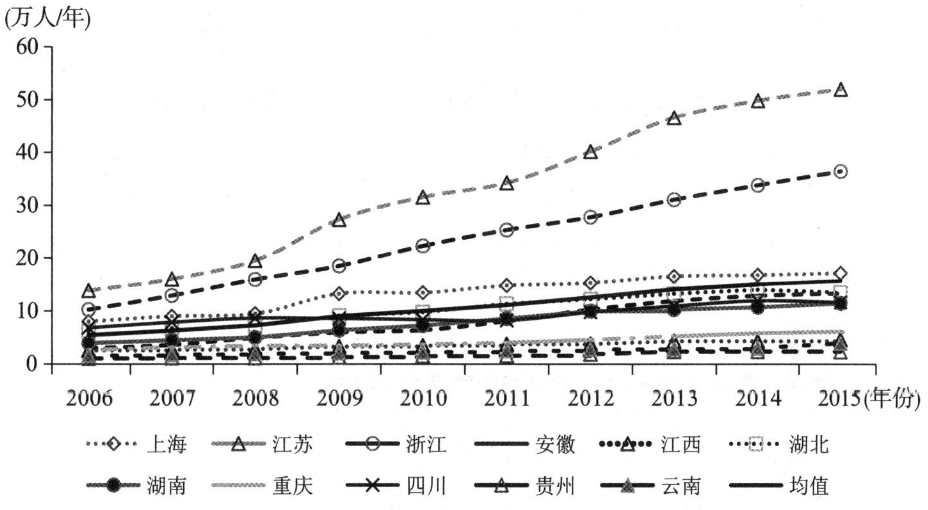

图 1－5　长江经济带 2006—2015 年各省（市）研究人员全时当量

数据来源：《中国科技年鉴》。

两化融合水平逐步加深，下游地区产业信息化程度较高。2014 年长江经济带 9 省 2 市产业信息化发展迅速，各省工业化发展与信息化的融合程度进一步加深（如图 1－6 与图 1－7 所示）。在中国电子信息产业发展研究院公布的全国各省市两化融合指数报告中，长江经济带所辖区域内除贵州和云南外，其他省市的产业与信息化融合水平均高于全国平均水平。2013 年，长江经济带 5 省 2 市的新型工业化产业示范基地两化融合水平均低于全国平均水平，而 2014 年则减少到 4 省均低于全国平均水平。其中长江经济带中上游地区的湖北、湖南和重庆的两化融合水平远高于全国平均水平。

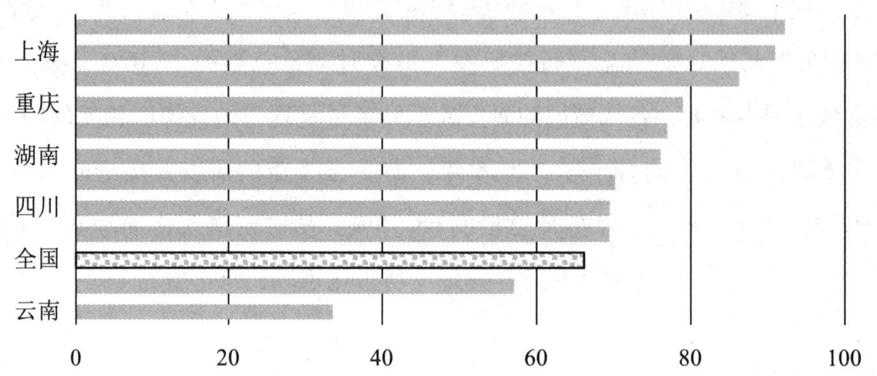

图 1－6 长江经济带 2014 年各省（市）及全国两化融合指数

数据来源：中国电子信息产业发展研究院。

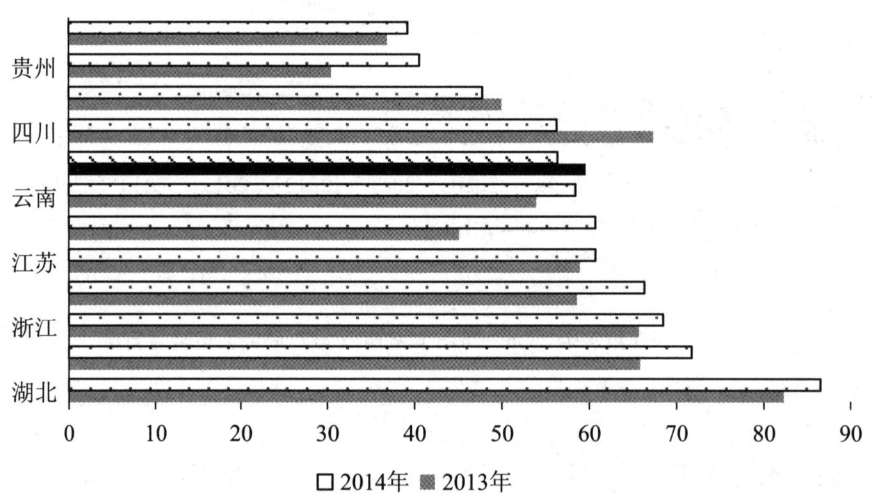

图 1－7 长江经济带 2014 年新型工业化产业示范基地两化融合发展水平指数

数据来源：中国电子信息产业发展研究院。

研发经费规模持续快速增长，投入强度逐年上升。长江经济带 9 省 2 市的区域研发经费投入由 2009 年的 2460.5 亿元上升到 2015 年的 6249.6 亿元，五年之内实现翻番，年均增长率达到 20%，五年内的总增长速度高于全国同比增速[9]。如图 1－8 所示，在研发经费投入占比方面，2009 年长江经济带区域内研发经费投入约占全国总体投入量的 42.4%，与当年长江经济带 GDP 总量在全国占比持平；2015 年长江经济带区域内研发经费投入约占全国总体投入量的 44.11%，略低于当年长江经济带 GDP 总量在全国的总体占比。截至 2015 年，仅上海、江苏、浙江、湖北、四川四省一市的研发经费投入高于全国的平均水平。由此可见，最近五年间长江经济带研发经费投入规模落后于全国其他地区。

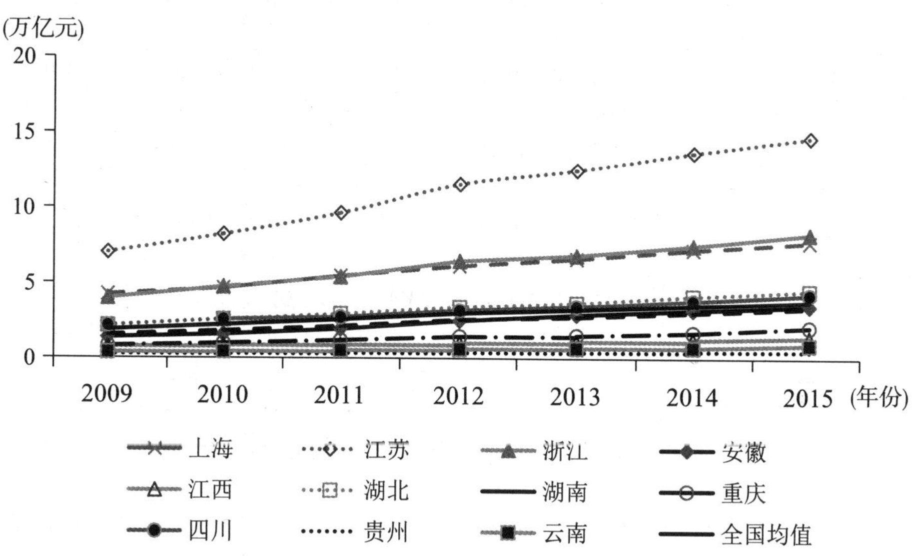

图 1－8　长江经济带 2009—2015 年研发经费投入规模情况

资料来源：《中国科技历年统计年鉴》。

专利申请和授权量大幅提升，科技创新能力明显提升。从总体上看，2009—2015 年的七年间，长江经济带三种专利（发明专利、实用新型专利和外观设计专利）的申请受理量和授权量无论是在总量上还是在分类的申请授权量上均呈现逐年增长的趋势[10]（见表 1－6）。从三种专利分别在专利授权量所占的比重八年间的变化可知，发明专利授权量所占的比重与其他两种专利相比要低很多，而且这种情况近八年来都没有改善。发明专利的申请授予量在一定程度上体现了一个地区原始创新能力的情况，这也反映出长江经济带整体科技实力和自主创新水平仍然需要加强。

表 1-6　长江经济带 2009—2015 年 3 种专利申请授权量　单位：件

地区	2009	2010	2011	2012	2013	2014	2015
上海	34913	48215	47960	51508	48680	50488	60623
江苏	87286	138382	199814	269944	239645	200032	250290
浙江	79945	114643	130190	188463	202350	188544	234983
安徽	8594	16012	32681	43321	48849	48380	59039
江西	2915	4349	5550	7985	9970	13831	24161
湖北	11357	17362	19035	24475	28760	28290	38781
湖南	8309	13873	16064	23212	24392	26637	34075
重庆	7501	12080	15525	20364	24828	24312	38914
四川	20132	32212	28446	42218	46171	47120	64953
贵州	2084	3086	3386	6059	7915	10107	14115
云南	2923	3823	4199	5853	6804	8124	11658
总计	265959	404037	502850	683402	688364	645865	831592
全国	485083	721294	865796	1145478	1212083	1193511	1580058
占全国的比重(%)	54.83%	56.02%	58.08%	59.66%	56.79%	54.11%	52.63%

资料来源：《中国科技历年统计年鉴》。

有效专利数占全国的比重逐年上升，下游地区研发能力突出。自 2009 年以来，长江经济带有效专利数量逐年上升，从 2009 年的 552358 件增加至 2015 年的 831592 件。其中，2009 年长江经济带有效专利占全国有效专利整体的比重约为 46.3%；而在 2015 年的比重已经达到 52.63%，长江经济带各省（市）已经成为我国科技研发产出的主要来源地。从长江经济带内部来看，有效专利数量的分布不均匀，下游地区在总体数量和比例上处于绝对领先地位，下游 3 省 1 市有效专利数量的增长从 2009 年的 77% 到 2015 年的 187.06%，下游地区科技研发能力突出，已经成为长江经济带科技创新的主要动力。

企业研发活力和积极性增强，企业研发成果显著。2015 年，长江经济带各省（市）规模以上工业企业达到 18.66 万家，占全国总数的 48.69%。其中，开展研发活动的规模以上工业企业法人达 3.7 万家，占全国的 70.03%。区域内新产品销售收入达到 80076.17 亿元，约占全国新产品销售收入的 53.08%。企业科技人员 171.3737 万人，占全国的 47%，其中，研究人员达到 39.73 万人，占全国研究人员的 45.21%。专利申请 30.2 万件，占全国的 53.8%，其中，发明专利 9.7 万件，占全国的 47.3%。

1.4.2　长江经济带产业创新发展的问题

其一，产业科技资源分布不均，区域产业发展潜力差距大。科技研发人员分布不均。截至 2015 年年末，长江经济带 9 省 2 市科技研发人员全时当量总数为 172.87 万人/年，约占全国科技研发人员全时当量总数的 44.2%，在总体上与区域经济总量的比重持平。但长江经济带各省（市）的研发人员的分布呈现明显的区域差异性，科技人员在上中下游之间以及相同区域不同省份之间的分布严重不平衡。2009 年，长三角地区的 3 省 1 市的研发人员全时当量约为 65.1 万人，约占当年长江经济带研发人员全时当量总数的 65.5%；2015 年，长三角地区的 3 省 1 市的研发人员全时当量约为 119.04 万/人，年约占当年长江经济带研发人员全时当量总数的 68.78%。下游发达地区会聚了长江经济带 65.3% 的科技研发人员，上游贵州和云南两省的总数尚不足长江经济带总体数量的5%，科技研发人员向下游地区集聚的趋势正在加剧。

其二，长江经济带创新载体整体分布呈现梯次递减状态，且严重不平衡。截至2015年9月，全国共有国家级经济技术开发区219家，国家高新区129家，长江经济带9省2市中，国家级经济技术开发区共有108家。从区域分布来看，长江经济带下游地区有国家自主创新示范区3家，长江经济带中游地区有2家，而长江经济带上游地区仅有1家；在高新技术产业开发区的数量上，长江经济带下游地区拥有25家，长江经济带中游地区16家，而长江经济带上游地区仅有9家；在经济开发区的数量方面，长江经济带下游的长三角地区拥有国家级经济开发区66家，长江经济带中游地区拥有25家，而长江经济带上游地区仅有18家。从各省的数量来看，下游的江苏、浙江在经济开发区和高新区的数量上遥遥领先，而上游地区的重庆、贵州和云南等地高新区的数量相对较少。

其三，国家高技术产业发展项目分布不均。2013年我国国家高技术产业化发展项目在长江经济带的分布情况。长江经济带2013年共承接国家火炬计划3566项，其中，江苏和浙江分别承担了1231项和1352项，占长江经济带区域内承接总数的72.4%，而中上游地区的各省（市）承担项目的数量的比例仅为17.9%；在国家星火计划项目数量分布中，长江经济带2013年共承接国家火炬计划2680项，其中，江苏、浙江和安徽共计承担2155项，占长江经济带区域内承接总量的80.4%。由此可见，长江经济带区域内各省（市）承接国家高技术产业发展项目也存在不均衡。

其四，科技服务平台分布不均。加快科技服务业的建设是实现创新驱动产业转型升级的必要保证。2010年以来，长江经济带创新服务内容不断丰富，体系不断完善，质量不断提升。但是总体上来讲，长江经济带各省（市）在创新服务体系中还存在很多问题。例如：高水平的科技企业孵化器建设速度亟须加快，尤其是长江经济带中西部省份，孵化器多集中在省会城市，对周边地区的带动作用有限。

1.5　长江经济带产业转型升级的基本情况

1.5.1　长江经济带现代农业发展分析

（1）长江经济带现代农业发展现状

其一，长江经济带农业产出规模占全国比重较大。长江经济带耕地资源禀赋相对丰富，现有耕地面积 4154 万公顷，占全国总耕地面积的 34%。如图 1－9 所示，长江经济带农作物和粮食作物种植规模较大，农业总播种面积和粮食播种面积占全国的比重均呈现增长趋势，2014 年二者占比分别达到 41% 和 38%，近几年长江经济带的农业增加值占全国的比重基本维持稳定。长江经济带人均农业产值和全国水平表现出相似的增长趋势。1985—2009 年，长江经济带人均农业产值整体高于全国平均水平，但是自 2010 年起略低于全国平均水平，其中，2012 年全国人均农业产值达到 5345 元，而长江经济带仅 5151 元。

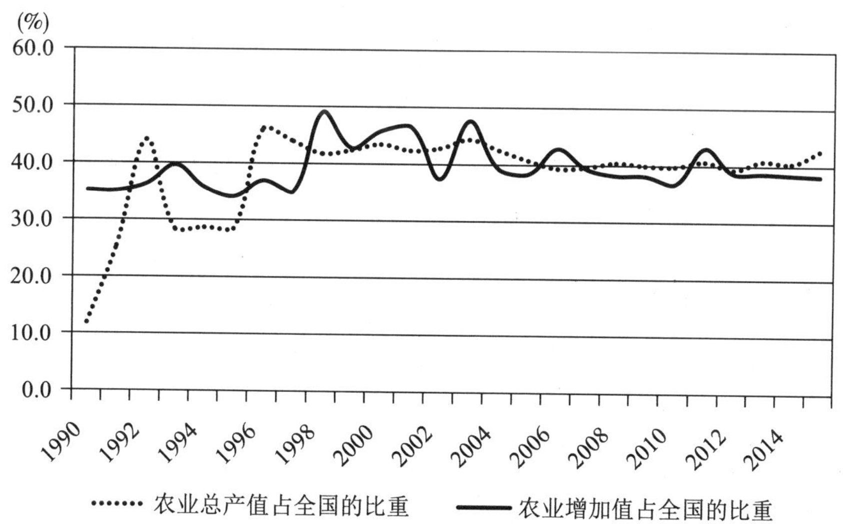

图 1－9　长江经济带 1990—2015 年农业总产值与全国农业总产值比较

数据来源：历年《中国统计年鉴》。

其二，长江经济带主要农产品的生产贡献较大。图1－10表明长江经济带主要农作物种植在全国的重要地位，从中可以看出，粮食作物播种面积占全国的38.1%，麻类作物、茶叶和烤烟的播面积分别占全国的79.3%、74.5%和74.4%。此外，油料作物和蔬菜播种面积占全国的比重也分别达到54.2%和45.7%。这表明，长江经济带的麻类、茶叶、烟草、油菜籽和水果等经济作物占全国种植规模的比重较大，占其农业生产核心区地位。农业产出贡献大，虽然长江经济带粮食总产出占全国的比重呈现下降趋势，但2014年总产出达到23024万吨，粮食总产量占全国比重的37%，农业总产值占全国的39%。

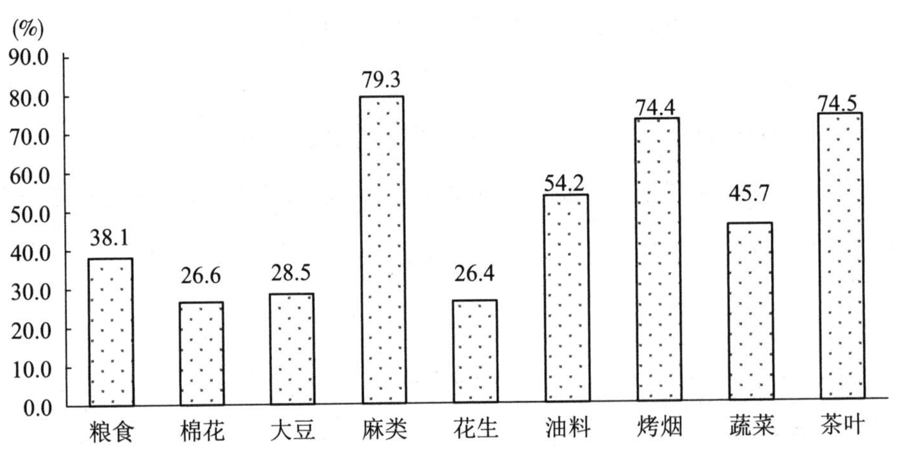

图1－10　长江经济带2013年主要农作物播种面积占全国播种面积的比重

数据来源：历年《中国统计年鉴》。

其三，长江经济带跨度较广，农业发展以及耕地资源禀赋存在显著的空间差异性。如图1－11所示，从长江经济带区域内部比较来看，长江经济带上、中和下游在农业人口、土地资源禀赋、粮食生产、农业产值等方面均表现出较大差异。首先，四川、湖南和安徽等地的农业人口占全国的比重较大[11]。2013年长江经济带各省（市）农业人口占全国总农业人口的比重，如图1－11所示，四川省农业人口占比最大，达到7.52%；其次为湖南省和安徽省，分别为6.33%和6.08%；上海和重庆的农业人口占全国的比重最小，分别为 0.17% 和 2.3%。长江经济带上游的四川和云南耕地资源禀赋较高，耕地面积分别占全国总耕地面积的 1.31% 和 1.21%；而其他各省（市）比重均不足1%；浙江、安徽、湖南和贵州的耕地面积占比在 0.8%—0.9%；上海、江苏和重庆的耕地面积更少，分别为 0.04%、0.38% 和 0.48%。

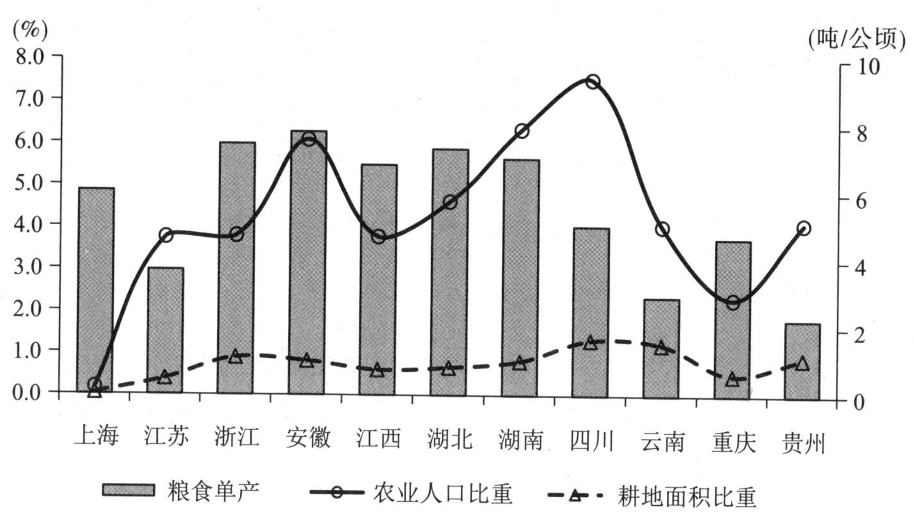

图 1－11　长江经济带粮食单产、耕地面积比重与农业人口比重

数据来源：历年《中国统计年鉴》。

其四，粮食单产在长江经济带各省市也呈现出较大差异，人均农业产值从上游地区到下游地区呈增长趋势。如图 1－11 所示，长江经济带中下游粮食单产整体高于上游地区。其中，安徽粮食单产最高达到 7831 千克/公顷；其次为浙江、湖北和湖南，粮食单产分别为 7471 千克/公顷、7335 千克/公顷和 7051 千克/公顷[12]。而云南、贵州粮食单产相比较低，均不超过 3000 千克/公顷。基于统计数据的分析可以发现，下游地区的人均农业产值整体高于中上游地区，如图 1－12 所示，上海市人均农业产值最大，达到 11717 元/人，其次为江苏和湖北，人均农业产值分别为 8924 元、6167 元。而贵州人均农业产值最低，仅为 2431 元/人。

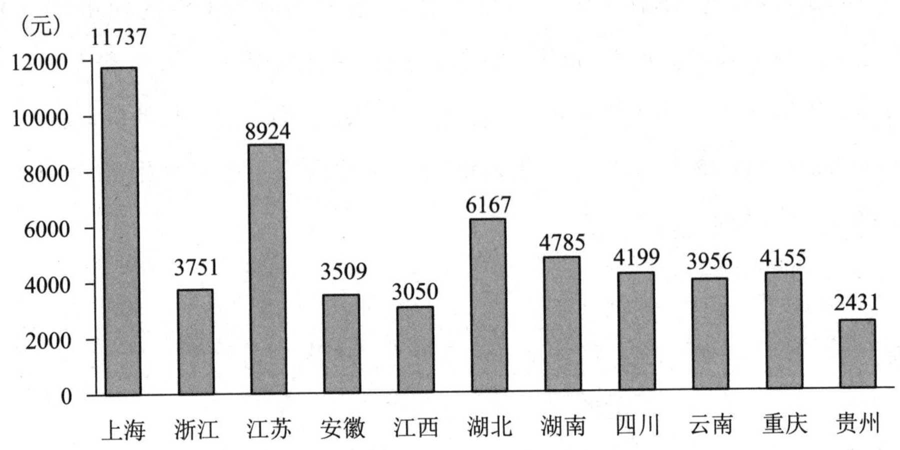

图1－12　长江经济带2013年各省市人均农业产值

数据来源：历年《中国统计年鉴》。

其五，长江经济带形成了农林牧渔协同发展的农业产业结构。农业发展以种植业生产为主，从图1－13可以看出，长江经济带农林牧渔产业结构变化不大[13]。从产值占比来看，农业产值占农林牧渔总产值的比重最大，其次是水产渔业，再次是林业，畜牧养殖业产值最低。2012年，长江经济带农业、水产业、林业和畜牧养殖业的产值比例约为64∶21∶9∶6。但是，农业增加值占农林牧渔总增加值的比重有增加的趋势。从图1－14可以看出，在过去的16年间（2000—2015年），长江经济带的农业增加值占农林牧渔总增加值的比重均高于全国平均水平；2008年之前，长江经济带的农业增加值占农林牧渔总增加值的比重和全国趋势相似；但在2009年之后，长江经济带和全国的农业增加值占比同时表现出增长趋势。

其六，粮食作物的种植规模占长江经济带种植业的比重较大。从农业种植结构来看，粮食作物（小麦、玉米和水稻）是长江经济带农业播种面积最大的作物，占农业总播种面积的64%。其他经济作物的播种面积占比相对较小，其中蔬菜和油料作物占比分别为14%和11%。尽管蔬菜、油料、烤烟和茶叶等的占比较低，但是长江经济带这些经济作物的种植面积分别占其全国总面积的比重较高。

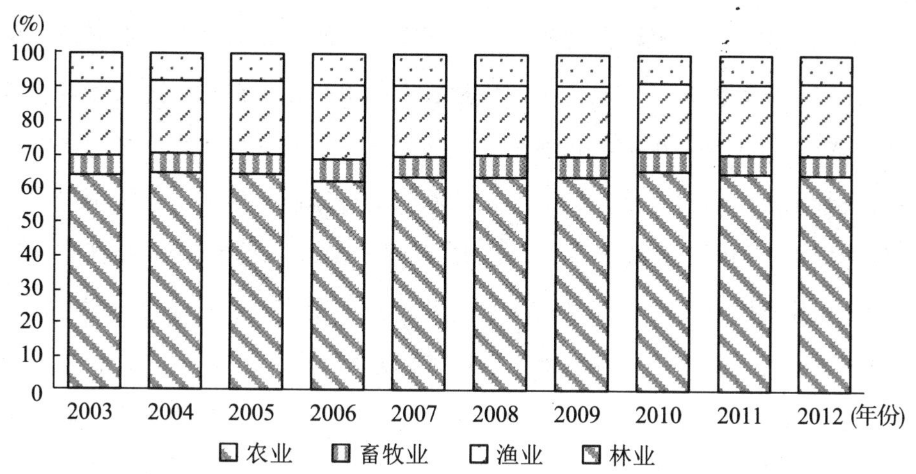

图 1－13　长江经济带农林牧业产业结构变化

数据来源：历年《中国统计年鉴》。

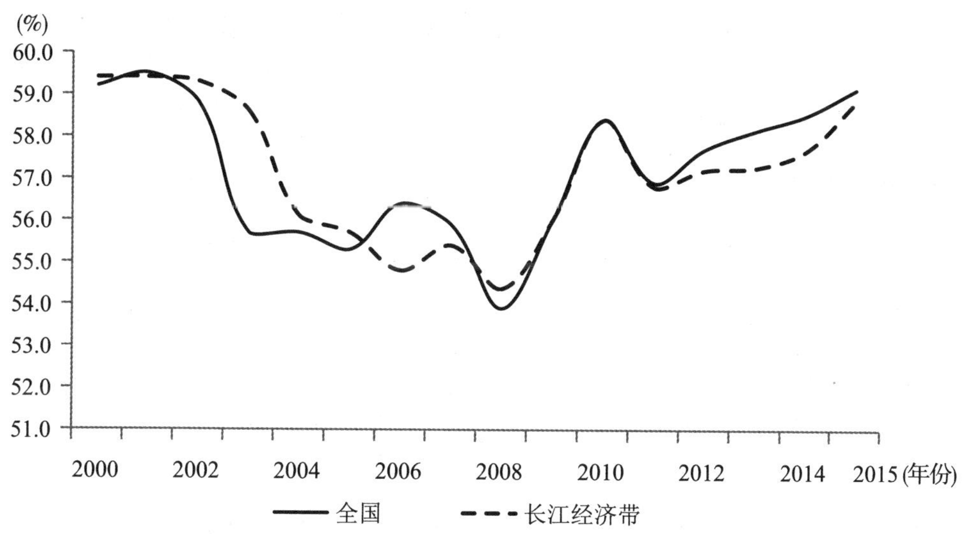

图 1－14　长江经济带 2000—2015 年农业增加值占农林牧渔总增加值的比重

数据来源：历年《中国统计年鉴》。

（2）农业经济带现代农业发展的问题分析

长江经济带现代农业发展也面临着诸多挑战，主要包括耕地和水资源短缺、农业耕地污染、农户生产经营规模偏小、农业生产力增速放缓。

其一，水土资源短缺制约现代农业发展。即使从全球来看，水资源危机已成为农业可持续发展的重要限制因素。实际上，世界银行、粮农组织等国际机构将水短缺列为威胁全球粮食安全和农业发展的最大制约因素。虽然长江经济带水资源相对丰富，但由于长江流域生态地位突出，生态化用水制约了农业用水。如图1－15显示，过去13年间（2003—2015年），长江经济带农业用水比重明显高于全国平均水平，并且农业用水具有一定的波动性[14]，预计未来随着人口增长以及城镇化发展加速对用水需求的不断增加，农业用水比例可能会进一步下降[15]。同时，由于长江经济带人口较为集中，对住房和建设需求的增加可能会进一步扩大农地非农化利用规模，这意味着城镇化发展和城市扩张加剧耕地资源保护与建设的冲突。

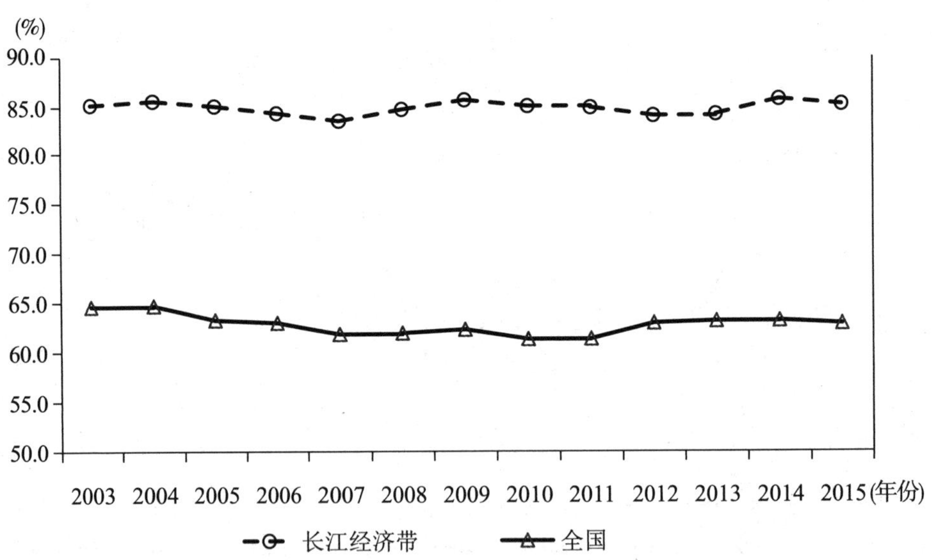

图1－15　全国和长江经济带农业用水占总用水量的比重变化

数据来源：历年《中国统计年鉴》。

其二，水资源污染和耕地退化加剧农业生产威胁。作为我国农业发展和生态保护的核心区域，长江经济带水土要素不仅面临短缺危机，更面临严峻的污染威胁。特别是农业生产中过度使用化肥、农药等，导致农业耕地污染严重，水土质量下降，进而引发一系列农产品质量安全问题[16]。如图1-16所示，虽然长江经济带农用化肥和农药使用占全国的比重均呈现下降趋势，但2012年仍分别达到37%和43%。这说明长江经济带拥有全国34%的总耕地面积，但是农用化肥和农药的施用量占比却分别达到37%和43%。

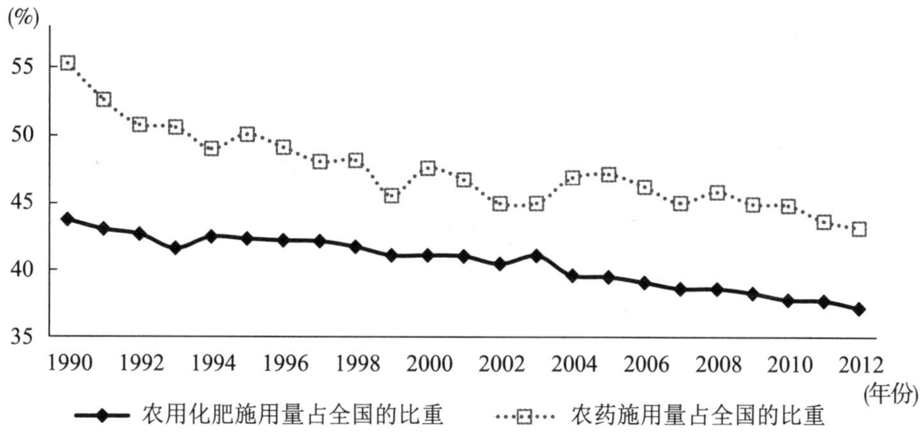

图1-16　长江经济带农用化肥和农药施用占全国比重

数据来源：历年《中国统计年鉴》。

其三，农业生产增长乏力，威胁粮食供给保障，制约现代农业生态化发展。改革开放以来，农业产量增长主要来自单产提高，而全国粮食单产整体上依然呈现增长趋势，但粮食单产的增长速度在逐渐下降（如图1-17所示）。相比之下，在过去30年，长江经济带的粮食单产呈下降趋势，尽管单产水平高于全国平均水平，但是长江经济带的粮食生产力在逐年下降。一直以来科技进步是我国农业生产力提高的主要驱动力，但是农业科技推广体系尚不健全，落后于现代农业发展需求，农业科技发展与推广同现代农业技术需求存在脱节现象。此外，农田设施、土壤修复、渠道建设与维护以及道路等基础设施建设的滞后也严重制约农业生产力的提高，进一步夯实农业基础设施建设是保障农业生产力提高的基础。

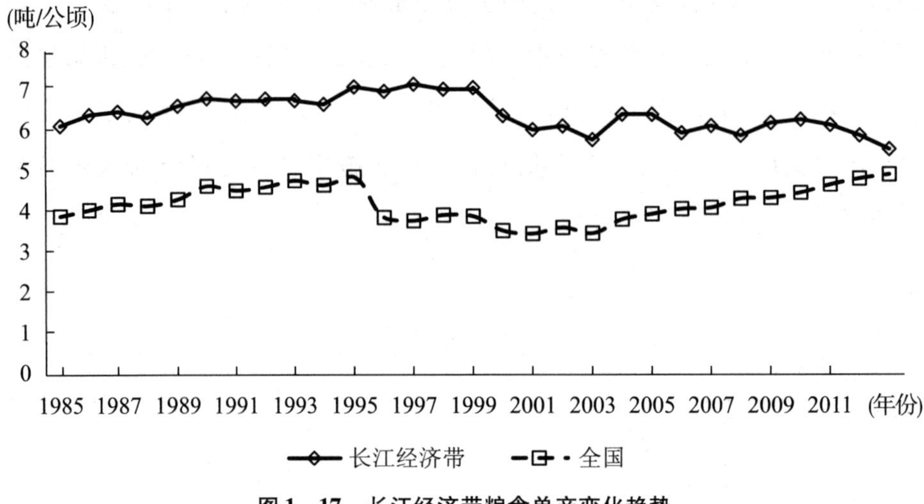

图1－17　长江经济带粮食单产变化趋势

数据来源：历年《中国统计年鉴》。

1.5.2　长江经济带传统产业发展的分析

（1）长江经济带传统产业发展的现状

其一，传统产业规模依然较大，转型升级任务较重。一是各种传统行业在长江经济带各省（市）规模大、产值高，尤其是一些高污染、高能耗行业，如钢铁、石油和化工行业，对工业总产值的贡献突出。以黑色金属冶炼和延压加工业为例，2013 年除个别经济不发达省份外，长江经济带大多数省份的行业总产值在 1500 亿元以上[17]。二是其他重工业行业也具有规模大的特点，除江西、重庆、贵州、云南外，其他七省（市）2013 年在汽车制造、黑色金属冶炼和延压加工业、化学原料和化学制品制造业等重化工行业基本进入千亿时代。其中经济总量最大的江苏省，各传统行业产值超过中西部省（市）之和，化学原料和化学制品制造业、黑色金属冶炼和延压加工业产值突破万亿元，分别为 15003.55 亿元和 10512.43 亿元。三是从地域上看，长三角地区在纺织业、汽车制造、石油、化学原料和化学制品等加工业规模上占有绝对优势，而长江经济带中西部地区在煤炭开采、有色和黑色金属采选业等行业具有比较优势。

其二，重化工业比重较大，下游地区转型较快。一是从长江经济带整体来看，传统行业所占工业总产值比重较大，例如，2013年各省化学原料和化学制品制造业、黑色金属冶炼和延压加工业占全省工业总产值的5%以上。二是从地域上看，长三角地区除开采业以外的其他行业均占有很大比重，部分行业甚至占长江经济带行业总产值的一半以上，其中纺织业（70.97%）、造纸业（54.38%）、石油加工、炼焦和核燃料加工（61.82%）。而长江中上游省份在采选行业具有优势，如煤炭开采业中，安徽、湖南、四川、贵州和云南五省占长江经济带该行业总产值的80%以上。三是有色金属的采选业中，江西、湖南、四川和云南四省贡献了经济带该行业近85%的产值。黑色金属采选业中，安徽、湖北、四川和云南四省贡献了经济带该行业75%的产值。

其三，从动态发展来看，一方面，长三角地区省份矿产采选行业增速缓慢，甚至部分行业产值下降。例如，浙江省的煤炭开采和洗选业产值从2010年的6.95亿元下降到2013年的0.73亿元。另一方面，中西部省（市）矿产采选行业产值增速明显，如2013年贵州和云南的煤炭开采和洗选业产值比2010年翻了一番；安徽、江西、湖南和四川的一些金属开采行业产值也出现成倍上升；在制造业各行业中，除了上海市2013年个别行业相比2010年产值出现下降外，各省制造业产值均增幅较大。

（2）长江经济带传统产业发展存在的问题

其一，科技投入偏低，多元化的投入机制尚未建立。研发投入强度与创新驱动的要求相差较远，区域间投入力度相差较大。一般认为，研发投入强度达到1%是一个国家科技起飞的技术性标志之一，达到2%是一个国家进入创新驱动阶段的标志。以长株潭城市群为例，长沙、株洲、湘潭2014年的研发内部经费支出分别达到1710711.95万元、369083.4万元、278057.2万元。创新支出存在严重的不均衡，其中，长沙市占整个城市群研发内部支出的50.14%，基础研究支出的67.80%，应用研究支出的51.39%，试验发展支出的49.30%。

其二，科研成果转化效率相对较低。创新服务面临的另一个巨大问题就是创新成果转化率低。例如，上海科研成果转化率不足30%，中部省份湖南为13%，重庆不足10%，而创新基础较好的江苏省在高科技成果转化率上也仅有10%，与发达国家科技成果转化率40%的标准相去甚远。一方面大量的科研资金和科技成果沉淀在各地科研院所；另一方面企业由于缺乏相应的技术、资金和人才的投入无法对产品和服务进行升级改造，例如在四川省，2015年企业研发经费占全省研发经费的比例不足50%。科学创新基础较好的上海市也有相同特点，2015年上海市规模以上工业企业研发内部经费支出474.24亿元，占全省研发内部支出经费936.14亿元的50.66%，工业部门研发的人员投入约占全市研发人员投入的50%。

其三，规模以上工业企业仍旧以传统产业为主，高新技术产业规模较小（见表1－7）。在国家提出发展战略性新兴行业后，长江经济带在高科技产业的产品和技术上有了较大提高，但是科技水平与创新能力仍然不高，尤其是在一些传统行业，依靠创新驱动的发展模式并没有形成。从整体上来看，各省（市）高技术产业在地区总产值占比较低，盈利能力偏弱。以科技创新发展整体较好的长三角地区为例，2014年上海市工业高技术产业单位有1013家，只占全市工业单位数量的10.7%，工业总产值为6648.34亿元，利润总额只有304.13亿元，利润率仅4.29%。

表1－7　　长江经济带2013年高新技术产业分行业各指标比较一览

所属行业	企业数/个	从业人数/个	资产总计/亿元	主营业务/个	利润总额/亿元	利税/亿元	出口交货值/亿元
医药	3497	960609	7924	9189	918	1468	701
航空及航天	142	111976	1755	1029	42	56	158
电子通信设备	6015	3042405	19686	24672	1440	2076	10629
计算机及办公设备	645	870134	5622	13198	437	597	11557

续　表

所属行业	企业数/个	从业人数/个	资产总计/亿元	主营业务/个	利润总额/亿元	利税/亿元	出口交货值/亿元
医疗仪器及仪表	2738	639536	4535	5528	502	734	758
合　计	13037	5624660	39522	53616	3339	4931	23803

资料来源：《中国高技术产业历年统计年鉴》。

1.5.3　长江经济带战略性新兴产业发展分析

（1）长江经济带战略性新兴产业发展现状

其一，产业规模不断提升，新能源产业发展迅速。根据统计数据，表 1－8 和表 1－9 分别显示了长江经济带 9 省 2 市 2008 年和 2012 年战略性新兴产业总产值。从总量上看，相比 2008 年，长江经济带 2012 年战略性新兴产业的总产值，以及各个战略性新兴产业的产值均有较大幅度的增长，其中，总产值相对 2008 年增长 43.62%。2008—2012 年，长江经济带战略性新兴产业的各个细分产业中，以新能源产业的发展最为迅速，增幅高达 53.54%，其他战略性新兴产业也都取得了较快发展[18]。

表 1－8　　长江经济带 2008 年战略性新兴产业总产值　　单位：亿元

	节能环保产业	新一代信息技术产业	生物产业	高端装备制造业	新能源产业	新材料产业	新能源汽车产业	合计
上海	112.13	2664.10	53.71	716.01	91.49	143.11	0.61	3781.16
江苏	299.8	7123.35	143.61	1914.5	244.63	382.66	1.64	10110.19
浙江	233.45	5546.74	111.82	1490.76	190.49	297.96	1.28	7872.5
安徽	48.18	1144.73	23.08	307.66	39.31	61.49	0.26	1624.71

续 表

	节能环保产业	新一代信息技术产业	生物产业	高端装备制造业	新能源产业	新材料产业	新能源汽车产业	合计
江西	35.48	842.94	16.99	226.55	28.95	45.28	0.19	1196.38
湖北	58.03	1378.88	27.8	370.59	47.35	74.07	0.32	1957.04
湖南	49.93	1186.36	23.92	318.85	40.74	63.73	0.27	1683.8
重庆	24.75	587.98	11.85	158.03	20.19	31.59	0.14	834.53
四川	63.73	1514.17	30.53	406.95	52	81.34	0.35	2149.07
贵州	13.36	317.4	6.4	85.31	10.9	17.05	0.07	450.49
云南	22.12	525.54	10.59	141.25	18.05	28.23	0.12	745.9
合计	960.95	22832.19	460.29	6136.47	784.11	1226.52	5.27	32405.8

资料来源：根据相关统计数据计算整理。

表 1－9　　长江经济带 2012 年战略性新兴产业总产值　　单位：亿元

	节能环保产业	新一代信息技术产业	生物产业	高端装备制造业	新能源产业	新材料产业	新能源汽车产业	合计
上海	187.61	2232.2	82.16	1028.84	100.76	261.3	2.37	3895.24
江苏	628.1	7473.23	275.08	3444.5	337.35	874.82	7.92	13041
浙江	444.61	5289.97	194.72	2438.21	238.8	619.25	5.61	9231.17
安徽	164.99	1963.1	72.26	904.82	88.62	229.8	2.08	3425.67
江西	114.62	1363.77	50.2	628.56	61.55	159.65	1.45	2379.8
湖北	179.89	2140.46	78.79	986.56	96.62	250.57	2.27	3735.16

续　表

	节能环保产业	新一代信息技术产业	生物产业	高端装备制造业	新能源产业	新材料产业	新能源汽车产业	合计
湖南	161.91	1926.41	70.9	887.91	86.96	225.5	2.04	3361.63
重庆	74.01	880.63	32.42	405.9	39.76	103.1	0.93	1536.75
四川	182.99	2177.15	80.13	1003.48	98.28	254.85	2.31	3799.19
贵州	37	440.33	16.2	202.96	19.87	51.54	0.47	768.37
云南	65.79	782.79	28.82	360.8	35.34	91.63	0.83	1366
合计	2241.52	26670.04	981.68	12292.54	1203.91	3122.01	28.28	46539.98

资料来源：根据相关统计数据计算整理。

其二，产业政策日趋完善，各区域相继制定了战略性新兴产业发展规划及实施意见。自 2007 年至今，长江经济带 9 省 2 市根据实际情况，先后制定战略新兴产业的发展规划与推进政策。一是战略性新兴产业发展总体规划，即各省市对战略性新兴产业整体的布局、发展思路、目标、重点领域以及保障措施等政策相继出台，如《上海市战略性新兴产业发展“十二五”规划》。二是颁布实施战略性产业发展的总体办法与具体实施方案，如《浙江省人民政府关于加快培育发展战略性新兴产业的实施意见》与《上海市推进战略性新兴产业“卫星导航”专项工程实施方案》。

其三，中下游地区发展较快，优势产业带动作用明显。如表 1－10 所示，2012 年整个长江经济带战略性新兴产业的总产值主要来源于新一代信息技术产业和高端装备制造业，占比高达 83.72%。其主要分布在下游地区，占长江经济带战略性新兴产业总产值的 53.23%，发展势头强劲，并且这两个细分行业，也是长江经济带其他省市战略性新兴产业中的优势产业。

表 1 - 10　　长江经济带 2012 年战略性新兴产业总产值　　单位：亿元

	节能环保产业	新一代信息技术产业	生物产业	高端装备制造业	新能源产业	新材料产业	新能源汽车产业	合计
上游	359. 79	4280. 9	157. 57	1973. 14	193. 25	501. 12	4. 54	7470. 31
中游	456. 42	5430. 64	199. 89	2503. 03	245. 13	635. 72	5. 76	9476. 59
下游	1425. 31	16958. 5	624. 22	7816. 37	765. 53	1985. 17	17. 98	29593. 08
长江经济带	2241. 52	26670. 04	981. 68	12292. 54	1203. 91	3122. 01	28. 28	46539. 98

资料来源：各省市国民经济与社会发展统计公报 2010—2014 年。

其四，研发投入不断增加，产业创新实力提升。2013 年长江经济带战略性新兴产业研发活动人员超过 27 万人，比 2009 年增长了 68. 46%，年均增长率达到 20%。其中，下游地区在总体数量上占绝对优势，但中上游地区的增长速度加快，上、中、下游地区间差距正逐年缩小。2013 年长江经济带研发活动经费内部支出为 7847679 万元，是 2009 年的 2. 25 倍，下游和中上游区域间研发活动经费的绝对差距则逐年增大。

其五，新一代信息技术产业、节能环保产业和生物产业发展迅速。如表 1 - 11 所示，这三个产业也是政策优先发展的战略性新兴产业。其中，同一个战略性新兴产业的细分产业，在不同的省市获得的政策支持力度不一样，也会出现该细分产业中的政策领先者和滞后者[16]。上海除了在生物产业和新材料产业外其他产业是政策领先者，这也说明上海作为长江经济带的一级中心城市，在发展战略性新兴产业上具有显著的政策优势。

表 1－11　长江经济带优先扶持的战略性新兴产业领域和各产业政策领先者

地区	优先扶持领域	战略性新兴产业领域	政策领先者
上海	新一代信息技术产业、高端装备制造业	节能环保产业	上海
江苏	生物产业		
浙江	新能源产业	新一代信息技术产业	上海
安徽	节能环保产业		
江西	新一代信息技术产业	生物产业	云南
湖北	新一代信息技术产业		
湖南	—	高端装备制造业	上海
重庆	—		
四川	生物产业、高端装备制造业	新能源产业	上海
贵州	—		
云南	生物产业	新材料产业	—
下游	新一代信息技术产业		
中游	节能环保产业	新能源汽车产业	上海 江苏
上游	生物产业		
长江经济带	生物产业、节能环保产业、新一代信息技术产业		

资料来源：依据长江经济带 9 省 2 市战略性新兴产业发展规划、政策文件统计。

（2）长江经济带战略性新兴产业发展存在的问题

其一，战略性新兴产业发展的政策存在显著的空间异质性。长江经济带11省2市为了促进战略性新兴产业发展，各省（市）出台的政策存在显著的差异。由图1－18可知，2012年长江经济带各省（市）根据产业实际情况，制定和出台的战略性新兴产业发展规划和政策颁布量多，全年共制定了55项发展规划和文件，这与面临“十二五”开局之年的形势密切相关，具有显著的政策跟进和与时俱进的特点。中上游省（市）关于战略性新兴产业发展的政策数量，远不及下游，其中数量最多的是上海市。而中上游城市的出台政策数量相当，其中出台较多的是湖南省和四川省，而江西省、贵州省均处于最低水平。

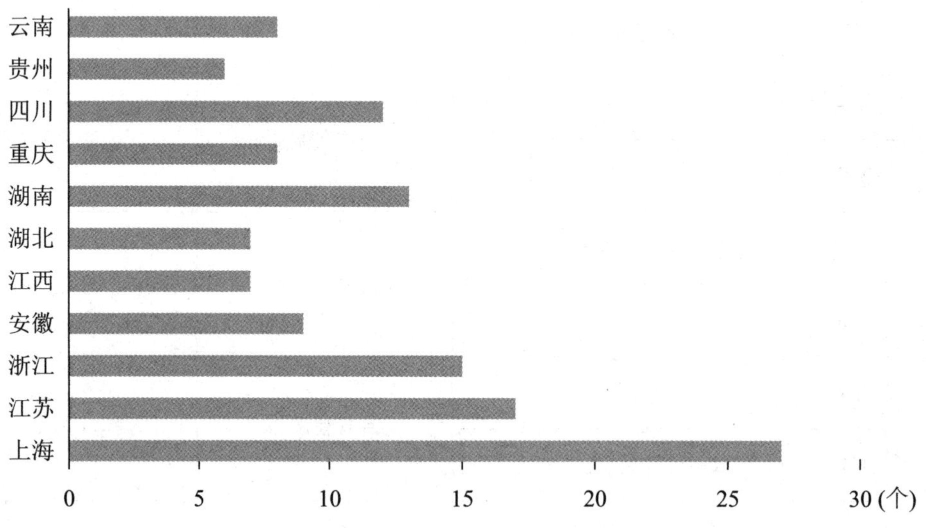

图1－18　长江经济带战略性新兴产业相关文件的分布

数据来源：长江经济带9省2市战略性新兴产业发展规划、政策文件统计。

其二，重点产业选择不合理。一是重点领域选择过多使产业政策与支持效应被稀释，实现重点突破难度较大。以上海为例，根据《上海市战略性新兴产业发展“十二五”规划》，上海选择发展五大重点产业，同时积极发展两大先导产业。可以说，为了获得国家政策与资金的支持，上海完全对接国家的七大战略性新兴产业。二是随着科技、市场等因素的发展，产业之间的融合与渗透越来越强，无法对企业的生产类型做出明确的区分。上海战略性新兴产业发展重点涵盖了70多个领域，生产领域的过分细分导致政府所拥有的资源零散化，对企业的引导和支持作用越发不明显。三是上海选择发展的重点领域竞争优势不明显。作为志在成为“四个中心”的上海，应该努力发展成为产业链的高端，在产品设计与研发方面占据制高点，不与周边地区在生产方面进行同质化的竞争。

其三，投融资机制不完善。新兴产业在初期发展阶段的特征之一是高投入，充足的资金投入是保障新兴产业稳定发展的重要前提。现阶段，企业普遍将政府补助用于扩大企业规模或是购买设备等，只将部分资金用于企业的研发投入。同时，由于扶持的产业领域多，中小企业获取的资助较少，使其研发仍处于资金短缺的窘境。与发达国家相比，上海融资门槛较高，对企业进行投融资前需要长期考察，难以在企业发展的潜力期给予足够的支持，导致部分中小企业起步困难。

1.5.4　长江经济带现代服务业发展分析

（1）长江经济带现代服务业发展现状分析

其一，长江经济带服务业的投资规模较大。统计表明，长江经济带服务业投资额在2012年和2013年分别达到20305亿元和27734亿元，占全国服务业投资额的比重均超过一半（2013年达到55%）。尽管长江经济带服务业投资规模较大，但服务业总体发展水平呈下降趋势。如图1－19所示，长江经济带服务业全要素生产率（STFP）整体呈下降趋势，年平均下降1.0%[19]。2008年以前长江经济带STFP值大于1，呈增长趋势，但增长速度逐渐变缓；2008年之后STFP值小于1，并急剧下降。导致这种变化趋势的主要原因可能是2008年爆发的金融危机，使得要素和产品市场供需疲软，服务业发展缺乏充分的资源流动和创新激励[19]。

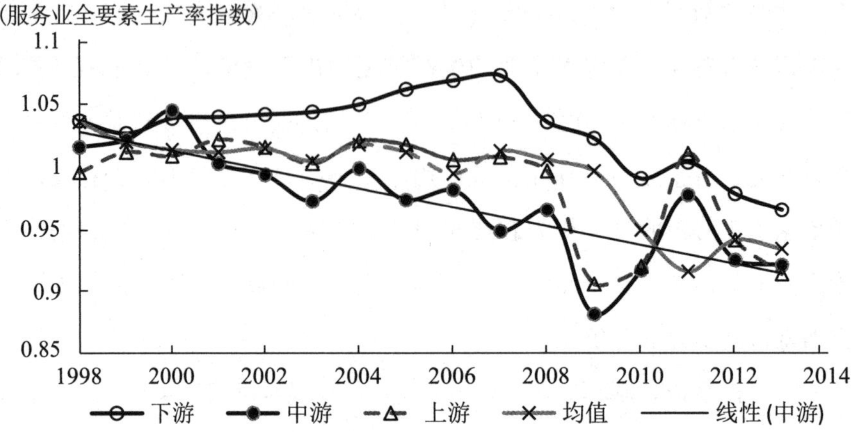

图 1-19 长江经济带 1998—2014 年服务业全要素生产率变动趋势

数据来源：吴传清和董旭（2016）。

其二，长江经济带的服务业发展存在较大的地区差异。一是服务业投资规模存在较大的地区差异。截至 2013 年，贵州省服务业投资额最高，依次为重庆、云南、四川，上海、浙江和江苏等地的服务业投资额相对较低。就长江经济带上中下游地区而言，上游地区的服务业投资规模大于中游地区，中游地区大于下游地区。2013 年下游地区的服务业投资额度占总投资额的比重最大，达到 48.7%，其次为中游地区，服务业投资额占比为 31.3%，占比最小的为上游地区，服务业投资额占比约为 20%。二是长江经济带服务业发展水平在地区之间也存在一定差异。从长江经济带总体上看，服务业全要素生产率（STFP）总体呈下降趋势。以 2008 年为转折点，长江经济带下游地区 STFP 值先升后降，趋势较为平缓；中游和上游先是保持 STFP 值的总体平稳，随后出现剧烈波动下行，中游地区的波动尤为明显。

其三，长江经济带主要服务业投资规模在不同行业之间存在较大差异。一是从投资规模来看，2013 年的服务业投资额度在不同行业中均高于 2012 年，但是行业之间存在差异。其中，长江经济带的交通运输、仓储和邮政业等服务业投资额度最高，其次依次为批发和零售业、租赁和商务服务业以及住宿和餐饮业，而金融业的投资额度相对最小[20]。二是长江经济带网络服务业发展迅速，互联网宽带接入端口数和接入用户数均呈现明显增长趋势。例如：互联网宽带入口数从 2005 年的 2742 万个增长为 2013 年的 16941 万个，增长幅度为 518%；互联网宽带接入用户也从 2007 年的 2798 万户增长到 2014 年的 8178 万户。三是长江经济带互联网普及程度近年来也逐步扩大。如图 1－20 所示，长江经济带和全国的互联网普及率分别从 2009 年的 33% 和 29% 增长为 2013 年的 46% 和 45%。此外，还可以发现，长江经济带的互联网普及率在 2013 年之前均高于全国水平，与全国相比竞争优势明显；不过二者差距呈现初步缩小的趋势。

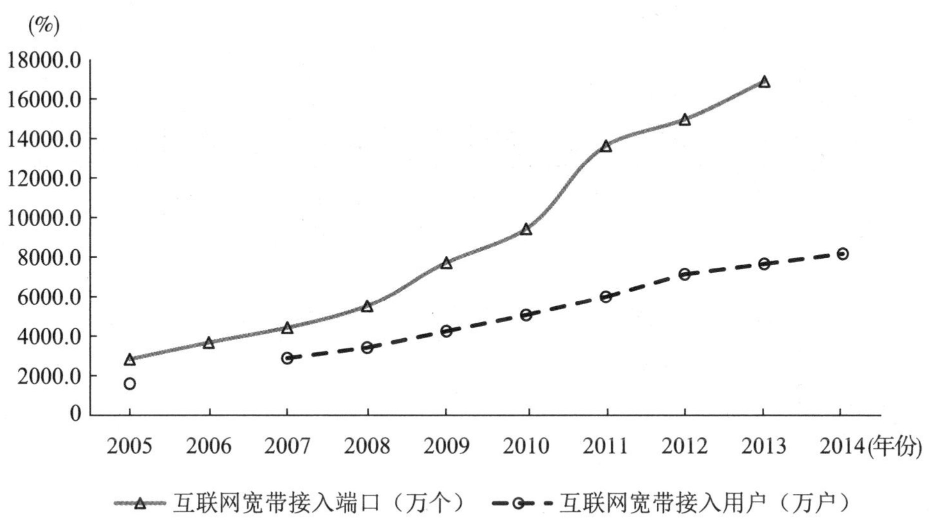

图 1－20　长江经济带 2005—2014 年宽带互联网发展趋势

数据来源：各省市历年统计年鉴。

其四，长江经济带信息服务业投资规模在各地区之间及其内部亦存在显著的空间差异性。从图 1－21 可以发现，2013 年长江经济带各省市信息传输、软件和信息技术服务业固定资产投资额，相比 2012 年均略有增加。其中，投资增长幅度而言，浙江省的增幅最大，其次依次为江苏和安徽。就投资规模而言，江苏省信息服务业投资额最高，达到 378 亿元，其次依次为浙江、上海和安徽，贵州和江西的信息服务业投资规模最少。

其五，长江经济带社会服务业在各省市之间存在较大差异，其中下游地区显著高于上中游地区。如图 1－22 所示，2015 年浙江、江苏和上海的占比位居长江经济带前三，占全国社会服务业增加值的比重分别为 4.99%、9.99% 和 6.26%。社会服务业增加值占比较低的是贵州、江西和云南，分别为 1.38%、1.92% 和 1.8%。

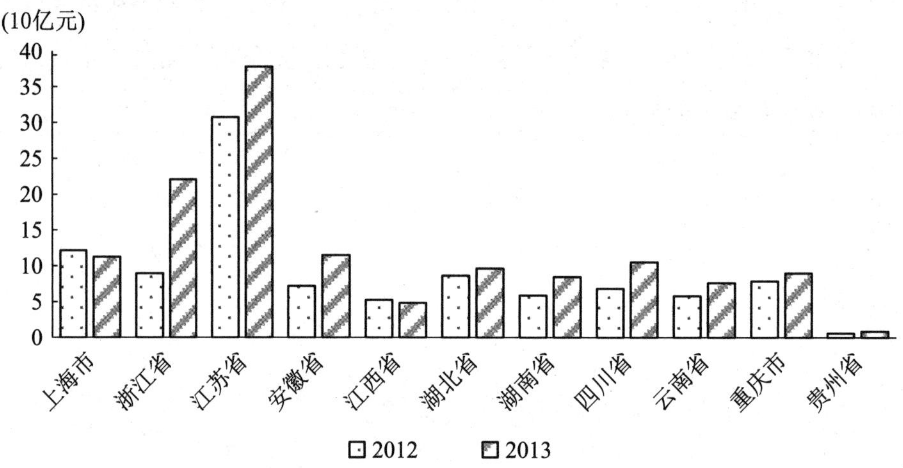

图 1－21　长江经济带信息传输、软件和信息技术服务业固定资产投资额

数据来源：各省市历年统计年鉴。

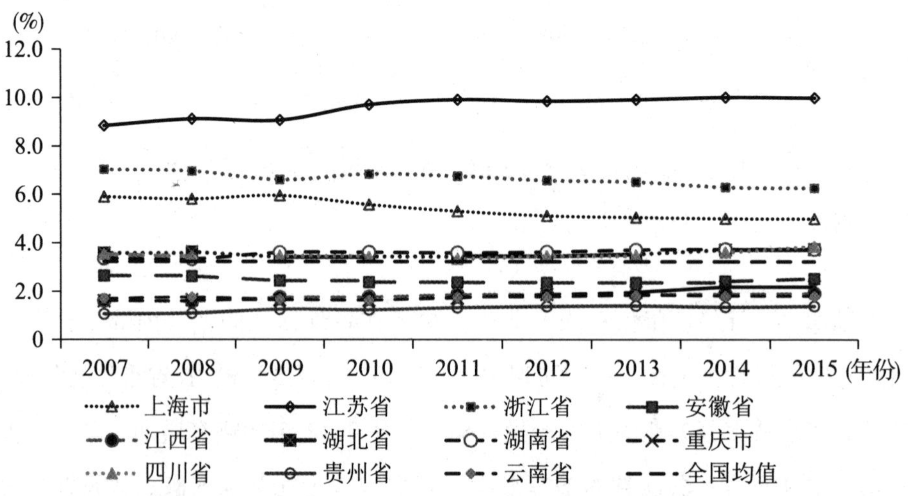

图 1－22　长江经济带 2007—2015 年社会服务业增加值占全国的比重

数据来源：各省市历年统计年鉴。

其六，长江经济带农林牧渔服务业总产值不断增长，但增长率表现出下降趋势。如图1－23所示，在过去十多年间（2004—2014年），长江经济带农林牧渔服务业总产值呈现增加趋势，2014年达到959亿元。但是，这种增长同期内表现乏力，尽管在2007年以前长江经济带农林牧渔服务业总产值增长率呈增加趋势，但是之后增长率又持续下降。

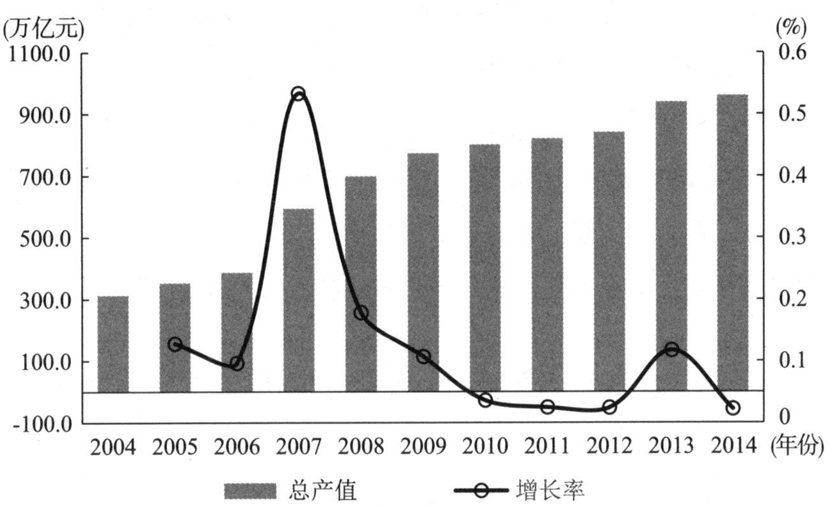

图1－23 长江经济带2004—2014年农林牧渔服务业总产值及增长率变化趋势

数据来源：各省市历年统计年鉴。

（2）长江经济带现代服务业发展存在的问题。

基于上述分析，长江经济带现代服务业网络化发展主要面临以下问题。

其一，服务业全要素生产率总体呈下降趋势。尤其是2008年以来，尽管服务业固定资产投资规模较大，但长江经济带服务业的发展水平较低，并呈现下降趋势。长江经济带11省市的平均全要素生产率指数低于1，表明服务业发展质量和水平均亟待提升。

其二，产业层级较低。长江经济带服务业仍以交通运输、软件和信息技术、金融等为主，知识密集型、技术含量高的现代服务业投资规模偏小。因此，协调各行业服务的发展势在必行，这样有利于促进长江经济带服务行业竞争力的提升，推动长江经济带经济快速健康发展。

其三，服务业地区发展差异较大。整体而言，无论是服务业全要素生产率，还是固定资产投资规模，长江经济带下游地区平均水平均明显高于中上游地区，这将导致两方面的潜在后果。一是服务业集聚程度较低。服务业投资在长江经济带各省市范围内的空间分布较为分散，整体集中度不高，导致长江经济带难以形成现代服务业集聚效应，比较优势不突出。二是服务业发展水平参差不齐，影响整个长江经济带的现代服务业发展水平和质量提升。

其四，大数据、云服务和物联网等互联网信息技术服务业发展缓慢。尽管长江经济带网络普及率和上网人数不断提高，但从移动信息服务业发展水平来看，存在发展规模较小的问题。在国家“互联网+”时代背景下，如何抓住信息技术革新的契机，在各领域大力引入移动互联网信息技术和服务，提升区域整体现代服务业水平是长江经济带建设的重要内容。

1.6 长江经济带产业协调发展的基本情况分析

1.6.1 长江经济带产业协调发展分析

(1) 长江经济带产业协调发展现状

其一，战略性新兴产业与传统产业的协调发展。比如浙江省绍兴市以化纤与纺织新材料产业作为优势，已呈现鲜明的产业地域特色。上海初步形成包括嘉定与松江的沿边产业带、宝山与张江（核心园）沿海产业带的战略性新兴产业 H（High－Technology）形走廊。传统优势产业中的部分领先企业逐渐向战略性新兴产业转型升级。传统行业的龙头企业依靠自身优势，逐渐向战略性新兴产业转型，形成一批战略性新兴产业的优势企业，例如，浙江新和成股份有限公司、节能环保领域的浙江阳光集团股份有限公司、新能源领域的向日葵光能科。科技创新成为传统产业与战略性新兴产业协调发展的重要基础。新技术、新材料不断涌现，广泛应用于各领域。2014 年，上海、江苏、浙江的高新技术产业个数分别为 1024、4865、2391，远远高于中上游地区，长江经济带各省市高技术产业个数与专利申请受理量见表 1－12。

表 1 – 12　　长江经济带 2014 年各省市高技术产业个数与专利申请受理量

地　区	上海	江苏	浙江	安徽	江西	湖北	湖南	重庆	四川	贵州	云南
产业个数/个	1024	4865	2391	841	696	830	881	383	841	149	136
专利受理量/个	81664	421907	261435	99160	25594	59050	44194	55298	91167	22467	13343

资料来源：《中国统计年鉴》。

其二，现代服务业与制造业协调发展、相互融合。如表 1 – 13 所示，2011 年长江经济带下游计算机、通信和其他电子设备制造业的总产值为 23716. 51 亿元，占全国总产值的 37. 18%，分别为中游与上游的 10 倍与 8 倍。2011 年长江经济带下游计算机服务业与软件业总产值为 2503. 75 亿元，占全国总产值的 27. 86%，分别为中游与上游的 4 倍、15 倍。制造业发达的地区，服务业也相应发达，制造业与服务业互相融合。2011 年，长江经济带下游地区计算机等其他电子设备制造业的总产值为 23. 72 千亿元，在全国的占比约为 37. 18%。同时，其计算机服务业与软件业总产值为 525. 54 亿元，占全国的近 6% [21]。

表 1 – 13　　　　长江经济带 2011 年各省市电子信息产业情况

地区	计算机、通信和其他电子设备制造业总产值/亿元	全国占比/%	计算机服务业与软件业总产值/亿元	全国占比/%
上海	6085. 22	9. 54	1361. 83	15. 15
江苏	14862. 25	23. 30	525. 54	5. 85
浙江	2181. 56	3. 42	578. 16	6. 43
安徽	587. 48	0. 92	38. 22	0. 43
江西	575. 35	0. 90	29. 09	0. 32
湖北	1034. 71	1. 62	146. 84	1. 63

续 表

地区	计算机、通信和其他电子设备制造业总产值/亿元	全国占比/%	计算机服务业与软件业总产值/亿元	全国占比/%
湖南	719.72	1.13	494.40	5.50
重庆	814.26	1.28	36.27	0.40
四川	2029.6	3.18	70.50	0.78
贵州	47.64	0.07	10.15	0.11
云南	15.63	0.02	39.86	0.44
上游	2907.13	4.55	156.78	1.73
中游	2329.78	3.65	670.33	7.45
下游	23716.51	37.18	2503.75	27.86

资料来源：资料转引自《服务外包业与制造业协调发展研究》[21]。

其三，长江经济带传统产业分工及其规模。根据2013年各省（市）中41个工业行业的总产值进行排名，长江经济带排名前十的行业名称及其产值如图1-24所示。其中，电气机械制造业在全国的行业产值占比已达到53.2%，计算机通信设备制造业、有色金属冶炼、化学原料制造业、汽车制造业的行业产值占比分别为46.14%、46.3%、48.49%、45.02%，成为长江经济带优势行业。前十行业总产值达到全国工业总产值的61.5%，贡献率已远超过50%。

如表1-14所示，从企业规模来看，2013年长江经济带9省2市的大中小型企业平均占比为36.3∶24.5∶39.2，大型与小型企业数较多，与全国企业规模的分布大体一致；从轻重工业看，长江经济带重工业占比为69.8%，比全国重工业所占比重小，其中下游重工业占比最大为70.7%；从所有制结构上看，中游国有企业与私营企业的占比最大，分别为8.0%与39.3%，下游在外商投资企业占比上具有明显优势。

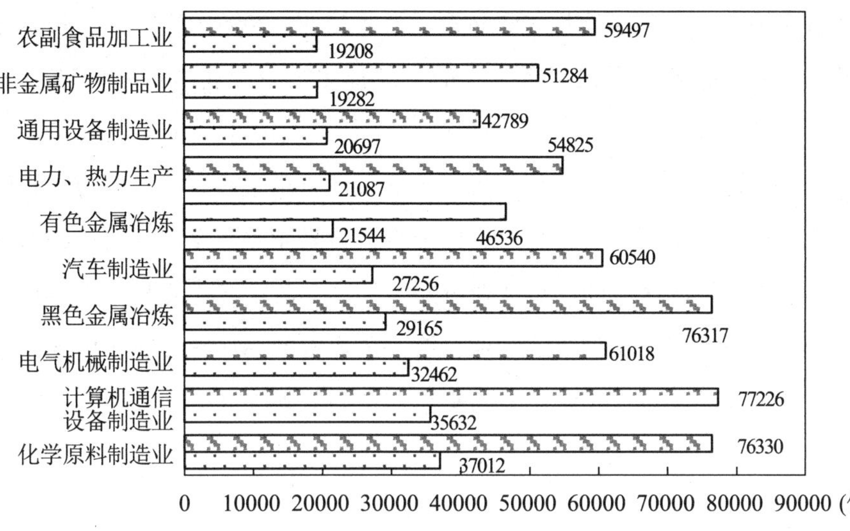

图1－24　长江经济带2013年及全国规模以上工业行业主营业务收入前十

资料来源：《中国统计年鉴2014》及长江经济带各省市地方统计年鉴。

表1－14　　　长江经济带2013年规模以上工业企业结构

地区	大:中:小型比重/%	轻工业:重工业比重/%	国有:私营:外商投资比重/%
长江经济带下游	38.5:24.1:37.4	29.3:70.7	5.0:35.6:25.4
长江经济带中游	32.1:24.8:43.1	32.7:67.3	8.0:39.3:7.8
长江经济带上游	39.7:25.9:34.4	30.2:69.8	5.9:15.6:6.3
长江经济带	36.3:24.5:39.2	30.2:69.8	5.8:33.1:18.3
全国合计	41.4:23.5:35.1	28.4:71.6	8.3:30.7:15.2

资料来源：资料转引自《长江经济带产业分工合作现状、问题及发展对策（2015）》。

其四，第三产业所占份额不断加大，产业协同发展的稳定性不断增强。如图1－25所示，长江经济带自2009开始，第一、第二、第三产业总产值逐年增长，2011年后有所放缓。2011年以前，国民生产总值主要靠第二产业拉动，2011 年后，国民经济增长主要靠第三产业拉动。2009—2014 年，长江经济带第二、第三产业对国民经济增长的贡献都比第一产业高。从 2011 年开始，以服务业为主的第三产业对国民经济增长的贡献呈现上升的态势，在 2013 年达到峰值，而第二产业对国民经济增长的贡献呈现下降的趋势。长江经济带上、中、下游三次产业的对国民经济的贡献率趋于平稳，由于资源禀赋差异的影响，不同区域的优势产业分布不同，上游地区主要集中于有色金属、矿产、特色农副食品加工等行业，第一产业贡献率一直略高于中下游地区；下游主要集中于电子、化工、高科技产业与战略性新兴产业，第三产业对国民经济的贡献率一直维持在 12% 左右，见表 1 - 15。

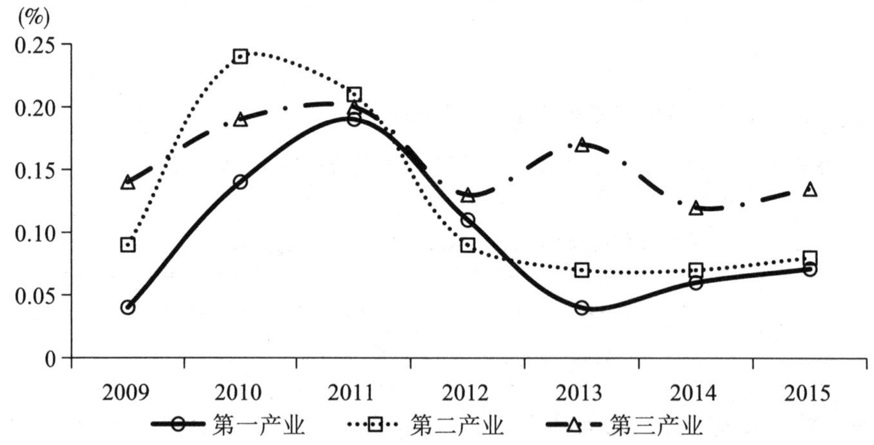

图 1 - 25　长江经济带 2009—2015 年三次产业增长率

资料来源：《中国统计年鉴》。

表 1 - 15　长江经济带上中下游三次产业贡献率

年份		2011	2012	2013	2014
上游	第一产业贡献率/%	22	14	7	9
	第二产业贡献率/%	25	13	8	8
	第三产业贡献率/%	22	18	2	12

续　表

年份		2011	2012	2013	2014
中游	第一产业贡献率/%	18	10	3	5
	第二产业贡献率/%	26	12	8	8
	第三产业贡献率/%	20	14	18	13
下游	第一产业贡献率/%	18	9	3	4
	第二产业贡献率/%	17	6	6	6
	第三产业贡献率/%	18	12	15	11

资料来源：《中国统计年鉴》。

（2）长江经济带产业协调发展存在的问题

其一，上游地区产业结构层次低，与其他区域具有显著性差异。上游地区不仅落后于中下游地区，甚至也落后于全国平均水平。2014 年第一、第二、第三产业结构比为 12. 1∶46. 5∶41. 4，其中，第一产业比重较全国平均水平高 3. 58 个百分点，第二产业比重较全国平均水平低 0. 32 个百分点，第三产业比重较全国平均水平低 3. 26 个百分点[22]。

其二，中游地区以第二产业为主导，呈现“二三一”的产业结构。2014 年第一、第二、第三产业结构比为 11. 4∶48. 1∶40. 5，其中，第一产业比重较全国平均水平高 2. 89 个百分点，第二产业比重较全国平均水平低 1. 22 个百分点，第三产业比重较全国平均水平低 4. 11 个百分点。第二产业所占比重较上、下游地区明显偏高，可见中游在制造业与建筑业等产业较为发达。汽车、钢铁、石化、食品、纺织、机械装备制造、汽车制造等是其优势产业。第三产业比上、下游地区明显偏低，具有很大的提升空间。

其三，下游地区以第三产业为主导，整体呈现“三二一”的产业结构。产业结构明显优于中游和上游地区，如图 1－26 所示，2014 年长江经济带下游地区产业结构比为 5. 3∶46. 5∶48. 2，其中第一、第二产业结构的比重分别比全国平均水平低3.23个与0.36个百分点。而第三产业结构比重比全国平均水平高出3.6个百分点，其中，2014年第三产业总产值达到64889.92亿元。与长江经济带上游与中游地区相比优势明显，第一产业比上游与中游地区分别低6.81个与6.12个百分点，第二产业比上游与中游地区分别低0.04个与1.58个百分点，第三产业分别高于上游地区与中游地区6.85个与7.7个百分点。中上游地区产业结构水平较低，明显落后于长三角地区产业结构水平，也低于全国产业结构的平均水平。

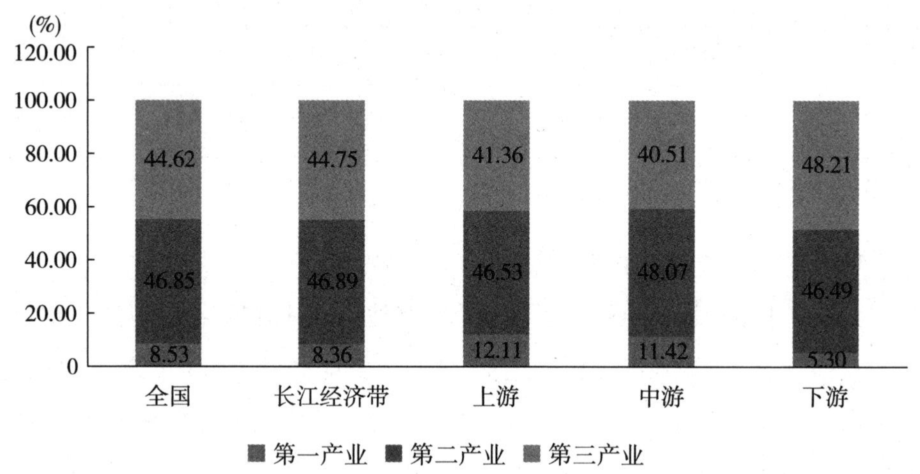

图1-26 长江经济带2014年产业结构

资料来源：《中国统计年鉴》。

其四，长江经济带各地区产业结构趋同。长江经济带各省（市）存在严重的产业同构现象，例如，下游三省一市的主导产业集中在纺织业、汽车制造、石油、化学原料与化学制品等加工业，而中、上游地区集中在煤炭采选业、有色金属采选业、石油和天然气业、烟草加工业、食品加工业等产业。同时，长江经济带各省（市）在制定的发展规划上存在产业发展趋同，下游的上海、浙江和江苏将汽车、金融、电子信息产业、现代商贸等作为未来发展的主导产业，而中游的武汉、上游的重庆与成都等地都将汽车工业作为未来重点发展产业，发展规划存在明显的重叠。

其五，长江经济带各省（市）发展不均衡。经济发展水平呈现由东向西梯度递减。长江沿岸省市在自然条件、区位和交通条件、劳动力素质条件等方面差异较大，从 2013 年部分省市的部分产业上的总产值可以看出，长江经济带不同省市产业发展不均衡现象严重，经济实力相差悬殊，经济重心集中在上海、江苏、浙江等下游省（市）；湖北与湖南的沿江地带为产业密集带，经济发展水平较高；而安徽、江西及上游四省并没有在沿江地带形成规模强大的产业带，经济发展水平明显偏低。2014 年上、中、下游 GDP 比值为 2.3∶2.5∶5.3，人均 GDP 比值为 3.4∶4.1∶8.4，人均 GDP 最高的上海是上游贵州的 3.6 倍，江苏省人均 GDP 也是贵州省的 3.2 倍。下游地区四省（市）的国土地面积占整个长江沿江经济带的面积不到 1/5，2014 年人口占比为 37.62%，而 GDP 占整个长江经济带的 52.58%。

其六，相同行业不同省市差别较大。如表 1－16 所示，2013 年，上海与浙江的汽车制造业总产值分别达到 4884.08 亿元与 2323.39 亿元，而在酒、饮料和精制茶制造业的总产值仅分别有 113.1 亿元、513.22 亿元，相比之下，湖北、湖南农副食品加工业的总产值分别达到 4018.14 亿元、2403.16 亿元，湖北省该产业的生产总值分别是上海的近 12 倍与浙江的近 4 倍，湖北省的酒、饮料和精制茶制造业总产值达到 1532.31 亿元，分别是下游上海与浙江的近 12 倍与 3 倍。上游四川省的酒、饮料和精制茶制造业总产值达到 2477.69 亿元，分别是下游上海与浙江的近 22 倍与 5 倍；医药制造业总产值达到 1009.22 亿元，是下游上海市与中游湖南省的近 2 倍。

表 1－16　长江经济带 2013 年部分省份部分传统产业总产值比较　单位：亿元

	下游部分省份		中游部分省份		上游部分省份	
	上海	浙江	湖北	湖南	重庆	四川
农副食品加工业	341.32	1045.48	4018.14	2403.16	663.8	2529.25
烟草制品业	861.95	378.56	519.2	778.30	155.5	259.30

续 表

	下游部分省份		中游部分省份		上游部分省份	
	上海	浙江	湖北	湖南	重庆	四川
纺织业	226.22	5855.93	1948.7	566.17	183.75	838.06
石油加工、炼焦和核燃料加工业	1757.87	1746.69	870.38	850.76	49.5	557.11
医药制造业	596.12	1031	862.28	667.72	322.99	1009.22
橡胶和塑料制品业	876.02	2737.21	949.15	507.01	401.17	766.34
非金属矿物制品业	542.37	1909.15	2584.87	2366.82	835.21	2323.83
有色金属冶炼和压延加工业	471.26	2372.66	1000.78	2627.28	554.57	763.60
通用设备制造业	2459.41	4215.76	1185.99	1298.23	495.82	1667.93
专用设备制造业	1110.32	1588.59	913.92	2602.16	277.83	1137.93
汽车制造业	4884.08	2323.39	5008.32	987.40	3011.3	1926.90
铁路、船舶、航空航天和其他运输设备制造业	706.86	1179.01	587.12	748.85	1335.97	508.67
计算机、通信和其他电子设备制造业	5444.34	2522.34	1460.27	1505.49	2128.33	3643.12
仪器仪表制造业	319.56	691.14	123.09	223.17	139.71	62.94
电力、热力的生产和供应业	1143.37	4243.39	1530.97	1373.38	677.56	1992.10

资料来源：长江经济带各省市历年统计年鉴。

1.6.2　长江经济带产业承接转移分析

（1）长江经济带产业承接转移现状

其一，长江经济带产业承接转移规模分析。长江经济带承接产业转移主要集中在下游地区，中游地区承接产业转移态势发展迅猛。如图 1－27 所示，2014 年，长江经济带下游地区承接国际产业转移金额达 563 亿美元，远远高于上游和中游地区。这与我国经济发展的重心一直放在东部沿海地区有必然的联系，使得外资在较长时期内都会向长三角以及交通便利的苏南、安徽等紧邻地区转移。

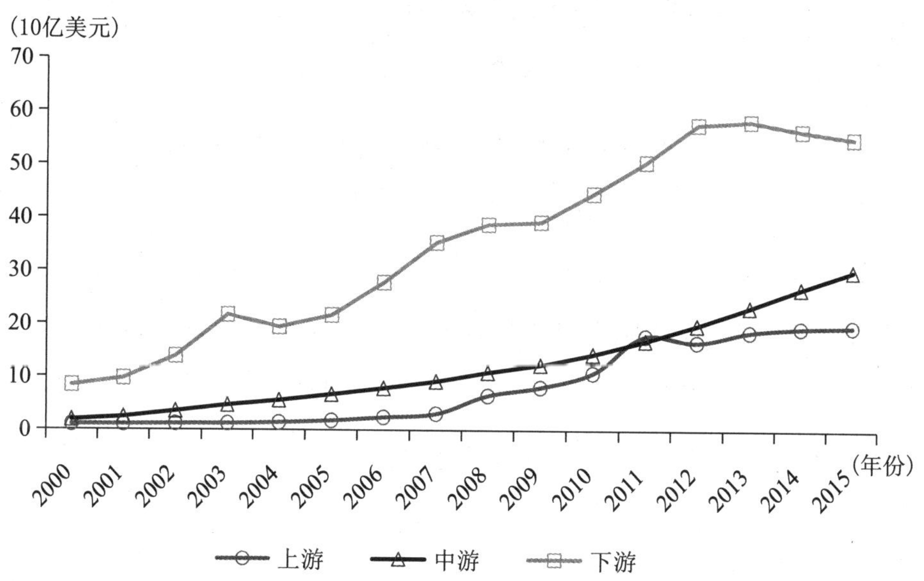

图 1－27　长江经济带上、中、下游地区实际外商直接投资情况

数据来源：长江经济带各省市历年统计年鉴。

上游地区承接产业转移规模增速缓慢，四川成为产业转移集中地。如图 1－28 所示，从实际外商直接投资看，上游地区承接国际产业转移规模增速缓慢，国际资本在上游地区主要集中在四川省境内。2011—2015 年，上游地区总体外商直接投资额由 2011 年的 1776186 万美元增加到 2015 年的

1954069 万美元，增长率仅 10%。其中外商直接投资最多的为四川省，2014 年其外商直接投资额约占上游地区的 57.61%。

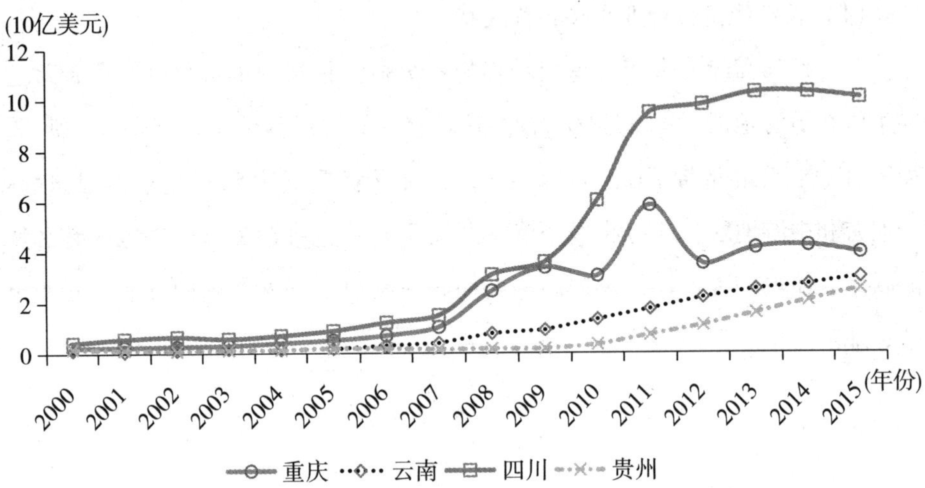

图 1－28　长江经济带上游地区实际外商直接投资情况

数据来源：2000—2015 年长江经济带各省市统计年鉴。

中游地区承接产业转移规模高速增长，国际资本逐渐从沿海流向内陆。如图 1－29 所示，从实际利用外资来看，中部三省承接国际产业转移规模呈高速增长趋势，国际资本逐渐从沿海地区流向内陆地区的趋势非常明显。中部三省实际利用外资额从 2011 年的 1686384 万美元上升到 2014 年的 2664492 万美元，增速高达 58%。其中利用外资最多的是湖南省，其次是江西和湖北。

下游地区承接产业转移增速平稳，内部各省市发展趋势略显差异。从实际外商直接投资看（如图 1－30 所示），长江经济带下游地区承接国际产业转移规模总体上增速平稳，但内部各省市之间有所差异，江苏省甚至出现回落现象，这表明国际资本逐渐从沿海地区流向内陆地区的趋势较为明显。下游地区实际利用外商直接投资额从 2011 年的 6154872 万美元增加到 2014 年的 7447741 万美元。

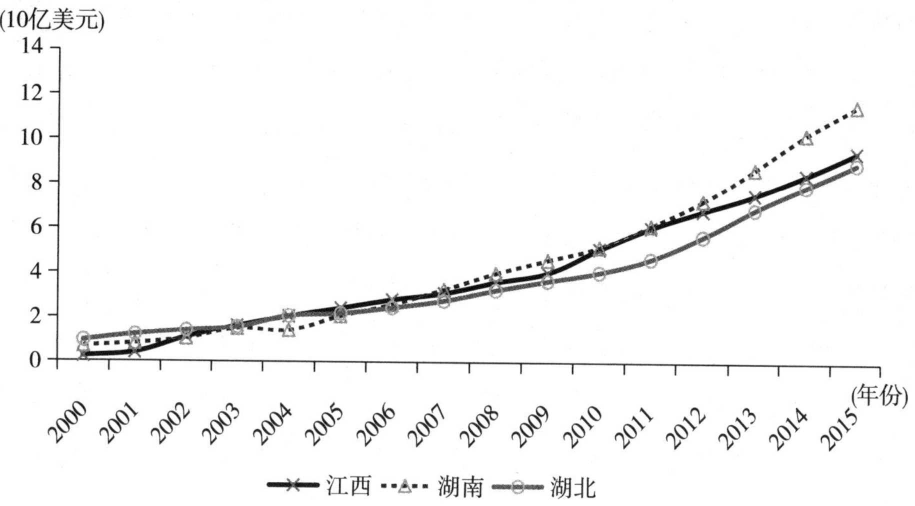

图 1－29　长江经济带中游地区实际使用外资情况

数据来源：2000—2015 年长江经济带各省市历年统计年鉴。

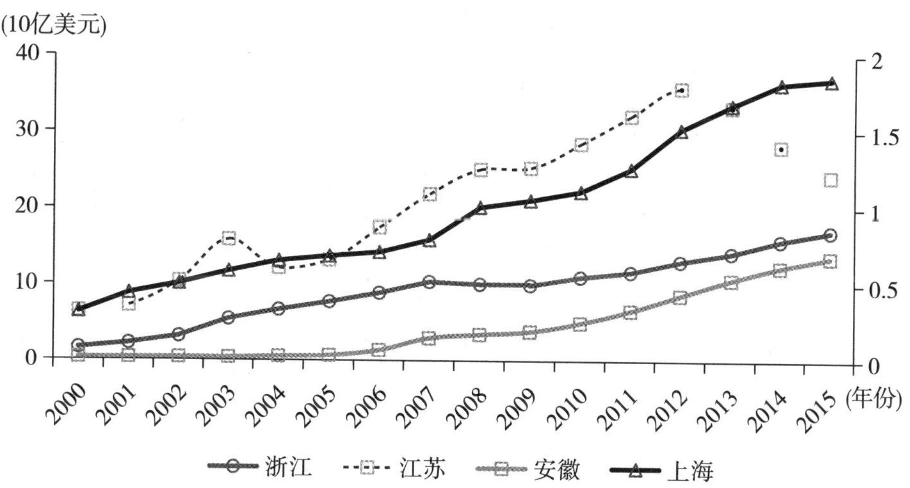

图 1－30　长江经济带下游地区实际外商直接投资情况

数据来源：2000—2015 年长江经济带各省市历年统计年鉴。

其二，长江经济带产业转移方式分析。长江经济带利用外资方式以独资为主，合资为辅，其他形式占比较小。2011—2014 年，从长江经济带各省（市）实际外商直接投资方式来看，独资企业和合资企业投资总量占实际外商直接投资的比重均在90%以上，甚至贵州、浙江两地在2013年，独资企业和合资企业投资总量占实际外商直接投资的比重达100%。合作企业、股份制企业、合作开发等其他利用外资方式在实际利用外资总额中的占比不足10%，所占比例过小，发挥作用不大。从投资方式结构来看，独资企业投资占比平均在60%以上，独资企业和合资企业两者之和平均投资占比高达95%。中游地区利用外资主要以独资企业为主，但地区内部独资化程度差异明显。2011—2014年，长江经济带中游地区利用外资的方式主要是独资企业为主，但从各省的实际情况来看，各省之间独资化程度有较大的差异。下游地区利用外资方式主要以独资企业为主，合资企业为辅，合作企业、股份制企业的比例太小，发挥的作用不大。

其三，长江经济带产业转移来源分析。长江经济带承接国际产业转移的主要来源地为亚洲地区，其中亚洲地区又以中国香港、中国台湾、新加坡和日本为主。其中，上游地区利用海外直接投资以亚洲地区为主，2011—2014年，重庆、云南亚洲地区海外直接投资占投资总额的年均比率分别为99.1%、88.05%。中游地区利用海外直接投资的主要来源地也是亚洲。2011—2014年，中游地区的外资来源高度集中于亚洲，比重均超过了85%。以江西省和湖南省实际利用外商直接投资来源地分布为例，湖南、江西亚洲地区海外直接投资占投资总额的年均比重分别为88.3%、92.26%。下游地区的海外直接投资来源高度集中在亚洲。2011—2014年，下游地区超过75%的外资来源于亚洲，特别是上海、浙江两地，比重均超过了85%。安徽、上海、浙江、江苏各地亚洲地区海外直接投资占投资总额的年均比重分别为81.76%、88.09%、86.7%、80.32%。

其四，长江经济带产业转移行业分析。长江经济带利用FDI的产业分布特征表现为“沿江首尾吸引外资以第三产业为主，沿江中部吸引外资以第二产业为主”。如表1-17所示，2011—2014年长江经济带上游地区吸引外资的产业结构在各地有较大的差异，但总体上来看，第三产业的比重仍在逐年上升。2011—2014年，长江经济带中游地区吸引外资的产业结构相似性较大，主要特征为以第二产业为主，第三产业为辅，并且第三产业占比逐年递增。2011—2014 年，长江经济带下游地区吸引外资的产业结构差异较大，如图 1－31 所示，但总体上来看，第三产业的比重仍在逐年上升，其中以上海市第三产业实际利用外资的比重最大，年均第三产业实际利用外资占比 84. 33%。

表 1－17　长江经济带中游地区实际利用外商直接投资第二、第三产业份额占比

省份	投资方式/占比	2011 年	2012 年	2013 年	2014 年
湖南	第二产业投资占比/%	76. 98	78. 7	67. 43	64. 13
	第三产业投资占比/%	17. 41	17. 86	26. 47	30. 23
湖北	第二产业投资占比/%	70. 57	65. 92	59. 93	58. 54
	第三产业投资占比/%	26. 85	32. 65	39. 06	38. 8
江西	第二产业投资占比/%	72. 69	65. 69	55. 63	72. 55
	第三产业投资占比/%	19. 65	26. 95	38. 33	20. 64

资料来源：长江经济带各省市历年统计年鉴。

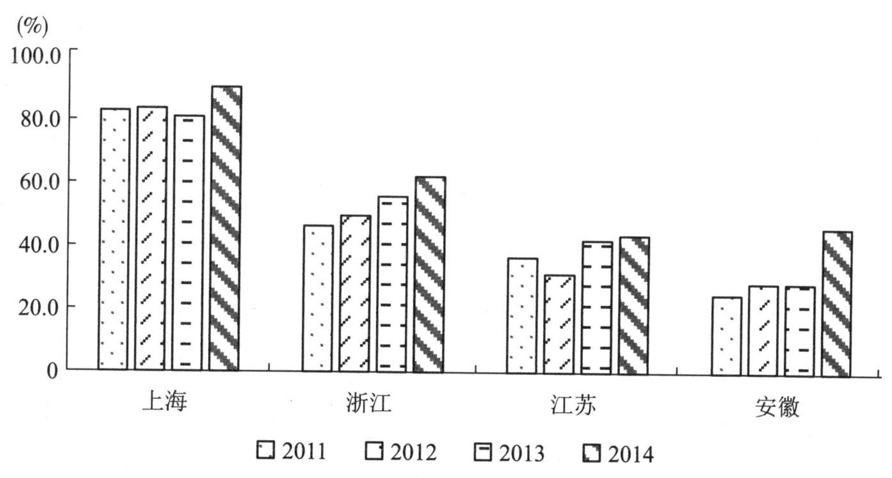

图 1－31　长江经济带下游地区实际利用外商直接投资第三产业占比

数据来源：长江经济带各省市历年统计年鉴。

(2) 长江经济带产业承接转移存在的问题分析

其一，产业转移存在“恶性竞争”问题。一是生产要素“优势”的恶性竞争，造成土地和其他资源的严重浪费。一些地方利用自身的土地、矿产等资源优势，大力承接各类产业转移，为争夺项目而比拼优势，以土地与其他资源换投资，造成一批企业进驻后，仅少量投资生产，资源被过度开采、恶性开采，造成资源浪费。二是优惠政策恶性竞争，造成地方的短期“福利”损失。地方政府为了争夺产业转移项目，以税收优惠、租金补贴等方式招商引资。这种竞相招商引资提高了企业的议价权，很多企业利用一方政府的优惠政策向另一方政府索要同等优惠条件，导致地方利益的不同损失，甚至迫使地方政府出让未来几年的税收、租金等收益，单纯计算企业税收贡献和转入地政府出让的“经济账”，得不偿失、入不敷出[23]。

其二，产业转移存在“无效转移”问题。欠发达地区承接产业转移的环境门槛低，导致大量污染产业转移。当沿海发达地区关停大量污染企业时，迫于完成经济发展目标的压力，欠发达政府从沿海地区进行招商引资，“驱污”和“引污”同时进行，污染产业最终向中西部落后地区转移。然而转移企业对承接地的产业带动作用有限，“无根性”企业甚至对当地企业产生“挤出效应”。承接产业转移企业和当地企业关联性不强，不能真正融入地方经济。随着“原产地优惠政策结束”，企业再次发生转移，这些企业比本地企业享受更多的政策优惠，导致在生产成本上比本地企业更具优势，从而挤压本地企业发展空间。地方政府“公司主义”是造成产业无效转移的主要原因。一些地方政府为发展当地经济，强调承接转移的数量和规模，而忽视对当地产业的带动能力，对企业投产后与现有产业的对接缺乏相应的规范引导。

其三，产业转移加重“产能过剩”问题。产能过剩行业的转移本身是市场经济正常现象，但政府不当干预是导致产能过剩加剧的重要原因。在市场机制作用下，企业向资源丰富地区转移，以降低原材料或运输成本，提高企业的盈利能力。产业转移加剧相关行业的“产能过剩”，当前部分产业和领域存在比较严重的产能过剩问题。其中，以劳动密集型行业为主的轻工业退出壁垒相对较小，产能过剩可以在市场竞争和转移中消化，而以外资密集型行业为主的重化工业资产专用性强，沉没成本高，加之许多行业国由于经济比重大，退出壁垒高，在转移过程中往往采取新建而不是搬迁的方式，在此情况下将加剧产能过剩现象。

1.6.3　长江经济带产业布局生态化发展分析

（1）长江经济带上游地区产业生态化发展现状

其一，上游地区废水排放总量较低。从区域废水排放总量情况来看，2011—2014 年，上游地区废水排放总量在长江经济带上、中、下三个区域内排放量最少；从上游单个省（市）来看，贵州省废水排放总量年均仅 9 亿吨，重庆市年均仅 13 亿吨，云南省年均仅 15 亿吨，仅有四川省废水排放总量较高，年均高达 30 亿吨；从废水排放量变化趋势来看，上游各省（市）废水排放总量在不断增长，但总体增幅不大，例如，云南省 2011 年废水排放总量为 147523. 1 万吨，2014 年增加到 157544. 2 万吨，增幅仅 6. 8%。

其二，上游工业废气排放主要集中在四川、贵州、云南。2013 年，从废气排放总量来看，上游地区废气排放总量在长江经济带上、中、下三个区域内排放量位居第二；从上游各省（市）来看，上游地区工业废气排放集中在四川、贵州、云南，其中，四川省 2013 年工业废气排放总量达 19760. 6 亿立方米，贵州省 2013 年达 24466. 5 亿立方米，云南省 2013 年达 15958. 1 亿立方米，云南、四川、贵州三地工业废气排放量之和占上游地区的 87%。

其三，环境基础设施建设落后、污染治理投资额较低。2013 年，从城市环境基础设施投资额来看，贵州、云南两地在长江经济带 11 省市中排名最后两位。其中，贵州省城市环境基础设施投资额仅 66. 8 亿元，云南省城市环境基础设施投资额仅 35. 7 亿元；重庆、四川两地城市环境基础设施投资额仅 110 亿元，相比于中、下游省市仍有较大差距。从环境污染治理投资额来看，云南、贵州两地仍然排名最后两位，其中，贵州省环境污染治理投资额仅

109.7亿元，云南省仅197.1亿元。重庆、四川两地环境污染治理投资额分别为173.3亿元、234亿元，排名较为靠后，位列第6、第7位。

（2）长江经济带中游地区产业生态化发展现状

其一，中游地区废水排放集中在湖北、湖南。从废水排放总量来看，2011—2014年，长江经济带中游地区废水排放量在上、中、下游三个区域内排名居中。从中游省份废水排放量来看，湖南与湖北废水排放量明显高于江西省，其中湖南、湖北两地废水排放总量年均在30亿吨左右，江西省废水排放总量较低，年均20亿吨。从废水排放量的变化趋势来看，长江经济带中游地区各省份废水排放总量都略有增加，但增幅较小，如图1－32所示。

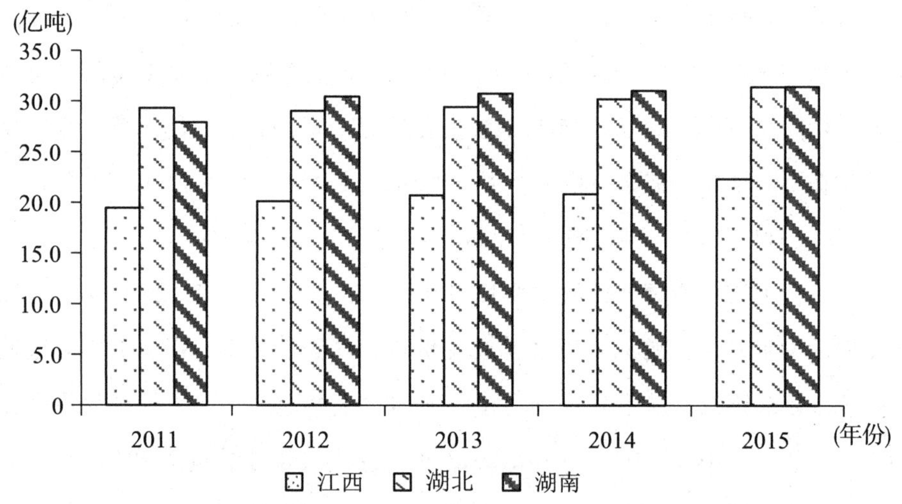

图1－32　长江经济带2011－2015年中游地区废水排放情况

数据来源：长江经济带各省市历年统计年鉴。

其二，中游地区废气排放总量较高。从烟粉排放情况来看，2014年湖南、江西、湖北三省在长江经济带11省市中位列第3、第4、第5名，仅次于江苏、安徽两省，排名靠前，排放量较大，2014年湖南、江西、湖北三省年均烟粉排放总量分别高达49.62、46.23、50.4万吨，如图1－33所示。

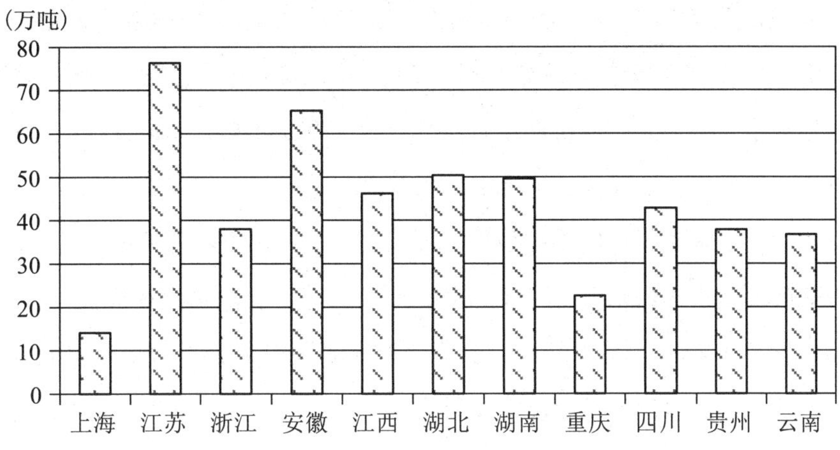

图1-33　长江经济带2014年各省市烟粉排放情况

数据来源：长江经济带各省市历年统计年鉴。

（3）长江经济带下游地区产业生态化发展现状

其一，下游地区废水、废气排放总量居高不下。如图1-34所示，从废水排放量情况来看，2014年，江苏、浙江两省在长江经济带11省市中排名前2位，其中，浙江省废水排放总量高达42亿吨/年，而江苏省废水排放总量高达60亿吨/年；安徽与上海废水总量虽然在长江经济带中排名不高，分别为第6、第7位，但从变化趋势来看，废水排放总量在不断增加。

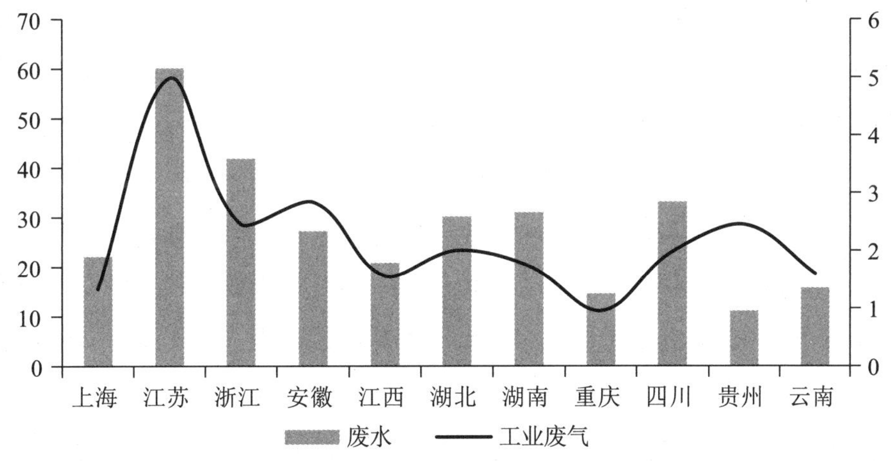

图1-34　长江经济带2014年各省市废水/亿吨、工业废气排放/万亿/立方米

数据来源：长江经济带各省市历年统计年鉴。

从烟粉排放来看，江苏与安徽在长江经济带11省市中排名前2位，其中在2014年，江苏省烟粉排放总量高达76万吨，安徽省高达65万吨，远远高于其他省市，仅上海在烟粉排放中情况较好，2014年排放总量仅14万吨，远远低于其他省市，在长江经济带中排名最后。

其二，下游地区环境基础设施建设良好、污染治理投资额较大。从城市环境基础设施投资额来看，2011—2013年，江苏、安徽两省在长江经济带11省市中排名前2位，仅2013年，安徽省城市环境基础设施投资额高达319.8亿元，江苏省城市环境基础设施投资额高达509.9亿元，浙江省名列第5，上海市投资额最低。从环境污染治理投资额来看，江苏、安徽、浙江排名前三位，仅2013年，江苏省环境污染治理投资额高达881亿元，安徽省高达506亿元，浙江省则高达390.4亿元。

1.6.4 长江经济带产业生态化补偿发展分析

（1）长江经济带产业生态化补偿的发展现状

生态补偿机制的发展阶段分析。第一阶段（20世纪90年代初期），生态补偿发展的雏形阶段。我国生态补偿机制的发展源于对森林生态效益的补偿机制探索，初始阶段主要是借鉴国外的成功经验，对生态系统的服务功能进行定量评估。我国生态补偿起始于森林与自然保护区的生态补偿，森林补偿实践开始于长江经济带——四川省成都市。

第二阶段（21世纪初期），生态补偿发展初始阶段。长期以来，我国的生态补偿以政府补偿为主导，缺乏多样性的补偿途径和方法，仍然缺少产业间的生态补偿。以鄱阳湖生态经济区的生态补偿为例，其补偿形式以垂直方向补偿为主，补偿主体是中央政府和江西省政府，未涉及鄱阳湖生态经济区内部之间、鄱阳湖生态经济区与长江中下游其他区域之间的生态补偿。在早期阶段，国内学者对生态系统服务功能机制进行积极探索，并借鉴国外学者的研究方法，对中国不同类型的生态补偿案例进行定量评估。在此阶段，我国生态补偿机制已有初步发展，补偿模式主要以转移支付为主，同时生态补偿的对象集中在林业、自然保护区、矿业和流域生态补偿等领域。例如，2004年浙江省的《浙江省生态建设财政激励机制暂行办法》，以财政补贴、环境整治与保护补助等作为生态补偿方式。

第三阶段，（2005年至今）生态补偿发展的完善阶段。主要包括三个方面：第一，生态补偿的相关法律政策逐渐完善，使得生态补偿的相关实践有法可依；第二，生态补偿的标准和生态补偿的主客体更加明确；第三，生态补偿范围进一步扩大，从特定的生态保护区到全流域的生态补偿。十六届五中全会提出加快建立生态补偿机制，这标志着我国生态补偿机制的理论研究逐步进入政策制定和实践探索阶段。如表1-18所示，进入21世纪以来，长江经济带下游三省一市对生态补偿机制的建立进行了积极的探索，开展生态治理开始区域横向合作，在一定程度上消除了生态环境的负外部性。例如，安徽省与浙江省关于新安江流域的生态补偿，在跨省生态治理方面走在全国的前列，对建立合理有效的生态补偿机制进行了积极的探索。

表1-18　长江经济带下游三省一市横向生态补偿机制探索

年份	会议及政策性文件	目标
2002	浙江省的嘉兴市与江苏省的苏州市通过召开政府联席会议	建立起边界水污染防治制度；水环境信息通报机制
2008	苏、浙、沪环保部门签署《长江三角洲地区环境保护工作合作协议2008—2010年》	发挥区域联动效益；提升长三角区域生态环境质量
2012	三省一市共同签订跨界联动协议，通过《长三角地区环境应急救援物资信息调查工作方案》	防控大气污染
2012	三省一市共同签订跨界联动协议；《长三角地区环境应急救援物资信息调查工作方案》	协同治理污染

生态补偿的实践模式。目前，长江经济带的生态补偿机制的实施，主要以政府主导模式为主，由中央或地方政府以经济与生态环境的协调可持续发展为目标，以财政补贴、税收改革、项目化实施等直接政府行为作为主要手段，对流域生态保护区域予以直接国家补偿[24]。其一，国家级生态补偿项目。例如，长江流域退耕还林（草）项目以转移支付的方式进行垂直补偿，生态改善成效显著，而不足之处在于生态移民导致的不可持续发展的问题突出，资金连续投入难度大，项目管理成本高。其二，地方政府主导的生态补偿。地方政府主导的生态补偿模式是我国目前流域生态补偿的重要组成部分，区域性生态补偿更具有针对性。例如，江苏省太湖流域生态补偿项目、江西省内主要河流及东江源生态补偿过程项目、贵州省清水江流域生态补偿项目、浙江省内八大水系干流生态补偿项目、浙江省小舜江上游汤浦水库补偿等。其三，流域生态补偿的市场模式。流域生态补偿的市场模式主要包括流域间的自发交易模式、水权交易模式。

生态补偿的法制建设。我国现阶段的生态补偿立法难以满足当前生态补偿问题的迫切需求，特别是关于生态补偿专项资金的管理方面。生态补偿资金存在落实不到位、不及时、生态补偿标准体系不健全、补偿资金来源单一等问题，严重制约生态补偿的实施。长江经济带各省（市）对生态补偿资金的管理进行了积极的探索，通过建立完善的法律法规体系确保生态补偿资金的高效利用。如表 1 – 19 所示，长江经济带上游地区生态补偿法律建设主要集中在森林资源、水源地污染治理等方面。截至 2014 年，上游三省一市已经完成了森林生态补偿效益补偿资金管理办法立法，并且确立了具体使用细则。

表 1 – 19　　长江经济带上游生态补偿资金相关法律探索

年份	单位	政策性文件
2014	云南省	《云南省森林生态效益补偿资金管理办法》
2012	四川省	《四川省森林生态效益补偿基金管理办法》
2012	重庆市	《森林生态效益补偿基金使用管理细则》

续　表

年份	单位	政策性文件
2009	贵州省	《贵州省地方财政森林生态效益补偿基金管理办法》
2014	贵州省	《贵州省红枫湖流域水污染防治生态补偿办法(试行)》
2014	贵州省	《贵州省赤水河流域水污染防治生态补偿暂行办法》

如表 1－20 所示，长江经济带中游三省的生态补偿资金的投入探索主要集中表现在水源地和森林生态的补偿方面，其中，江西省的生态补偿的实践处于全国的前列。湖南省也在生态补偿方面进行积极的探索，实行排污许可证制度。

表 1－20　　长江经济带中游生态补偿资金相关法律探索

年份	单位	会议及政策性文件
2004	江西省	《江西省东江源头区域生态环境保护和建设“十一五”规划》
2008	江西省	《江西省生态公益林补偿资金管理办法》
2009	江西省	《加强“五河　湖”和东江源头环境保护的若干意见》
2011	江西省	《江西省“五河”和东江源头保护区生态环境保护奖励资金管理办法》
2015	江西省	《江西省流域生态补偿办法(试行)》
2011	湖北省	《湖北省生态文明建设以奖代补资金管理暂行办法》
2012	湖北省	《湖北省森林生态效益补偿基金管理办法》
2015	湖北省	《湖北省环境空气质量生态补偿暂行办法》
2014	湖南省	《湖南省森林生态效益补偿基金管理办法》
2014	湖南省	《湘江流域生态补偿(水质水量奖罚)暂行办法》

如表1－21所示，长江经济带下游三省一市也开展了生态补偿实践的积极探索，但主要集中在特定流域和森林生态效益的补偿方面。上海市生态补偿资金主要投向于公益林、水源地和节能减排、治污；江苏省实施对生态红线区域补偿机制；浙江省通过优化财政转移支付结构，提高生态系统保护的积极性；安徽省设立补偿资金专项用于新安江流域水环境保护和水污染治理。长江经济带下游三省一市对重要生态功能区进行生态补偿，包括江河源头、饮用水源涵养地区、自然保护区、森林和生物多样性保护地区等[25]。

表1－21　长江经济带下游生态补偿资金相关法律探索

年份	单位	政策性文件
2009	上海市	《关于本市建立健全生态补偿机制的若干意见》
2009	上海市	《生态补偿转移支付办法》
2009	江苏省	《江苏省太湖流域环境资源区域补偿资金使用管理办法(试行)》
2014	江苏省	《江苏省水环境区域补偿实施办法(试行)》
2014	江苏省	《江苏省生态补偿转移支付暂行办法》
2005	浙江省	《浙江省人民政府关于进一步完善生态补偿机制的若干意见》
2009	浙江省	《浙江省森林生态效益补偿基金管理办法》
2015	安徽省	《安徽省大别山区水环境生态补偿资金管理办法》
2015	安徽省	《安徽省新安江流域生态环境补偿资金管理(暂行)办法》

（2）长江经济带产业化生态补偿存在的问题分析

其一，产业生态化意识和政策体系缺乏。部分地方政府为了抓经济发展，不断引进外资、建设新的生产项目，而这些项目往往是发达地区淘汰的污染企业，在重大的经济利益面前，政府往往忽略项目对环境的污染和破坏，甚至纵容保护[26]。企业作为理性的经济人，利润最大化是其发展的目标，生态环境污染破坏在没有成本内部化之前，是不计入企业核算成本的。

其二，长江经济带11省（市）不具有行政隶属关系，跨界生态保护和治理的协商成本较高。跨区域协同机制不完善，流域上下游间较难达成生态补偿协议。当前长江经济带发展战略实施主要由推动长江经济带发展的领导小组进行统筹和协调，而涉及水资源开发利用的事务主要由水利部长江委负责。同时，跨省水生态保护补偿中的受偿方和补偿方之间不存在行政隶属关系，导致水生态保护补偿机制的顶层设计存在“纵向多头管理与横向利益难调”的困境。水生态保护补偿法规体系不完善，地方政府协商补偿效率较低。当前水生态保护补偿的实践主要集中在省域以内，省级政府可通过立法等形式统一协调受偿方和补偿方之间的利益关系，但是中央层面尚未出台跨省水生态补偿全国性的法律约束机制，导致其在资金筹集、补偿方式等方面存在行政协调的低效率，补偿项目资金难以有效弥补受偿方的生态治理与保护投入。

其三，水资源资产产权界定不清，导致横向补偿标准和方式难以操作。水生态保护补偿机制实施的前提条件是对资源资产的产权和价值进行明确界定，在此基础上才能确定科学的水生态保护补偿对象和标准。长期以来缺乏对大江大河流域水资源资产的确权登记工作，导致长江经济带横向水生态保护补偿面临如下困境。一是生态保护补偿的主体和客体不明确。现行生态保护补偿的主体和客体主要是地方政府之间，而涉及生态收益的企业、居民、社会团体等并未纳入，加之目前长江流域水资源资产产权尚未实现完全的确权登记，不利于水权交易、排污权交易等市场化补偿工具的实施。二是水资源资产的生态价值、社会价值、水生态系统恢复成本、保护成本等难以量化。水资源保护补偿标准是否科学，直接关系到补偿的效果和补偿机制的可持续性，目前关于生态产品（服务）的定价机制不健全，大部分地区依然通过协商办法解决。

其四，生态补偿资金以财政转移支付为主，难以形成长效机制。在跨省流域生态补偿的试点地区中，补偿资金主要是来源于财政资金，包括中央与地方财政资金。目前生态补偿的资金量与资金的时效性受多种因素影响，难以进行长期的、稳定的、系统性的安排，缺乏有效的生态保护补偿保障机制。例如，目前安徽省通过国家开发银行融资并投入新安江保护项目达200亿元，但中央政府对新安江流域的财政支持资金仅3亿元/年，贷款偿还压力较大，相关水生态保护和治理设施的日常运行难以为继。这种靠政府财政“输血式”补偿方式已显现出不可持续的困境，而利于生态补偿持续性的“造血式”市场型补偿方式却一直受行政壁垒影响而难以实现。

第 2 篇　长江经济带产业绿色发展经验借鉴篇

第 2 章　国际重要流域经济带产业绿色发展经验借鉴

2.1　德国莱茵河流域产业绿色发展经验

2.1.1　莱茵河流域基本概况

莱茵河起源于瑞士境内的阿尔卑斯山，全长大约 1320 千米，是欧洲第三大河流。从源头至瑞士巴塞尔为上游段，水量丰富，河道狭窄，坡度较大；从巴塞尔到德国波恩为中游段，水源补给以季节融雪为主；下游自波恩流经平原及低地地区，水流平缓。莱茵河流域的主要特点如下。

其一，航运繁忙。莱茵河水量充裕，常年自由航行里程达到 700 千米以上，是世界上最繁忙的水运之一，平均流量达到 2200 立方米/每秒，同时也是当今世界货运量最大的内陆运河，年平均货运量达 3 亿吨以上。1985 年，在班贝格和凯尔海姆之间开通了运河，实现了莱茵河与多瑙河两大水系的贯通。1992 年，又进一步开通了莱茵河、美因河与多瑙河三河之间的运河，形成了莱茵河口（鹿特丹）到多瑙河口的欧洲水运大动脉。四通八达的水运网，使莱茵河成为著名的“黄金水道”。

其二，沿岸城市集聚。随着城市化进程的加快，莱茵河沿岸城市人口逐渐增加，莱茵河流域集聚了近1亿人口，而最主要的集聚区域位于干流或干流与运河连接处。经济的发展使沿岸形成了城市带，集聚了如瑞士的巴塞尔、法国的斯特拉斯堡、德国的沃尔姆斯、美因兹、科隆等古老而著名的城市，也有许多由军事基地发展而来的现代化城市，如科布伦茨、波恩、诺伊斯等。

其三，产业带发展迅速。莱茵河流域具有丰富的煤炭、磷矿和铁矿等矿产资源，加之便利的交通运输，使莱茵河沿岸城市形成许多重要的产业部门，如以鹿特丹为中心的石化产业带，以三大化工权威——拜耳、巴斯夫和赫希斯特公司为骨干的化工产业带，以鲁尔重型工业区为核心的制造业产业带，以法兰克福、鹿特丹等重要城市为支持的第三产业带等。

2.1.2 莱茵河流域环境问题

自1850年起，莱茵河沿岸人口集聚及工业化进程加快，越来越多的污染物排入河道，水质逐渐恶化[27]。二战后，迫于工业发展和城市重建的需要，莱茵河成为欧洲重要的经济命脉，污染越来越严重，水质逐渐恶化。尤其是1970年以后，由于环保意识的不足，以及经济发展速度远超环境保护措施的发展，莱茵河遭到严重污染，一度变成“欧洲的下水道”[28]。莱茵河流域生态环境遭到破坏主要有以下原因。

其一，工厂排污是莱茵河环境恶化的主要原因。自19世纪末以后，随着流域内工业化发展，一方面，莱茵河沿岸大批能源、化工、冶炼等工业企业，不仅从莱茵河提取生产用水，同时又排入大量工业废水，造成水体质量急剧下降；另一方面，沿岸工厂烟囱林立，不断地向空气中排放大量的废气，损害沿岸的空气质量。总之，大量未经处理的工业废水、废气及污染物等给流域生态环境带来了毁灭性破坏。

其二，化工产品泄漏对莱茵河环境造成了严重损害。工业发展过程中难以避免发生化工危险品的泄漏问题，严重破坏流域水质与生态环境。其中，泄漏事故影响最为严重的一次是1986年“莱茵河污染事件”。1986年11月1

日深夜，瑞士巴塞尔的桑多斯化学公司仓库着火，装有 1250 吨剧毒农药的钢罐爆炸，硫、磷、汞等大量有毒物质流入河道，致使流域内鱼类大量死亡，沿岸居民饮用水水源匮乏。

其三，航运排污在一定程度上破坏了莱茵河的生态环境。沿岸产业发展与莱茵河的航运优势相互促进，产业发展使得航运贸易越发频繁，反过来航运优势直接影响产业发展。正因为如此，莱茵河的生态环境所承受的压力越来越大，不仅有工业污染，而且不断增加的轮船排放的废油、废气在一定程度上也影响了莱茵河沿岸城市的水质与空气质量。

2.1.3 莱茵河流域产业绿色发展经验

（1）多国合作进行污染治理，提高流域环境水平

莱茵河流域治理可追溯到 20 世纪 50 年代。由于莱茵河沿岸水质及生态环境的严重破坏，1950 年 7 月，在荷兰的倡议下，瑞士、德国、法国、卢森堡、荷兰等国家决定成立“保护莱茵河国际委员会”（ICPR），以求共同应对莱茵河环境问题。经过 60 多年的不懈努力，该组织已发展成为由 9 个国家组成的高效协作机构，不仅设有政府和非政府组织共同参与的观察员小组（监督成员计划实施），而且设有专业技术协调工作组，始终坚持综合治理、统筹兼顾的管理理念，兼顾流域治理、环保、防洪以及发展。

其一，优先解决水污染问题。ICPR 成立之初就达成共识，统一目标是多国合作的基础，针对莱茵河面临的环境问题，将建立监测体系与兴建污水处理设施作为当时优先采取的措施。一是建立监测体系。水质监测体系是水体保护措施有效实施的基础。为此，在流域干流及支流上建立一个水质监测网络，重点监测水体中众多化学物质、生物种群、底质以及悬移质等，并设立河流水质预警系统。二是兴建污水处理设施。在莱茵河沿岸建立大量的污水处理厂，采用先进的污水末端治理技术，建立严格的污水排放标准，限制未经处理和未达环保标准的工业废水及城市生活污水排入河流，有效减少莱茵河沉浮物、悬移质以及水中的污染物。

其二，恢复莱茵河生态系统。针对桑多斯污染事件，ICPR 于 1987 年编制了《莱茵河行动计划》，旨在恢复流域生态系统，实现控制污染与改善生态环境等目标，使其再次成为易迁徙鱼类栖息地；并决定以珍贵鱼类重返莱茵河（“鲑鱼 2000”）作为生态系统恢复的重要标志。为了使“鲑鱼 2000”计划达到预想效果，该组织成员皆采取相应措施，如放养鱼苗、增加鱼类栖息地、鱼类监测、拆除支流上的大坝或设置鱼道等，这些措施有效地提高流域内鱼类种群数量。至 20 世纪 90 年代，莱茵河水质得到有效改善，鲑鱼逐渐返回莱茵河，证明“鲑鱼 2000”计划取得成效，莱茵河生态系统正在慢慢恢复往日生机。

（2）完善制度保障，实施跨国合作治理

ICPR 作为跨国合作组织，其取得的显著成就与政府性组织制定的完备制度保障密切相关。ICPR 采取部长级会议决策机制，在部长级会议期间讨论并通过一系列决议章程，为莱茵河流域的跨国合作治理提供法律与制度保障，使 ICPR 能够更加有效的运行，也使 ICPR 的政策对各成员具有约束力。ICPR 的制度保障包括以下方面。

其一，综合决策机制。ICPR 是一个跨国综合性组织，综合治理是解决环境问题的唯一途径。ICPR 部长级会议规定：各流经国家必须在 ICPR 的领导下，对流域内环境治理、资源开发等重大事项进行协商和决策，将人口、资源、环境与经济协调、可持续发展等纳入决策，实现对莱茵河的综合整治与开发。

其二，沟通与协调机制。ICPR 通过设定合理的沟通协调机制，建立健全相互合作的长效工作机制，实现信息互通与数据共享，引导成员正确认识和处理利益差别，从而降低合作治理开发的运行成本与参与者之间的交易成本，激励成员为全流域发展做出贡献，积极维护流域内公共利益，最终取得治理成效。

其三，政府间的信任机制。ICPR 成立之初就以成员间的相互信任作为合作基础，推动成员间的合作，减少 ICPR 治理与开发的阻碍。因此，该组织通过树立合作共赢的利益意识强化政府间的信任，使成员政府充分认识到：只有互相合作、共同治理莱茵河水污染，才能提高全流域的环境水平；只有政府间的相互信任，才能使跨国合作治理取得成效。

其四，流域环境影响评价机制。ICPR 作为一个跨国合作组织，在流域治理开发过程中，采取的管理措施可能难以在成员中落实。针对这个问题，ICPR 认为合理的流域影响评价机制可以使流域管理发挥作用。因此 ICPR 做出规定，成员通过流域环境影响评价机制，对其将要实施的有关项目进行跨国影响评估，同时该项目还要由流域管理机构与国际组织进行评估，最终确定项目实施的可行性。

（3）综合开发流域资源，形成特色产业模式

其一，“航运为先，综合整治”的流域建设模式。莱茵河的自然、社会与经济特征决定了综合开发的产业发展模式，即航运为先、综合利用水资源、建立沿河产业密集带[29]。德国始终坚持航运为主、因地制宜、多方兼顾、综合发展的产业发展方针，将河流整治与经济发展紧密相连，持续进行流域治理开发、拓宽航道、提高航运量。此外，对莱茵河进行治理开发的一项重要举措是修建运河，将东部的埃姆斯河、易北河，西部的塞纳河、罗讷河与莱茵河连通起来，实现东西互通，使德国的内河运输网络更加通达，大大提高了莱茵河的航运量。

其二，“水运为基，水陆结合”的物流发展模式。水运为德国的经济发展提供了强大动力，同时也弥补了单一运输方式的劣势，德国加大综合交通设施的建设以提高陆运、水运的互补性。1838 年，鲁尔区建成了第一条铁路，随后在沿莱茵河畔修建 5 条铁路干线，这些铁路与总长超过一万千米的高速公路交错贯通，形成了遍布全国的交通运输网络[30]。此外，沿莱茵河南北走向，建设了输气管道、输油管道、电力干线等，组成了一条德国莱茵河经济带的能源综合运输通道。基于沿岸交通运输网络及能源综合运输通道，实现“长距离以铁路、水路为主，两头衔接和集疏则以公路为主”的物流模式，为德国经济发展提供了有力保障。

其三，“以河为轴，以港兴城”的产业发展模式。莱茵河沿岸港口城市的建设与充分利用水资源、航运资源密不可分，两者相互促进，共同推动了莱茵河沿岸经济社会的发展，加快了流域内工业化、城市化的进程，形成沿岸人口、产业的聚集。一是欧洲最大内河港伊斯堡港（年吞吐量超2000万吨）位于莱茵河沿岸，而且年吞吐量超过1000万吨的港口也有很多（如路德维希港等）。二是通过三次工业革命的发展，形成的主要工业区包括鲁尔重化工业区、美茵石化工业区、内卡新兴工业区。三是莱茵河沿岸分布着许多著名的城市，形成了众多密集的经济区。莱茵河“以港口城市为点、以沿江产业带为轴、以流域经济区为面”的产业开发模式，是德国经济保持活力的源泉。

其四，“特色带动，多中心发展”的产业辐射带动模式。莱茵河流域之所以形成沿江产业带及城市带，关键在于充分发挥了鹿特丹作为国际航运中心的辐射作用。鹿特丹地处莱茵河内河航线与世界最繁忙的海上航线的交点，是连接欧、美、亚、非、澳五大洲的重要港口，具有“欧洲门户”的美称。在国际大港鹿特丹的辐射带动作用下，促进了流域内陆腹地的经济发展，同时内陆腹地的发展又能够进一步巩固鹿特丹的兴旺发达，如此循环往复，形成了特色带领、互相推动、协同发展的港口城市与内陆城市产业协作模式[31]。

2.2 英国泰晤士河流域产业绿色发展经验

2.2.1 泰晤士河流域基本概况

泰晤士河源于科茨沃尔德·希尔斯，是英国最著名的河流，全长346千米，流经包括伦敦在内的十多座城市，最终注入北海。泰晤士河的赛尔特语的意思为“宽河”，但事实上河面从伦敦桥才开始变宽，在伦敦桥一带河流宽度仅有229米，而到了格雷夫森德河宽可达640米，河床也逐渐加深。泰晤士河河床坡降微缓，水位相对稳定，由于冬季结冰时间短，河水流量大，全年皆可通航，航程达 280 千米，航运价值极高。

泰晤士河在英国的发展历史上具有十分重要的地位。在历史文化方面，泰晤士河是英国的母亲河，孕育了灿烂的英格兰文明，其流经之处皆是英国文化精髓所在，沿岸分布着许多著名的城市、名胜古迹。在航运方面，伦敦是世界上一大优良港口，主要原因与泰晤士河有密切关联。一是泰晤士河的入海口与欧洲大陆的莱茵河口遥遥相对，形成一条直接通往欧洲最富饶地区的航道。二是伦敦之所以能成为泰晤士河流域最理想的商业港，关键在于伦敦地理位置优越，位于地中海与波罗的海中途，航运十分通达，在很大程度上促进了伦敦的繁荣。

2.2.2　泰晤士河流域环境问题

随着工业革命的推进，泰晤士河水质及沿岸生态环境负荷量逐渐加大，环境也越来越差。据统计，1850 年泰晤士河的污染负荷量超过 900 万吨/天，到 1910 年环境负荷量更是高达 2745 万吨/天，20 世纪 50 年代末，河水中的溶解氧近乎零，硫化物浓度高达 14 毫克每升。泰晤士河环境的严重破坏，不仅直接影响了沿岸居民的生活用水，夏天更是臭气熏天，造成城市空气质量下降[32]。造成泰晤士河环境严重损害的主要原因有以下两点。

其一，工业废水的直接排放。工业革命之后，英国工业迅速发展，工厂大幅度扩建，工业废水大量增加，但是由于当时人们环保意识不强，大多数企业旨在最大限度地追求经济效益，并未对废污水采取有效的治理措施，而是将其直接排入泰晤士河，严重损坏流域水质与生态环境。

其二，生活污水与生活垃圾造成的污染。工业革命的兴起，使得英国经济社会快速发展，城市化进程加快，大量农村人口迅速向城市转移，城市负荷过载，而城市管理落后，市政基础设施建设严重滞后，导致大量生活废水直接排入河流，大量生活垃圾未进行有效处理，严重破坏了泰晤士河水质。

2.2.3 泰晤士河流域产业绿色发展经验

（1）综合治理环境污染，恢复流域往日生机

经历了多次泰晤士河的疯狂“报复”后，英国政府认识到流域污染治理的重要性。为了达到最优的治理效果，恢复泰晤士河往日生机，英国历届政府根据不同阶段存在的问题推出了许多措施，治理历程如图2－1所示。

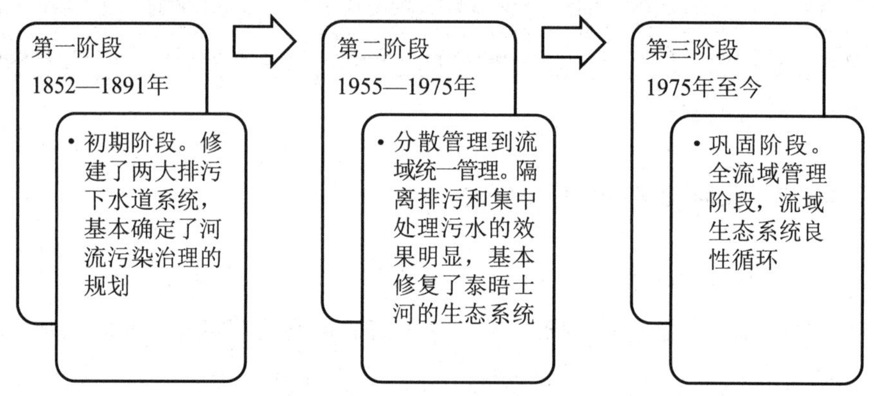

图2－1 泰晤士河治理历程

泰晤士河的成功治理被视为全球流域治理的典型案例。英国政府非常重视泰晤士河的环境治理，共投资300多亿英镑，治理效果显著。1955—1980年总污染负荷量降低了90%，溶解氧最低点枯水季节依然维持在饱和状态的40%左右[33]，到1980年，河流水质已达到饮用水水质标准。在此期间共投资建设470余座污水处理厂，每天的污水处理量与供水量不相上下；同时实现了流域生态环境的良性循环，上百种鱼类重返泰晤士河，其中鲑鱼的年产量达到了10万尾以上。经过长达一个世纪的不懈努力，如今泰晤士河恢复了百年前的原貌，基本解决了环境污染问题，成为世界上最干净的河流之一。

（2）建立流域管理机构，促进产业可持续发展

泰晤士河成功治理的关键在于政府对流域管理进行体制改革，实现流域的科学管理。一是成立国家河流管理局（NRA），对流域内工业发展与水体改善进行综合管理；二是将200多个水务单位合并成立泰晤士河水务管

理局；三是综合整治了约 1600 个独立的水资源管理机构，将其划分为 10 个地区管理机构，并根据业务性质对不同层面的管理进行明确分工，例如，地区水资源管理机构主要负责城市供水、污水处理及河道整治等与水有关的工作。

泰晤士河水务管理局在流域治理开发中主要实施两个方面的举措。一是对河段实施统一管理。对水资源进行统一管理，按照自然规律进行科学、有效的保护和开发利用，避免水资源的破坏和浪费，提高水资源的循环利用，形成互相协调的有机整体；建立完善的水资源工体系，从各方面实现水资源的综合利用，包括城市供水、农田灌溉、渔业用水及流域生态保护等[34]。二是全流域治理。为实现全面治理，英国政府在伦敦修建数百座污水处理厂，对沿岸工业废水、生活污水等进行处理，极大地提高了城市居民生活用水质量。

（3）完善监测管理体系，推动产业技术不断革新

为了加强泰晤士河水环境监测，1975 年，英国政府在泰晤士河流域修建了由一个监测中心站和 250 个子站组成的水环境自动监测系统。河流水质自动监测是水体质量管理的重要手段，也是国家河流管理局（NRA）和水资源管理组织常用的措施，将监测系统监测到的信息与人工监测的结果相结合，形成协调统一的全方位监测。

全面精准的水质监测体系对污水处理环节提出了更严格的要求。一方面，英国政府对污水处理设施进行技术改造，采用包括超声波监测控制污泥密度和包膜电极监测溶氧等新技术；另一方面严格限制污水的排放。其一，对沿岸的工矿企业严加审查，规定除达到环保标准的水外，其他任何物质排入泰晤士河皆是不合法的。其二，为实现有效治理城市生活污水，对污水处理厂进行大规模改建、扩建，极大地改善污水处理效果。严格有效的检测管理体系也推动流域内企业不断革新产业技术，实现产业的升级和经济模式转换，对流域造成严重污染的煤气厂、炼油厂、造船厂等也逐渐转型，实现产业绿色协调发展，有效缓解了泰晤士河流域环境污染的压力。

（4）完善制度体系，优化产业发展环境

早在1876年英国就制定了第一部水环境保护法规——《河流污染防治法》，其是世界上最早的治污法。然而，直到20世纪60年代英国的城市污水治理才真正步入正轨，并先后制定了一系列法律法规及治污标准，具体内容如表2－1所示。

表2－1　英国主要污水治理法律法规

时间	名称	内容
1968年	《污染防治法案》	规定工厂排出的废水必须自行处理,达到规定的水质指标或者进入城市污水处理厂处理后,才能排入泰晤士河; 对拒绝采取治理措施的工厂企业处以重金罚款; 各排污企业排污之前需向水务局申请获得排污许可证
1973年	《水资源法》	设立了10个公立水业管理局,负责制定水资源法规、管理水资源利用、提供清洁饮水、处理污水、保护水体,一体化流域管理的模式逐步形成
1989年	新版《水资源法》	拉开了英国水业私有化序幕,实现管理和经营分家
1989年	《淤泥法规》	规范污水处理过程中产生的淤泥的再利用,淤泥的主要去向是大部分撒入农田,小部分倒入大海
1998年	《城市污水处理条例》	禁止向大海倾倒淤泥,淤泥基本上作为肥料撒入农田

（5）多元化融资渠道，提供资金支持

泰晤士河实现成功治理的资金支持来源于多元化的融资渠道[35]，主要包括政府、企业、银行和信托基金等。不同组织投资的资金有不同的用途，如政府投资除了用于建设污水处理厂、污泥集中处理和处置设施、加固防洪堤坝，还用于建立水环境管理信息系统和水质监测设施，并组织人员培训、开展流域治理成本收益研究等；而企业的投资则主要用于保证泰晤士河水务管理局的持续运行。

流域治理的主要资金来源有两种渠道。一是供水收费。为实现对水资源的市场化管理及市场化定价，成立了泰晤士水务公司，保证其治理的资金来源。供水费用由水资源费和供水系统服务费用两部分组成，而供水系统的服务费用又包括供水水费、污水排放费、地面排水费和环境服务费。这部分费用主要用于治理河水污染问题和综合治理工作，这不仅能为产业发展提供资金支持，也改善以往各方相互牵制的复杂局面，形成了整体上的相互协作[36]。二是证券市场集资、融资。通过市场化的运作，如上市公司的集资和融券，充分动员和引导社会资金投入环保产业等，不仅为环保产业的长足发展提供资金来源，并能进一步扩大环保产业的影响范围。

2.3　美国密西西比河流域产业绿色发展经验

2.3.1　密西西比河流域基本概况

密西西比河是北美大陆的重要河流，流域面积达 332 万平方千米，流经美国 13 个州以及加拿大 2 个省。密西西比河是密西西比河流域的主要河流，总长度达到了 6262 千米，居世界第四位。密西西比河从明尼苏达州北部的源头至墨西哥湾的密西西比河三角洲，长达 3730 千米，被称为密西西比河的干流，拥有众多支流，其中两条主要的支流是俄亥俄河与密苏里河。东侧的俄亥俄河流经 5 个州，分别是宾夕法尼亚、俄亥俄、西弗吉尼亚、印第安纳和肯塔基；位于西侧的密苏里河则流经蒙大拿、内布拉斯加、北达科他、艾奥瓦、南达科他、堪萨斯以及密苏里 7 个州。密西西比河经过的州 GDP 占全美的 16.4%，而密苏里河及俄亥俄河分别为 4.4%、11.9%。密西西比河流域主要有以下几个特点。

密西西比河是美国南北航运的大动脉。不仅拥有便利的航运条件，而且价格低廉，能够满足该地区的航运需要。上游与五大湖相通，扩大航运范围，下游航线深长，可到达佛罗里达半岛的南端。另外干支流皆可通航，总里程达2.59万千米以上，干流可从河口航行至明尼阿波利斯，而且有50多条支流能够用于航运。除干流上游及支流伊利诺伊、密苏里河1—2月结冰外，全年皆可通航，航运价值极高。

密西西比河流域自然资源丰富。一是煤炭、石油、有色金属等矿产资源储量丰富。位于中上游的肯塔基、印第安纳等州煤炭资源丰富；明尼苏达、密苏里等州是有色金属的主产地；路易斯安那州则拥有丰富的石油资源。二是沿岸农业经济发达。密西西比河沿岸地形平坦，土壤肥沃，水资源丰富，灌溉便利，能为沿岸农业发展提供有利的条件。因此，密西西比河流域自上游至下游形成了大量的农业带，如乳畜带、玉米带、棉花带、亚热带作物带、混合农业区等，美国能成为当今世界上最主要的小麦、玉米、大豆等农作物以及肉蛋奶等畜产品的出口国，与密西西比河沿岸发达的农业经济密不可分。

2.3.2 密西西比河流域环境问题

密西西比河流域历史上洪灾频繁。最早的记录是在1543年3月10日，洪水时间达到80天。一百多年来，该流域发生大约37次严重的洪灾。其中，有8次非常严重的洪灾，见表2－2。

表2－2　　密西西比河主要的洪水灾害

发生时间	发生区域	损失概况
1844年6月	密西西比河上游	圣路易斯历史上最大洪水
1927年4月	密西西比河下游	死亡246—500人，淹没面积63740平方千米，损失2.36亿美元
1937年2月	密西西比河下游 俄亥俄河地区	淹没面积32389平方千米，损失200万美元
1973年4月	密西西比河下游、密苏里河	死亡28人，淹没面66800平方千米，损失10亿美元

续　表

发生时间	发生区域	损失概况
1983 年	密西西比河下游	淹没面积 58700 平方千米，损失达 5.3 亿美元
1993 年 6—9 月	密西西比河上游、密苏里河	死亡 50 人，损失 116.25 亿美元
2005 年 8 月	密西西比河下游	损失达 1250 亿美元
2011 年	密西西比河中游	水位打破 1937 年以来的最高纪录

农业面源污染严重。密西西比河农业经济发达，但同时对流域环境也造成了严重的损害，主要原因是其粗放式的农业生产方式，导致农田中大量的氮素、磷素、农药重金属等有机或无机物质排入河流，造成水体富营养化，地表水体的严重污染、恶化，同时使土壤理化性状失衡、地下水水质下降等，严重影响河流沿岸生态环境。

2.3.3　密西西比河流域产业绿色发展经验

（1）流域整治与开发互相促进

整治开发密西西比河，充分保护和利用水资源。开发早期主要侧重于治理，为达到更好的治理效果，大力修建堤坝，促进该流域的健康化发展。直到 1927 年严重洪灾后，美国颁布新法令，决定由陆军工程兵团（COE）全面负责密西西比河流域的治理开发工作，标志着全面治理的开始。

在密西西比河流域治理、开发的过程中，最大限度发挥水资源的整体效益。几十年来，流域开发的总投资达 300 亿美元，其中航运占总投资的 1/3 以上。密西西比河开发效益十分显著，据估计，由洪灾损失降低带来的经济效益已达到 2440 亿美元；在航运方面，巨额投资使流域形成了纵横交错的航道网，该流域航运更加便利。另外，为了促进密西西比河流域比较落后的地区更快发展，缩小地区间的差距，美国采取开发对外窗口的措施。

对外窗口的开发主要是在河流干流与支流的两岸，通过建立贸易区，促进经济交流与合作，促进流域内经济的发展。在对外贸易区，河流两岸建立的贸易港已超过五十多个，并且贸易港自由度较高，为流域经济的发展带来了巨大的机遇。

（2）完善流域开发的法律保障

19 世纪后期，美国逐步形成了水资源综合开发、合理利用和持续发展的理念，到 20 世纪 20—30 年代，美国总统罗斯福明确要大力开发水资源，并制定相关法律。法律的制定为密西西比河流域的开发奠定了基础，密西西比河在开发与治理中取得了巨大的成果，而这些成就与流域管理机构以及国家的方针政策、总体规划等是息息相关的。

健全的法律体系是流域开发管理有效实施的重要保障。1879 年美国政府成立了密西西比河流域管理委员会，旨在有效地开发和建设密西西比河，包括制订该流域的开发计划、组织和治理流域内的洪水灾害以及航运管理。1928 年，制订了“密西西比河及其支流工程计划”，旨在降低流域洪水灾害造成的损失；20 世纪 60 年代后，相继颁布《水资源规划法》《美国的洪水及减灾研究计划》等全国性法律法规，这些法律与政策为保证密西西比河流域的综合开发与管理提供了重要保障。

（3）统筹兼顾工业发展与生态环境

在开发方面，流域管理委员会高度重视科学的合理规划，为促进流域的科学化与持续化发展，流域管理机构在流域的产业、区域开发等方面进行了深度的思考。该地区的水、电、农产品得到有效开发，产业密集度增强，“钢铁走廊”出现，工业规模不断扩大。经过几百年的发展，密西西比河流域在经济发展方面取得了惊人的成绩，工业发展水平显著提高，特色产业遍布各州，港口城市的优势作用越来越明显。例如，制订了“田纳西河流域的综合开发计划”，并开始逐步实施。田纳西河工业、农业和旅游业得到迅速发展，工业走廊出现，成为美国的工业重点地区之一，也从一定程度上促进了流域整体的发展。

统筹兼顾产业发展与生态环境。在环保方面，密西西比河流域除了专门设立环保组织外，密西西比河委员会与陆军工程兵团发挥重要作用。近 20 年来，密西西比河委员会与陆军工程师团，积极配合沿岸自然资源机构，对流域进行整治开发，保护流域的自然价值，恢复重建受灾地区，建立新的湿地和野生动物区，保护濒危动物栖息地。这些工作保护了密西西比河地区的生态环境平衡，保持了流域优美的环境，推动了流域旅游产业的发展。

（4）因势利导，促进区域协调发展

美国有西部、东北和南部三大工业区，而南部工业区位于密西西比河流域。1880—1910 年，美国的制造业数量增多，在东北部，多数州通过发展制造业来提高经济发展水平；在中西部，政策支持使得制造业发展很快。而南部地区经济发展受传统历史的不良影响，以农业为发展主导，严重制约区域整体经济实力的提升。特别是二战之后，传统制造业逐渐衰退，而南部地区经济与政治的调整与改革，使得该地区的经济形势明显好转，与其他工业区的差距不断缩小，到 20 世纪 70 年代，已成为美国的重点区域。而南部工业区迅速发展的主要原因如下。

其一，承接东北工业区的产业转移。美国东北部地区在重工业的发展方面具有重要地位，在轻工业方面，也具有明显的发展优势。轻工业产品销售到世界各地，为美国带来巨大的经济效益。到 70 年代中期，东北地区制造业发展速度放缓，导致该地的发展逐渐步入了衰退期。政府通过增加财政投入实行计划干预，重点扶植西部、南部地区的经济发展，转移、引导东北部地区的制造业和劳动力资源，进而带动南部地区的经济社会发展。

其二，高新产业的兴起。二战期间，在经济与政治方面进行改革，政府在南部地区军事、科技研发方面加大投入，促进基础工业的发展，刺激高新产业的兴起。在二战后，南部工业区优先发展了原子能、电子、通信设备、生物制药等高新产业，形成该地区产业经济的独特优势。南部地区诸城市已经成为美国宇航、原子能、电子等高科技工业的中心，在带动地区经济发展、提高城市化水平等方面发挥着重要作用。

2.4 国际重要流域产业绿色发展的启示

长江经济带是我国经济发展的重点区域，涉及9省2市，横跨我国东、中、西三大区域，具有独特的优势与发展潜力。结合莱茵河、泰晤士河与密西西比河流域的开发管理经验，进一步实现长江经济带产业绿色发展可从以下方面着手。

2.4.1 优先治理环境污染，推进生态文明

20世纪后期至21世纪，莱茵河流域生态环境保护与经济发展并举成为流域经济发展战略的中心，20世纪60年代英国成立的泰晤士河水务管理局以保护流域的生态环境为主旨，生态环境保护是密西西比河流域开发的基本原则。因此，为了切实推进长江经济带产业的绿色发展，必须优先治理环境污染。

其一，加快构建长江经济带生态环境的质量监测与评估体系，准确定位长江流域水环境污染的重点来源。通过收集沿江产业发展造成的废水、废气及固体废物等排放量信息，系统评估沿江产业发展对长江流域环境造成的影响与潜在的风险，制定长江经济带污染型企业清单。重点加强对长江经济带沿江化工、钢铁、印染、造纸、皮革、有色金属等行业的污染监测和治理力度，同时加强对沿岸农业和农村的面源污染监测和防治力度。

其二，强化节能环保准入体系，设定长江经济带主要污染物排放上限。加快完善工业节能环保标准、节能标准，严格落实、执行节能环保法律法规以及相关政策，严格控制长江经济带高消耗、高排放、高污染型企业的扩张。重点加强对长江经济带沿江化工、钢铁、印染、造纸、皮革、有色金属等行业的投资审查力度，严格限制对环境造成污染企业的进入，有效控制长江经济带主要污染物的排放总量。

其三，加强产业清洁生产与末端治理的深度融合。清洁生产与末端治理对于长江流域污染的预防和治理起到了关键性的作用。因此，在产业生产过

程中，充分发挥清洁生产技术与末端治理的协同作用，推进长江经济带产业绿色发展。企业通过清洁生产技术，提高经济效益，优化产业结构，控制污染源头；通过末端治理，建立大量的废污水处理设施，严格控制污染物的排放，以减轻污染危害，改善环境状况。

2.4.2　立足沿江资源优势，发展特色产业

长江经济带在资源方面拥有巨大的优势，有利的资源优势为长江经济带注入了巨大的动力。在耕地方面，不仅面积广大，而且分布集中；在水资源方面，地下水储量丰富，且质量较高，可开采量大；在新型资源方面，除了地热能等各种能源以外，还有许多新型能源；在矿产资源方面，战略型矿产资源储量丰富，见表 2－3。

表 2－3　长江经济带的地质资源概况

资源	储量	分布地区
矿产资源	稀土、钛等矿产储量占全国 80% 以上；钨、锡、钒等超过了全国 50% 的储量；钼矿床资源居于世界第二； 锂矿探明储量 188 万吨； 钒钛探明储量 6.6 亿吨； 钨锡探明储量 650 万吨	重稀土主要存在于赣州、岳阳； 钼矿床位于安徽金寨； 锂矿床位于四川甲基卡； 钒钛主要存在于四川、湖南等地； 钨锡主要分布在江西、湖南、云南
清洁能源	页岩气可采资源量 15.5 万亿立方米，占全国 62%	重庆涪陵、云南昭通、四川长宁、威远是其主要分布地区； 重庆涪陵地区首次建立页岩气开发基地，该地页岩气地质储量大； 宜昌、遵义在页岩气方面拥有一定的潜力

在矿产资源方面，推动战略型矿产资源的开发利用。长江流域战略型矿产资源储量巨大，充分开发利用将形成长江经济带的经济发展的独特优势。

首先，锂、钒、钛、钼、稀土等都是资源开发战略中的重中之重，这些资源的利用极大地促进了新兴产业的发展。其次，为了进一步发挥清洁能源的作用，加大了对清洁能源的开发，许多地区存在页岩气的开发潜力。丰富的矿产资源，不仅能够促进相关产业的发展，还可促进长江经济带产业的优化，在发展经济的同时促进社会效益的提高，促进新型产业的发展。

在农业资源方面，推动现代农业生态化发展。长江经济带中上游地区是我国重要的农产品主产区，而粗放式的农业生产给长江流域的土壤、水资源带来严重损害。因此，构建现代生态农业产业体系是推动长江经济带产业绿色发展的重要着力点。一是构建长江经济带复合型循环经济产业链。增强水产渔业、种植业、乡村旅游业、特色农产品加工业等产业的融合发展，构建农户之间、企业之间的工农复合型循环经济联合体。创新长江经济带农业产业的外延式发展模式，构建长江经济带产业联动发展的现代循环经济产业链，促进现代农业向集约化、清洁化生产方式转变，降低农业面源污染物排放。二是依靠现代科技提高农业生产力。以推动农业节水、节能、节地、减排等绿色环保技术的开发和应用为主要着力点，提高农业资源综合利用效率。

在航运资源方面，推动港口与城市的协调发展。港口的建立涉及诸多因素，选择合适的地理位置，考虑其他经济与社会因素，充分利用区位优势，最大限度地发挥港口的作用。长江沿岸具有多个港口，拥有不同的地理条件，不同的港口发展情况不同，发展条件也存在差异。为充分发挥港口作用，可以制订更长远的发展目标，根据各个港口的优势从整体对其进行科学规划布局。各个港口为发挥自身作用，应完善港口管理体系，明确发展目标与合理定位，促进港口与城市的相互协调。

2.4.3 促进产业协调发展，实现绿色发展

从长江经济带产业结构来看，以钢铁、石化为主的重化工产业结构是造成环境污染严重、能源消耗大的主要原因。从产业布局来看，区域之间尚未形成合理的产业分工与协作，重复布局与建设的问题导致资源开发效率低。

为解决这些问题，实现长江经济带产业绿色与协调发展，从调整产业结构与优化产业布局着手。

（1）优化调整产业结构，创新驱动产业发展

其一，优化调整产业结构，着重培育、发展战略性新兴产业。一是发展新型制造产业，为产业转型升级提供支撑，支持企业自主创新和技术改造，以发展高端装备制造、新材料、新一代信息通信技术等产业为着力点，为长江经济带传统产业绿色转型升级提供技术与材料支撑。二是发展节能环保型产业，实现传统产业的升级换代。节能环保型产业的发展直接影响长江经济带产业绿色发展，可以依托长江资源优势，充分开发利用长江流域丰富的战略型矿产资源与清洁能源，推动新型产业与新能源产业的发展。

其二，构建区域创新体系，提高绿色创新水平。一是引导企业增加绿色创新投入[37]。企业绿色创新存有很大的不确定性，长江经济带应构建政府引导、以企业为主体，银行、保险、证券等金融机构参与的多元化资本投入机制，共同促进长江经济带绿色创新。二是提高区域协同创新能力。长江经济带 9 省 2 市之间的创新资源存在明显差异，依靠长江经济带 9 省 2 市的国家级协同创新中心和省级协同创新中心的人才、资源优势，加快探索区域协同创新的合作机制，提高长江经济带整体协同创新能力，通过创新驱动实现产业转型升级。

（2）优化区域产业布局，引导产业有序转移

其一，优化沿江产业布局，促进产业绿色集群化发展。一是立足地区资源与区位特点，发展具有地区特色的绿色环保型产业。综合考虑地区资源禀赋和资源环境可承载能力，统筹协调区域产业布局，地区之间形成合理的产业分工与协作，避免长江经济带产业重复布局和重复建设的问题，增强产业集群化程度。二是加强工业园区建设，推进工业集约集聚发展。当前，钢铁、新能源、精细化工、汽车、电子信息、新材料等领域产业作为地区经济发展的支柱型产业，均具有较为完善的布局，而长江经济带整体上存在布局分散的问题。因此，通过建立产业园区，有序引导相关企业进入园区，推进产业

集约集聚发展。

其二，积极引导产业转移，推动产业与生态环境协调发展。一是坚持生态优先，优先承接绿色环保型产业。当前，长江下游地区经济较为发达，但资源环境承载压力大，下游地区企业将部分工业加工环节向中上游转移。中上游地区在承接产业转移时，应优先考虑绿色环保型产业，综合考虑长江经济带整体生态环境，对地区污染较大的产业进行限制性承接。二是充分发挥地区优势，优化产业转移项目。相对于下游来说，长江经济带中上游地区无论在资源、能源及劳动力成本方面都具有较大的优势。在资源方面，中上游可以承接一批农产品深加工产业、新能源产业与旅游服务业；在劳动力方面，劳动密集型产业可以向中上游转移；依靠特殊的区位优势，可以引进下游加工贸易行业与金融行业等。

第3篇　长江经济带产业绿色发展战略设计篇

第3章　长江经济带产业绿色发展的总体战略

3.1　长江经济带产业绿色发展的理论基础

3.1.1　产业绿色发展的理论内涵

（1）产业绿色发展的内涵

学术界对于绿色发展的讨论方兴未艾，对于绿色发展的定义也存在不同的解释。国内最早开始对绿色发展理论进行研究的是胡鞍钢，其将绿色发展解释为第二代可持续发展观，强调经济系统、社会系统和自然系统的系统性、整体性和协调性[38]。诸大建认为，绿色经济是与褐色经济相对应的概念，强调通过增加人力资本同时减少自然资本的消耗实现经济发展，并且绿色经济是与低碳经济和循环经济紧密围绕在一起的，可以将低碳经济视为能源流意义上的绿色经济，循环经济是物质流意义上的绿色经济[39]。马洪波将绿色发展概括为循环经济、绿色经济、可持续发展和低碳经济的综合，强调经济发展与社会进步、生态建设的统一和协调，要求对自然资源做到高效利用，把对环境的污染破坏降到最低限度[40]。

产业层面的绿色发展，是绿色发展理论在中观与微观层面的深入，以可持续发展理念为指导方针，其根本目的是实现资源节约和环境友好，做到产业发展与生态环境相适应、协调。在产业发展过程中考虑资源与环境的承载力，依靠科技进步带动产业发展，提升资源利用效率，改变依靠要素投入带动生产的发展方式，摆脱资源依赖，形成“低开采、高利用、低排放”的绿色发展模式，同时强调产业间的协调发展、产业结构平衡。

（2）产业绿色发展的特征

其一，注重产业集约发展，摆脱粗放发展模式。传统的经济粗放发展模式已经无法适应现代化的产业发展，资源的大量开采和低效率的使用，以及对周围环境产生的巨大负面影响都体现出传统发展模式的不可持续性。集约发展是推进长江经济带产业绿色发展的重要方式，实现集约发展的基本途径就是加快推进产业聚集，人口集中和优化资源配置。

其二，建立资源高效利用、循环利用新模式。就目前来讲，长江经济带还有一大批地区经济发展以资源产业为主导，需要依靠资源拉动。要实现长江经济带产业的绿色发展，就必须降低对自然资源的依赖，建立循环经济体系。在资源高效、减量、循环利用的基础上，挖掘资源潜力，继续发挥资源对经济增长的贡献作用。同时建立和完善自然资源方面的生态补偿制度和排污权交易体系，促进传统的粗放发展模式转变为绿色发展模式。

其三，重视对生态环境的治理和保护，避免走先发展后治理的老路。要实现长江经济带的产业绿色发展，不仅要对产业发展模式进行创新，对于承载产业发展的生态环境也要注重治理和保护。各地要花大力气对环境进行治理，制定完善的治理措施，杜绝治标不治本的现象。全方位建立生态环境的绿色保护机制和污染预防机制，避免环境事件的发生，对可能发生的环境污染事件有应急能力。完善环境规制体系建设，将环境治理和保护的成本内化为生产成本，形成经济发展同步于环保的新型生产模式[41]。

其四，优化产业结构，避免产业单一、区域间产业重构。要实现长江经济带产业的绿色发展，就必须建立合理的产业结构，三次产业间比例合理，产业内结构平衡，将单一主导的结构向多元主导结构转变。形成支柱产业带动发展，新兴产业引领发展的经济建设模式。加大对落后产业、落后产能的治理力度，发展一批高技术产业、绿色产业，并提高这些产业在经济增长中的贡献率。强调区域和产业协同发展，形成区域间、产业间互联互补、互惠互助，避免区域间的产业重复，以发挥地区优势，建立一批特色产业。

其五，重视科技创新，进一步提升科技创新对生产的贡献率。无论是传统产业的转型升级，或是新兴产业的高速发展，其背后的推力都来源于科技创新。要实现产业绿色发展，就必然大力响应国家的创新驱动号召，提升科技进步的速度和技术转化率。全社会应该形成尊重知识、尊重人才的风气，加大产学研结合力度，国家和地方对初创型科技企业的扶持力度进一步加大。

3.1.2　产业绿色发展的理论框架

（1）发展主线——创新驱动

长江经济带产业要实现绿色发展，必须打破传统粗放型的发展路径，寻找新的动力机制。随着长江经济带人口结构问题加剧和资源环境约束日益严峻，低要素成本的优势逐渐消失，要素投入的边际效率递减的特征凸显，“高投入、高能耗、低质量、低效益”的经济发展方式难以为继，无法继续支持我国经济发展向高收入水平迈进。长江经济带产业发展由要素驱动向创新驱动转变，是打破产业发展低效率路径依赖的核心动力。通过创新驱动力推动长江经济带现代农业、传统产业、战略性新兴产业、现代服务业向生态化、高端化、规模化和智能化发展，实现产业绿色发展目标。创新驱动对于提升长江经济带经济增长的速度和质量、加快经济发展方式转变具有重要的现实意义。

• 技术创新是引领长江经济带产业绿色发展的基石，通过产业技术创新，利用先进技术改造和提升传统产业，用先进产业代替落后产业，既可以节能降耗，减少经济发展对生态环境的威胁，又能同时提升产业竞争力。

• 组织创新是引领长江经济带产业绿色发展的载体，合理的产业组织结构是技术创新的必要条件，而技术创新又是产业结构优化的途径[42]，因此产业组织创新是实现产业集约高效发展、效益提升的关键所在。

• 商业模式创新是促进长江经济带产业绿色发展的助推器，尤其是在工业化和信息化融合的基础上发展“互联网＋”商业模式创新，可以带动行业运营和价值创造模式的变革，发掘价值创造和传递的新渠道，提升产业活力。

• 制度创新是促进长江经济带产业绿色发展的外部动力，是政府实施创新驱动战略的重要抓手，通过制度创新，政府可以为产业扫清绿色发展过程中的障碍，推动产业变革向着正确的方向迈进。

• 体制机制创新是促进长江经济带产业绿色发展的重要保障，通过设计各种有效的方案和务实的策略，推进长江经济带产业绿色发展。因此，长江经济带产业绿色发展以创新驱动为主线，是长江经济带经济和社会可持续发展的关键所在[43]。

（2）发展路径——产业转型升级与协调发展

长江经济带产业绿色发展的背景是沿江产业发展与资源、环境、生态之间的突出矛盾，绿色发展并不意味着要否定经济增长，而是需要寻求一种经济、资源、环境、生态相互协调与均衡的发展方式[44]。总体来说，由高能耗、高排放、高污染、低附加值向低能耗、低排放、低污染、高附加值转型，是长江经济带产业实现绿色发展的重要路径。

• 长江经济带产业转型升级应推动现代农业生态化发展，长江经济带中上游地区是我国重要的农产品主产区，而粗放式的农业产生方式给长江经济带土壤、水资源带来严重损害，并且农业生产受土地、水、劳动力等要素资源约束性增强。因此，促进现代农业向集约化、清洁化生产方式转变，提高农业资源利用效率，构建低碳、循环、绿色的现代农业产业体系是推动长江经济带产业绿色发展的重要着力点。

• 长江经济带转型升级应推动长江经济带传统产业高端化发展，传统型企业受到产能过剩和资源与环境的束缚，面临低成本优势快速递减的局面，传统产业举步维艰，发展疲软，已经失去对长江经济带经济发展的带动作用。因此，加快传统产业的提质增效是促进长江经济带产业绿色发展的重要着力点。

• 长江经济带产业转型升级需推动战略性新兴产业规模化发展，战略性新兴产业具有高附加值和低排放的双重特征，也能带动传统产业提高发展质量，但是目前战略性新兴产业在长江经济带中的规模化还不明显，对经济的带动作用有待增强。因此，提升战略性新兴产业比重对长江经济带产业绿色发展具有重要促进作用。

• 长江经济带产业转型升级需推动现代服务业网络化发展，是提升工业、农业发展质量的重要支撑。因此，创新现代服务业发展模式是促进长江经济带产业绿色发展的重要保障。

另外，实现长江经济带的产业绿色发展需要做到产业和区域协调，长江经济带横跨我国东、中、西三个区域，在资源禀赋、经济发展水平、产业发展质量等方面存在明显的区域差异[45]。因此，应以协调发展实现长江经济带产业的绿色发展。

• 长江经济带中上游地区承接产业转移是提升当地经济发展质量和促进区域经济协调发展的重要途径，因此，走绿色承接产业转移之路，是推动长江经济带协调发展的应有之义。

• 长江经济带较大的区域差异是发挥资源比较优势、发展特色产业的重要依据，而且产业集聚达到一定水平后，可以提高绿色发展效率[46]。因此，长江经济带产业生态化布局的有序、分工合理、集聚发展，是提高长江经济带产业发展质量和经济实力的重要路径。

• 合理的生态补偿机制可以在环境与经济协调发展中发挥重要作用，有助于改善环境、带来可持续发展。因此，着力构建跨区域的横向生态补偿机制是平衡长江经济带上、中、下游区域产业发展利益的重要保障。

（3）发展方式——质量效率型增长

调整长江经济带的产业发展方式具有客观的现实依据。一是长江经济带传统行业盈利能力偏低，多数行业利润率持续走低，而这些又是能源消耗和污染物排放较高的产业；二是长江经济带高新技术产业整体规模较低，盈利能力不强，对绿色发展的支撑能力不足；三是长江经济带能源利用效率较低，能源供给约束增强导致供需矛盾突出。

长江经济带实现质量效率型发展方式具体表现为以下方面：一是全要素生产率的提升，质量效率型增长强调利用尽可能少的要素投入追求尽可能大的产出，这就要求提升生产环节中对要素的使用效率，因此设法提升全要素生产率是追求质量效率型增长的做法之一；二是产业集约化发展，突出规模优势，加快产业聚集，以构建产业园方式形成产业的规模优势，降低生产中间环节的交易成本，强化产业内部技术溢出，以此带动产业质量效率型增长。产业绿色化转型，对资源环境依存度降低，推动传统产业向绿色化进步、延伸产业链、加快环保型新兴产业建设，以强调智力投入，提升产品和服务的科技含量和附加值来代替生产过程中对自然资源投入的依赖，借此以最小的自然资源投入寻求最大的经济效益。

（4）发展模式——产业生态化发展

长江经济带社会生产和生活，都离不开对自然资源的利用和对环境的依存，良好的生态环境是长江经济带得以发展的必要条件。然而，如今长江经济带已难以承受传统产业发展模式所产生的巨大环境损害，“自然资源—产品—废物”的线性物质流动造成的“大量生产、大量消费、大量废弃”发展模式是导致长江经济带生态环境损害的主要原因，产业生态化转变势在必行。

产业生态发展模式是以改善产业与环境关系为目的，以企业内部、产业之间这两个层面为出发点进行改变。企业内部应从生产技术和管理体系等方面入手，改善生产工艺减少产品生产过程中对自然资源的依赖和浪费，从而直接减少社会生产活动对自然资源以及生态环境的威胁；产业生态化应考虑不同生产过程之间的关系，构建产业协调、融合的生态化发展模式，以物质流的闭路循环为特征形成生产环节的系统耦合，使生产过程中产生的废弃物资源化，以此降低产业发展对自然资源的依赖，同时减少生产活动对生态环境的损害。

因此，构建生态园区和循环经济模式所产生的协同效应能够实现企业物质利用减量化、园区废弃物资源化和环境库兹涅兹曲线平缓化，这是长江经济带产业加快向资源节约型和环境友好型转型的内在逻辑[47]。

（5）发展目标——产业可持续发展

改革开放以来长江流域省（市）经济快速增长，成绩斐然，成为拉动我国社会发展的重要增长极，与此同时也因此付出了巨大的环境代价，尤其是追求速度型的经济发展模式导致产业发展粗放，从而造成自然资源的超常规利用和生态环境的破坏。随着改革进入全面深化阶段，依靠投资拉动和要素驱动的产业发展方式的弊端越加明显，经济发展需要向依靠创新驱动提高要素利用效率的产业可持续发展方向转变。

对于长江经济带而言，实现产业可持续发展即是谋求产业系统、能源系统和环境系统的有机协调和统一。对于长江经济带产业可持续发展的目标，具体而言，一是产业发展应逐步降低对自然资源和化石能源的依赖，改变长江经济带既有增长方式和发展模式形成的路径依赖和碳锁定现象，实现产业发展与资源、能源消耗的脱钩[48]；二是产业发展应逐步降低对生态环境的损害，改生产过程的线性化物质流动模式为“资源—产品—再生资源”的循环经济模式，削减污染物排放，实现产业发展与环境损害的脱钩。

3.2　长江经济带产业绿色发展的战略目标

3.2.1　长江经济带产业绿色发展的指导思想

推进长江经济带产业绿色发展要顺应全球新一轮科技革命和产业变革趋势，确定“三带一走廊”的战略思想定位，将长江经济带打造成“创新驱动产业发展的试验带、上中下游互动合作的产业协调发展带、沿江产业绿色转型升级示范带及陆海双向开发新走廊”，以“推动产业集约式发展、促进产业生态化发展、实现产业可持续发展”为总体目标，坚持创新、协调、绿色、开放、共享的发展理念，以沿江布局的国家级产业园区、自主创新示范区、产业示范试点区、五大城市群为依托，以创新驱动为主线，以产业转型升级和协调发展为路径，全面提升长江经济带产业绿色发展竞争力，推动长江经济带成为我国产业转型升级的重要支撑带。

3.2.2 长江经济带产业绿色发展的指导原则

改革引领、创新驱动。坚持以改革引领长江经济带产业绿色发展，以改革释放产业绿色发展新动力，推动产业集约发展机制改革、低碳科技体制改革、环境保护制度改革，探索推进长江经济带产业绿色发展的新模式和新路径。坚持市场在资源配置中的决定性作用，以绿色低碳为方向，加快推动技术创新、组织创新、商业模式创新和管理创新，打造一批产业绿色发展的新业态、新模式，实现长江经济带产业由要素驱动向创新驱动的根本转变。

统筹规划、协调发展。在国务院总体战略部署的指导下，统筹规划长江经济带现代农业、战略性新兴产业、传统产业、现代服务业发展的战略重点和主要任务，确定一批推动长江经济带产业绿色发展的示范项目，通过以点带面，面面互动，形成产业绿色发展格局。立足长江经济带上中下游的主体功能定位，合理布局沿江产业，避免产业同质同构竞争，统筹产业与区域协调发展，实现长江经济带绿色崛起。

融合发展、凸显特色。坚持信息化与新型工业化、农业现代化、服务业网络化深度融合，依靠大数据、互联网、物联网、云计算等新一代信息技术推动长江经济带形成绿色高效的组织模式和商业模式。坚持差异化发展战略，充分挖掘长江经济带上中下游的特色产业资源，着力培育长江经济带产业发展的绿色品牌、生态产业、循环园区，形成各具特色、低碳集约、优势互补的产业发展新格局。

借鉴经验、因地制宜。首先，充分借鉴发达国家大江大河流域在产业绿色发展领域的成果和经验。通过国际流域在生态经济、循环经济、低碳经济以及可持续发展等领域建设的经验进行分析，从产业布局、产业发展方式、传统产业转型、新兴产业培育、资源节约集约利用、政策保障措施等多方面对产业绿色发展经验进行总结。其次，深入剖析长江经济带产业发展的现状，明确长江经济带产业绿色发展的优势和劣势，探索适合长江流域绿色发展的路径。

企业主体、项目带动。坚持企业在产业绿色发展中的主体地位，鼓励企业积极开展低碳节能技术创新、绿色供应链创新、清洁生产方式改造，以行业龙头企业为重点，积极实施企业绿色发展战略，带动中小企业形成沿江产业绿色发展联盟。坚持以项目实施推动产业绿色发展，在沿江国家级高新技术开发区和经济开发区布局一批绿色产业和产业绿色化项目，通过政府政策支持和引导，大力推进低碳、循环、绿色产业发展，打造绿色生产空间。

共建共享、产城和谐。坚持市场主导、政府推动、公众参与发展原则，从长江经济带企业清洁生产、政府绿色政策保障、公众绿色消费等方面推动产业绿色发展，使得沿江的人居环境得到有效改善，长江流域水环境更加清洁健康，沿江居民共享产业绿色发展的成果。坚持长江经济带产业发展与新型城镇化建设相结合，以产业低碳促进城市生态化建设，为沿江居民创造良好的生产、生活环境。

3.2.3　长江经济带产业绿色发展的战略思路

围绕产业绿色发展的内在逻辑，即发展方式为质量效率型集约增长，发展模式是生态化发展（资源节约型和环境友好型），发展目标是实现产业可持续发展，将以创新驱动作为长江经济带产业绿色发展的主线，通过技术创新、组织创新、模式创新、制度创新和体制机制创新打造产业绿色发展的动力[49]。通过长江经济带产业转型升级和产业协调发展两条路径实施产业绿色发展战略，以战略性新兴产业规模化、传统产业高端化、现代服务业网络化、现代农业生态化为着力点，推动长江经济带产业转型升级，以产业绿色承接转移、布局生态化和生态化补偿机制为着力点，促进长江经济带产业协调发展（如图 3－1 所示）。

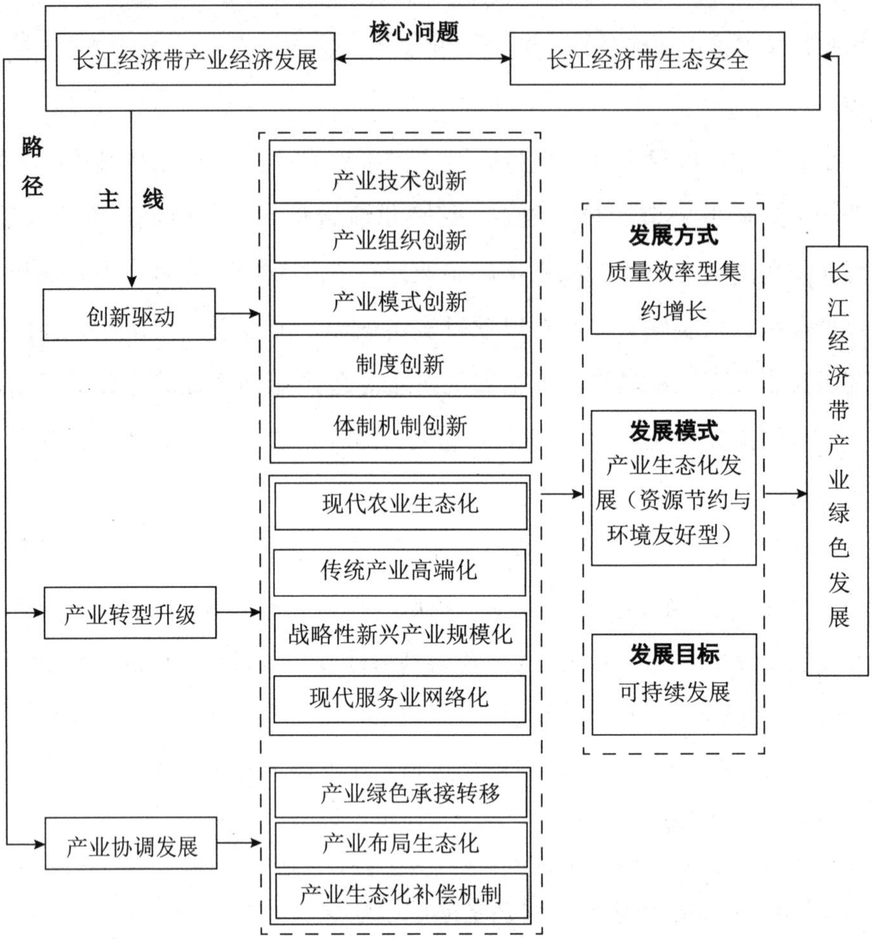

核心问题

长江经济带产业经济发展 ↔ 长江经济带生态安全

路径

主线

创新驱动 → 产业技术创新；产业组织创新；产业模式创新；制度创新；体制机制创新

产业转型升级 → 现代农业生态化；传统产业高端化；战略性新兴产业规模化；现代服务业网络化

产业协调发展 → 产业绿色承接转移；产业布局生态化；产业生态化补偿机制

发展方式 质量效率型集约增长

发展模式 产业生态化发展（资源节约与环境友好型）

发展目标 可持续发展

→ 长江经济带产业绿色发展

图3－1　长江经济带产业绿色发展战略思路

具体来看，长江经济带产业绿色发展应依托多元化的平台进行，以示范试点形成可复制的经验和模式，促进长江经济带全流域的产业绿色发展。应以五大城市群为依托推动长江经济带产业绿色发展，以六大国家自主创新示范区为依托打造长江经济带产业绿色发展动力，以两大国家两型社会建设试验区为依托探索产业绿色发展体制机制创新，以五大国家级承接产业转移示范区为依托探索绿色承接转移模式，以多家国家级产业园区为依托推进产业绿色转型升级。

（1）以五大城市群为依托推动长江经济带产业绿色发展

长江经济带产业绿色发展应以五大城市群为依托，在城市群内部打造产业绿色发展联盟，实现城市群形成的合理布局，促进产业绿色、协调发展。长三角地区具有明显的创新资源和产业优势，在新一轮产业技术革命和产业承接转移浪潮中，加速产业内部结构调整，重点推进节能环保服务业，加快发展新能源汽车等高新技术产业。长江中游城市群应发挥比较优势，承接长三角、珠三角产业转移，内部城市联手打造战略性新兴产业联盟，依据主体功能区定位，加快发展现代农业和生态农业。成渝城市群应对接“一带一路”倡议，加快产业向东向西开放式发展。黔中和滇中城市群应依托生态资源大力发展文化、旅游、绿色能源等生态产业。

（2）以六大国家自主创新示范区为依托打造长江经济带产业绿色发展动力

国务院已在长江经济带批准武汉东湖（2009年）、上海张江（2011年）、苏南（2014年）、长株潭（2014年）、成都（2015年）、杭州（2015年）六大国家级自主创新示范区。依托六大国家级自主创新示范区，探索增强企业自主创新能力、促进低碳技术研发和产业化应用的体制机制；探索构建地方优势产业、新兴产业及传统产业绿色发展的路径。

探索增强自土创新能力的路径，加快示范区内低碳、绿色、循环科技基础设施建设，打造一批具有世界一流水准的环境保护、治理实验平台和科研装置，加快绿色低碳技术在产业领域的应用推广。积极探索产学研用相结合的科技创新与转化模式，依靠自主创新示范区内的重点科研院所和部属院校，围绕长江经济带产业绿色发展需求，开展绿色低碳技术的联合攻关。加快打造绿色高层次人才集聚高地，依托自主创新示范区所在省（市），结合国家级人才培养计划，完善绿色科技型人才引进机制，优化科技人才队伍结构，打造绿色科技型人才集聚区。

加快培育绿色创新型企业。企业是推进长江经济带产业绿色发展的主体，引导长江经济带行业内龙头企业率先实施绿色发展战略，鼓励企业实施清洁生产方式，加快完善企业绿色供应链管理。打造一批由行业龙头企业牵头、骨干创新型企业参与、联合区域重点科研院所和高校的产业低碳技术创新战略联盟，充分发挥市场机制在技术创新中的作用，探索完善产业低碳技术创新联盟的合作机制、利益分享机制、风险防范机制。

（3）以两大国家级两型社会建设试验区为依托探索产业绿色发展体制机制创新

长株潭城市群和武汉城市圈两大国家级两型社会建设试验区为产业绿色发展体制机制创新提供了较好的平台，而且，已探索形成了诸多推动产业绿色发展的体制机制及政策保障。体制机制创新是保障和推动长江经济带产业绿色发展的重要因素，也是以体制机制改革释放产业绿色发展活力的重要任务。未来长江经济带的建设应以这两大试验区为基础，深入探索改革长江经济带产业绿色发展的新体制、新机制，形成推进产业绿色发展的新模式。

积极探索能源价格形成机制，特别是煤炭、石油、天然气等化石能源的价格形成机制，将煤炭、石油、天然气等化石能源开采利用的环境成本计入企业用能成本之中，缩小化石能源利用的社会成本和企业私人成本差[50]。加快完善水权交易、碳排放权交易、排污权交易等多项市场型环保制度，尽快将造纸、钢铁、石化等重点污染行业纳入能权交易体系内。加快完善绿色金融制度，推广绿色证券、绿色信贷、环境保险制度，为企业绿色发展提供融资保障。加快形成以源头控制、过程控制和末端治理为一体的产业绿色发展管控体系，设置产业绿色准入机制，完善企业排污收费机制，以体制机制创新倒逼长江经济带产业绿色发展。完善长江经济带横向补偿机制，激励地方政府主动实施产业转型升级，降低对区域生态环境的损害。

（4）以五大国家级承接产业转移示范区为依托探索绿色承接转移模式

目前，国家已在长江经济带布局了五大国家级承接产业转移示范区，即皖江城市带承接产业转移示范区、湘南承接产业转移示范区、湖北荆州承接产业转移示范区、江西赣南承接产业转移示范区、重庆沿江承接产业转移示范区。促进长江经济带中上游地区承接产业转移是实现长江经济带产业协调发展的重要路径。国务院发布的《关于依托黄金水道推动长江经济带发展的指导意见》明确提出，“借鉴负面清单管理模式，加强对产业转移的引导，防止出现污染转移”。

加快制定承接产业的负面清单，制定严格的承接产业环境标准，严格限制和禁止高能耗、高排放、高污染行业转移至长江经济带中上游地区。分析和研究长江经济带中上游地区的资源环境承载力及产业转移对承接地的环境效应和经济效应，准确识别承接产业的类型和标准。构建产业绿色转移对接平台，承接产业地应积极完善循环经济园区、低碳节能基础设施等配套环境，按照补链、强链的要求承接下游产业，吸引下游地区和国际绿色产业转移。

推动长江经济带产业绿色承接转移的机制创新。对绿色产业的承接转移给予土地、资金及其他生产要素方面的优惠政策，优先保障绿色产业的用地和资金需求。完善承接产业转移的考核评价机制，加大对承接产业转移的绿色化水平、创新性水平、结构优化水平等方面的考核，将绿色承接产业转移的目标任务纳入各级政府目标管理中，实行严格的倒逼机制。

（5）以多家国家级产业园区为依托推进产业绿色转型升级

2015 年国家发改委发布《关于建设长江经济带国家级转型升级示范开发区的实施意见》，明确提出在长江经济带 11 省（市）各选择 2—3 家开发区，重点推进长江经济带产业转型升级试点示范，其主要任务之一是建设绿色发展示范开发区。长江经济带产业绿色转型升级应以沿江这些国家转型升级示范区为依托，实行多点开花，带动其他省级开发区实现产业绿色转型升级。

加快发展园区循环经济，按照减量化、再利用、再循环的原则布局园区企业生产流程和产业链。重点在沿江布局的化工、造纸、有色金属冶炼加工行业实施循环经济园区试点试验。加快形成可复制的园区产业绿色转型升级模式，积极向其他省级开发区推广应用。

3.2.4　长江经济带产业绿色发展的战略目标

长江经济带产业绿色发展的总体目标是：到 2020 年，绿色发展理念和模式成为长江经济带 11 省（市）产业发展的核心，长江经济带产业绿色发展的体制机制改革基本形成，绿色创新成为推动长江经济带产业发展的新引擎，沿江重化工型的产业结构得到有效调整，产业绿色发展水平得到显著提升。

绿色创新能力大幅提升。长江经济带11省（市）产业发展实现由资源、能源等要素驱动向创新驱动转变，绿色研发投入不断提高，节能环保型专利占比得到较大幅度提升。实现产业绿色工艺改造在长江经济带全面覆盖，在战略性新兴产业领域，突破一批关键核心技术，节能环保、新材料、新能源、新能源汽车产业的技术创新水平得到显著提升。企业组织生态创新文化逐步形成，绿色自主创新能力得到显著提升，打造一批具有绿色创新型的领军企业。

产业结构得到明显优化。长江经济带产业结构调整和转型升级效果明显，高效、清洁的绿色制造体系基本形成。战略性新兴产业规模得到显著提升，产业智能化水平与信息化水平持续提高。现代服务业和高技术生产性服务业规模持续提高，现代农业绿色精深加工能力持续增强，农业生态化发展水平显著提升。产业生态化布局基本形成，产业发展与自然环境承载力协调发展。

资源节约程度明显提高。长江经济带产业能源消耗增速减缓，六大高耗能行业规模得到有效控制，煤炭等化石能源消耗量持续降低，清洁能源消费量占产业能源消费量的比例显著提高。单位工业增加值用水量进一步下降，节水型农业面积持续提高，工业废物循环利用率进一步提高。

环境友好水平显著提高。长江经济带单位工业产值的二氧化碳、二氧化硫、化学需氧量、氨氮、氮氧化合物等主要污染物排放量显著下降。长江水质和土壤重金属污染治理效果显现。绿色标志产品种类明显增加，市场规模持续提升。清洁生产水平大幅提升，清洁生产技术、工艺、装备全面普及。长江水质和生态环境质量得到明显改善。

到2025年，长江经济带绿色创新驱动产业发展能力进入世界前列，产业绿色发展的内生动力全面形成，产业结构的高级化水平引领全国经济可持续发展，上中下游产业有序协调发展，成为支撑我国产业转型升级的重要经济带。长江经济带产业绿色发展的具体指标见表3－1。

表 3-1　　长江经济带产业绿色发展的战略目标

类别	指标	2014 年	2017 年	2020 年
创新能力	规模以上工业企业有效发明专利数占全国比例/%	44.8	49	53
	新产品销售收入比例/%	51	54	59
	研发投入占区域 GDP 的比重/%	1.47	2.1	2.5
产业结构	战略性新兴产业占 GDP 的比重/%	7	12	17
	服务业增加值占 GDP 的比重/%	44	51	54
经济发展	经济总量占比/%	41.6	42	43
	出口产品规模/千亿美元	10.7	12	15
	平均居民消费水平/万元	1.85	2.2	2.7
	规模以上工业企业销售产值/万亿元	45.7	60	78
污染减排	化学需氧量减排量/吨	838.08	776	700
	二氧化硫减排量/万吨	678.77	629	580
	氨氮减排量/吨	103.22	95	88
	氮氧化物减排量/吨	687.41	637	590
节能降耗	万元 GDP 能耗变化/%	-5.4	累计降速 15	累计降速 30
	万元工业增加值能耗变化/%	-9.5	累计降速 25	累计降速 40
	万元 GDP 电耗变化/%	-5.6	累计降速 15	累计降速 30

数据来源：创新能力、产业结构和经济发展中各指标数据测算来自《长江经济带创新驱动产业转型升级方案》。其他数据测算依据《中国统计年鉴（2011—2014）》《中国环境统计年鉴（2011—2014）》《中国能源统计年鉴（2011—2014）》，全国总量为各省（市）区地区生产总值加总，高于国家统计局公布的年度 GDP 数据。

3.3 长江经济带产业绿色发展的战略重点

3.3.1 构建区域创新体系，提升绿色创新能力和水平

区域创新体系（RIS）是推动长江经济带产业发展由要素驱动向创新驱动转型的重要保障。从创新的过程来看，区域创新体系应包括创新的投入、创新的主体、创新的内容和创新的产出四大子系统[51]。从内部结构来看，长江经济带创新体系应包括区域创新战略、产业创新战略及企业创新战略（如图3－2所示），其中，企业绿色创新是长江经济带区域创新体系的核心。

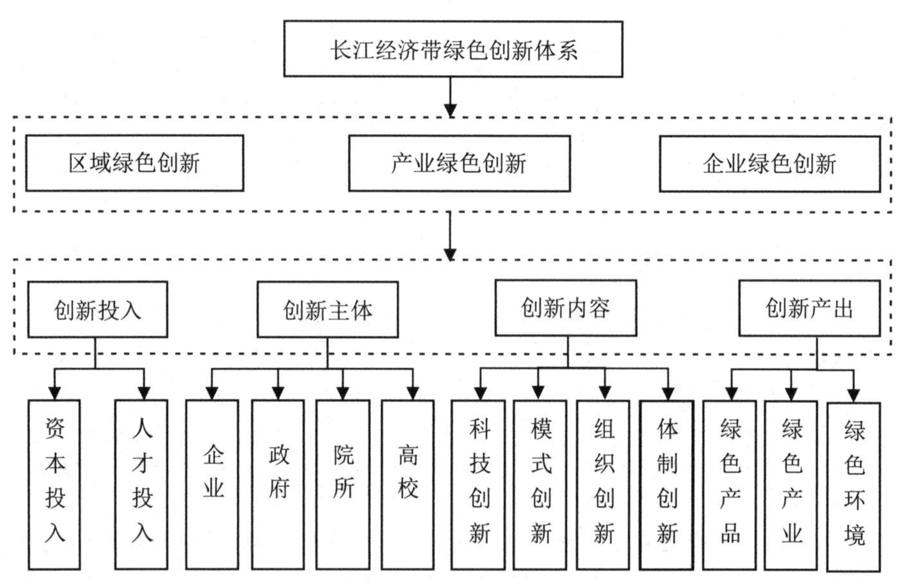

图3－2 长江经济带绿色创新体系

（1）强化绿色创新资本投入和人才发展战略

引导企业增加绿色创新投入。长江经济带应建立以企业为主体，各级政府引导，银行、保险、证券等多种金融机构参与的多元化资本投入机制，共同促进长江经济带绿色创新。加大企业绿色创新研发资金投入。一是鼓励长

江经济带各省（市）加大对节能环保、新能源、新能源汽车、生物产业的技术研发投入，该类产业可提高能源利用效率，替代煤炭、石油等化石能源，直接减少污染物排放；二是鼓励新一代通信技术、新材料、高端制造业等战略性新兴产业中的龙头企业，加大绿色科技研发投入，加快在这类产业中实现绿色、低碳技术突破。

引进和培养符合长江经济带产业绿色发展的人才需求，是实施绿色创新的重要保障。一是加快改革人才管理体制，鼓励长江经济带 11 省（市）建立绿色创新型人才流动机制，在绿色创新型人才的选拔、任用中给予政策的灵活性和开放性；二是围绕长江经济带发展战略性新兴产业需求，加大引进该领域海外高层次人才，联合攻关一批产业绿色发展的关键共性技术；三是推动人才结构战略性调整，尽快梳理长江经济带绿色创新型人才缺口，依靠沿江高校和科研院所等人才培养机构，灵活调整人才培养机制，加大面向长江经济带绿色创新发展的培养力度，逐步形成绿色管理人才、绿色专业人才、绿色服务人才为一体的人才队伍结构。

（2）加快建立政产学研用相结合的协同创新战略

长江经济带建设包括长江上中下游 11 个省（市），各省（市）之间的创新资源均有所差异，因此，实施协同创新是长江经济带依靠创新驱动实现产业绿色转型升级的重点。

其一，依靠沿江分布的国家级协同创新中心，加快探索协同创新的合作机制，充分汇聚产业绿色发展需求的政产学研用创新资源，比如，依靠能源材料化学协同创新中心、南方稻田作物多熟制现代化生产协同创新中心、煤炭分级转化清洁发电协同创新中心等，在新能源、生态农业、煤炭能源清洁化等领域协同攻关。

其二，依靠 11 省（市）省级协同创新中心，充分汇聚各省（市）创新人才、平台等资源。比如，湖南省可依靠中南大学牵头的两型社会与生态文明协同创新中心和金属资源战略研究院、湖南大学牵头的绿色汽车协同创新中心等。四川省可依靠四川大学牵头的先进磷化工技术与装备协同创新中心、西南交通大学牵头的制造业产业链云服务平台技术协同创新中心、西南石油大学牵头的页岩气勘探开发协同创新中心等。加快长江经济带各省级协同创新中心在人才协同培养、组织协同管理、人才资源会聚、创新任务协同、科技协同体制机制改革等领域的试验，围绕长江经济带产业绿色发展的重大需求，共同承担一批重大科研攻关项目，解决产业绿色转型升级面临的核心难题。

（3）加快实施全方位的绿色创新项目战略

绿色科技创新是长江经济带产业实现绿色发展的核心。一是加快完善绿色技术标准体系，在科学测算长江经济带资源环境承载力的基础上，制定长江经济带各行业的用能、用水、用电及污染物排放标准，逐步提高对沿江布局的化工、钢铁、有色、造纸、农副食品加工等传统高能耗行业的污染物排放标准；二是鼓励长江经济带行业企业之间建立技术创新联盟，促进节能减排技术的研发和绿色低碳产品的推广应用，并以企业技术联盟为基础制定联盟标准，形成对长江经济带行业的共同约束。

商业模式创新和组织模式创新是长江经济带实施产业绿色发展的另一重要战略。鼓励生产模式数字化和个性化，加快实施以互联网和智能化信息技术为支撑的智能化大规模定制模式。引导产业组织虚拟化、网络化发展，借助互联网技术将产业发展的物质流虚拟化为信息流。促进长江经济带各产业加速应用新一代信息技术、新能源技术、新材料技术，不断提高产业能效。加快制造业与服务业的深度融合，创造促进产业绿色发展的新模式、新业态。

体制机制创新是释放长江经济带创新活力，促进产业绿色发展的重要保障。一是充分发挥长江经济带11省（市）在区域创新中的主导作用，加快区域内科技创新、人才培养、科研评价等体制机制改革，完善科技企业孵化器、大学科技园等创新载体建设；二是加强区域间的合作，尤其是上游地区与长三角地区的科技合作，消除创新壁垒，加快低碳、节能技术向上游地区转移。

（4）加快实施绿色创新产出战略

以长江经济带产业发展的供给侧改革为抓手，加快实施绿色创新产出战略。其一，鼓励企业进行绿色产品开发，通过政府绿色采购、税收补贴等形式助推企业扩大市场份额，逐步提高产品竞争力。其二，构建绿色产业体系，基于长江经济带上中下游的资源优势和产业基础，加快构建绿色工业体系、绿色农业体系和绿色服务业体系。其三，实现长江经济带产业发展与环境保护共赢，通过产业绿色发展降低对长江经济带自然资源的开发利用强度，降低产业发展对地区生态环境的损害。

3.3.2　加快产业结构调整，大力发展战略性新兴产业

产业结构调整对实现长江经济带产业绿色发展具有重要作用。目前工业增加值单位碳排放是服务业的 2—3 倍，工业比重下降能够显著降低碳排放[52]。长江经济带高能耗工业部门增加值占 GDP 的比重的下降将带来可观的二氧化碳减排效果。从长江经济带产业结构来看，以钢铁、石化为主的重化工产业结构是造成环境污染严重和能源消耗量较大的主要原因，因此，大力发展战略性新兴产业，既是促进产业低碳化发展，降低能源资源消耗的主要举措，也是提升长江经济带产业经济竞争力的关键所在。战略性新兴产业对产业绿色化发展的作用途径如图 3－3 所示。

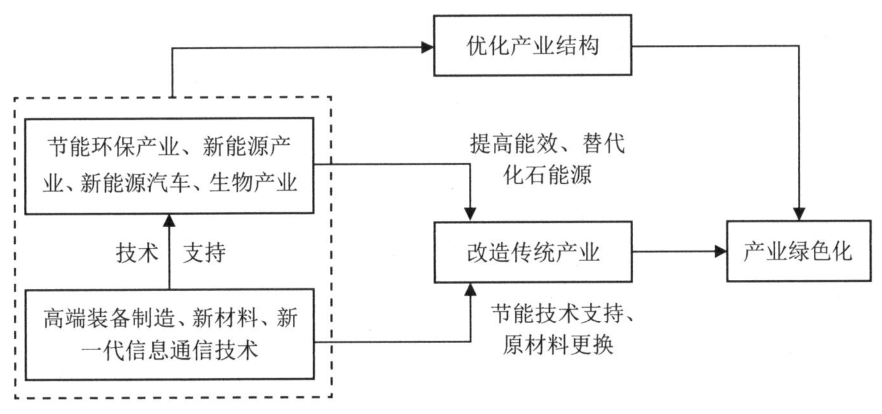

图 3－3　长江经济带战略性新兴产业发展对产业绿色发展的作用途径

（1）发展环保型装备产业，为产业绿色发展提供支撑

高端装备制造业、新材料产业、新一代信息通信技术产业能够为长江经济带传统产业的转型升级和低碳化改造提供技术支撑。比如，长三角地区和长江中游城市群新材料产业具有雄厚的科研实力和产业基础，上海、苏州、杭州、宁波具有纳米新材料研发中心，武汉、长沙、南昌等地在电子新材料、生物及环保材料、粉末冶金、化工新材料、新型建筑材料等领域具有突出优势，成渝经济区在稀土功能材料、稀有金属材料、半导体材料等特种金属功能材料领域具有突出优势。这些节能环保材料和新型工业用材料具有低碳清洁的属性和特征，可以为传统产业向绿色转型升级提供技术支撑和材料支撑。

成渝经济区成都城市群在清洁高效发电设备、新能源设备、节能环保设备、海洋石油钻探设备等高端装备制造产业领域具有突出优势，这类高端装备制造业能够为长江经济带产业绿色发展提供坚实的装备支持。武汉、南昌、长沙、株洲在高档数控装备、输变电设备、工业机器人、高端电力牵引轨道交通转变等领域具有突出优势，这类产业对提高工业全要素生产率具有重要支撑作用。

新一代信息技术产业对长江经济带产业智能化、服务化发展具有重要作用。长三角城市群可发挥电子信息研发、设计、制造和服务方面的优势，长江中游城市群武汉、长沙、南昌可发挥光电子信息、下一代网络、信息服务、卫星导航方面的优势，成渝经济区可发挥集成电路、高端软件、智能终端等方面的优势，为长江经济带产业智能化发展和高效率发展提供支撑。

（2）发展节能环保型产业，改造和升级传统产业

节能环保产业具有直接减排的作用，长江经济带应注重发展节能技术、装备产业和节能服务产业。可以依托成渝经济区成都城市群的节能环保装备产业优势，大力发展智能电网装备、水电、风电及太阳能等可再生资源利用装备、节能仪器和设备、煤炭高效清洁利用设备、余热余压循环利用设备等。在钢铁、石化等传统产业中大力发展以合同能源管理为主的节能服务业。在资源循环利用产业中，大力发展矿产资源综合利用、废弃物综合利用、水资

源循环利用、农林废物资源化利用等技术和装备。

新能源产业发展可以有效替代煤炭、石油、天然气等化石能源，可以降低产业发展的废气、二氧化碳等污染物排放。在长江三角洲城市群地区，开发利用风能、太阳能、地热能等可再生能源，加快发展热电联产项目等。在长江中游城市群地区，加快开发咸宁、荆州、宜昌、岳阳、常德、娄底等地页岩气，推动勘探开发、钻井采气等环节关键技术突破。在黔中城市群，加快推进一批风力发电项目，以遵义薄膜太阳能电池设备研发基地为依托，加快新型高效电池技术、光伏发电和储能技术开发。

新能源汽车产业发展对长江经济带产业绿色转型和节能减排具有直接作用，该类产业可降低工业化过程中物流和人流的温室气体排放。在长江三角洲城市群，加快新能源汽车关键核心技术研发，以苏州金龙等骨干企业为主，提升新能源汽车整车技术和关键零部件技术，围绕南汽集团、东风悦达起亚等企业，重点推进新能源乘用车、新能源客车整车技术和动力电池、充电设备等配套产业。以市场化机制加快新能源汽车的推广应用。在长江中游城市群，加快武汉、长沙、株洲等新能源汽车研发和产业化。

3.3.3　优化沿江产业布局，促进产业绿色集群化发展

目前，长江经济带沿江产业布局以重化工、造纸、皮革等重污染型行业为主，这是长江经济带水资源污染的主要来源。因此，未来长江经济带要实现绿色发展，必须优化沿江产业布局，加快清洁、绿色产业集群化发展，不断提高产业集约发展，降低资源、能源消耗强度。

（1）统筹规划产业发展

由于长江经济带建设涉及 11 省（市）的协调发展，在现有行政管理体制下，区域协调与协同发展水平较低，严重制约了长江经济带“一盘棋”的发展战略实施。尤其在当前地方政府普遍追求 GDP 快速增长的发展思路下，沿江省（市）更加倾向于布局钢铁、石化、有色等大型工业项目。因此，需要统筹规划长江经济带上、中、下游的产业布局。重点可从以下方面谋划。

其一，由推动长江经济带发展领导小组牵头，建立高层次的产业发展协调机构，统筹规划长江经济带产业整体发展布局。加快推进长江经济带产业发展现状摸底工作，尽快确定长江经济带沿江产业污染源，科学评价各类污染源对长江经济带水资源及生态环境的损害程度，制定长江经济带产业布局的总纲，形成对各地方政府产业布局的有效指导和严格约束。在长江经济带产业发展整体规划的指导下，各级地方政府需科学合理地制定符合绿色发展要求的产业布局方案。

其二，各级地方政府应准确认识到长江经济带产业布局优化与经济社会可持续发展的紧密关系，牢固树立科学布局是为可持续发展服务的重要抓手，摒弃传统的粗放式产业布局策略，尤其是长江经济带沿江经济发展水平较低的地区，需要进一步创新产业发展思路，加快在战略性新兴产业和绿色低碳产业领域谋求新的经济增长点，积极开发长江经济带11省（市）的清洁产业或绿色产业。例如，长江中上游地区蕴含丰富的生态农业和旅游资源，在长江经济带产业整体布局过程中，可优先考虑和重点支持清洁产业的规模化发展。

其三，加快建立长江经济带11省（市）产业协调和协同发展机制。从长江经济带当前的产业布局来看，区域之间尚未形成合理的产业分工与协作，重复布局与重复建设问题导致产业集群发展程度较低，资源和能源利用效率较低。同时，拥有要素优势的地区未能形成特色优势产业，拥有技术优势的地区也未能促进地区产业高新化发展。究其原因，在于地方政府为了追求GDP发展而各自为政，产业结构同质化突出。因此，长江经济带11省（市）应统筹协调地区产业布局与规划，综合考虑地区要素资源优势和资源环境承载力，以黄金水道为纽带，形成产业优势互补、协同发展的格局。

（2）提升区域产业关联度

其一，加速长江经济带地区产业整合，优化区域产业结构。沿江地区应以地方重点支柱产业为基础，提高支柱产业的专业化程度，推进关联产业实施产业链整合。例如，长三角地区在船舶海洋工程装备产业领域具有突出的优势，因此，该地区可以以船舶海洋工程装备等高端装备制造业为支柱产业，利用长三角地区丰富的科教资源、技术优势及物流优势，提高船舶海洋工程装备等高端装备制造业的专业化、高新化水平。同时，围绕高端装备制造业，布局一批产业链前端和后端产业，比如，合理布局一批钢铁精深加工产业，这既能防止钢铁、有色等行业产能过剩，同时有助于倒逼钢铁、有色等传统产业向高端化发展。

其二，立足地区资源与要素禀赋优势，大力发展具有低碳环保特征的特色产业，降低长江经济带地区产业同构化程度。统筹谋划长江经济带区域产业布局结构，加速形成区域之间优势产业互补发展，有助于促进长江经济带经济社会发展实现整体腾飞。例如，长江经济带中上游地区在生态农业方面具有丰富的资源优势，因此，长江中上游地区可重点挖掘该类优势资源，大力发展具有现代化、产业化和规模化的生态农业产业，同时大力推进生态农业产业链向精深加工和生产方向转型，为市场提供高端生态农业产品，打造新兴特色产业增长点。

其三，提高长江经济带区域特色优势产业的辐射带动作用。“一区独大”极易导致资源过度集中于中心城市，而影响其他地区产业经济的快速发展。对于长江经济带而言，11 省（市）地方政府应该分层、分区域规划产业布局，一方面，集中优势资源发展重点优势产业和特色产业，避免地区之间盲目重复建设而浪费资源；另一方面，充分发挥中心城市特色优势产业对卫星城市的辐射带动作用，进一步细化城市之间的产业分工和差异化布局，提高地区之间的产业关联度和共生性。以湖南省长株潭城市群为例，在国家自主创新示范区建设过程中，长沙重点发展工程机械、新材料等产业，株洲重点发展轨道交通、通用航空等动力产业，湘潭重点发展智能制造、海工装备等产业，既形成了产业合理分工，又能带动湖南省“3 + 5”城市群协同发展。

（3）加快地区产业集群化发展

其一，提升长江经济带沿江省（市）园区经济发展质量。依靠工业园区推进产业绿色集群化发展是实现长江经济带产业绿色发展的重要途径。工业园区产业集群化程度越高，园区内企业分工协作程度越高，产业发展的外部规模经济效应就越显著，而且能够有效地降低资源、能源消耗与环境损害程度。因此，长江经济带11省（市）应坚持以国家级经济开发区和高新技术开发区为载体，按照循环经济的发展理念和思路布局园区产业，明确产业集群发展方向，开展招商引资项目。同时，当前长江经济带各省（市）面临园区内工业企业规模小、布局分散、尚未形成物质流与资源流合理配置的问题，因此，各省（市）应按照产业绿色发展的核心要求统筹园区发展，加快打造以主营业务收入过亿元的企业为龙头，中小型配套企业紧密对接的千亿产业集群，实现能源、资源、土地等集约高效循环利用。

其二，大力实施创新型产业集群培育工程。长江经济带沿线自东向西已有上海张江、杭州、苏南、武汉东湖、长株潭、成都六大国家级自主创新示范区，而且这些示范区内集聚了地区最有发展潜力的产业类型。因此，长江经济带11省（市）应以国家级自主创新示范区为载体，优化绿色产业集群。例如，长江中游地区可借助武汉东湖与长株潭国家自主创新示范区，合力打造生物医药、新能源、节能环保、新能源汽车、电子信息等绿色产业集群。

其三，大力发展绿色产业联盟。从现有的长江经济带产业布局来看，沿江省（市）在钢铁、新能源、精细化工、汽车、电子信息、新材料等领域均有较为完善的布局，而且这些行业已然成为地方经济发展的支柱型产业，因此，长江经济带可通过建立钢铁、石化、新能源、汽车、电子信息等多个产业联盟，寻求互惠共赢的利益增长点。例如，以石化产业为例，黄金水道的运输优势和沿江资源优势使其成为石化产业带，对此，石化产业应以龙头企业为主，配套企业为辅，建立石化产业联盟，形成从原材料供应、石化冶炼、产品精深加工、物流运输、废弃物回收等全产业链发展格局，助推长江经济带石化行业整体绿色发展。

3.3.4 引导产业有序转移，推动产业与环境协调发展

随着长江经济带建设的推进，长期以来形成的上、中、下游地区的产业梯度在短期内还难以完全扭转，这表明长江经济带地区之间产业合作与共赢发展的空间依然很大。同时，随着新一轮产业革命的持续推进，处于经济发展前沿面的长江下游地区亟须“腾笼换鸟”，加速产业结构转型升级，才能获得持续的发展，这为长江中上游地区的产业结构升级也提供了良好的发展机遇。但是长江经济带中上游地区处于重点生态功能区或限制开发区，环境保护压力相对较大，因此，在产业转移过程中，寻求经济发展与环境保护的共赢是新一轮沿江产业转移的首要任务。

（1）坚持生态优先，承接绿色环保产业转移

在新一轮产业承接转移过程中，长江中上游地区极易以牺牲生态环境而承接下游地区的污染型产业，这会加重中上游地区资源环境承载压力，也会对长江经济带水源地等重要生态保护区产生损害。因此，长江经济带中上游各省（市）在承接产业转移的同时，要注重生态保护优先，优先承接绿色环保产业；对于上游地区污染较大的产业要进行限制性承接。同时，中上游地区在承接的过程中还要积极进行技术改造、转型升级，对于污染较重、产能落后的产业要拒绝承接和加快淘汰，确保长江经济带在产业承接转移过程中，既能有效地促进长江中上游地区的经济社会发展，也能切实保护长江经济带整体的生态环境不受损害。

（2）依托产业优势，承接关联配套产业转移

由于长江经济带上、中、下游地区资源禀赋与产业发展的比较优势存在明显差异，各省市均有自身的优势产业和支柱型产业。例如，湖北省有汽车和零部件制造业、钢铁产业、纺织服装业及生物技术和新医药产业等优势行业，湖南则有工程机械、新材料、轨道交通、新能源汽车等优势产业；而四川、重庆以水电能源、电子信息、医药化工等作为支柱产业。从中可以看出，当前长江经济带中上游地区不同省市的优势产业存在一定的差异。在地区经

济发展的过程中，虽然各类产业对各省市 GDP 贡献较大，但产业配套发展水平较低，尚未形成健全的产业链，严重制约了地方经济的多元化发展。因此，长江经济带中上游各省市在承接产业转移过程中，要基于自身的区位优势与产业优势，按照“补链、强链”的要求，以提升产业竞争力为目的，有选择地承接产业转移。

（3）依托资源优势，承接深加工产业转移

长江经济带中上游地区丰富的资源优势是驱动下游地区产业转移的重要动力。例如，长江中上游地区的农业资源在整个国民经济中占据重要地位，中上游地区粮食产量占长江经济带的比重很大[53]，2014 年长江中上游地区粮食作物产量占长江经济带的比重高达 79.9%。因此，长江经济带中上游地区应该依靠农业资源优势，主动承接来自长江经济带下游地区及珠三角地区的农产品精深加工产业转移，提高农业产业附加值，带动中上游地区经济快速发展。同时，长江经济带中上游地区还具有丰富的矿产资源优势，例如，四川省铁矿储量超过长江经济带总量的 50% 以上，贵州省锰矿储量占长江经济带的 43.34%，江西省铜矿储量占长江经济带的 48.45% 等。因此，可以依靠金属矿产资源优势，主动承接来自长江经济带下游地区及珠三角地区的资源精深加工企业，提高长江经济带中上游地区资源型企业的产品科技含量和附加值。此外，长江经济带中上游地区蕴含丰富的生态旅游资源，因此，可以依靠生态旅游资源优势，积极承接一批旅游、健康、休闲等现代服务业，联合发展绿色、低碳的现代服务业。

（4）依托综合成本优势，承接劳动密集型产业转移

近年来，长江经济带下游地区劳动力和资源、能源等要素成本显著上升，各类行业企业发展的成本相对提升，而且受国际金融危机及国内经济发展下行压力增大的影响，导致企业利润空间进一步缩小。然而与下游地区相比，长江经济带中上游地区却具有较低的生产、生活等成本，而且，中上游地区还具有丰富的要素禀赋优势，工业基础成本也相对很低，劳动力资源又相当充足，因此，长江经济带中上游各省市应该依托自身综合成本优势，更多承

接劳动力密集型、生产加工型的纺织服装以及机械等相关产业的转移。此外，劳动力密集型产业和资源加工产业对当地生态环境影响较大，而且，长江中上游地区科技创新能力较弱，因此，在承接该类产业转移的过程中，要积极引进低碳、节能技术，同时，加强生态环境保护制度建设，避免以牺牲生态环境为代价而承接产业转移。

（5）依托区位优势，承接加工贸易和服务产业转移

对于长江经济带中游地区来说，拥有全国内陆最大的黄金水道，同时地处长江经济带的中部位置，辐射力很强，其交通优势明显，这是实施产业梯度转移非常关键的条件。而对于长江上游地区来说，其除了同样具有相同的交通优势以外，还具有与周边国家进行贸易往来的优势。因此，长江经济带中上游省份要充分利用这一良好的区位优势条件，借助“一带一路”建设的重大战略机遇，积极引进和承接下游地区加工贸易产业，在满足国内需求的同时，可以依托交通、地理等区位优势，积极拓宽贸易渠道，同时，带动长江中上游地区的金融、商贸物流等相关服务业的发展。这既有助于推动长江经济带中上游地区经济规模增大，也能促进产业结构向低碳化、轻量化转型升级，减少对资源能源的消耗量和环境损害程度。

3.4　长江经济带产业绿色发展的实施路径

为了切实推进长江经济带产业绿色发展，全面加强长江流域保护与治理，夯实长江经济带产业发展基础，确保“一江清水向东流”重要目标的实现，长江经济带产业绿色发展应按照夯实基础—调整结构—巩固提升的实施路径稳步推进。通过两个 3 年行动计划，夯实长江经济带产业绿色发展的基础，调整产业结构，严格控制污染物排放总量，促进长江经济带产业向轻量化、清洁化发展。通过一个更长期的 5 年行动计划，全面巩固和提高长江经济带产业绿色发展能力，如图 3 – 4 所示。

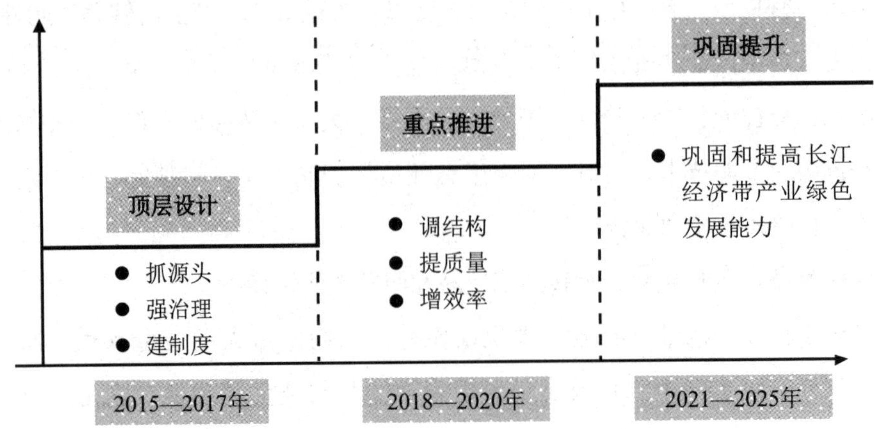

图 3－4　长江经济带产业绿色发展实施路径

3.4.1　近期：抓源头、强治理、建制度（2015—2017）

长江经济带产业发展面临严峻的资源、环境约束，实施产业绿色发展已成为产业转型升级的重要战略目标。为此，在长江经济带产业发展的第一阶段，有必要从污染存量入手，通过产业污染源头治理和顶层设计为长江经济带产业绿色转型奠定基础，具体实施路径如图 3－5 所示。

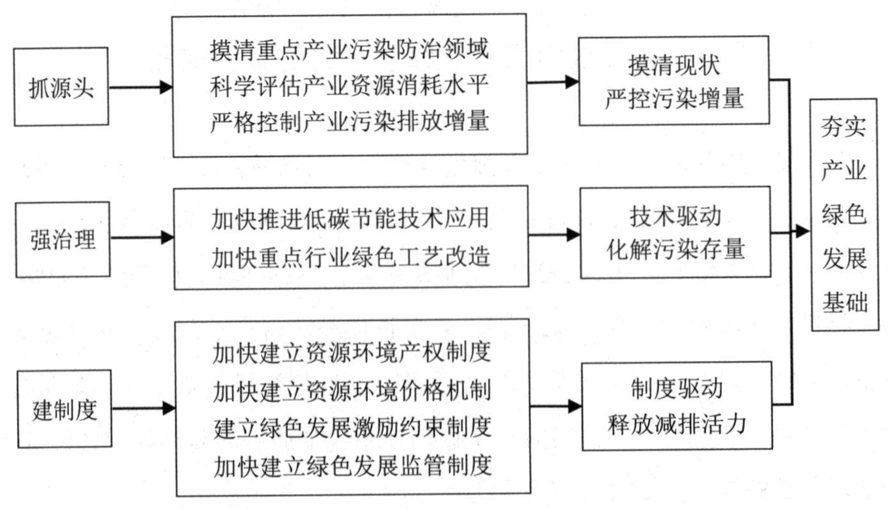

图 3－5　长江经济带产业绿色发展近期实施路径

（1）立足长江经济带资源环境现状，大力开展污染源头治理

其一，摸清长江经济带产业污染防治重点领域。加快建立长江经济带生态环境质量监测网络，有效收集长江经济带沿江产业发展造成的废水、废气及固废等主要污染物的排放量，系统评估长江经济带产业发展对生态环境造成的影响和潜在风险，准确定位造成长江经济带11省（市）环境污染，尤其是长江流域水环境污染的重点来源，制定长江经济带污染型行业、企业清单。全面排查长江经济带沿江工业污染源，重点加强长江经济带沿江化工、钢铁、印染等重污染行业的污染监测和治理力度。加大对长江经济带沿江农业和农村的面源污染监测与防治力度，加强对重点领域污染源的环保督查力度。

其二，科学评估长江经济带产业发展的资源消耗量。围绕长江经济带11省（市）现有产业布局和发展情况，科学测算产业发展的水资源、煤炭、石油、天然气及各种金属矿产资源的消耗量，明确资源、能源消耗量较高的行政区域、行业部门和重点企业，准确预测长江经济带中长期的资源、能源需求量。围绕长江经济带11省（市）的资源、能源储量和再生能力，科学预测资源、能源供给能力。科学预测长江经济带产业发展的资源、能源供需缺口，准确核定具体区域、行业及重点企业的资源、能源消耗配额，实现长江经济带产业发展的资源、能源消耗总量约束。

其三，严格控制长江经济带高能耗、高排放和高污染型行业的扩张。一方面，禁止投资已列入负面管理清单中的行业，重点加强对沿江化工、印染、造纸等高耗水行业的投资审查力度，确保长江经济带污染物排放增量得到有效控制；另一方面，加大对现有“三高一低”（高能耗、高排放、高污染、低附加值）行业及企业的市场推出力度，依靠行政手段与市场机制相结合，加快落后产能的淘汰速度，确保长江经济带污染物存量得到较大幅度的降低。

（2）加大长江经济带产业源头治理与末端治理力度

其一，加大长江经济带沿江产业及企业清洁、低碳技术的研发和推广应用力度。低碳、节能、节水、节材技术的应用是提高长江经济带产业绿色发展的核心动力，是实现产业源头治理的重要举措。长江经济带11省

（市）应加大低碳、节能、节水、节材技术的研发攻关力度，强化企业的自主创新地位，同时，通过环保补贴、税收优惠及项目支持的方式鼓励沿江企业研发和引进低碳、节能、节水、节材技术。另外，对重度污染型行业及企业采取强制安装节能减排装置的措施，加大对节能减排装置使用检查、督查力度。

其二，加大长江经济带重点污染行业的绿色工艺改造力度。绿色工艺改造是提高长江经济带产业污染全过程治理水平的重要举措。一方面，加快引导长江经济带沿江工业企业向产业园区集中，加快完善产业园区污水集中处理设施及节能减排设施，有效支撑园区企业实施节能减排项目；另一方面，鼓励和支持长江经济带沿江工业企业改进生产工艺，重点加强化工、有色、钢铁、纺织等传统行业的技术改造，加快推进重点工业企业开发利用新材料、新工艺，提高环保型产品的产量和推广力度，提升重点工业企业的清洁生产水平。

（3）加快建立促进长江经济带产业绿色发展的制度体系

其一，加快建立长江经济带资源与环境产权制度。资源与环境产权制度是利用市场机制解决环境问题的首要前提。长江经济带 11 省（市）应尽快确定资源环境承载力，以此为基础确定长江经济带各区域、各行业、各市场主体的用能权、用水权、碳排放权、排污权初始分配制度。由国土资源部牵头，尽快建立长江经济带的自然资源资产产权制度，重点明确各地区的水资源产权。加快建立长江经济带生态价值评估制度，编制长江经济带的自然资源资产负债表，加快建立资源有偿使用制度，切实提高长江经济带的市场主体开发、利用资源与环境的成本意识。

其二，加快建立资源、环境产品的价格形成制度。将政府定价与长江经济带产业发展的资源环境产品供求相结合，合理确定资源、环境产品价格，引导长江经济带企业利用市场机制核算资源环境成本。系统总结我国排污权交易机制、碳排放权交易机制、水权交易机制和能权交易机制试点经验，加快建立和推进长江经济带范围内的排污权交易、碳排放权交易、水权交易和能权交易制度，完善排污权交易、碳排放权交易、水权交易和能权交易的价格机制、竞争机制和供求机制。加快建立长江经济带系统的污染物排放报告、核查及配额管理制度，切实提高市场型制度的交易规模和交易效率。

其三，加快建立长江经济带产业绿色发展的激励与约束制度。重点建立长江流域生态补偿制度和横向水生态补偿机制，建立产业绿色发展的财税金融激励制度，加大对地方政府及国有企业绿色发展水平的考核评价奖励制度，全面推广长江经济带企业绿色认证和政府绿色采购制度等，激励长江经济带产业向绿色化方向发展。强化长江经济带产业绿色发展的约束制度。重点建立自然资源用途管制制度，明确产业发展的资源、能源使用要求，建立长江经济带用水总量控制、用水效率控制、水功能区限制纳污控制等最严格的水资源管理制度，建立长江经济带水体生态红线制度，严格限制和降低产业发展对长江水体的影响。依据长江经济带 11 省（市）的生态功能区定位，建立产业准入负面清单管理制度。

其四，加快建立促进长江经济带产业绿色发展的政府监管制度。具体包括建立完善的长江经济带省级以下环保督查制度、长江经济带资源环境承载力监测评估制度、长江经济带重点污染源监测预警机制、长江经济带污染型企业环境信用记录制度、长江经济带环境违规企业黑名单制度等。加快推进和完善长江经济带“河长制”制度，建立长江经济带 11 省（市）环境问责制度，包括环境损害责任终身追究制度、生态环境损害评估和赔偿制度、环境公益诉讼制度等。

3.4.2　中期：调结构、提质量、增效率（2018—2020）

为进一步增强长江经济带产业绿色化发展水平，有必要从污染增量入手，通过调整长江经济带产业结构，应用现代化管理手段与技术手段促进长江经济带产业提质增效，为长江经济带产业绿色发展提供持续动力，具体实施路径如图 3－6 所示。

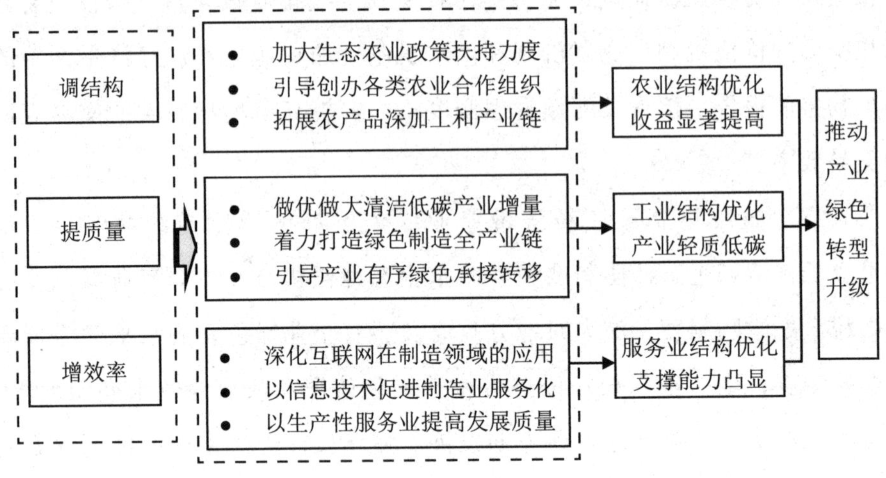

图3-6 长江经济带产业绿色发展中期实施路径

(1) 加快推进长江经济带农业现代化和生态化发展

其一，长江经济带11省（市）应加大生态农业政策扶持力度，引导农业产业结构向绿色化转型。长江经济带11省（市）可设立龙头企业专项培育资金，鼓励和支持企业重点发展生态农业，重点支持农产品精深加工领域年销售收入过亿的企业，完善农业生产过程中的污染治理设施，促进农业生产企业加速向生态化、绿色化转型。鼓励龙头企业加大绿色科技创新投入，通过建立工程技术研究中心、科技创新服务中心、绿色产品质量检测中心等，为农业企业加速向绿色化、现代化转型提供科技支撑。

其二，引导创办各类农业专业合作组织，提高长江经济带农业发展的组织化水平。鼓励沿江各区县围绕农业特色资源，建立多样化的农民专业合作社，积极试点以龙头企业为主体，引导农业产业链上下游企业积极参与，共同开发农业生态资源，通过股份分红、利润返还等形式，实现农业集约化发展和农民稳步增收。支持长江经济带11省（市）农业合作社积极综合利用农业生产废弃物，发展绿色循环农业，改善农村生态环境。

其三，拓展农产品精深加工，延长农业产业链，提高农产品附加值。长江经济带11省（市）依托“十三五”农业发展专项规划，结合长江经济带产业发展战略，以财政补贴和税收优惠的方式支持沿江省市实施农产品深加工项目。加快建立农产品市场流通体系，借助“互联网 +”电子商务平台确定农产品供需要求，农业合作社与企业适时调整农业种植结构。加快培育绿色品牌农业，以优势品牌引领农业产业结构调整。

（2）加快推进长江经济带工业结构高新化

其一，做优做大清洁低碳产业增量。结合《中国制造 2025》和《工业绿色发展规划（2016—2020 年）》，遵循创新发展、绿色发展理念，加快培育发展高端装备制造业、节能环保产业、新材料、新能源汽车等战略性新兴产业。以绿色发展新动能替代资源环境代价过大的旧动能，这是结构调整优化的必由之路。

其二，着力打造绿色制造全产业链。科学规划现有工业园区，以产业生态链接和服务平台建设为重点推进绿色工业园区建设。按照产品生命周期绿色管理理念，鼓励企业建设绿色工厂，实现原料无害化、生产清洁化、产品生态化，打造完整的绿色制造生产和供应链条。探索生态化链式承接产业转移新模式，实现产业绿色转移和科学承接。强化绿色监管，实施绿色评价和责任报告制度。

其三，通过产业有序、科学合理的转移方式，有效推动长江经济带中上游地区产业转型升级。以国家级承接产业转移示范区为示范，科学、有序地承接产业转移。在产业转移过程中，要牢牢把握“三严”底线不能破，一是严禁在长江干流及主要支流岸线 1 千米范围内新建、布局重化工产业园区；二是严控在中上游沿岸地区新建石油化工、煤化工项目等重污染企业；三是实施负面清单管理，严格禁止高污染、高排放企业向上游地区转移。

（3）依托生产性服务业助推长江经济带产业提质增效

其一，深化互联网在制造领域的应用。推动“互联网 +”智能制造和人工智能在制造业的应用，着力在先进装备制造、智能感知元器件、工业云平台、新型人机交互等制造业核心、重点领域率先取得突破，引领全国智能制造和人工智能在制造业领域的发展。深化物联网技术研发与应用示范，在智能检测、远程诊断管理、全产业链追溯等领域培育新的增长点[54]。推进大数据和云平台技术应用，建立、完善长江经济带制造业的基础数据库，实现制造资源、关键技术与标准的开放共享，以更好地推动制造业的发展。

其二，强化信息技术在制造业服务过程中的支撑作用。大力发展面向制造业的信息技术服务，提高信息技术服务在装备制造、电子信息、生物医药等重点行业中的系统应用、开发和综合集成创新能力。以信息技术为手段，为制造业企业柔性生产、系统管理、远程监控等提供个性化、系统化的服务。

其三，加快生产性服务业发展。生产性服务业应着重发展现代金融、现代物流、电子商务、科技服务等行业，并向专业化和价值链高端拓展。吸引各类金融机构在长江经济带设立总部、分支机构，打造以长江经济带省会城市为主的金融后台服务基地和长三角、中游城市群和成渝城市群金融集聚核心功能区。强化长江经济带的现代物流基础设施建设，重点建设成都、武汉、江苏等国际物流中心城市，充分发挥其在长江经济带发展过程中的辐射带动作用。鼓励企业围绕核心产品、核心服务发展电子商务、在线定制等业务，实现生产、消费的线上线下无缝对接，针对特色优势产业发展、完善科技服务配套，建设一批科技服务产业集群。

3.4.3 远期：巩固和提高绿色发展能力（2021—2025）

从长期来看，要实现长江经济带产业绿色发展的目标，必须增强企业绿色创新能力，形成可持续性的绿色发展动力。强化绿色产业对其他行业转型升级的支撑作用，带动长江经济带全产业链实现绿色发展。长江经济带产业绿色发展的最终目标是为城市可持续发展与居民高品质生活提供坚实支撑，推进产业、城市、生态等经济社会系统各单元协调可持续发展。具体实施路径如图 3 -7 所示。

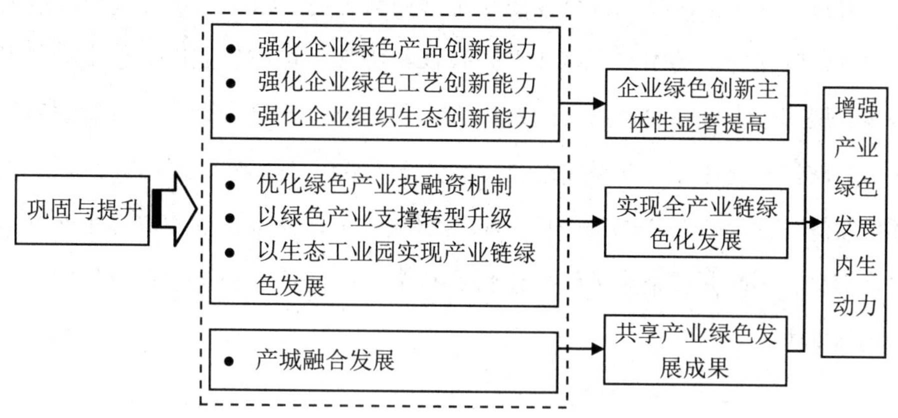

图 3－7　长江经济带产业绿色发展远期实施路径

（1）强化长江经济带企业绿色创新能力

其一，强化长江经济带企业的绿色产品创新能力。企业实施绿色产品创新有助于提高其市场地位，逐步扩大其市场份额，通过绿色产品品牌的树立，能够促进企业长远发展。基于此，长江经济带 11 省（市）企业应持续加大绿色研发投入规模，为绿色产品创新提供重要基础。长江经济带各政府科技部门应通过科技专项形式，为企业绿色技术研发提供可持续性的支持。长江经济带各省市之间可建立绿色产品创新联盟或网络，联合攻关决定产业绿色发展的重大科技创新课题。

其二，强化长江经济带企业的绿色工艺创新能力。绿色工艺创新有助于减少企业生产过程中的污染物排放，提高能源效率，同时，也有助于降低企业的生产成本，提高企业的全要素生产率[43]。基于此，长江经济带企业应全面制定和实施绿色发展战略，牢固树立绿色发展理念，将企业经济发展与环境影响紧密结合，以促进企业生产过程减少对环境的损害。长江经济带企业应加快绿色生产和管理的流程再造，围绕节能减排要求，鼓励企业采取低碳节能生产技术、设备和流程。此外，长江经济带企业可通过与地方高校、科研机构实施绿色工艺创新合作，充分借助科技机构的力量推动企业绿色工艺创新。

其三，强化长江经济带企业组织生态创新能力。组织生态的转型决定着企业绿色管理创新的水平。基于此，长江经济带企业应建立以绿色发展、可持续发展理念为核心的企业文化，促进企业自上而下形成绿色发展的创新理念，共同推动企业绿色发展战略的实施。长江经济带企业应建立以经济绩效、环境绩效、社会绩效“三位一体”的组织绩效考评体系，对外披露企业环境责任信息，不断调整企业组织生态创新行为，提高长江经济带企业的组织生态创新能力。

（2）强化长江经济带绿色产业引领作用

其一，着力优化长江经济带绿色产业的投资机制。加快完善长江经济带绿色产业发展的市场机制，推进绿色产业的投入由以政府为主向以企业为主转变，充分发挥长江经济带企业在促进绿色产业发展过程的主体作用。鼓励长江经济带 11 省（市）独立或联合设立绿色产业发展基金，以母基金的方式撬动社会资本进入绿色产业发展领域。加大对绿色产业发展投资的效率评价，规范绿色产业发展投资资金的使用，切实保障绿色产业的规模化发展。

其二，以绿色产业支撑长江经济带全产业链转型升级。面向长江经济带沿江产业布局特征，积极推进节能环保技术、污染治理技术、清洁生产技术的研发和推广，加快促进绿色能源产业、节能环保产业与长江经济带其他行业融合发展，充分发挥绿色能源和节能环保产业对传统农业、工业的引领和改造作用，逐步形成长江经济带产业绿色发展的内生动力。

其三，加快建立生态工业园，实现产业链绿色发展。长江经济带 11 省（市）通过建立生态工业园能够最大限度地在促进经济发展的同时，降低对环境的影响。一方面，加快实现生态工业园内物质的闭环流动性，注重园区内资源的合理利用，采用物质和能量的多层次分级利用，提高生态工业园的资源、能源转化率，降低废物排放量；另一方面，加快实现生态工业园内产业链的纵向延伸，以资源、能源流动为基础，以产业链节能减排为目标，鼓励生态工业园内按照产业资源消耗与污染排放梯级设计，保持产业链内物质、能量输入与输出的动态平衡。

（3）着力推进长江经济带产城融合绿色发展

产业发展与城市发展具有相辅相成和共生的特征，只有实现产城绿色融合发展，才能真正使得长江经济带的发展呈现绿意。基于此，长江经济带 11 省（市）的产业发展要以公众的绿色需求为导向，最终能增强普通民众的获得感。因此，长江经济带 11 省（市）在未来的城市发展规划中，应坚持绿色与协调的发展理念，逐步完善有助于促进产业绿色发展的基础设施建设布局和产业布局，以产业绿色集群发展为路径，促进长江经济带产业发展进一步提质增效。同时，牢固把握长江经济带的生态环境红线，坚持以城市资源、环境承载力为限，严格控制产业发展对自然生态环境的负面影响。

第4篇　长江经济带产业绿色发展创新驱动篇

第4章　长江经济带技术创新促进产业绿色发展研究

4.1　技术创新影响长江经济带产业绿色发展的机制分析

技术创新覆盖了企业的整个生产流程，新技术通过对企业生产流程中每个环节的逐步渗透，最终完成了满足外部环境要求的产品和服务。从内部的相互作用机制来看，企业也正是通过每个环节的新技术的应用，完成了使用价值和绿色价值的塑造和传递，进而实现了企业绿色化发展（如图4-1所示）。

围绕产业绿色驱动下的技术创新的四个维度，通过外部环境对产业绿色化的驱动，企业在生产过程中将新的技术、工艺、管理以及产品和服务嵌入内部运作的整个过程。具体而言，新技术的开发和引入，改变了传统的经营模式，使得新的经营模式更为高效；新技术向新工艺的溢出，降低了对资源的消耗以及环境有害物质的产生；上述两个环节的技术积累体现在最终的产品和服务，实物形态的产品和服务更能满足环境规制和客户的要求；同时，生产辅助的创新降低了企业的经营成本以及产品和服务在形成及交付过程中对环境的影响，最终完成了绿色价值的实现和传递。

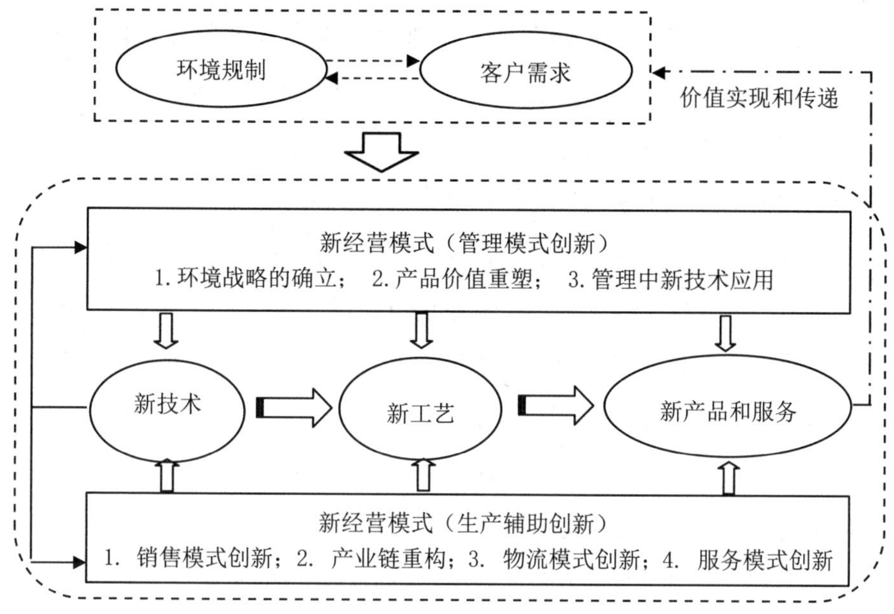

图 4－1　基于产业绿色化的技术创新模式

（1）新技术是产业绿色化的内在驱动力和支撑

新技术对基础资源实现了优化配置，对产业绿色化的影响方式表现在以下几个环节。第一，对基础资源组合方式的优化和效率的提升。新技术通过改变基础资源组合方式，基础资源的消费数量相对降低而使用效率得到提高。第二，对生产环节的改造。通过对工艺的提升和改造，降低生产过程中对资源的无效或过度消耗以及由此产生的负外部性影响。第三，提升运营环节的效率。新技术通过改变传统的运营模式，提升了管理职能的效率。例如，在新能源汽车设计和制造行业，特斯拉汽车公司研发的新技术改变了汽车动力系统对传统能源的使用方式，通过新技术减少甚至消除了交通工具在行驶过程中对环境的影响，并由此引领了企业产业绿色化革命。

（2）新工艺是新技术在生产流程的细化和绿色价值的创造

新工艺是新技术在生产环节的分解，新工艺对产业绿色化的影响主要来自以下几个方面。首先，新技术对生产流程的改进，使得生产流程更加高效化和绿色化，等量的资源在生产环节中产生更多的产出和更少的有害物质；其次，新技术对生产流程的影响来源于生产设备的改造和升级。通过新技术的应用，新的设备被开发，实现了设备技术水平的提升。

（3）新经营模式保障绿色价值和产业绿色化最终的实现

新经营模式对产业绿色化的影响分为宏观和微观两个方面。从宏观方面来看，新经营模式本质上是企业经营理念的变化，是通过企业经营理念的变化而产生对产业绿色化的影响。企业通过重新设立远景目标和发展战略，将生产绿色化作为企业发展的目标，缓解外部环境为企业带来的压力。从微观方面来看，新经营模式体现在生产辅助环节的绿色化，新技术为物流、销售、服务等环节提供了新的技术支撑，改变了这些环节的运作模式，提高了生产服务环节的效率同时降低环境损害。

（4）新的产品和服务是新技术在绿色价值理念下的实现

绿色价值的实现最终体现在绿色化的产品或服务形态，本质上是基础资源投入资金回收的过程。通过外部环境的驱动，企业实施更为符合环境指标的新技术，新技术作为内在驱动力，通过在生产和非生产环节的渗透，最终实现了价值的塑造和传递。

（5）外部压力和需求是新技术产生的动力

新技术的产生除了企业自身为获取更高价值作为驱动力，另一个重要的驱动力来自外部压力和需求。首先，外部的压力来自一国甚至国际上环境规制的不断强化，逐年提升的环境壁垒，为了获取市场和价值，企业必须遵循环境规制要求对生产进行绿色化改进，新技术由此催生；其次，终端客户对于绿色产品的诉求，要求企业必须通过更为绿色化的行为来生产符合市场需求的产品；最后，源自生产成本的增加，要求企业必须采用更为先进的技术延长产品的生命周期，如强化资源的回收和二次使用。

4.2　以高端化为导向突破长江经济带产业关键共性技术

4.2.1　联合设立产业创新研发中心

产业关键共性技术有利于构建长江经济带现代化的产业技术体系，是加快产业绿色发展和产业结构升级的关键突破口。因此，要树立行业协同创新的理念，由政府发起和主导，并联合各行业龙头企业以及民间资本在各地共同出资设立产业创新研发中心。通过研发中心整合产业创新资源，发挥各企业技术优势，开展产业关键共性技术的联合攻关，以带动和引领长江经济带产业绿色发展。

例如，湖南省轨道交通装备制造产业快速发展的同时，面临着缺少关键技术和市场推广应用困难的发展瓶颈。为了凝聚各企业的创新力量和整合行业创新资源，在湖南省经济和信息化委员会的指导下，由湖南省企业技术创新服务中心牵头，中国铁建重工集团、中国南车株洲电机公司、株洲联诚集团、湘潭新特轴承、湖南九方焊接公司等8家单位共同发起和出资设立了湖南省联合轨道交通装备制造创新中心。该创新中心将主动对接国家及湖南省的重大需求，聚焦轨道交通科学技术前沿，承担轨道交通装备制造基础研究和关键共性技术攻关任务，共同把轨道交通产业打造成本省最具国际竞争力的产业。

专栏4-1　长江经济带联合创新中心建设
● **重庆智慧交通与车联网联合创新中心** ✓实施主体：华为技术有限公司、重庆中交公司 ✓关键技术：交通LTE网络应用技术、车载机通信及终端技术、智慧公交技术等 ● **上海物联网联合创新中心** ✓实施主体：上海微技术工业研究院、中科院上海微系统所、博通公司

✓关键技术:RFID识别技术、M2M技术、传感器技术、云计算虚拟化技术等

• **江苏省大数据企业联合创新中心**

✓实施主体:南瑞集团瑞中数据公司(牵头)、信大高科、云创存储、合众力达、西安美林等企业以及南京大学、南京航空航天大学两家高校

✓关键技术:数据库一体机技术、分布式缓存技术、数据分析与挖掘技术等

• **湖南省联合轨道交通装备制造创新中心**

✓实施主体:湖南省企业技术创新服务中心(牵头)、中国南车株洲电机公司、中国铁建重工集团有限公司、湘潭新特轴承、株洲联诚集团、湖南九方焊接公司等8家单位联合发起和出资成立

✓关键技术:高端轨道交通车辆制动技术、轨道交通装备驱动系统技术、高压液压元件铸造技术、高性能滚动轴承表面完整性制造技术等

4.2.2 加快建设产学研用合作平台

产业关键共性技术的识别和研发是一项涉及多个领域的系统工程,产学研合作对其有着重要的影响。一方面,产业关键共性技术是一种竞争前技术,往往具有未知性和复杂性的特征,单个企业很难识别和把握关键共性技术。通过高校、科研机构和企业的共同努力可以发挥各自的优势,为企业关键技术识别提供参考和建议。另一方面,我国企业进行关键共性技术研发时,常常面临资金紧缺、技术和市场信息不对称、技术人才匮乏的局面。产学研合作能够集聚各自的资源优势,有效分散研发风险,实现技术市场和技术的共享。因此,长江经济带要加快构建产业关键共性技术的产学研平台,积极借鉴和探索加快关键共性技术协同创新的有益经验。

在进行产业共性技术识别和选择时,通过设立科技平台,集中学界、产业界和政府等各个部门的专家,进行广泛的技术调查。并且,政府应该颁布各项政策,支持创新主体间加强产学研合作。并在合作平台基础上,不断加强产学研各方主体成员之间的相互协作和信任的意识,形成协同研发主体之间利益共享、风险共担的联动机制[55]。此外,应依托科研实力较

强的龙头企业，按照市场规则进行技术成果产业化与转移。

4.2.3　组织实施重大科技创新专项

产业高端化发展是未来推进长江经济带产业结构转型升级、实现绿色发展的重要组成部分，而高新技术产业是推动产业高端化的关键所在。未来，长江经济带各省（市）应根据各自高技术产业发展现状，支持有实力的高校、企业和科研院所对接国家重大科技专项。通过以重大科技专项为抓手，解决关键共性技术发展的瓶颈问题。围绕产业重点领域，着力实施先进制造与自动化领域、新材料领域、电子信息领域、新能源与节能领域等重大科技专项，努力突破一批关键共性技术，开发一批自主创新的战略技术，培育一批优势明显的新兴产业和产业集聚。

专栏 4－2　重大科技专项

- **先进制造与自动化领域科技支撑重大专项**
  - ✓增材制造关键共性技术研发及产业化
  - ✓新能源汽车与智能网联汽车关键技术研发及产业化
  - ✓先进智能机床关键技术研发及产业化
- **新材料领域科技支撑重大专项**
  - ✓有色金属材料关键技术研发及产业化
  - ✓碳材料关键技术研发及产业化
  - ✓储能材料关键技术研发及产业化
- **电子信息领域科技支撑重大专项**
  - ✓新型核心元器件、集成电路和高端通用芯片关键技术研发及产业化
  - ✓数字媒体和嵌入式应用软件关键技术研发及产业化
  - ✓网络与通信关键共性技术研发及产业化
- **新能源与节能领域科技支撑重大专项**
  - ✓新型储能电池研发与产业化
  - ✓生物质能源开发技术及产业化
  - ✓风力发电关键技术研发及应用

4.3 以绿色化为导向改造长江经济带产业传统落后技术

4.3.1 创建绿色制造技术标准体系

根据长江经济带制造业的技术现状和资源环境属性，开展制造业领域绿色设计方法、绿色制造和加工技术、再制造技术等方面的标准化工作。绿色制造技术标准体系的创建工作可以从以下几个方面着手。其一，研究长江经济带绿色制造的技术标准现状，密切关注国际领先技术标准的最新进展，加强与国际先进标准的对接；其二，积极引入第三方评价机构，细化绿色制造技术标准的评价方法和规则；其三，培育一批绿色技术标准服务机构和促进中心，及时发布绿色制造标准的政策法规、国际先进标准介绍、典型经验，为企业提供信息服务和技术指导；其四，开展重点行业和重点地区绿色制造技术标准的考核评估并联合标准化机构动态修正相关技术标准。

4.3.2 推进重点行业绿色技术改造

推动沿江各地区钢铁、有色金属冶金及加工、石油化纤、纺织原料、建筑材料以及轻印染等高污染高能耗制造行业进行绿色改造，推进产业向服务型制造转变。在钢铁行业方面，着力突破柔性制造技术、筛选技术等，大力研发和推广余热余压回收技术、水循环利用技术等先进循环利用技术；在有色金属冶金及加工行业，重点开发生物冶金、低压点解、强化熔炼等先进技术，加快应用清洁锻造、锻压、焊接等绿色现金的加工工艺；在石化行业，大力开发以合成树脂、合成橡胶等为基础的完整产业链与相关配套技术和服务；在纺织行业方面，重点开发纤维材料技术、清洁印染技术等。

专栏 4－3　重点行业绿色技术改造

- **钢铁产业**

✓依托上海市、湖北省、安徽省以及重庆市的冶炼装备制造基础，在大型复杂化装备、重点复杂技术与工艺以及流程关键核心技术等方面，开展黑色金属装备设计与制造

✓以沿江的上海宝钢、武汉钢铁为龙头，以湖南、四川和重庆等地的钢铁企业为支撑，开展工业互联网和智能技术的研发和引用，推进企业生产过程智能管理

- **有色冶金**

✓依托我国传统的有色金属开采和冶炼基地，建设铜产品深加工产业聚集地

✓在鄂湘赣和黔滇等地区建立长江中上游地区的稀有稀贵类金属的精深加工产业带，对有色金属冶炼过程废弃物回收提取、精深加工以及贫矿提取等关键技术开展攻关

- **石油化工**

✓依托江西、四川、安徽、重庆、湖北等地区的化工产业基础，共建环保技术研发平台，重点在生物化工技术和微化工技术等关键技术领域开展攻关

✓对江西、湖南、湖北、上海的石化企业进行技术改造、炼化一体化、淘汰落后产能

- **纺织产业**

✓依托江西省、湖南省、四川省的纺织产业基础，重点在长江经济带上游开发清洁印染生产和纤维材料技术，推行节能降耗技术

✓开发微悬浮体染色、自动制网、等离子体加工技术等生态纺织品加工技术

4.3.3　实现生产过程节能降耗改造

从生产源头削减能源消耗，更新传统生产装备和生产工艺。持续提升绿色清洁型低碳能源在生产过程中的使用比重，推广分布式绿色智能电网技术，建设光伏、光热、热泵等发电设备，控制和削减传统化石能源的消费量。实施余热余压高效回收，推广矿热炉高温烟气净化回收利用、聚酯化纤酯化工艺余热回收制冷、蒸汽余热梯级利用等技术。在生产过程中以绿色制造技术为重点减少污染物排放，在产品轻量化、低功耗、方便回收等关键技术工艺展开攻关，持续提升终端耗能产品的能源利用效率；大力攻克有毒有害材料以及稀缺材料的替代原料技术，降低使用能耗与限用稀有和有害物质的含量，如图 4－2 所示。

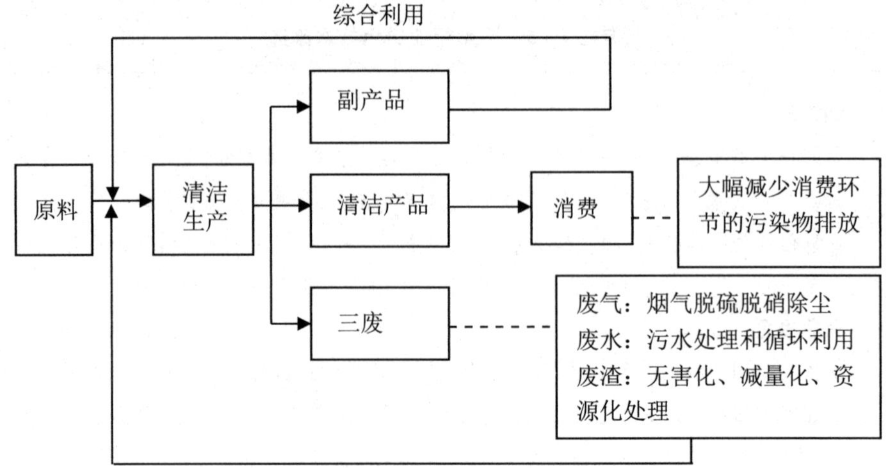

图4－2　清洁生产过程

4.4　以集约化为导向推进长江经济带产业高效利用技术

4.4.1　提高信息化水平，减少资源浪费

在突破各项关键技术和改进传统落后技术的同时，也要充分发挥信息化在长江经济带产业绿色化发展过程中的推动作用，以信息技术的开发和应用不断提升产业信息化的层次和水平，减少因信息不对称造成的资源浪费，加快发展支撑长江经济带产业信息化发展的技术和产品。

在生产运营方面，面向制造企业和生产服务企业开发和普及企业资源计划（ERP）、绿色供应链管理等信息系统，大力推进企业数据库建设，特别是开发一批大型管理软件、金融评估和分析软件；在生产流程方面，重点突破以设计与工程分析、工业控制系统、数据采集系统、故障识别诊断等为主导的软件开发技术；在生产服务方面，重点开发和推广电子商务技术、高速宽带技术、移动互联技术、现代物流技术以及相应的支撑软件开发技术。推动“互联网＋生产制造”发展，通过柔性制造、规模个性定制的生产模式创新，更好地满足消费者日益变化的需求。

专栏 4－4　工业信息化水平提升工程

- **核心工业软硬件**

  ✓研发项目:CAD(计算机辅助设计)、ERP(企业资源计划)、CAE(计算机辅助分析)、MES(制造执行系统)、PCS(过程控制系统)、PLM(产品生命周期管理)、PDM(产品数据管理)

  ✓关键技术:虚拟仿真技术、人机交互技术、系统自治技术

- **工业云与大数据**

  ✓研发项目:工业设计模型和数字化模具知识库、基于工业云的生产组织模式、行业应用模型和开发工具共享的数据库平台

  ✓关键技术:工业云技术、通信协议技术、数据接口技术、大数据存取和利用技术

- **工业互联网**

  ✓研发项目:LTEv6 工程、互联网示范城市、工业互联网标志解析系统、工业互联网管理支撑平台

  ✓关键技术:工业以太网技术、短距离无线通信技术、工业互联网集成技术、工业产品与装备的智商技术

4.4.2　应用智能化技术，提高生产效率

智能化是新一轮产业变革的核心领域，将引领长江经济带制造业转型升级。一是开展“机器人应用”专项行动。对于劳动力需求大、作业环境恶劣、安全风险高等部分环节，推广“机器人应用”和“自动化生产线＋工业机器人”等形式以提高劳动生产率。围绕长江经济带汽车制造、机械加工、船舶制造、纺织服装、有色冶金等重点行业需求，积极探索“机器换人”新生产方式的推广。

二是要推动传统制造业智能化改造。为了提高装备智能化率、劳动生产率、节能减排率、安全生产率等，推动实施长江经济带制造业的智能化改造，加快应用物联网技术、工业机器人等智能装备，把互联网技术、现代通信技术、精密传感技术、机器人技术等新一代智能化技术应用于企业研发、生产、管理的全方位过程，建设数字化车间和智能工厂。通过将智

能化技术融合到生产制造和运营管理中，实现智能化制造和智能化管理的目标，从而整体上提升企业智能化水平。同时，长江经济带各省（市）根据自身产业发展情况，优先在相关领域开展智能制造试点工作。

专栏4-5 实施智能制造试点工程
●云南省重点在有色金属新材料、石化产业、电子信息、生物制药、高原特色农特产品深加工等领域实施智能化改造和应用 ●四川省重点在装备制造、饮料食品、汽车制造、油气化工、电子信息等领域实施智能化改造和应用 ●重庆市重点在新能源汽车、装备制造、纺织服装、健康食品、信息产业等领域实施智能化改造和应用 ●湖北省重点在钢铁制造、智能家居、智能纺织、医疗装备、交通运输装备等领域实施智能化改造和应用 ●湖南省重点在航天航空、先进轨道交通、工程机械、化工新材料、食品加工、有色金属等领域实施智能化改造和应用 ●安徽省重点在智能装备、智能终端、智能家电、智能汽车、智能语音等领域打造智能产业链

4.5 以资源化为导向开发长江经济带产业循环利用技术

4.5.1 开发资源综合利用技术

以长江经济带城市群和国家自主创新示范区为依托，以各城市群国家级园区为载体，大力开发一批资源综合利用技术。一方面，以国家级自主创新示范区为依托（包括江苏省的苏南、湖北省的东湖、湖南省的长株潭以及四川省的成都等），重点研发和攻关以废水、废气、固体废弃物等回收处理和矿产资源为主的综合利用技术；另一方面，将企业自身生产的废弃物通过技术处理后重新纳入生产过程，使资源得到循环利用。

专栏4-6　资源综合利用技术

- **矿产资源综合利用技术**

✓处理目标：尾矿废石、伴生资源、难开采资源

✓关键技术：难溶性非金属含钾矿物制肥技术、尾矿干堆技术、矿井水资源化利用技术、低品位矿生物提取技术、尾矿有价金属综合利用技术、伴生天然气回收利用技术

- **废水综合利用技术**

✓处理目标：冶金废水、电力废水、化工废水、城市废水

✓关键技术：废水除氨、废水重金属处理、生活污水除氮、蓝藻水华去除

- **废气综合利用技术**

✓处理目标：硫化物、硝、工业盐、碳氧化物

✓关键技术：脱硝技术、脱硫技术、除尘技术

- **固体废弃物综合利用技术**

✓处理目标：电子垃圾、生活垃圾、钢铁废弃物、粉煤灰、铁泥、高炉渣、电石渣等

✓关键技术：钢渣回收处理、焚烧发电、电子废弃物处理、土壤修复、微生物蛋白质回收

4.5.2　开发废弃物再制造技术

再制造产业是国家重点布局的战略性新兴产业之一，应在再制造设计与规划、轻合金再制造、增材再制造等新领域进行关键共性技术的研发。同时，根据《中国制造2025》明确提出大力发展再制造业产业的要求，长江经济带各省（市）积极实施再制造企业试点工程，优先发展一批专业化的再制造企业。目前，江苏已经形成一批专业化的废弃物再制造企业。例如；张家港富瑞特装已经发展成国内领先的汽车发动机再制造油改气企业，每年可以再制造高效清洁发动机1万台；南京田中机电再制造有限公司通过再制造技术生产的高速数码复印机已销售了4.5万台，成为全球最大的复印机再制造企业。

第5章 长江经济带组织创新促进产业绿色发展研究

5.1 组织创新影响长江经济带产业绿色发展的机制分析

（1）以转变组织战略引领绿色发展

随着资源和环境约束产业发展的日趋紧张，加快转变长江经济带产业发展方式，促进产业绿色转型是当前刻不容缓的课题。长江经济带各产业要及时调整组织战略，将生态优先、绿色发展放在首位，加快传统产业绿色改造和发展战略性新兴产业。长江经济带钢铁、化工、汽车、服装制造等传统制造业在面临着资源和环境约束时，要构建绿色发展的战略导向，以信息技术推动传统制造业服务化，将过去单一的产品制造转变为围绕着产品生产提供全价值链的服务。通过制造业服务化改变要素配置的结构和方式，减少工业对自然资源的消耗，推动传统产业绿色转型。

（2）以完善组织结构促进绿色发展

随着经济全球化和互联网经济的日渐发达，现代产业组织逐渐呈现出虚拟化、网络化、集群化等特征。例如：虚拟化的组织结构特点已逐渐深入产业的发展中，企业开始只从事自己最核心的业务和职能，而把非核心业务外包给其他企业来完成，旨在将分布在世界各地的优秀资源通过信息网络加以充分利用。长江经济带服务外包产业的迅猛发展正是顺应了虚拟化的趋势，各省（市）纷纷承接来自国际服务业的外包业务。再如，组织集群化的特征也日趋明显，为了获得规模经济中成本优势、创新优势和市场优势，长江经济带沿线省（市）为推动企业集聚而纷纷建立了许多功能完备的现代工业园区和产业集聚区。

（3）以优化组织流程支撑绿色发展

企业之间同质化的、割裂的、分散的竞争严重阻碍了产业发展水平的提高，亟须变革组织流程，加强产业链上下游企业的衔接。例如，当前长江经济带沿线各省（市）提出的重点产业和主导产业大多集中在电子信息、石化、新材料、汽车制造等领域，尚未形成“互补的”和“错位发展的”产业链。为此，长江经济带各省（市）应推动产业合理分工，构建配套的产业布局和层次有序的产业链。通过推动组织流程创新，促进生产要素在区域间和产业间的合理流动，以减少资源因不合理配置导致的浪费。如图 5 –1 所示。

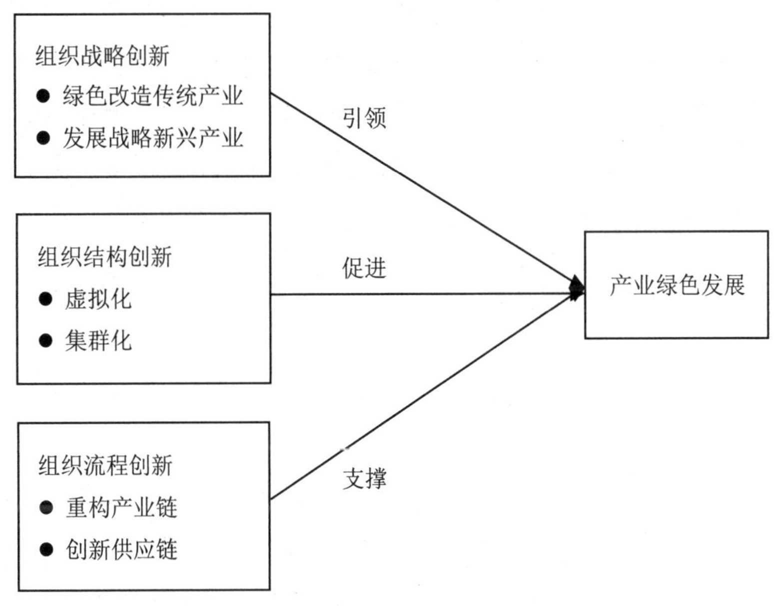

图 5 –1　组织创新对产业绿色发展的影响机制

5.2　以产业组织的虚拟化降低长江经济带产业生产成本

5.2.1　开展承接外包业务

长江经济带要坚持顶层设计和合理布局，发挥各省（市）优势服务产业，打造全国服务外包高地和国际知名的服务外包产业带。加快长江经济带国家级服务外包示范城市和省级服务外包示范城市、示范区建设，在区域内建设一批服务外包的龙头示范企业和产业集聚园区。

其一，通过业务外包能够整合全国甚至全球资源，获得比较优势的同时增强企业自身的国际竞争力。为此，应鼓励企业将非核心业务外包给其他高效率的企业或供应商，集中资源开拓核心业务。例如，耐克公司把所有的制造活动都外包给其他企业，自己集中资源进行气垫技术的研发和品牌的营销，从而获得市场领先地位。

其二，应主动把握全球服务外包发展新趋势，抓住国际服务外包产业从发达国家向发展中国家转移和国内服务外包产业从东部地区向中西部地区转移的重大机遇。长江经济带各省（市）应根据自身情况有所侧重地承接离岸和在岸服务外包业务，大力培育、开发服务外包市场。适时有序地引导社会资本进入服务外包产业，重点发展电子、金融、工业设计、人力资源等领域的服务外包业务，为产业转型升级提供支撑。充分发挥流域内各省（市）具有优势的服务产业，把长江经济带打造成全国服务外包高地和国际知名的服务外包产业带。

5.2.2 组建企业战略联盟

企业战略联盟是拥有不同的关键资源的企业，为了彼此的利益而形成战略联盟，交换彼此的资源，实现节约生产成本和创造竞争优势的目的。鼓励企业不断丰富战略联盟的形式，除了股权式的相互持股型联盟形式外，还可以发展非股权式的协议型联盟形式，如联合研发、联合生产、分销协议、许可证经营等。如图 5 - 2 所示，联盟外围企业通过联合研发、联合筹供、联合生产、联合营销等形式为核心企业贡献自身优势资源和核心能力，形成双赢。同时，应积极构建战略联盟的风险防范和信任机制，维护联盟的长期稳定。

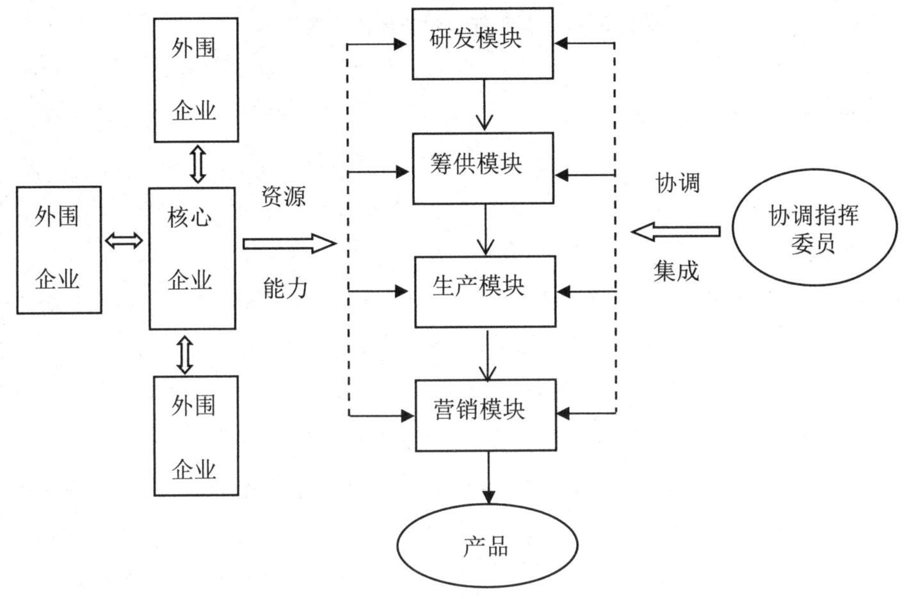

图 5－2　基于联盟模式的虚拟企业组织

5.2.3　建设虚拟研发中心

虚拟研发中心的设立，使得企业可以通过项目委托、联合开发等形式，借助高校、科研机构的研发优势，利用信息技术完成技术改造、技术创新、新产品开发等工作，弥补企业研发能力的不足。例如，虚拟现实会议室的设立，使得远在千里之外的外部专家能够及时为企业提供必要的帮助。长江经济带各省（市）要根据产业结构调整和传统产业提升改造的现实需要，有针对性地引进科研院所以设立虚拟研究中心。政府部门要重视虚拟研究中心的建设，可专门设立虚拟研发中心建设委员会，政府班子的主要分管领导担任负责人。在政策上，给予各类科技合作项目、技术创新项目和产业化项目相应的经费、人才支持。应设立虚拟研发专项资金，对于入驻虚拟研究中心的单位给予税收优惠和政府补助。

专栏5-1　浙江省温州市虚拟研发中心

- **一个窗口**。虚拟研发分院是知名院所了解温州产业技术需求的一个窗口，如清华大学、华中科技大学、北京印刷学院、武汉理工大学等纷纷进驻温州虚拟研发中心。虚拟研发分院具备了窗口和桥梁的作用，能准确迅速地获悉企业的需求，有针对性地进行技术与企业研发
- **两个市场**。虚拟研究中心的建设，有利于连接企业和科研两大市场。一方面，温州民营经济发达，电气制造、鞋革与服装制造、塑料制造等传统制造业技术需求旺盛。另一方面，知名院所技术研发能力强，但缺乏产业化的能力
- **三种形式**。一是院所安排技术骨干进入温州的相关企业联合开展技术攻关和提供技术咨询服务；二是在院所本部对温州企业反馈来的技术需求进行研发，再通过企业转化；三是在科研院所和企业同时进行研发，互相交流
- **五个参与**。一是参与区域研发中心建设，北京印刷学院通过以技术入股20%的形式与苍南县合作，共同建设印刷包装科技创新服务中心。二是参与行业发展规划制定，武汉理工大学获得瑞安市汽车配件行业发展规划课题。三是参与县区科技活动对接，多家虚拟院所参加温州科技成果交易会，并参与其他科技对接活动。四是参与行业关键共性技术研发，温州泰源化学公司提供100万元科研资金与陕西科技大学合作研发皮革材料和制革工艺研究。五是参与技术人才培养，清华大学、华中科技大学等知名院所举办科技论坛，以及联合培养技术人才

5.3　以产业组织创新网络促进长江经济带产业绿色发展

5.3.1　以产业组织的模块化推动技术创新

（1）加快企业组织结构的模块化再造

随着生产模块化在计算机行业、汽车行业、手机行业、飞机制造行业的广泛应用，企业组织结构的模块化趋势也日趋显现。企业组织结构的模块化有利于提高应对快速变化的市场需求的企业能力，快速改进模块设计

以及加快生产工艺创新。因此，企业应当根据自身企业规模、技术成熟度、市场竞争程度等因素，重新拆分和构造企业部门，以提高各部门的独立决策的权力。

在组织内部，首先，应按各自的功能将企业组织结构划分为若干模块。例如，按照产品的生产流程，把产品需求分解到产品制造过程中的产品模块，把营销、人力资源和研发平台划分为职能模块。其次，确定各功能模块所需承担的具体任务和作用，并在此基础上将每个功能模块分解成若干个次级模块，把企业打造成具有可重构的组织特性的模块化企业。最后，对模块之间的信息活动定义为通用的接口和联系规制，也就是模块化界面，通过界面把各模块联结起来。

在组织外部，应把重点放在更新和调整已有的接口和联系规则，使企业形成模块化的协作网络。这样，通过模块化再造的企业组织结构变得更加简化和清晰，特别是各个模块功能明确，使得企业更加灵活、机动。

（2）参与国际产业模块标准的制定

产业组织模块化水平的提高需要高效的产业技术标准，为各个模块提供接口，缩短各个模块的生产开发周期。政府应该积极支持研发能力强以及技术基础、企业规模具有优势的企业要定位于标准制定者，成为“游戏规则”的制定者，而非被动接受者。

首先，虽然当前长江经济带各产业仍处于技术标准跟随者的角色，但要根据现有产业技术水平，通过构建具有全球加工能力的企业技术联盟的形式积极参与相关领域内国际标准的制定。其次，行业协会要积极发挥应有作用，在相关产业领先企业组成联盟、制定模块标准方面也要给予一定的指导和帮助。再次，政府应当加大对知识产权的立法与执法工作，为产业技术知识的引进与吸收以及技术的转移与扩散创造一个良好的制度环境，鼓励更多的原创性技术创新。最后，积极推动区域内企业实施“走出去”战略，通过与境外企业进行战略合作和整合的形式，利用全球资源提高企业技术研发能力和标准化制定能力，并重视未来和下一代技术的研发。

(3) 建立模块化生产网络

长江经济带各省市应积极扶持区域内基础较好的企业，力争通过重大原创性创新成为模块化产业链的领导者。坚持以市场化为导向形成大中小企业互不共生的模块化生产网络，并以产业集聚的形式加强彼此之间的合作和联系。鼓励企业在共同的标准界面下展开模块内部的合理竞争，激发产业集群的活力，引导已具备产业核心技术的大型企业通过兼并、重组、战略联盟等手段做大做强，并迅速占据产业链高端，成为模块化产业集群的核心企业或行业标准的制定者，有力地带动国内产业转型升级。支持企业在某一模块上深耕细作，尽可能地集中资源做自己最擅长的模块，最后做精做细，提高品牌知名度。

如图 5－3 所示，在 PC 产业模块生产之前，IBM 和 DEC、HP、Wang 等的电脑机型是互不兼容的，产品的操作系统、零部件、外围设备都是各自独立生产，导致了产品置换成本高、更新速度慢、创新频率低的问题。基于此发展困境，IBM 公司推出了兼容的、开放的、通用的模块化结构。此举最终使得 IBM 公司成为 PC 行业的标准制定者，其他供应商只能围绕 IBM 的标准提供零部件和外围设备。其中，应用软件、操作系统、PC 整机、部件和设备、CPU 等都分属不同的模块供应商，处理器是英特尔的，硬盘是日立的，光驱是松下的，显卡是博通的，不同的模块由不同的供应商独立设计和制造，再通过 IBM 的界面系统组装成一个完整的 PC。

<table>
<tr><td>应用软件</td><td colspan="2">Microsoft Office</td><td colspan="2">WPS</td><td>Etc.</td></tr>
<tr><td>操作系统</td><td colspan="3">Windows</td><td colspan="2">UNXI</td></tr>
<tr><td>PC 整机</td><td>Lenovo</td><td>Hasee</td><td>Tongfang</td><td>Founder</td><td>Great Wall</td></tr>
<tr><td>部件和设备</td><td>Colorful
主板、显卡</td><td>Lenovo
内存、硬盘</td><td>Great Wall
显示器、电源</td><td>Musiland
声卡、音箱</td><td>Golden Field
鼠标、键盘</td></tr>
<tr><td>CPU</td><td colspan="2">Intel</td><td colspan="2">Motorola</td><td>AMD</td></tr>
</table>

图 5－3　模块化设计之后的 PC 产业

5.3.2　以产业组织的网络化推动技术创新

通过构建要素互补的共生网络，促进长江经济带产业形成横向共生和纵向耦合的关系，逐渐发展内部规模经济和产业链上企业的外部规模经济。其中，可以从内部和外部机制上着手构建。

内部机制上，强化共生网络内部互惠互利的利益分配机制，为高效的生态产业耦合关系提供保障。核心企业要不断增强自身实力和品牌知名度，吸引其他相关企业加入共生网络。最终促进该网络走向成熟稳定，使得核心企业有条件有标准地择优选择合作共生企业。同时，核心企业应积极发挥在共生网络中的龙头作用，影响和引领着网络成员企业共同致力于资源循环、清洁生产、设备共享和污染治理的活动中来。

外部机制上，长江经济带政府要为产业发展制定相应的制度标准，大力推动生态基础设施建设，为生态产业链共生环境提供支持。积极发挥区域、行业协会或商会的引领作用，为企业提供技术咨询服务，以及技术、产品和市场等方面的资讯和信息，有效降低信息的不对称，促进合理有序的企业竞争。

如图 5－4 所示，在汽车行业生态共生网络中，围绕着汽车制造企业，分别分布着塑料厂、轮胎厂、汽车零部件厂、汽车销售企业以及汽车回收和拆解企业等，每个节点企业紧密联系，形成了一个循环共生的生态网络。

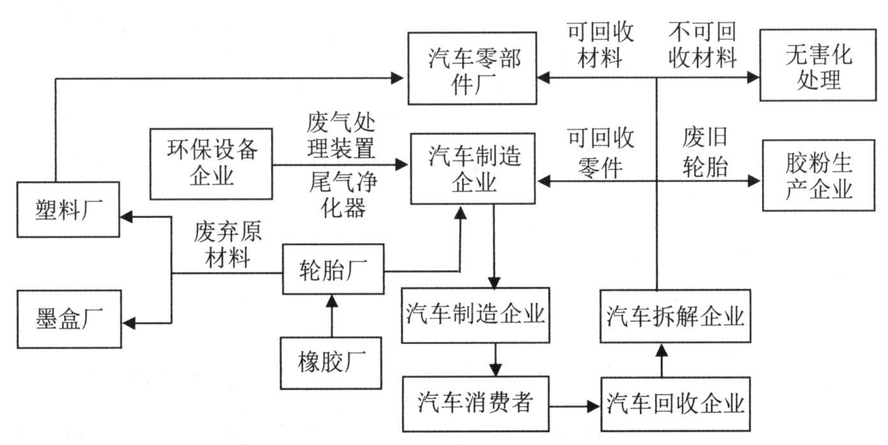

图 5－4　汽车产业生态产业链

5.4 以产业组织集聚促进长江经济带产业集群创新发展

当前长江经济带在产业发展和布局上，虽然已形成重化工产业、机电工业产业、现代服务业等产业群。但是依然存在产业布局各自为政、产业结构同质化、岸线资源低水平的过度开发、资源过度浪费等问题[56]。因此，推动产业集群规模化发展，有助于促进长江经济带资源集约化利用。

临空产业园或临空经济区是后工业时代的一种产业集聚模式，如图5－5所示，它围绕着机场吸引了核心产业、关联产业和引致产业的集聚，而且三大产业间互相拉动和保障着彼此的发展。

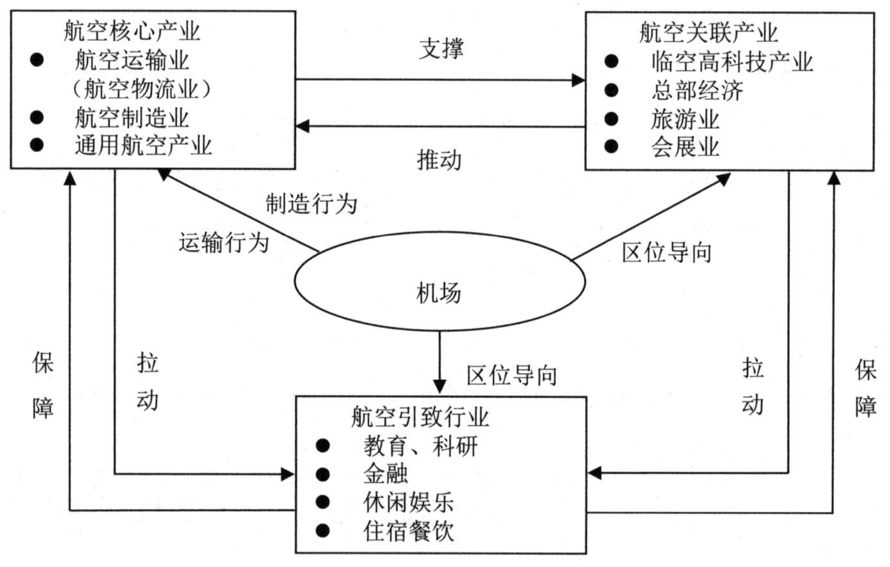

图5－5 临空产业集聚模式

5.4.1 建设要素市场，加快产业集聚

充分发挥市场在配置资源的决定性作用，营造有序的合理竞争的市场环境，鼓励各要素按市场规则自由流动，大力培育要素市场[57]。建立健全以市场为特征的要素价格形成机制，形成以市场化为导向的收入分配机制，激发

要素活力，挖掘要素潜力。长江经济带各省市应形成一定的区域联动机制，建设统一的自由流动的要素市场，注意防范地方保护主义抑制要素资源在地区自由流动。提升要素价格的透明度以及拓宽要素价格信息的发布渠道，减少由于要素价格信号失真造成资本和劳动力等要素配置低效率的问题。同时，长江经济带各地区需要依据各省市的实际情况，有侧重、针对地持续推进要素市场的深化改革，健全完善要素市场的制度，发展和完善要素在长江经济带各省市自由流动的市场体系。

政府部门应积极引导和合理规划土地要素的投入方向，使土地资源重点偏向优势企业、优势项目，鼓励企业通过规模化经营提高土地利用率。完善不同人才的收入分配机制，促进人才要素的充分流动和优化组合。同时，鼓励技术要素、信息要素、管理要素等多种形式参与收益分配，充分激发各方面人才的积极性。

5.4.2 培育龙头企业，带动产业集聚

长江经济带各省市应加大政府扶持力度，积极引进和培育实力雄厚的行业龙头企业，鼓励其采取兼并、收购等方式进行重组和改造，以带动区域内企业发展。还应重点打造产业链某个环节缺少的龙头企业，只有构建完整的产业链，才能留住产业链上原有的其他龙头企业，保证产业集群稳定、平衡、可持续的发展。引导社会资本流向龙头企业自由流动，推动龙头企业建立产品研发、质量检测、技术成果产业化等研发中心，发挥龙头企业的竞争优势并提高企业的核心竞争力。鼓励龙头企业将一些配套业务和非核心业务外包出去，通过参股或控股的方式培育一批优秀的配套企业。此外，区域内的龙头企业应采取差异化战略，打造各自的核心竞争能力，重视树立具有特色的企业品牌形象。

例如，江西省南昌市围绕做大做强龙头企业，专门出台《关于鼓励和扶持产业发展的若干措施》。在此基础上，先后培育了昌九生化、华润三九、草珊瑚药业、川奇药业等一批国内知名品牌，吸引了其他知名医药企业纷纷落户，建成了特色鲜明的医药产业集聚区。

5.4.3 提升工业园区，推进产业集聚

按照规模化和集约化的原则，做好产业集群发展规划与各类开发区、工业园区发展规划的衔接，减少超出规划的项目建设。明确现代工业园区的发展定位，建议实施工业园区土地利用准入门槛制度，禁止引进一些污染排放量大、占地多、科技含量低的粗放型企业，促进产业结构的优化升级。既要完善工业园区的道路、水、电、气、通信等基础设施的“硬件环境”，又要营造政府服务创新的“软件环境”，形成一个政府调控、间接干预和主动帮扶的优质服务体系。

如图5－6所示，作为国家级高新区，围绕着核心企业构建一条完整的产业链，并且把补充和延伸产业链作为园区发展的重点，如积极发展中介服务业，弥补政府服务功能的缺失。此外，要强化工业园区内部管理，构建企业间的信任与沟通机制，降低企业间的合作壁垒。组织形式各样的科学与技术交流活动，加强产学研合作平台构建。

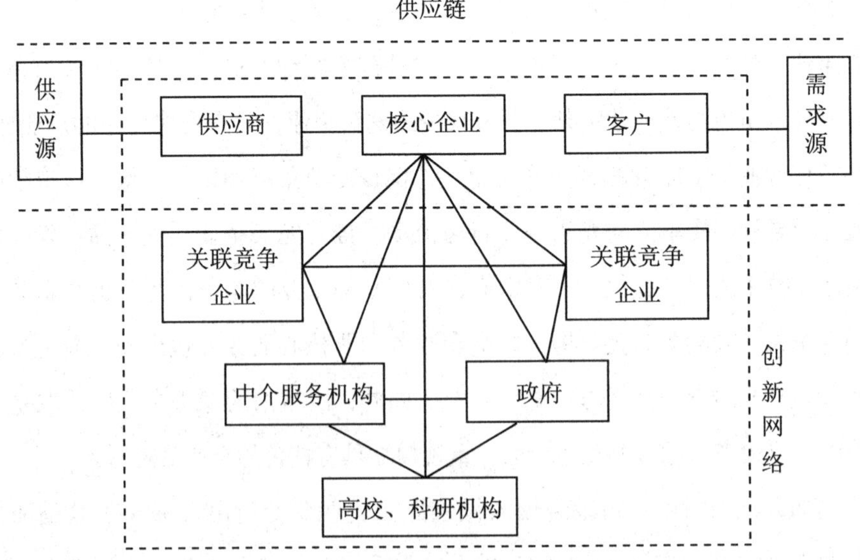

图5－6 国家高新区集聚结构

第6章　长江经济带商业模式创新促进产业绿色发展研究

6.1　商业模式创新影响长江经济带产业绿色发展的机制分析

商业模式创新涵盖企业运营管理的各个环节，从具体的影响机制来看，企业也正是通过绿色价值主张、绿色价值创造、绿色价值网络、绿色价值配置及绿色价值实现这一完整的价值链过程实现企业绿色发展。

（1）构建企业绿色发展的使命、目标

其一，随着政府环境规制力度的不断强化，产业和企业发展面临越来越严峻的外部环境压力，例如，碳排放交易制度和各种能权交易制度的设计和实施，给相关企业的商业模式创新带来巨大的驱动力，尤其是高排放和高污染行业中的企业受影响较大，企业为遵循环境规制而产生较高的成本，进而降低企业在市场中的竞争优势。其二，低碳节能技术的兴起为企业向绿色化转型提供了支撑，技术领先和技术创新产生的经济效益与环境效益也催生了企业重构自己的使命和愿景。其三，随着政府、公众、社区、消费者等利益相关者的环保诉求增强，企业主动承担环境责任，并将环境责任纳入企业运营管理之中，以期获得良好的企业形象。

（2）通过绿色价值创造满足客户对绿色产品和服务的需求

绿色价值创造是指绿色价值的源泉是什么，即企业能够为客户提供何种绿色产品及企业如何提供这种绿色产品。其一，企业通过绿色产品创新提高产品的绿色价值。其二，企业通过生产模式创新减少对资源、能源的消耗，降低污染物排放，这主要体现在企业通过生产流程再造，引入 ERP 管理信息系统精准管理物料的供应和消费。其三，随着互联网技术的兴盛，企业组织

环境的模糊，使得企业经营处于一种边界模糊的状态，企业去中心化已成为互联网时代的商业格局[58]。公司为创造绿色价值，必须与各个利益主体建立价值网络（如图6－1所示）[59]。例如：电动汽车的商业模式系统包括了各级政府主管部门、电动汽车的供应商和运营服务商（整车制造商、电池零部件供应商、充换电基础设施运营商、电力供应商等）、电动汽车消费者等，作为电动汽车的供应商而言，构建系统化的价值网络，将各种资源和利用主体有机整合，形成协同创新和利益共享的盈利模式。

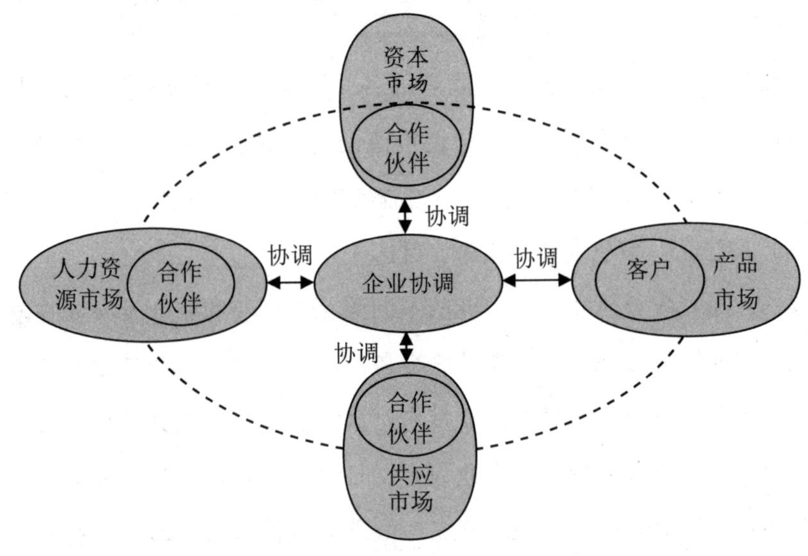

图6－1　商业模式的价值网络结构

（3）通过绿色价值配置支撑企业价值创造

其一，组织企业研发团队开展绿色技术创新活动，在低碳节能技术领域迅速成为领导者。这种行业技术领先者的地位能够给企业带来巨大的收益，原因是行业技术领先者可以率先形成技术标准和规范，抢占绿色经济市场，这是企业获取绿色价值的核心环节。其二，通过管理资源配置让绿色发展理念成为引领企业未来发展的风向标，树立企业绿色发展的形象，赢得良好的企业声誉。其三，企业通过绿色供应链管理实现外部资源和内部资源的无缝对接，减少企业生产和服务过程中的碳足迹。

（4）通过绿色价值实现使企业获得财务绩效与环境绩效的双赢

价值的捕捉与收获是企业存在的根本。绿色价值实现主要是指企业创造的价值能够被市场及顾客认可和接受，完成了从物质流投入和资金流回收的过程。绿色价值的实现主要通过目标市场的定位、收入模式、定价模式、利润模式、销售模式等模块来实现。企业通过改变销售模式，引导客户实施绿色消费行为，比如从单独销售产品到销售产品与服务为一体，增加产品的附加值，客户从直接购买产品调整为租赁等方式，从而缓解客户的资金压力和成本压力。

以合同能源管理为例[60]，节能服务公司为客户提供完整的节能解决方案，客户与节能服务公司均能获得自己的价值需求。在此过程中，节能设备制造商完成了节能装备产品销售，获得了相应的收益。在整个节能服务项目实施过程中，各方利益主体均分享了节能效益，实现了多方共赢（如图6－2所示）。对于绿色价值的实现，企业不仅应关注绿色产品和服务销售产生的经济效益，而且要注重通过绿色导向商业模式的创新树立企业的环境责任形象，打造企业绿色产品品牌优势，进而获得可持续的竞争力。

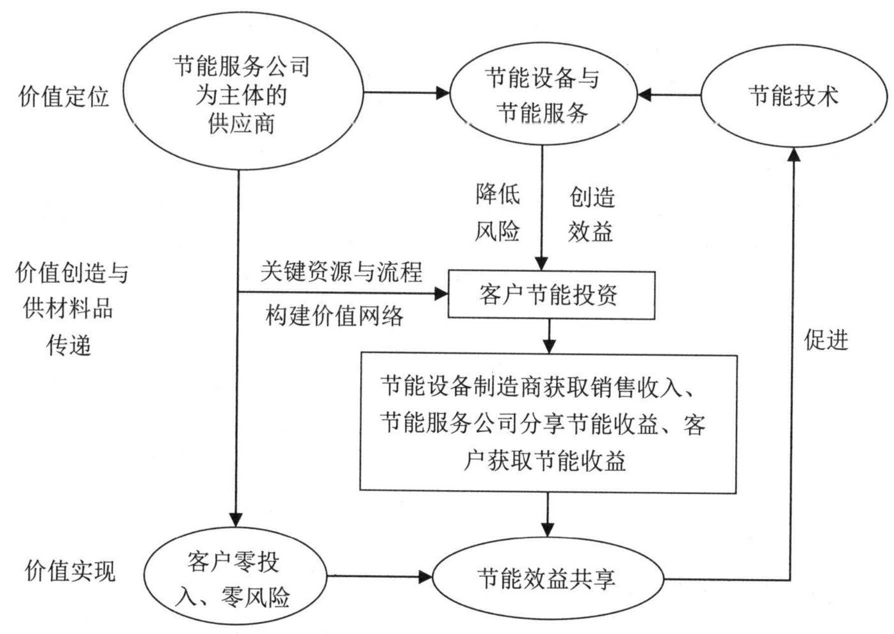

图6－2　合同能源管理商业模式

6.2 以低碳和循环发展理念重构长江经济带企业绿色价值链

重构长江经济带企业绿色价值链，通过绿色价值创造满足客户对绿色产品和服务的需求。传统的价值链管理更多注重物料和资金流的单向传递，在既定的投入条件下，企业通过生产流程优化和产品创新不断提高价值链上游和下游的议价能力，进而提高企业的价值创造能力，但是传统的价值链管理方式较少关注价值链每一环节所产生的废弃物与废气处理活动。因此，按照循环发展、低碳发展的理念构建企业绿色价值链，深入挖掘企业价值链每一个环节的节能减排空间和盈利空间，拓展企业绿色发展的盈利源，是企业通过商业模式创新实现绿色发展的重要路径[61]（如图6－3所示），在基本活动中通过物料的循环利用和梯级利用来提高资源利用率，通过废弃物回收再利用来降低生产过程对环境的影响。

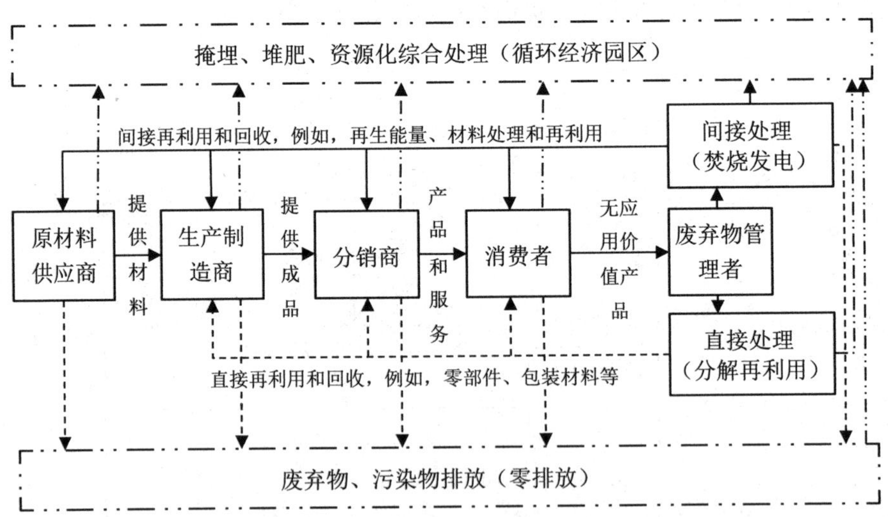

图6－3 绿色价值链一般模型

从长江经济带整体的产业结构来看，重化工业占工业总产值的比例相对较高，特别是钢铁、石化、造纸等高污染、高能耗行业规模优势明显。例如，长江经济带除江西、重庆、贵州、云南四省（市）工业发展水平相对较低外，其他省（市）的钢铁、化工、汽车等产业均为千亿产业，是支撑省域经济发展的支柱型产业，其中，江苏省的钢铁和化工产业产值已突破万亿，分别为10512.43 亿元和 15003.55 亿元。同时，该类产业盈利能力相对较低，与 2010 年相比，2013 年长江经济带传统工业的利润率降幅明显。因此，重构长江经济带传统产业价值链，将低碳、循环发展理念融入价值链的所有环节，寻求经济与环境的协调发展。

根据价值链分析的内容，为实现传统制造企业的绿色发展，企业应从这九项战略活动出发，挖掘每一项战略活动的节能减排空间。以长江经济带化工产业为例，企业的基本战略活动包括化工原材料绿色供应、化工产品绿色生产、化工产品绿色储运、化工产品绿色营销、化工产品绿色售后服务，企业的支持性活动包括低碳运营管理体系、绿色人力资本、低碳环保技术研发、绿色采购等（如图 6－4 所示）。

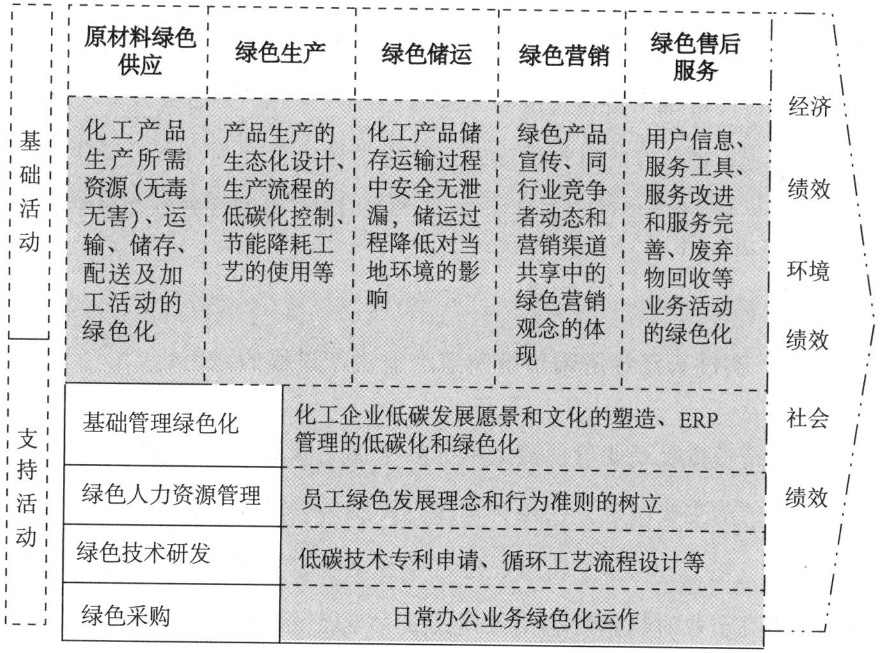

基础活动	原材料绿色供应	绿色生产	绿色储运	绿色营销	绿色售后服务
	化工产品生产所需资源（无毒无害）、运输、储存、配送及加工活动的绿色化	产品生产的生态化设计、生产流程的低碳化控制、节能降耗工艺的使用等	化工产品储存运输过程中安全无泄漏，储运过程降低对当地环境的影响	绿色产品宣传、同行业竞争者动态和营销渠道共享中的绿色营销观念的体现	用户信息、服务工具、服务改进和服务完善、废弃物回收等业务活动的绿色化

支持活动		
	基础管理绿色化	化工企业低碳发展愿景和文化的塑造、ERP 管理的低碳化和绿色化
	绿色人力资源管理	员工绿色发展理念和行为准则的树立
	绿色技术研发	低碳技术专利申请、循环工艺流程设计等
	绿色采购	日常办公业务绿色化运作

经济绩效

环境绩效

社会绩效

图 6－4　化工行业企业的绿色价值链结构

6.2.1 引导长江经济带传统制造业重新定位价值链

随着国家和区域环境保护力度不断增强，长江经济带产业绿色发展已成为行业共同的利益主张。高能耗、高污染、高排放行业应积极转变发展理念，将绿色发展和为客户提供低碳、环保、健康的产品与服务作为企业的愿景与宗旨。绿色价值链的定位主要通过两个方面来体现：其一，将低碳环保发展理念贯穿于企业内部生产流程、运营管理的环节之中，降低企业生产过程中的资源和能源消耗；其二，长江经济带传统制造企业应从区域产业链的视角定位自身的发展目标，着力向下游产业提供绿色、低碳材料和原料，在区域构建循环型产业链。

长江经济带化工企业一方面应致力于自身的绿色化发展，另一方面要助力下游产业实现绿色化。与化工行业紧密相关的是汽车行业，化工产业可以为汽车行业提供轻量化的新型材料和高品质的油料。例如：巴斯夫公司利用新型复合材料（纤维+塑料合成）来实现汽车轻量化，并且开发了一连串的仿真技术来测算零部件的机械强度；三井化学株式会社为汽车轻量化研发除了包括聚烯烃和PU、聚氨酯及油漆涂料产品、FMC玻璃碳纤维和长玻纤等新材料。

6.2.2 实现长江经济带传统制造产业生产过程的绿色化

长江经济带传统产业价值链大部分处于加工制造环节，因此，这一环节是价值链增值的主要源泉，也是实现绿色发展的关键环节。长江经济带沿江布局的钢铁、化工、汽车、造纸、建材等行业应加大绿色生产工艺创新和技术研发，提高企业对物料的利用效率，加大节能减排技术的研发应用，降低企业生产过程污染物排放和环境损害。

例如，重庆紫光化工股份有限公司（简称“紫光化工”）作为位于长江经济带上游企业，注重生产工艺的绿色技术研发，先后投资近亿元建立氰化物技术创新研究中心，研发了包括氨氏法 HCN 清洁生产技术等诸多清洁生产工艺，降低了生产过程中对环境的污染。因此，长江经济带传统工业应着力于生产技术、工艺及产品的绿色化发展，以生产流程的绿色化和产品绿色化实现企业的价值增值。

6.2.3　加快建设长江经济带循环产业园区

通过在产业园区构建循环型产业链，充分实现园区企业废弃物循环再利用，促进园区产业共生发展，是提升全产业链绿色价值增值能力的重要任务。例如，湖南岳阳化工产业园引进华能公司建立热能蒸汽管网输送设备，将余热引进到绿色化工产业园，实现了节能降耗的发展目标。中海化学湖北大峪口公司投入 1 亿元引进国外先进低温余热回收技术，停开公用工程大部分锅炉装置。2014 年，该公司将固体危险废弃物磷石膏无害化处理后，充填进废气矿井，提高了磷矿资源利用率，每年可回采磷矿 12.5 万吨，增加利润 1325 万元，充分实现了经济绩效、环境绩效与社会绩效的“多赢”发展。

6.3　以汇聚绿色资源提高长江经济带企业绿色价值创造能力

企业拥有的资源（专利、品牌、渠道、平台等）和能力决定了企业能否通过商业模式创新赢得竞争优势。企业的价值主张能否顺利实现并且成功分享价值链中的盈利，关键在于企业是否掌握了创造价值的关键性资源与能力，而这种能力在一定程度上是竞争对手难以模仿和超越的（如图6－5所示）。如果企业配置资源的能力越强，越能在价值创造过程中为顾客创造新颖的产品和服务，从而引导顾客参与到企业自身的价值网络之中，并扩大市场份额，获得高额的经济回报。

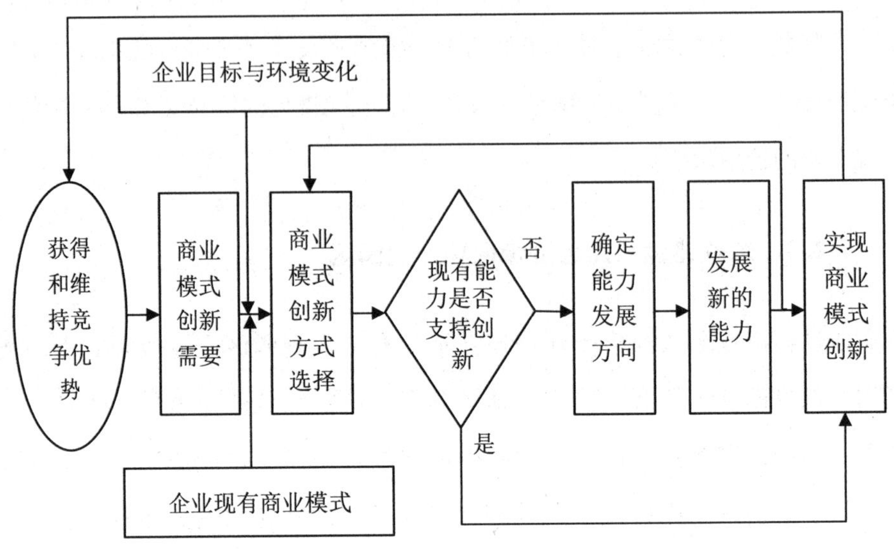

图6－5　企业能力对商业模式创新的决定机理

6.3.1　提升企业低碳自主创新能力

低碳技术自主创新能力决定了企业在绿色价值链中的地位与盈利能力。未来长江经济带可围绕产业绿色发展开展系列低碳循环技术创新攻关项目（如表6－1所示）。一是依托长江经济带沿江布局的国家级自主创新示范区，深入开展低碳环保技术研发和推广应用，例如，长株潭城市群既是国家自主创新示范区，又是国家两型社会示范区，可将这两大国家级试验区的技术创新重点有机融合，围绕新材料、新能源、新能源汽车等关键技术进行研发和推广。二是依托长江经济带国家级转型升级示范开发区与国家级工业园区建立产业技术创新联盟，重点在生物医药、智能机器人、轨道交通、新一代信息技术等领域联合开展技术攻关，通过技术升级促进我国传统工业提高全要素生产率。三是鼓励企业与高校、科研院所联合建立国家工程（技术）研究中心和实验室，充分整合各种主体的创新资源。

表 6-1　　长江经济带面向低碳循环发展的重大技术选择（部分）

低碳技术类型	低碳技术名称	应用行业和领域	预计未来 5 年（2016—2020）	
			总投入（亿元）	可形成年碳减排能力（万吨 CO_2）
非化石能源类技术	风电场、光伏电站集群控制技术	电力行业——新能源应用领域	5	468
	基于亚临界水热反应生物质废弃物资源化利用技术	农业、废弃物处理	60	480
	竹缠绕符合压力管技术	轻工行业	500	6400
	车用锂离子动力电池系统开发技术	汽车行业——交通运输领域	30	550
	餐厨废弃物资源化利用生物腐殖酸技术	废弃物处理——废弃物资源化利用领域，循环农业及耕地质量提升	20	620
工艺过程等非 CO_2 减排类技术	六氟化硫气体循环再利用技术	机械行业——电气设备中使用过的 SF_6 气体回收、净化处理及循环再利用	1.6	2390
	利用 CO_2 替代 HFCS 发泡生产挤塑板的计算	建材行业——挤塑板生产	1.5	3000
碳汇类技术	秸秆清洁制浆及其废液肥料资源化利用技术	造纸行业、农业秸秆综合利用、农田施肥及土壤改良	300	2240

资料来源：根据 2015 年发改委《国家重点推广的低碳技术目录（第二批）》整理。

6.3.2 强化企业绿色运营管理能力

运营管理能力是企业为实现企业绿色发展目标而高效配置资源的能力，高效的运营管理能力能够迅速将企业可供利用的资源进行整合，并且围绕绿色发展目标快速实现人、财、物等资源的合理配置。

一是培育企业家的绿色发展理念。企业家精神对实现绿色发展具有支配性的作用，传统的企业家精神仅关注于企业获得持续改进的财务绩效和员工福利，在企业社会责任承担中也更多关注对社区等公共利益主体，而较少关注企业发展对外部环境和资源的影响。长江经济带是集流域经济共同体和生态共同体于一身的载体，作为黄金水道，其环境保护远远重于经济发展。因此，沿江企业的发展必须首先树立生态保护高于经济开发的理念，并以此作为企业使命将之贯穿于企业的业务层战略之中。

二是提高企业绿色物料供应能力，这是从企业的源头来控制生产过程中污染物的排放。长江经济带沿江依然以钢铁、石化、化工、造纸、橡胶、有色等制造业为主，这类产业主要为下游产业提供原材料，因此，一方面要提高供应链上游行业的绿色发展能力，促进上游产业向绿色、低碳、环保材料生产转型；另一方面，下游企业要主动实施绿色采购行动。以长江经济带汽车产业为例，汽车制造企业涉及上游的钢材、化工、橡胶、电子等多种行业，企业只有与供应商开展绿色生产合作，才能实现后续生产过程中资源能源消耗少、环境污染少的绿色发展目标。在未来发展中，应以上汽集团、长安汽车、东风集团和江淮汽车等大型汽车集团为主体，率先实施绿色供应链管理，为汽车产业绿色化发展提供标杆示范。

三是提高企业的绿色生产能力。绿色工艺创新是为顾客提供绿色产品的重要途径，也是在生产过程中降低能源消耗和环境污染的重要着力点。以长江经济带钢铁产业为例，长江经济带沿江布局了上钢、武钢、重钢、攀枝花和马鞍山五大钢铁基地，钢铁产业的规模化发展给长江水资源、能源消耗和水环境污染带来了严重损害，生产方式粗放、生产技术落后导致钢铁企业耗能单一、能源利用率低下、能耗与污染物排放存在结构性矛盾[62]。因此，要利用智能制造技术实施钢铁生产全流程动态精准设计，对生产工序按照绿色标准进行重新定位，全面推进节能减排技术、资源循环利用技术、废弃物资源化技术的应用，实现生产全过程控制能源消耗和污染物排放。

四是增强企业的绿色销售和服务能力。绿色销售和服务能力对企业实现绿色价值至关重要，这种能力的高低直接关系到顾客能否充分享受绿色产品和服务的价值，有助于增强顾客对绿色产品的认可度。在互联网、物联网及新一代信息技术兴起的今天，企业应广泛建立数字化、智能化的销售渠道，选择使用绿色交通、智能仓库来提高产品装卸、运输、储存环节的低碳化水平，减少销售层级，降低产品营销过程的资源消耗量。大力发展个性化定制服务和全生命周期管理，推动长江经济带制造业向服务化转型，不断提高企业的价值创造能力。

6.4　以共创绿色价值加快构建长江经济带企业绿色价值网络

随着互联网和产业垂直分工的细化，客户的价值创造过程越来越需要多元化的价值创造伙伴协同完成，从而形成价值创造的合力。对于单个企业而言，应当着力于价值链中的优势环节，发展与供应商、分销商及其他合作伙伴的关系，整合各方优势资源。

企业价值网络注重两方面的内容：一是寻求竞争与合作的共存性，注重市场主体之间联合共创价值，每个节点企业专注于其核心竞争力的打造；二是在企业、顾客和竞争者之外增加了互补者，进而通过产品或服务的拓展增强客户的价值体验[63]。例如，思科、苹果、耐克等企业着力打造自己的技术研发和设计优势，将原材料供应、制造、销售等环节实行委托外包。这一商业模式成功运用的条件是企业拥有最核心的竞争优势，或者高品质的产品设计，或者精湛的产品生产工艺，或者完善的销售网络、渠道及平台，这对企业打造核心竞争力提出了更高的要求。

6.4.1 加快建立企业价值创造联盟

《长江经济带创新驱动产业转型升级方案》提出，战略性新兴产业自主创新能力全面提升，节能环保、新材料、新能源、新能源汽车等产业发展与发达国家差距大幅缩小[64]。战略性新兴产业的发展不仅要依靠关键技术的突破性创新，更应靠商业模式创新来推动产业规模化发展。在低碳环保的战略性新兴产业发展初期，受研发成本、市场认可度等因素影响，发展速度较为缓慢。我国新能源汽车产业发展主要依靠政府财政补贴来推动产业化发展，但发展规模和效率依然不高。因此，需要围绕顾客的消费需求和意愿，将新能源汽车产业发展的各个利益主体有机整合，通过组合价值让渡实现供应商、分销商、消费者、政府等利益相关者的优势互补，将不同企业的优势产品和服务加以集成，通过价值创造环节的无缝对接，降低消费者使用新能源汽车的成本，进而迅速扩张市场规模，带动产业规模化发展。

如图6－6所示，以深圳电动汽车产业发展为例，该商业模式将焦点企业鹏程电动出租车公司、充电站运营商、充电设施供应商、电网企业及客户等各个主体有机整合，建立了完整的价值网络，使资金流和产品/服务流在各利益主体之间灵活流动，实现了价值协同创造。

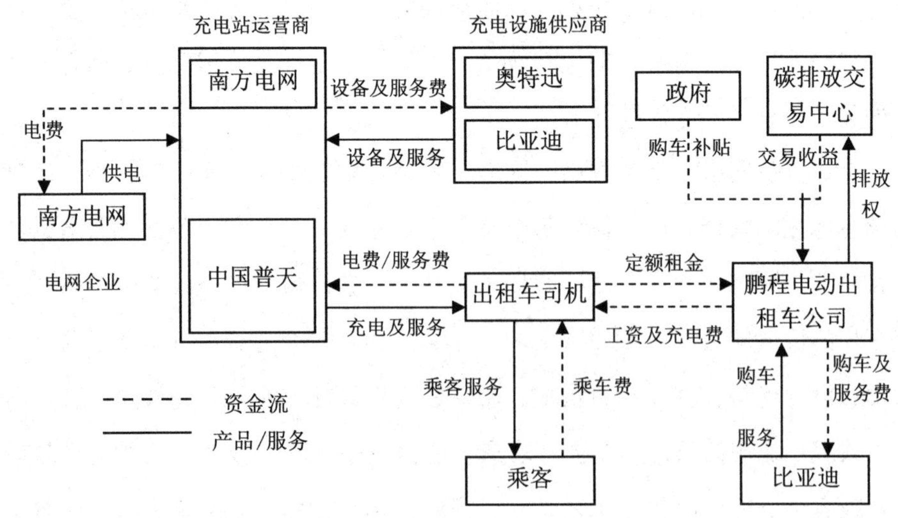

图6－6 深圳电动出租车商业模式价值网络图

6.4.2　提升企业服务的集成化程度

长江经济带现代服务业发展对经济的支撑作用与其他产业的带动作用较为明显。从企业整个服务供应链价值的角度来实现上游供应商、核心企业和下游顾客之间的价值提升，是提高现代服务业发展水平的重要路径。现代服务业的发展重点在于服务项目与客户体现的一致性，要实现这种一致性，企业必须充分利用管理能力和联盟能力实现资源的整合与高效利用，同时合理分配收益与价值。随着新一代信息技术产业的发展，服务供应商和顾客的相关信息和资源能够得以有效地整合到焦点服务企业的信息系统平台上，焦点服务企业可进一步根据顾客的需求对价值创造过程进行重新设计和匹配。

如图 6－7 所示，以携程旅行网的商业模式创新为例，携程网将自身定位于在线旅游服务这一细分市场，以电子商务为中介联结了产业链的上游旅游

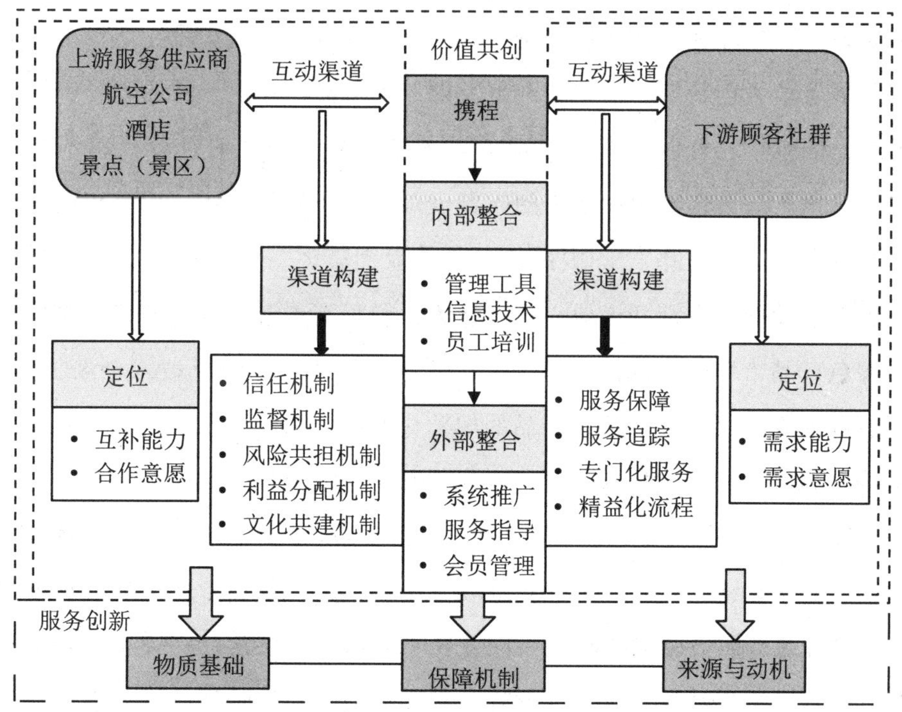

图 6－7　携程旅行网服务集成示意

资源服务提供商及下游旅游顾客。携程网完善的信息系统及先进的管理模式是其获得成功的关键资源和能力。在价值共创过程中，服务集成商与服务供应商的互动为服务创新提供了良好的物质基础，服务集成商与顾客之间的互动为服务创新提供了动机和来源，服务集成商内部外部的资源整合是服务创新的保障机制[65]。

6.5 以打造绿色产品和服务提高长江经济带企业的盈利能力

6.5.1 引导企业实施绿色产品创新

与传统产品相比，绿色产品具有资源节约和环境友好的特征。在长江经济带11省（市）环境规制强度日益加强的情况下，企业实施产品的绿色创新行为，有助于抢占市场制高点，在行业中率先建立绿色发展的标准和规范，引领顾客实施绿色消费行为。一般而言，绿色产品在消费市场上的发展可分为创新期、推广期和普及期三个阶段，绿色产品的市场价格随着产品的推广、普及和竞争企业的进入而不断下降，消费者福利不断提高，绿色产品销售给企业带来的收益也是随着产品的推广、普及和竞争企业的进入而不断下降[66]。因此，对于企业而言，一是要通过绿色营销和绿色广告积极引导消费者树立环保意识，增强消费者的绿色消费意愿，推动绿色产品市场规模的持续扩大。二是加大企业产品绿色技术创新力度，通过技术升级快速推动绿色产品的规模化发展，加速绿色产品边际成本的下降，同时形成绿色技术壁垒，确保创新企业获得长期的收益。

以长江经济带生态旅游产品为例，长江经济带上中下游拥有独具特色的历史文化和风土人情，生态旅游服务业具有附加值高、环境污染程度较低、产业带动能力较强等特征，因此，打造沿江生态旅游产业带，对推动长江经济带产业绿色发展具有重要作用。一是借助低碳循环技术手段减少生态旅游产品开发过程中对原材料和能源的消耗，避免对旅游地生态环境和地貌的损害。二是依据长江经济带 11 省（市）主体功能区定位合理开发生态旅游产品。三是打造与生态旅游产品配套的服务项目，带动生态旅游全产业链低碳化发展。例如，建设生态旅馆、绿色交通、两型餐饮等配套产业链。

6.5.2　推进创新企业绿色服务模式

推动长江经济带生产性服务业发展，有助于促进沿江现代农业、传统工业及战略性新兴产业提高发展质量。服务模式创新有助于将客户需求与企业生产精准对接，通过个性化、定制化服务项目的推广，能有效降低服务资源的冗余。以长江经济带现代农业发展为例，长江经济带拥有全国 34% 的总耕地面积，但是农用化肥和农药的施用量占比分别达到 37% 和 43%。长江中上游地区是我国重要的农产品主产区，不合理施用化肥造成农业面源污染和水源污染严重，对长江经济带生态环境构成巨大威胁。在现代农业生产过程中最大限度减少化肥使用量，提高单位面积化肥使用量的效率，是实现现代农业生态化发展的切实举措。

浙江省兰溪市常富粮食专业合作社创新农化服务模式，将农户、肥料生产企业、农技部门各主体有效连接，由合作社将土壤信息进行采集送农技部门分析化验，形成特定肥料配方，再由合作社向配方肥料定点企业发送订单，化肥生产企业按照农户需求保质保量完成生产，并及时向合作社提供配方肥（如图 6 – 8 所示）。这种服务模式创新减少了化肥使用量，提高了农化使用效率，同时，由合作社与化肥生产企业直接对接，减少了农资设备和商品的中间销售环节，有效降低了农业生产成本，实现了多主体经济绩效和环境绩效的双赢[67]。因此，采用新一代信息技术、大数据技术、云计算技术，科学分析顾客的消费需求及产品对环境的影响，通过企业服务方式创新，缩短产品到顾客的距离，实现顾客对服务的定制化和个性化需求，减少产品批量化生产导致的结构性过剩及资源、能源的浪费。

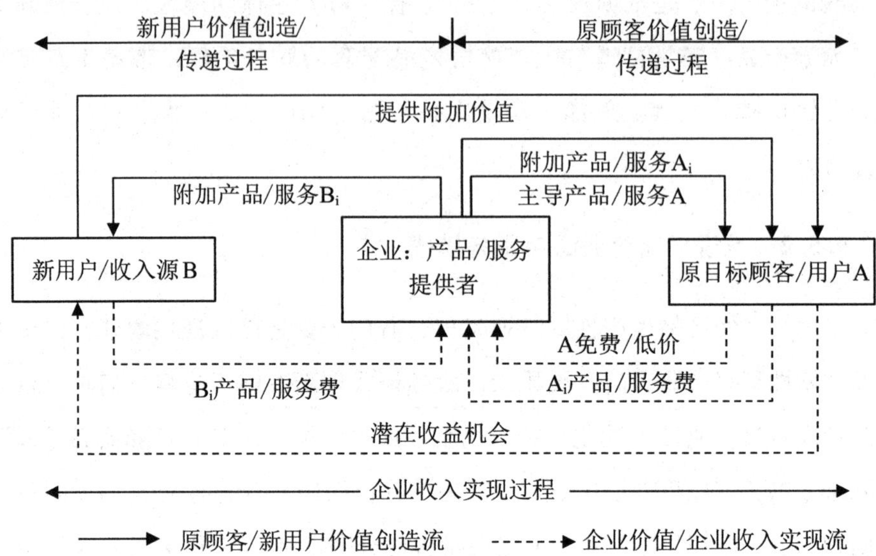

图6-8　兰溪市常富粮食专业合作社创新农化服务模式

第7章　长江经济带管理体制创新促进产业绿色发展研究

7.1　管理体制创新影响长江经济带产业绿色发展的机制分析

（1）长江经济带管理体制创新的分类

长江经济带产业绿色发展的管理体制主要包括强制性制度、选择性制度和引导性制度（见表7－1）。其中，强制性的管理制度是指管理者通过“命令—控制”式的刚性手段，如法律规定或行政命令等方式对经济主体的行为进行规定和约束，如政府绿色考核评价制度、产业准入退出制度、污染物排放总量与交易制度等。选择性的管理制度是一种市场型的环境制度，以成本—收益分析为基础，管理者通过市场化的制度安排，激励经济主体开展绿色创新和产业转型升级，从而实现产业绿色发展的目标，具体包括资源有偿使用制度、环境税费制度、排污权交易制度、生态补偿制度等。引导性的管理制度与影响管理体制创新的社会因素相关，其本质是通过宣传教育等手段促使各类经济主体形成遵守规则、节约资源和爱护环境等道德意识，包括环境宣传与教育制度、环境保护公众参与制度等。

表7－1　促进产业绿色发展的管理体制的构成框架

强制性管理制度	选择性管理制度	引导性管理制度
绿色考核评价制度 产业准入制度 总量控制制度 环保标准制度 企业环境信息强制披露制度 环境损害赔偿制度	资源有偿使用制度 环境税费制度 水权交易制度 排污权交易制度 生态补偿制度 政府节能环保产品采购制度	绿色消费制度 环境宣传与教育制度 环境保护公众参与制度 环境公益文化引领制度

相应地，促进长江经济带产业绿色发展的管理体制创新是指从以上三大类制度中的各项具体制度的现状出发，针对其实行中遇到的困难和问题，在实践中进行持续不断的改进和完善，并不断地创造出新的促进产业绿色发展的管理制度的过程。因此，该过程是一个不断演进，并在继承中进行创新的过程。

（2）不同管理体制的影响机制分析

强制性管理制度、选择性管理制度和引导性管理制度基本涵盖了管理体制的主要内容。政府通过不同的管理制度作用于产业发展的不同方面，来达到共同促进产业绿色发展的目的。管理制度创新的类型不同，对产业绿色发展的影响也不同。总的来说，管理体制创新对产业绿色发展的影响可分为约束、激励和引导三种机制，分别如图 7－1 至图 7－3 所示。

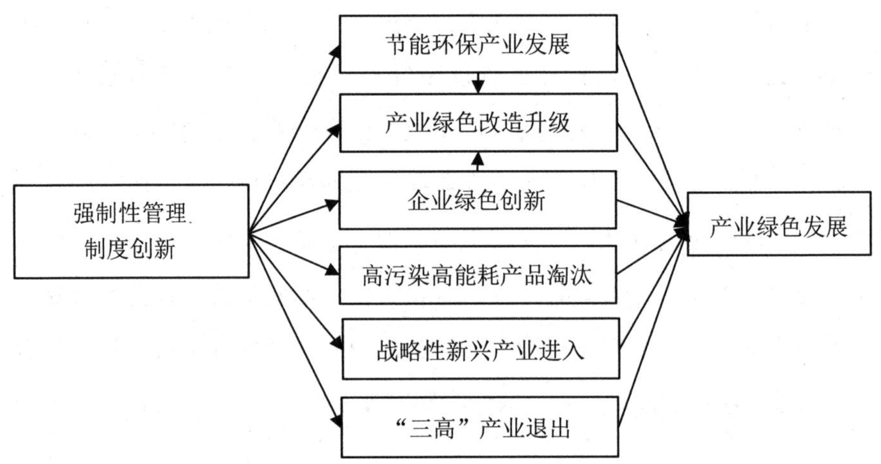

图 7－1　强制性管理制度创新对产业绿色发展的约束机制

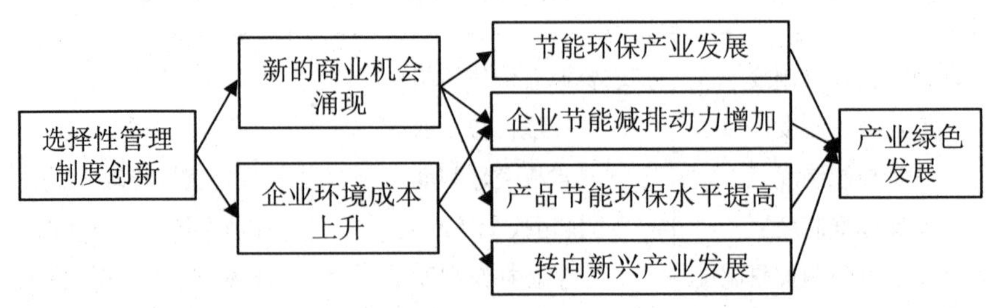

图 7－2　选择性管理制度创新对产业绿色发展的激励机制

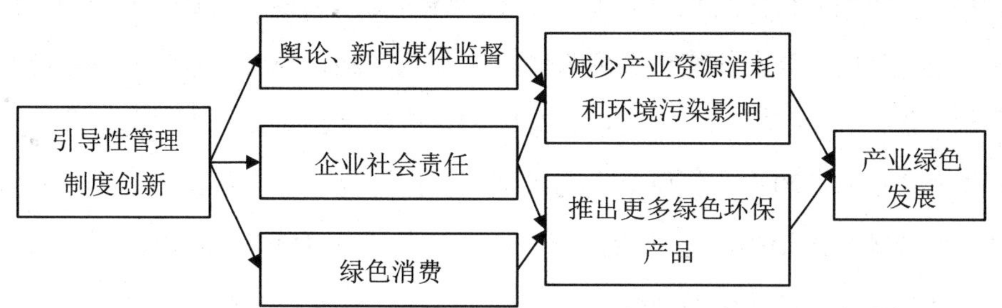

图7-3 引导性管理制度创新对产业绿色发展的引导机制

强制性管理制度对产业绿色发展的约束机制。通过法律、法规和行政规制等手段，强制性管理制度对各类经济主体的行为形成规范和约束。各类经济主体对于管理者制定的强制性管理制度只有遵守，违反则要受到严重惩罚，从而避免各类经济主体出现违规行为。强制性管理制度得以有效实行的前提是确立执行管制标准、监督标准的机构。尽管我们一直强调管理制度的约束性，然而只有合理的约束标准才能对经济主体真正产生有效的约束力。过紧的约束标准将使各类经济主体难以承受，从而增加执行难度；而过松的约束标准将不能有效地规范经济主体的行为，影响管理者预期目标的达成。因此，合理的管制标准应结合长江经济带各地区的资源、环境承载力，因地制宜、循序渐进，从而保障强制性管理制度的有效实行和政策的有效性。

选择性管理制度创新对产业绿色发展的激励机制。虽然强制性的管理制度能够对各类经济主体的行为形成强有力的约束，但是其并没有解决各类经济主体开展绿色创新和节能减排的内生动力问题，这就需要市场化管理机制来解决。选择性管理制度本质上就是利用市场机制来解决产业绿色发展的问题，其显著特点是管理者通过设计一整套市场化运行的制度，来激励各类经济主体发挥其主观能动性，开展绿色创新和节能减排活动，促使高污染高耗能产业退出和升级转型。

引导性管理制度创新对产业绿色发展的引导机制。引导性管理制度通过弘扬环境友好的社会文化来激发各类经济主体的道德意识，形成对个体的软约束。引导性管理制度本身并不具有约束力，但是其可以通过形成共同的社会风俗、习惯和行为规范来影响经济主体的行为。例如，当身边的消费者购买绿色产品的行为会促使更多的人倾向于绿色产品，或者大家都在采取资源节约、保护环境的行动，并引以为豪时，自然而然会对每个人的行为产生无形的社会压力和动力，促使个人也采取相应的行为，从而从整体上实现资源的节约和环境的爱护。这种情形下企业也更加有压力和动力开展绿色创新，实现节能减排和产业转型升级。

7.2 完善长江经济带产业绿色发展强制性管理制度

在长江经济带产业绿色发展的强制性管理制度方面，当前应着重建立完善绿色考核评价制度、产业准入退出制度、污染物排放总量控制制度和污染物排放许可证制度、环保标准制度和企业环境信息强制披露制度。

7.2.1 产业准入退出制度创新

实行严格的产业准入退出制度。特别是要提高中、西部地区产业的环境准入门槛。研究表明，由于我国东部环境规制强度大于中、西部，污染逐渐向中、西部转移[68]。而长江流域的特点决定了中下游地区将落后的设备、技术、污染行业转移到欠发达的上游地区，将会加剧上游地区的生态环境恶化，最后会影响到整个流域的生态环境。

完善市场退出机制。根据《产业结构调整指导目录（2011 年本)》的要求，加快淘汰长江经济带落后产能。妥善处理由于市场退出引发的失业、居民生活水平下降等问题。严格限制重污染型产能向长江经济带其他区域或全国其他地区转移。

加大产业准入退出政策的执行力度。产业准入退出制度在执行过程中遇到的困难和阻力较大，因此，应着力消除实践中存在的政策阻碍，通过建立完善的环境评估体系，健全监督管理机制，鼓励公众参与等方式促成政策实施，避免政策导向达不到预期效果。

7.2.2　污染物排放总量控制和排放许可证制度创新

建立以改善环境质量为导向的污染物排放总量控制制度。我国设定污染物排放总量的主要依据是各地区环境质量现状，导致总量减排与环境质量改善的脱节。因此，探索建立以改善环境质量为导向的污染物排放总量控制制度至关重要。

建立长江经济带流域减排体系。改变传统各省（市）单独制定排放总量的方式，首先，从长江经济带层面统一统筹协调，确定流域污染物排放总量；其次，考虑长江经济带各地不同的经济发展水平、资源环境禀赋和环境生态功能差异，按照长江经济带污染物排放总量控制的原则，设定各省（市）总量控制因子和实施机制。

运用先进的信息科技手段，实现污染物排放总量控制的精准化和定量化。我国排放许可证制度目前面临着权威性不足、重发证和轻证后监管的问题，因此，充分运用物联网、大数据等先进技术，进一步扩大污染监测范围，提高监控精细化水平，构建排污数据共享平台，加强公众参与和媒体监督。

7.2.3　环保标准制度创新

制定绿色技术的标准。长江经济带各省（市）政府部门发挥主导作用，引导产学研各方面共同研究、制定和更新绿色技术的标准。通过制定高标准，促进绿色产品整体水平的提升。此外，还需要根据不同地区具体的环境容量情况，制定差异化的环境标准，实现绿色标准的统一性、准确性和分类指导性的原则性要求。各相关部门还要组织专家积极参与国际排放等领域标准的制定，推动我国绿色技术标准、环境保护标准的国际化，抢占全球绿色技术、绿色标准的话语权。

推动环保标准制度化。推动绿色标志立法，用法律明确环境标志和能效标志认证标准及程序。除了为环境标志制度提供法律和机构保障之外，还需要采取财政手段，给予环境标志产品、环保企业各项优惠。例如，政府优先采购、定向采购具有环境标志的产品，奖励在环境保护方面做出突出贡献的环境标志企业等。

7.2.4 企业环境信息强制披露制度创新

明确企业环境排放信息的强制披露标准。建议在《环境保护法》修正案中进一步明确企业环境信息强制披露准则，强制规定上市公司和纳入国家重点污染源监控企业名单的企业必须披露污染物排放的相关信息，对于拒不披露环境信息和披露不规范及披露虚假信息的企业，明确惩罚措施与标准。通过强制披露准则的实施，倒逼企业开展节能减排活动，同时有利于公众、政府的监督，降低环境信息的不对称水平。

规范企业披露环境信息。为了实现企业规范信息披露的内容、程序等，建议环境保护部制定《国家重点污染源监控企业环境信息披露管理办法》，环境保护部和证监会共同制定《上市公司环境会计信息披露管理办法》，按照企业类别，明确环境披露信息的要求。重点污染源监控企业要按照重点污染源监控企业的管理办法披露相关信息。建立企业环境信息披露的审核机制，对上市公司进行经济审计的同时，对于披露虚假信息的企业予以严惩。

发挥公众和舆论监督的作用。为了提高国家重点污染监控企业和上市公司环境信息报告的透明度，充分发挥公众、环保组织、新闻媒体等利益相关者的监督作用，建议建立全国范围内环境信息报告数据库和网络平台。所有的重点污染企业和上市公司的环境信息报告都必须在这一平台公布，方便监督部门的监控，以及公众和非政府组织的监督。

7.3 健全长江经济带产业绿色发展选择性管理制度

在长江经济带产业绿色发展的选择性管理制度方面，当前应着重建立完善资源有偿使用制度、排污权交易制度和政府节能环保产品采购制度。

7.3.1　资源有偿使用制度创新

党的十八届三中全会的《中共中央关于全面深化改革若干重大问题的决定》指出，我国要建立资源有偿使用制度和生态补偿制度，而资源有偿使用制度有效实施的核心是深化资源性产品价格改革。分领域来看，当前长江经济带资源性产品价格改革的重点包括以下方面。

水资源价格改革。实行水价改革，将原来五类水价简化为三类水价，分别是居民生活用水、非居民生活用水和特种用水；要尽快建立阶梯式水价和超定额用水累进加价制度[69]；推进农村集中供水价格管理制度，促进农业和农村节约用水。

电价改革。建立用电阶梯价格制度，对高耗能、高污染行业实施差异电价，必要时还需要实施惩罚性的电价政策；全面推行脱硫、脱硝电价补贴政策，力求实现二氧化硫和氮氧化物减排；对可再生能源电价给予相应的政策支持，促进可再生能源项目发展。

天然气价格改革。建立天然气阶梯价格制度，努力提高用气效率；全国范围内实行天然气市场净产值定价和自产与外购天然气综合定价，同时要建立天然气与可替代能源价格的动态协调机制[70]；加快建立天然气交易市场和天然气交易中心，逐步形成中国天然气市场价格，实现工商用气同价。

专栏 7－1　资源性产品价格改革的重点任务

● 完善水价形成机制

✓简化水价分类，形成居民用水、非居民用水、特种用水三类水价

✓实施非居民用水超定额累进加价制度，促进社会节约用水

✓根据不同产业和行业用水特点，建立差别化水资源费用征收体系

● 落实电价形成机制改革

✓调整销售电价分类结构。将销售电价由现行按行业、用途分类逐步调整为按电压等级和负荷特性分类

✓落实差别电价和惩罚性电价改革措施。对明令淘汰、限制类企业和装备实施差异化电价和惩罚性电价

- **改革燃气价格形成机制**

✓实施天然气终端销售价格与上游天然气出厂价格、管道运输价格联动机制

✓开展居民生活用管道天然气阶梯价格政策跟踪评估,完善阶梯价格制度

- **实施新能源、可再生能源价格扶持政策**

✓对垃圾、污泥焚烧等再生能源发电实施上网电价补贴政策

✓实施新能源电动汽车充换电优惠价格政策

7.3.2 水权交易制度创新

2014 年，水利部发文在包含长江经济带的江西、湖北等 7 个省份进行为期 2—3 年的水权交易试点。然而，在实践中出现的政府过度干预交易市场、市场交易规则不健全、水资源用途管制和监督不足等问题，严重影响了水权交易制度作用的发挥。

完善水权交易市场建设。首先，用水总量控制制度和水资源确权是水权交易市场发展的基础。因此，进一步落实水权总量控制的红线考核制度以及开展水资源确权工作，培育形成水权交易的买方和卖方。其次，明确政府在水权交易市场中的角色，应只限定在提供管理和服务，不应超越界限成为水权主体。再次，扩大水权有偿分配的试点范围，积极探索符合长江流域的初始水权分配方式。最后，促使政府主导的水权交易平台模式向市场主导模式转变，降低水权市场的交易成本。

探索水权金融市场创新。一是鼓励卖方将拥有的和剩余的水权作为抵押标的物进行抵押和担保融资，从而实现水权转让和交易；二是试点地区要求银行等金融机构参与围绕水权实物、水权现货等水权金融商品的交易，积极开发销售和水权交易有关的衍生金融商品；三是探索水权交易所与证券公司、银行、保险公司等金融机构合作进行虚拟水产品的交易，包括水权期货和水权指数。

7.3.3 排污权交易制度创新

目前，长江经济带除江西省、四川省和贵州省外，其他 8 个省（市）均

已开展二氧化硫排污权交易试点。然而，相关研究表明我国排污权交易试点未能产生实现二氧化硫排放量的减少。究其原因，不完善的排污权交易市场和较弱的执法强度严重制约了排污权交易。

完善排污权交易市场。首先，推广和扩大实施排污权初始指标有偿分配的试点范围，形成对排污权初始指标分配的规范管理；其次，改变现有以加权平均污染治理成本作为定价依据的定价方式，推行排污权交易国外较为成熟的集中竞价方式，减少政府对交易行为和交易价格的干预；再次，加快建立排污权管理与交易中心，为排污配额交易的实现创造良好的市场环境。

加强执法力度。针对排污许可制度中的“守法成本高，违法成本低”的现状，首先，在加强环保立法的同时，严格加强环保执法力度，提高企业违法的交易成本，迫使排污企业在高惩罚与排污权市场交易之间做出选择；其次，提高排放配额的市场交易价格，使得排放配额能够弥补减排企业的环境外部性成本，进一步强化排污权政策的激励效果。

7.3.4　政府节能环保产品采购制度创新

相对于庞大的政府采购规模，目前节能环保产品在我国及长江经济带各省（市）政府采购中的比重依然较低。因此，长江经济带各省（市）可率先实行地方绿色产品政府采购制度，将一些类别的环境标志和低碳标志产品纳入地方政府强制采购清单，大幅提高节能、低碳、环保产品的政府采购比例。通过政府的示范、引领，形成全社会购买绿色产品的风尚，促进长江经济带产业的绿色发展。例如，湖南省先后分三批认定了 141 家企业和 547 种两型产品，率先全国推行清洁低碳技术产品政府采购制度，采购规模超过 4800 亿元。

7.4　加强长江经济带产业绿色发展引导性管理制度

在长江经济带产业绿色发展的引导性管理制度方面，当前应着重建立完善绿色消费、公众参与以及开展环境宣传教育制度。

7.4.1 绿色消费制度创新

建立绿色消费积分制。凡是购买环境友好、节能环保和低碳标志产品的消费者，可以按照产品的节能、环保和低碳性能，获取相应的积分，可以用这个积分购买公交卡、缴纳水电费等，提高民众的环保意识与购买绿色标志产品的积极性。长江经济带各省（市）可先行先试，探索在相关单位设立绿色消费推动机构。例如：在财政局经济建设处增设绿色消费科室，负责绿色消费补贴政策的制定和实施；在商务局市场运行和消费促进处增设绿色消费科室，负责推动绿色消费的市场化；等等。

专栏7－2　世界各地推动绿色消费的举措	
美国	自1991年开始每年10月开展“节能宣传月”活动，至今已有二十多年历史。公众可通过政府、企业和公益协会举办的各种活动获取节能环保知识，并得到鼓励在日常生活中节约能源
欧盟	大量开展教育培训项目，采用不同手段和媒介进行面向普通居民和节能管理人员的节能环保知识的普及，例如：“安全和燃油经济性驾驶标准”培训项目，“聪明用能培训项目”等
法国	多种形式（电视、网络、公用咨询电话等）为政府、个人和企业提供节能环保知识普及和咨询服务，并在全国设立100个能源信息点
日本	提供专门补贴资金宣传普及节能环保和可再生能源知识，政府定期发布节能产品目录，开展节能产品和技术评优活动，对节能环保先进企业、集体和产品予以表彰

构建绿色消费法律体系。为了更好地引导全社会绿色消费，推动循环经济发展，需要构建相对完善的绿色消费法律体系。例如，日本是绿色消费立法方面最完备的国家之一，其构建了由基本法、综合法和专门法三个层次组成的法律体系，有效保障了循环经济和绿色消费的有序开展。因此，长江经济带各省（市）既要呼吁建立全国性的绿色消费法律体系，又要根据各地实际情况制定相关法规条例，鼓励绿色消费。

完善绿色消费的税收制度。政府应不断完善税收制度，通过发挥税收的杠杆作用来推动绿色消费。例如：增值税方面，应进一步扩大消费税的征税范围，对于购买节能减排环保设备的企业给予增值税的相关优惠，并对进口的清洁生产的仪器和设备给予一定程度的税收减免；消费税方面，对于严重污染环境的消费品应适当提高适用税率，而降低环境友好型消费品的税率。

7.4.2　公众参与制度创新

拓宽公众参与的途径。其一，拓宽环境公众参与的渠道。鼓励地方政府召开环境事务听证会、组建环境咨询委员会、设立环境影响评价机构等，鼓励公众个人和民间团体参与重大环境事务的决策。其二，建立完备的诉讼制度，保障公众的环境权益。不应仅限于直接受环境污染影响的公众，还应放宽至间接受环境影响的公共代表和对环境事务感兴趣的公众或团体。拓宽环境权益的诉讼途径，协助公众和社会环保团体提起诉讼。

重视民间环保团体的作用。环保团体相较于个体公民，具备专业的环境知识和诉讼手段，能够更好地维护公众环境权益，长江经济带各省（市）环保部门要认识到民间环保团体的重要作用，在公共资源配置上给予大力的支持和优惠；依法管理和规范引导环保团体健康发展，发挥环保团体在维护公众环境权益方面的重要作用；给予一定的司法援助，鼓励环保团体参与政府环境政策和法律法规的制定，并督促和监督这些政策和法律法规的实施。

7.4.3　环境宣传教育制度创新

积极推动环境教育。政府应该认识到环境教育的重要性，积极推进相关的立法工作。例如，宁夏和天津已经相继出台了环境教育条例，长江经济带各省（市）可以根据自身情况加快立法工作。政府机构主要负责人要加强环境教育培训，牢固树立可持续发展的理念。同时，推动将环境教育纳入各层次学校的教学计划，组织开展环境教育课外实践活动，逐步培养学生的环保意识。

积极加强舆论引导。各市级以上环保部门应设立新闻发言人，建立健全环保新闻发布制度，及时通报社会关切的环境问题。鼓励新闻媒体开设环保专栏，关注公众担忧的环境问题。同时，各级环保部门应充分利用微博、微信公众号等大众喜闻乐见的媒体互动交流平台，加强与社会公众进行线上互动沟通，扩大环境信息传播范围。

第5篇　长江经济带产业绿色发展与产业转型升级研究篇

第8章　长江经济带现代农业生态化发展研究

8.1　长江经济带现代农业生态化发展的总体思路

（1）基本原则

坚持改革强农，着力创新发展。以绩效为导向，坚持科技是第一生产力，深入改革现代农业生态化发展的体制机制，持续推动农业现代化技术创新，增加科技投入，逐步改变长江经济带农业粗放的发展方式，为长江经济带现代农业生态化发展提供政策保障和技术支撑。

坚持生态立农，着力绿色发展农业。本着“既要金山银山，也要绿水青山”的发展理念，以现代化、生态化循环农业试点为契机，完善“生态立农”可持续发展的服务机制，推动节能减排、提高资源利用率的技术革新，不断推进长江经济带现代农业的可持续发展和绿色发展，树立长江经济带现代农业的“稳定、高速、绿色、循环”的发展理念。

坚持统筹惠农，着力协调发展。坚持经济发展和环境保护并重，协同以工业促进农业，以城市带动乡村的发展机制，协调、统筹长江经济带各地区的要素资源，针对不同区域、不同产业、不同功能区制定相应的发展规划，实现长江经济带现代农业区域协调发展、产业融合发展、主体协同发展，提高长江经济带现代农业生态化协调发展的水平。

坚持因地制宜，着力特色发展。长江经济带上中下游自然资源禀赋各异，充分发挥各地特色资源、优势资源，因地制宜、因需制宜，找准劣势、精准发力，促进长江经济带上中下游地区农业特色开发和集聚发展，建成农业优势产业带和农业特色产业带。

（2）主要目标

其一，综合生产能力迈上新台阶，农业产业升级形成新格局。在中下游地区建设成粮食生产功能区，稳定粮食种植面积，提高单亩粮食产量，扩大粮食供给量和储备量。充分发挥长江经济带自然优势，优化产业布局，对主要农产品蔬菜产业、茶叶产业、水果产业、畜牧产业、花卉产业等进行结构优化，提高市场供给能力，使年度产量稳步提升。实现农业产业集聚发展、规模化生产经营的新局面。

其二，农业物质装备获得新改善，农业绿色发展得到新提升。全面增加长江经济带农业耕作设施和机械化操作占比，普遍实施“机器换人”工程，提高长江经济带农业生产率。在长江经济带推行国家农产品质量安全示范区试点工作和建立现代生态循环农业示范区，开发以农作物秸秆综合利用技术为主的绿色农业生产技术。实现长江经济带主要农产品农药化肥使用量逐年下降和农产品质量安全抽检合格率达到98%的目标。

其三，农业产业升级获得新思路，产业融合发展取得新突破。以市场调节为主，政府调控为辅配置各要素资源，优化产业结构，加快粮食产业、蔬菜产业、茶叶产业、水果产业、畜牧产业、花卉产业的融合发展，实现资源共享。建成长江经济带现代农业延伸产业链，引导各产业深度融合，实现优势互补。

（3）发展思路

牢固树立生态立农的发展理论，坚持科技是第一生产力，着力推进长江经济带农业创新、绿色、协调、特色发展。按照长江经济带建设发展要求，以农业生态化发展为目标，充分利用长江流域丰富的农业水土资源，坚守保护和发展的两条底线，发挥长江经济带自身资源的禀赋特点，因地制宜、因需制宜，大力发展特色产业和优势产业，推进高水平现代生态农业示范区和国家有机食品生产基地的建设，着力打造现代生态农业发展先行区（如图 8－1 所示）。长江经济带农业生态化发展具体可定位为“三区一带”：打造中国粮食生产核心区，充分保障粮食的生产和供给；打造现代生态农业先行区，全面推动现代农业生态化建设；打造现代农产品加工优势区，大力发展农产品精深加工业；打造现代生态农业特色产业带，大力提升特色农业竞争力。

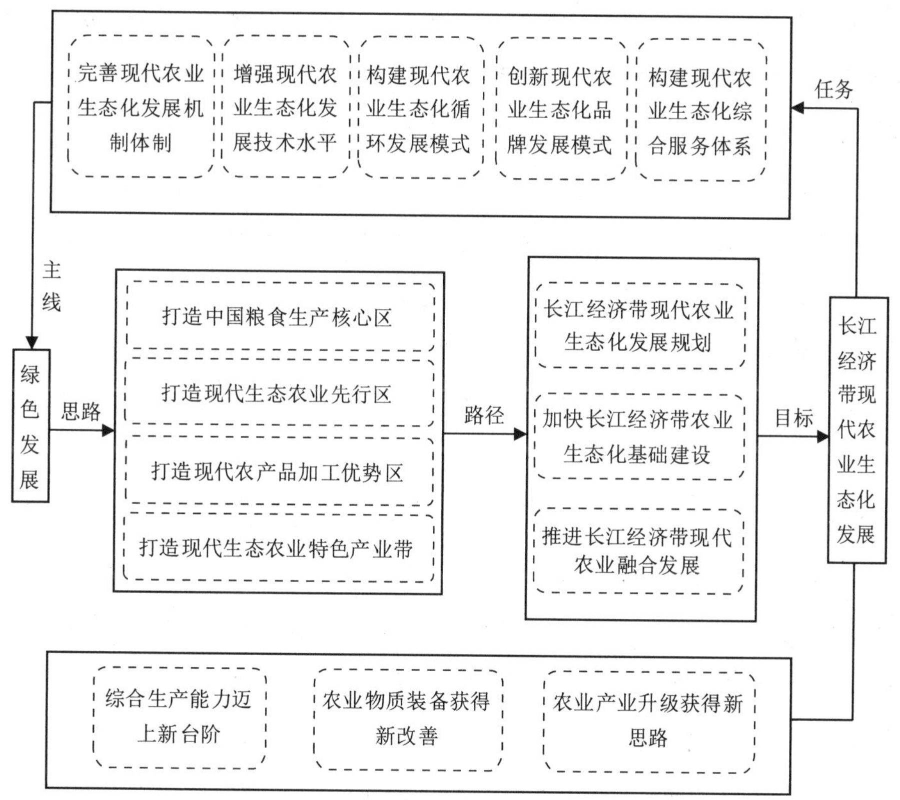

图 8－1　长江经济带现代农业生态化发展总体思路

8.2 长江经济带现代农业生态化发展的主要任务

8.2.1 完善现代农业生态化发展机制体制

只有率先保障制度完善，全面深化改革才能有效进行，形成良好的科学发展。以土地为基石的现代农业改革要着重将眼光放在经营模式的改革这一角度，促进长江经济带现代农业生态化发展，需要形成从土地制度、经营制度、节能减排标准、评价标准到监管保护的完整体系[72]。

其一，优化农村土地流转机制。全面深化农村土地流转激励机制，实现农村土地承包权和经营权统一登记授权，规范长江经济带土地流转服务体系。在长江经济带部分地区探索创新土地“确权、赋权、活权”改革和农村土地股份合作制度，完善长江经济带农村土地流转机制。首先，明确农民在土地所有权中的主体地位。其次，坚持从根本即政策上使农村土地流转机制和土地承包制度得到完善。最后，为保证农村土地的正常商业流转，应及时建立农村土地金融体系。

其二，优化现代农业经营机制。创新长江经济带现代农业产业化经营模式，促进农企良性互动，鼓励农业经营主体采用多种方式联合经营，如委托经营制、季节性流转经营制、股份合作经营制，优化利益联结机制，形成要素供给、生产加工、物流运输、市场销售等一体化模式。建设长江经济带现代农业经营体系，在家庭经营的基础上依托社会化服务，进行互惠与合作，打造产销一体的新型长江经济带农业发展模式。

其三，制定有效的节能减排政策体系。依托现有环境法律法规制定符合长江经济带现代农业生态化发展与高效节能循环发展的政策，如加强水土资源保护、提高农业废弃物回收利用率、资源综合利用率、土壤污染综合治理等。以最严格的标准落实水资源管理制度、耕地保护制度，持续加强长江经济带环境与资源的保护力度。进一步加强对农业生产资源的节约、资源的循环利用、农业生产污染的防治等方面措施的实施范围与力度。以农业资源利用率、农业废弃物回收率为依据完善与农业生态化相关的统计报表，逐步完善农业生态化评价指标体系。

其四，完善农业生态化评价标准。长江经济带现代农业生态化发展需要完整评价标准做参考。大力发展和推广农业标准化生产技术，针对粮食生产、蔬菜种植、茶叶产业、水果产业、畜牧产业、花卉产业、中药材产业的原料选取、生产流程、产品包装、产品质量制定严格的操作规程和评价标准，使农业生态化评价标准贯彻到农业的每个生产环节中[16]。

其五，加大生态化监管保护力度。首先，确立责任制度，建立完善总体政府管理责任制、行业监管责任制，做到事发有法可依，进而使生产经营者承担第一责任的概念深入人心；其次，加强监管力度，要以严打联动、风险监控和监督抽查为手段，以专项整治和集中执法为行动保障，实现农产品质量可控、问题可追、责任可究。另外，农业综合开发要从改造中低产田入手，采用集中连片治理的方法，实现平原地区多数耕地可实现旱涝保收、高产稳产的效果。

8.2.2　增强现代农业生态化发展技术水平

科技是第一生产力，增强现代农业综合水平需要技术发展为动力。提高资源利用率，综合加强农林牧渔循环经济的覆盖程度；利用现代高新技术，如大数据农业、滴管微灌等新型节水技术、立体种养结合、病虫害生物防治、设施农业、农村能源综合开发、农业物联网工程等措施，提高农林废弃物和秸秆等农业资源的利用效率和土地生产力[73]。

其一，加强农业人才队伍建设。宏观上逐步加强对基层农民队伍的教育，通过定向培养农业教育人才。加强农民技能的培训，提升农业学历教育，扩充高素质高能力的新型农民队伍，组织实施和开展“新型职业农民培育工程”“千万农民素质提升工程”和万名农民中专生中等职业教育等项目。通过奖励制度鼓励大学毕业生和有志青年等投身农业创业创新，鼓励返乡农民回乡建设。

其二，加快农业绿色科技创新。多角度充分利用科学技术，通过深化体制改革将科技主体转化成经济价值，做到科技与生产双向并行的效果[15]。建设绿色农业科技平台，继续新品种、技术与器具的研发，创新农业技术利用覆盖的机制体制，逐步建立起技术示范基地，提高科技成果的转化效率和成功率，形成“产业 + 团队 + 项目 + 基地”的创新模式。

其三，推进现代种业发展。根据宏观与体制的要求，根据产学研融合的趋势，大力改革种业体制，以科研院校研究加企业育种的流程，以创新技术大力进行资源储备，大力建设或加强种业基地，利用新机械机具加快生产具有高质量的新品种。

其四，加快农业领域“机器换人”。制定农业领域“机器换人”发展重点，加强新机具的运用覆盖率，通过农机补贴制度加快农机产品设备升级换代，逐渐建立起农机换新、报废制度。建立农业机具覆盖率高的“机器换人”示范县区，加强机械化、自动化、智能化的产业升级与发展，通过搭建农机专业化合作服务平台，建立一批具有农机作业、销售、维修、培训等多种功能的综合服务体系，推广落实“平安农机”项目，在预防农机事故发生的前提下确保安全生产。

8.2.3 构建现代农业生态化循环发展模式

建立全国现代生态循环农业试点，坚持以市场调节为主体、以政府干预为辅助，以农业经营为主体，以社会联动为辅助，建立长江经济带现代农业生态循环发展制度和长效机制，全面优化提升长江经济带产业布局，从而提升资源利用效率，解决清洁、安全生产问题，使得环境质量得到持续提升和改善。确保 2020 年完成建设现代农业生态循环先行区的重要目标。

其一，着力构建现代农业生态循环长效机制。积极采用循环利用农业废弃物资源技术，形成“农业经营单位小循环、现代农业先行区中循环、长江经济带整体地区大循环”三级循环模式。一是在政府投资参与养殖业环境污染治理工程基础建设中，治理环境污染的同时提高畜禽养殖废物资源的利用水平；二是政府引导养殖业向规模化、能源化、无害化发展，降低养殖业对环境的破坏，提高资源使用效率；三是实行农村发展、居民绿化、环境保护“三同步”，推进农村清洁工程建设，对水库、居民区、河道的生活垃圾、污水、粪便采取责任承包制；四是为实现可持续发展，逐步建立绿色循环养殖模式，要划分畜禽养殖业禁养区、限养区、适养区，尤其注重城区人口聚居区及水源保护区两区域，实行养殖业限期退出机制。

其二，加强农业污染生态循环治理力度。控制源头以治理污染情况为主，宏观推进长江经济带现代农业水、气、土壤污染综合治理。首先，推进采用绿色防控技术、有机养分和高效环保农药替代技术，实施化肥农药减量增效项目，配套建立农田污染监测机构；推行畜禽养殖全收集、全处理、全达标的规模化和生态化模式，对畜禽养殖污染物进行综合治理；以粮食主产区为重点研究农田土壤污染治理技术。全面开展土壤污染治理试点工作，配套建立土壤污染监测预警体系，有序推进污染土壤治理。

其三，构建长江经济带农业循环经济产业链。首先，根据长江经济带不同区域资源禀赋因地制宜，大力推行生态种植业与生态养殖业相结合、生态循环农业与生态畜牧业有机结合、水产渔业与生态养殖有机结合的循环模式。其次，实行农、渔、牧深加工模式，打造长江经济带农、渔、牧业现代精深加工和高效冷冻物流体系，培育长江经济带农、渔、牧业有机结合的循环农业利用模式。再次，增强长江经济带生态种植业、生态养殖业、生态农业、水产渔业、乡村旅游业等产业间融合与循环链接，培育工农复合型循环经济联合体，为实现长江经济带产销加工一体化创造可能。

其四，深入推进现代农业生态循环示范创建。为了更好地实现现代农业生态化的发展目标，通过示范县、示范区、示范主体和生态牧场有序推进“十百千万”示范项目（专栏8－1），组织开展长江经济带现代农业生态循环示范基地，以地域资源禀赋和产业基础为依据，优化农、林、渔、牧布局结构，积极推行种植业、畜牧业、水产业与特色农业相结合的生态循环种养模式，培育长江经济带现代农业生态循环先行区[74]。

专栏 8-1　现代生态循环农业"十百千万"推进行动

- **一、整建制推进的市、县(市、区)**
  - 在湖州、杭州、岳阳、衢州和桐庐等共41个市，围绕"现代农业生态循环"的目标任务，编制整建制推进实施方案，突出制度完善和机制创新，形成常态化运行和监管机制
  - 重点在全面治理畜禽养殖污染、推进种植业清洁化生产、促进农业废弃物循环利用等方面寻求突破，为试点省建设提供样板
- **二、现代生态循环农业示范区**
  - 组织实施区域性现代生态循环农业示范区建设项目，集成生态循环农业模式和技术，形成现代生态循环农业技术模式集中展示区
  - 建成110个现代生态循环农业示范区
- **三、现代生态循环农业示范主体和生态牧场**
  - 以在长江经济带大循环、区域中循环中起支柱作用的种养企业、农业废弃物资源化利用企业、沼液配送服务组织和清洁化生产主体、畜牧业全产业链合作社等为重点
  - 建成现代生态循环农业示范主体1000个、生态牧场10000家以上

8.2.4　创新现代农业生态化品牌发展模式

顺应时代与市场对绿色消费概念的需求，践行品牌带动战略模式，引导推进绿色产品品牌创建和整合，鼓励经营主体利用现代媒体和电商资源积极进行品牌形象宣传，打造长江经济带有底蕴与影响力的优质农产品区域公共品牌，从而带动现代农产品的增值空间，提升其知名度。

其一，提高农业主体品牌意识。实施品牌生态农业打造工程，不断提高长江经济带农产品生产的质量意识和品牌意识。随着互联网应用普及，借助互联网资源在各乡镇设点培训与推广农产品品牌战略，引导各农业主体提高

互联网新时代下的绿色生态产品品牌意识。

其二，打造农产品优质品牌。以龙头企业、行业协会、专业合作组织的力量为储备，打造优质农产品区域农业品牌效应；支持引导农业龙头企业和合作组织申报无公害、绿色和有机农产品，争创全国名优品牌，将生态资源优势转变为品牌优势和经济优势。

其三，加强农产品品牌战略管理。从整体上继续整合无公害农产品、绿色食品、有机食品、农产品地理标志“三品一标”认证的农产品，提升其品牌名誉[75]。如组织开展农产品品牌建立、品牌综合服务、农产品品牌监管三大平台建设；积极使用新兴网络媒体如电子商务开拓市场，以增加效益。

其四，积极开展农产品品牌形象宣传。农产品广告效应可以大幅度增加农产品销售量，使农民致富。加强对线下产品外包和内涵水平的提升，通过网络、移动端、展销会推介等多种方式，扩大区域农产品品牌的影响力和市场占有率。同时坚持区域差异化和品牌多元化战略意识，打造长江经济带特色生态农产品品牌。

8.2.5 构建现代农业生态化综合服务体系

建立新型农业现代化服务体系，大力发展家庭农场和大型种植者等业务实体。以农业创造领先的技术，实践经验的产业化，通过与农民形成密切联系来支持多种途径。积极依托电子商务平台，运用电商打造区域农产品贸易流通特色，从政策上完善农产品供销市场体系。

其一，发展农业公共服务。深度挖掘资源潜力，大力提升公共服务质量。加快建设基层农业公共服务机构，扩大增强农业公共服务功能，出台相应政策，加强农业政策、金融、保险、防灾品种和技术、农业市场、农业天气、教育培训服务。

其二，发展农业经营服务。支持主体多元化、扶持农民合作社、农业相关企业等企业参与农业管理服务。业务服务全面化，应覆盖农业生产、仓储、销售、反馈等方面的服务供应全过程。服务组织专业化，加快建立会计审计、政策法规、合同保险、资产评估等农业中介服务机构。

其三，发展农业信息服务。发挥信息资源在农业生产经营中的作用，多渠道地获取农业信息。大力建设农业产业链信息基础设施，完善农产品价格监测体系，农业气象监测预警系统，农业病虫害监测预警系统。

其四，发展农业科技服务。落实科技记者农村科技创业行动，增加农村信贷支持，协调科技资源，加大投资力度。多方位吸收资源建设农科园，形成龙头企业的带头领先优势，组建农村科技服务超市，通过公共服务平台和科技商业平台推进园区的研究运作。

其五，发展农业社会化服务。开展农业社会化服务的试点工作，强化在农业生产、供销合作、信用合作社等方面的“三位一体”的联合服务，支持农民专业合作社承接政府购买服务。加大政策支持力度，积极培育专业社会服务组织，开展农资供应、农机作业、病虫害防治、粮食干燥、动物处理和产品市场等服务工作，提供多元化、全方位的发展机会，以深化农业发展服务。

8.3 长江经济带现代农业生态化发展的实施路径

8.3.1 加强长江经济带现代农业生态化发展规划

其一，创新强农着力推进农业转型升级。创新是推动农业发展的第一生产力，通过农业供给创新、农业科技创新和农业体制机制创新三者结合，进一步培育更为持久和稳定的可持续发展动力。总体上调整现有农业产业结构，尤其是种植业、畜牧业、渔业等生产质量与结构升级；建立专门的粮食生产功能区和重要农产品生产保护区，集中建设高标准农田，为粮食质量与安全问题提供根本长远的保证基础；依托现代化信息技术，加快基础信息化设备的建立，推进科技成果转化为应用效用再转化为经济价值的过程，利用创新技术不断推进信息化与农业的结合，提升现代农业等级。

其二，协调惠农着力促进农业均衡发展。协调是农业发展的内在要求与动力，现代农业必须树立全面统筹的发展观，必须保持好资源与经济之间的平衡性。一是推进农村第一产业、第二产业、第三产业的融合发展，协调农产品生产加工发展产业链条，通过完善农产品流通发展农业新型技术与空间的实现；二是促进区域农业的均衡和协调发展，即通过推动和落实农业优化发展区、适度发展区、保护发展区实现协调发展；三是推动经营主体的协调发展，加强建设和培育新型农民队伍、新型经营主体以及新型农村人才培养计划。

其三，绿色兴农着力提升农业可持续发展水平。绿色是现代农业发展的重要标志，现代农业绝不可牺牲环境以换取利益，坚持践行绿水青山就是金山银山的理念，逐步补好农业生态问题的短板，形成资源高利用率、生态高稳定形态、产品安全情况逐步提升的优良趋势。一是进行生态修复，解决历史遗留问题，加强资源保护利用尤其是耕地、水资源、树木、草原和湿地等资源，并加强对渔业资源的养护，不过度利用，维持渔业可持续发展，保证生物多样性；二是持续加强农业保护力度，充分多角度多方向解决环境问题，比如开展化肥农药使用量零增长行动、废弃物资源化利用无害化处理等；三是坚持保证农产品质量安全原则，源头控制，践行标准化生产原则，通过品牌带动效应提升风险防控能力。

8.3.2　加快长江经济带现代农业生态化基础建设

其一，完善农业生态生产的基础建设。大范围建设、完善农田水利等方面的基础设施，新增一批小型农田水利建设重点县；加快末级渠系建设，推进大中型灌区续建配套和节水改造；通过奖励制度提高农民生产的积极性和热情；综合运用工程、农艺、管理等措施扩大节水灌溉农业的范围，并在有可能率先实现节水技术的地区开展试点工作。大力推广保护性耕作技术改善耕地质量，并扩大测土配方施肥、土壤有机质提升补贴的宽度与广度，从而实施旱作农业示范工程。

其二，完善农业信息化基础建设。结合长江经济带当前的实际情况，加快完善“宽带乡村”工程建设，扩大网络覆盖区域，提高宽带网络发展和网络普及率；利用大数据的优势，扩大建立现代农业地理信息系统的使用范围，并通过建立省级云数据中心加强政府对现代农业的把控。以全新的信息化角度融合农业生产经营管理服务活动，使农产品线也尽早响应“互联网+”时代的节奏。

其三，完善农业生态经营的基础建设。区别传统农业经营模式，在长江经济带各地区组织建立生态化农产品仓储、冷藏、初加工等设施，成立农业生态化品牌监管、农业生态化综合服务、农业生态化经销服务平台，使农业生态化发展目标落到实处。鼓励并支持各类农业新型主体成立绿色优质品牌，开发适合农业生态化发展的绿色消费市场，在长江经济带区域内形成具有特色的农业生态化经营发展模式。

8.3.3 推进长江经济带现代农业生态化融合发展

合理规划农业生产资源、时间、空间，全方位融合种养产业内各产业的发展。垂直角度上，以新材料、新工艺、新技术三者打造农业全产业链，从源头处加强农产品精细加工质量，逐步增强物流冷链的完整性，建设农产品销售基地。横向角度上，充分开发农业资源，大力引进旅游业、文化产业的积极参与，从深度和广度上共享资源优势，开拓农业新方向。

其一，建立长江经济带农业融合发展的服务体系。合理高效地集聚11省市的农业要素，增进不同产业间的协作力量。同时，组织为长江经济带提供政策法律保障，应由各区域主管农业发展的部门领导牵头，如建立融合发展协调机构、融合发展监督机构、联席会议制度等服务体系。

其二，制定长江经济带农业融合发展的中长期规划。除了关注短期内的进程，更应依据长江经济带实际要素与发展条件，调整好农产品商业市场与原有生产资源的关系，加快融合农业中商业与服务业的协调发展工作，制定中长期规划。这是一次意义重大的实验，必须发挥榜样的示范作用，为各省深度融合发展提供长远的发展方向。

其三，完善长江经济带农业融合发展的基础设施。充分利用网络平台，在融合上海、武汉和重庆等平台的基础上，积极创建全国范围内举重若轻的生产服务物流一体化的电商平台，充分建设电商农业的基础设施，使农业更为现代化。

其四，借助“互联网+”推动农业融合发展。以信息产业为基础工具，开展农业融合发展的信息工作，形成新型的大数据农业概念，强化顶层设计、资源整合和数据共享（专栏8-2）。商业上，农业融合发展可以充分利用电商平台拓展市场；数据层面上，强化应用大数据服务现代农业的理念，依托现代农业地理信息系统，建立省级、市级农业云数据中心；政府层面上，积极推动农业行政监管、综合服务、政务信息的融合发展，逐步完善相关网络组织平台的建设，达到新型农业信息化网络体系覆盖全省目标。

专栏8-2　“互联网+”农业融合发展建设要点

- **“互联网+”标准体系**

  着重关注建立农业信息化地方标准体系，包含基础设施、信息资源、应用开发、信息安全及管理等

- **“互联网+”农业大数据**

  重点打造省级智慧农业数据中心，包括政策法规、农业主体、农村三资、耕地质量、农业生产、市场行情、农技专家、质量安全、农资监管、三品一标等基础数据库

- **“互联网+”农业生产**

  大力加强农业上RFID电子标签、远程监控、无线传感监测、二维码等现代信息技术的运用，重点推进农业物联网示范

- **“互联网+”农业经营**

  以农业电子商务为核心，挖潜市场机制影响力，引导经营主体利用电商平台、农产品大宗交易平台开展网上营销

- **“互联网+”农业监管**

  重点建设农业综合行政监管平台，以农业投入品监管、农产品质量追溯、农业生态环境监测、规模畜牧场管理、农机监理等为重点，全面提升农业应急和决策指挥水平

- **“互联网+”农业服务**

  结合以农民信箱为基础与提供政策咨询、技术服务、在线培训、市场信息等为重点，大力建设农业政务信息和综合服务平台及农业科技App等信息化工具开发应用

第 9 章　长江经济带传统产业高端化发展研究

9.1　长江经济带传统产业高端化发展的总体思路

（1）基本原则

市场主导，政府引导。全面推进市场机制体制改革，进一步转变政府在经济发展中的职能，充分发挥市场在资源配置过程中的基础性作用，强化企业在市场中的主体地位，激发企业活力和创新动力。加强政府的规划与引导作用，完善相关支持政策，为传统产业高端化转型升级营造良好的市场环境。

创新驱动，转型升级。贯彻落实“中国制造 2025”、《长江经济带发展纲要》等国家重大战略，推动长江经济带传统产业跨领域、跨行业协调创新，突破一批核心共性技术，提升传统产业在全球产业链和价值链中的地位，实施《长江经济带创新驱动产业转型升级方案》。

两化融合，智能发展。着力推动传统产业与“互联网 +”深度融合，推进长江经济带传统产业信息化和工业化的深度融合、传统产业和生产性服务业的深度融合，推动传统产业数字化、网络化、智能化以及服务化，提升传统产业高端化的内涵与效率。

循环经济，绿色低碳。以提高传统产业质量效益为中心，强化资源环境倒逼机制，加强节能环保技术、工艺、装备推广应用，构建绿色生产制造体系，发展循环经济和清洁生产方式，推进节能高效、降低污染排放的发展模式，走生态文明的发展道路。

（2）主要目标

到 2025 年，长江经济带传统产业高端化取得重要进展：

创新能力显著提高，质量效益显著提升。传统产业创新体系趋向完善，在重点领域争取一批核心技术突破，掌握一批战略性核心专利，传统产业产品或服务附加值显著提高，提升传统产业品牌的国际影响力。传统产业继续保持中高速增长，主要产品质量标准达到国际先进水平。

两化融合水平提升，绿色发展不断增强。到2025年，传统制造业重点领域与新一代信息技术应用相结合，依托“互联网+”开展协调创新、智能制造以及融合化服务，加快传统生产型制造向服务型智造转型，加快推进传统产业产城融合发展。传统产业的单位工业增加值能耗与用水量、主要污染物排放量明显下降，工业企业的固体污染废弃物综合利用率显著提高。

(3) 发展思路

以市场为主导，全面推进市场体制机制改革，坚持创新驱动产业转型升级，推进两化融合和智能发展。按照长江经济带建设发展要求，以产业绿色低碳循环化发展为目标，结合11省（市）传统产业发展的不同现状，加强技术改造，延伸产业链条，淘汰落后产能，实现长江经济带上、中、下游的产业融合与协调，推动传统产业高端化发展（如图9-1所示）。

上游地区要推动汽车、能源、化工、轻纺、装备制造等产业的集群发展，发展公共安全设备，发挥军工基地的优势；推动石油、天然气化工、材料产业形成原材料深加工产业链，引导生产要素以及产业向园区集聚，加快用新工艺、新技术等改造传统产业。中游地区要引导工程机械制造、汽车、电子信息等产业的集群式发展，推动钢铁、有色金属、石油化工等淘汰落后过剩产能，并利用创新推动产业转型升级，打造沿长江经济带产业走廊以及全国重要的旅游休闲带，实现传统产业智能化、生态化、绿色化发展。下游地区产业布局以服务业为主，加快发展金融、物联网、研发设计等服务型制造业。

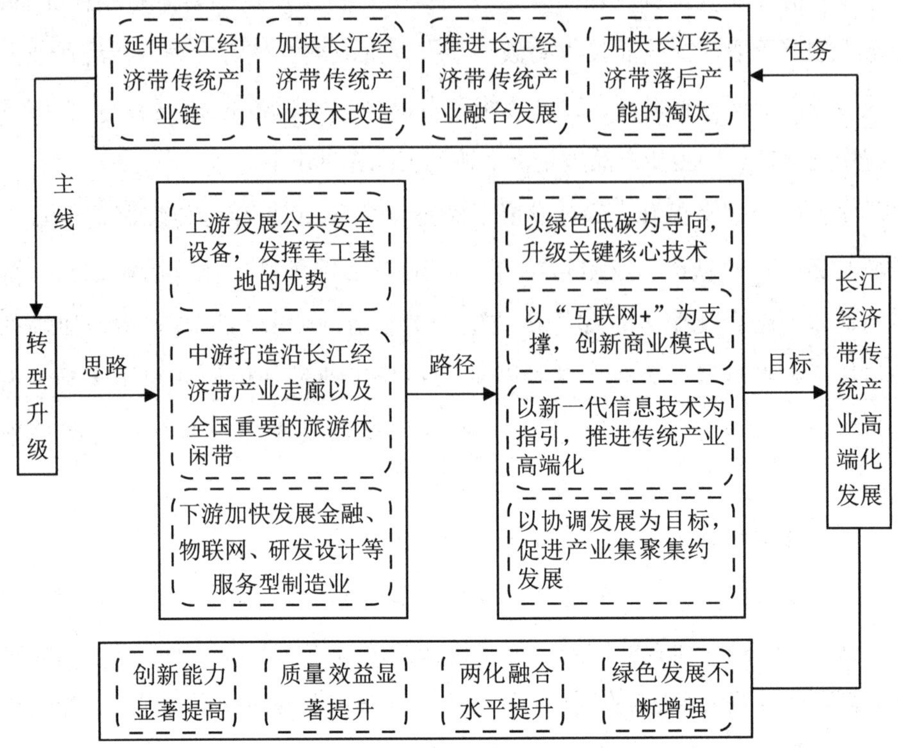

图 9－1　长江经济带传统产业高端化发展总体思路

9.2　长江经济带传统产业高端化发展的主要任务

以技术改造为重要抓手，以能效提升、清洁生产、循环利用、节水治污等专项技术改造为主攻方向，通过强化创新、智能制造、优化结构、融合发展、延伸传统产业链，加快推广环保新技术、新工艺、新材料与新产品，推动长江经济带传统产业向全球中高端产业链与价值链迈进，淘汰落后过剩产能。

9.2.1　推进长江经济带传统产业高端延伸

对于钢铁行业，以市场需求为导向，向新材料领域延伸产业链，鼓励企业加大基础研发投入，增加特种钢材、优质钢等中高端产品供给，扩大特色钢铁产品与深加工钢铁产品的产业规模，做大做强钢结构。积极推动钢铁企业和下游企业合作，推广应用新型钢材。

对于有色金属行业，增强稀土冶炼分离能力，优化功能材料与器件产业链布局，紧抓下游的高科技产品和上游的矿产资源是产业链的关键环节。加大航空航天与国防工业用铝和钛合金材料的研发投入，以轻质、高强、耐高温、耐腐蚀、低成本为方向，延伸中高端铝材、钛材深加工产业链，实现优化产能布局、发展循环低碳经济、延伸有色金属产业链。

对于纺织行业，形成“聚酯—拉丝—织造—染整—成衣”的完整产业链。推动产业用纺织产品特色化发展，棉、麻等纺织产品精细化发展。不断提升纺织行业的整合能力，加大纤维新材料的研发投入，培育中高端产业用纺织品，全面发展清洁印染生产，进一步提升家纺、服装等深加工产品，提高纺织材料技术含量，着力纺织品牌建设、优化产业结构。

对于化工行业，依托江西、湖北、四川等省份的突出优势，着力打造精细化工产品、新材料、农用化学产品，发展稀有金属深加工。发展高性能纤维、工程塑料、合成橡胶、聚酯、合成树脂、聚碳酸酯、可降解材料、功能性膜材料和其他特别功能的新材料。开拓 3D 打印快速成型材料、高性能化学材料、添加剂等精细化化工产品。

对于汽车行业，由于传统汽车产业向新能源汽车与智能网联汽车转型，加快商业模式创新。巩固提高传统汽车制造基础，加快发展商务轿车、越野车、轻重卡车、客车等中高端整车制造，配套发展发动机、变速箱、离合器等关键零部件。推进插电式混合动力汽车和纯电动汽车产业化，建设新能源汽车的产业园，加大对驱动电机及控制系统、储能系统、信息系统等核心技术的研发投入[76]。

9.2.2　加快长江经济带传统产业技术改造

加快钢铁、有色金属、化工、纺织以及汽车等领域技术改造，增强产业核心竞争力，提升重点产业清洁生产水平，加大对新材料的研发投入，加快推进新技术、新工艺、新装备在传统产业的推广应用。

对于钢铁行业，推动企业实施节能环保技术改造，鼓励企业引进先进的适用技术，优化传统产业产品结构，以数控技术为依托，提升钢铁制造装备研发能力，重点实现产业化、智能化、数字化。提升钢铁产业高端装备研发制造能力，通过发展数控技术，提高柔性生产设备的制造研发能力，从而实现高耗水、高耗电的钢铁生产技术转化为节水、节电的钢铁生产技术。

对于有色金属行业，加强高附加值的铜、铝等的技术创新与精深加工，推广新型结构铝电解槽、低温低电压铝电解、强化熔炼、生物冶金等先进技术，提高资源使用效率。进行铅锌冶炼烟气污染治理，推广液态铅渣直接还原炼铅工艺、富氧底吹熔炼等先进工艺，加速对鼓风炉还原、落后熔炼等的技术改造。全面实施电解铝预焙化改造，对自焙槽进行预焙技术改造，大幅度提升电流强度。

对于石化行业，推动烯烃原料向更加多元化、轻质化的方向发展，大幅提升大型装备的保障能力。积极开发有机化工原料来源多样化技术和煤炭高效洁净转化技术，促进煤制烯烃、煤制天然气等高端化工快速发展，对煤制合成氨等传统煤化工进行技术改造，实现传统产业创新驱动转型升级。

对于纺织行业，推进纺织智能制造，提升服装纺织新产品设计和研发能力，推进节能减排技术发展，全面推行清洁印染技术。推动纺织产业整合，开发智能化装备以及高性能纺织材料与产品。建设涤纶长丝、纱线智能、无纺布自动化、印染自动等生产线，推进废旧纤维品循环再利用，研发、高效纺纱、短流程印染等工艺，改进麻、毛、丝等资源独特的纺织染技术。

对于汽车行业，以发动机作为汽车制造发展的核心技术，开展普通混合动力汽车技术研发，鼓励电机、驱动系统以及电动转向、电动空调、电动制动器等自主研发以及产业化，重点突破电池动力关键技术。支持燃料电池发动机、燃料电池电堆，以及其关键材料的核心技术研发，掌控高效变速器、先进内燃机等核心技术，突破管理系统、动力电池以及驱动电机等技术，开展先进变速器、高效内燃机技术的研制与应用。

9.2.3 推进长江经济带传统产业融合发展

（1）加快推动传统产业与现代服务业的深度融合发展

加快推动长江经济带11省（市）之间的区域合作，发展服务型生产制造，实现现代服务业与传统产业的深度融合。大力发展制造业信息技术服务，支持互联网企业研发、O2O、移动电子商务等模式，加强公共服务平台和服务功能区建设，重点推动研发设计、金融、物联网、“互联网+”、信息技术等现代服务业的发展。

上游地区发展具有竞争优势和地区特色的生产性服务业，加快建设川滇黔渝接合部的现代商贸中心，在川滇黔渝接合部打造物流中心，打造宜宾、泸州区域性旅游中心城市，开展向家坝库区旅游项目，建设峨边、马边民族风情城镇，建设内江、自贡特色城市。鼓励长江经济带中游地区企业由设备供给向系统集成承包服务转型，由产品供给向设计方案转型。下游地区重点发展金融、航运等服务业，用“金融+”的思路和路径推进实体经济与金融服务之间的有效融合，金融服务发展成为企业智能化、绿色化发展的基础服务。通过股权、债权融资等方式，支持传统产业在海外开设研发设计中心、进行海外资源开发等。

（2）推动传统产业的信息化与工业化深度融合

加快推动传统产业信息化与工业化的深度融合，增强“互联网+”在传统产业中的推广应用，发展以“互联网+”为特色的新一代传统产业。加快互联网基础设施建设，提高企业宽带接入能力，促进无线局域网和制造业集聚区光纤网的建设。加速建立起以消费需求为基础的制造、研发与组织模式。加快开展物联网技术应用示范以及研发，实行工业大数据、工业云创新的试点，建成一批技术领先的工业大数据平台以及工业云服务。

上游地区重点发展集成电路、高端软件等基础产业，加快物联网、云计算、高性能计算等在传统产业中的推广应用。中游地区支持云计算移动互联网、物联网等的融合发展，加速一致的管理平台建设以及信息传输。增强"三网融合"和"互联网+"核心技术、关键设备的研发能力。加大物联网核心技术研发投入，推动物联网推广应用，加快相关产业发展。下游地区应发挥区域电子信息方面的综合优势，加快拥有独立知识产权的关键技术研发，推动软件、集成电路、新型电子元器件等相关产业协调发展。通过依托国家产业园或电子信息产业基地，打造数字音视频等产业集群，加快建设世界级电信行业基地。

（3）加快传统产业与战略性新兴产业的融合发展

对于钢铁行业，积极推进钢铁产业与高端装备制造产业相融合，为新兴产业的发展壮大提供新型、优质钢材。推动钢铁产业拥抱"互联网+"，促进钢铁产业与新一代信息技术的深度融合，打造钢铁电商平台。

对于化工行业，积极推动与新材料产业的融合，增强新型材料技术创新和规模化、产业化应用，提升新材料产业的竞争力，发展可降解塑料PBS、长寿命隔热隔音建筑物材料、隔热保温的聚氨酯等高端节能环保的化工新材料产业，以发展电子化学品、碳纤维及复合材料、促进高端工程塑料在设备中的应用为切入点，推动化工产业新型材料的进口替换。

对于纺织行业，推动其与新材料产业的融合发展。纺织产业链条的各个环节应用新一代信息技术，研制智能化纺织新材料与新产品，加速智能化纺织核心设备研制，鼓励企业建设智能化生产线、数字化工厂与示范车间，从而提高行业设计研发、经营管理以及节能减排技术水平。

对于汽车行业，推进汽车产业与新能源、新材料融合发展。通过科技创新提升电机、高性能动力电池等重要零部件和核心材料技术的研发与应用，推进汽车产业与互联网产业相结合，健全整车制造与上下游产业链，打造汽车产业集群，加快推进新能源汽车快速发展。

9.2.4　淘汰长江经济带传统产业落后产能

加强和改善宏观调控，贯彻实施淘汰落后过剩产能专项行动，推进落后产能退出形成倒逼机制，逐步实施长江经济带淘汰落后产能、化解过剩产能、转移低效产能，以控制总量、优化结构为主攻方向，加快传统产业提质增效与转型升级的步伐。

其一，降低退出壁垒，淘汰部分落后产能。政府参与引导淘汰落后产能，规范企业关闭破产或淘汰落后产能程序，建立和完善落后产能退出的保障和补偿机制，侧重解决企业下岗员工就业与补助。

其二，建立行业统计监测和发布体系，做好产业结构统筹规划。政府作为市场经济活动的重要一极，在收集、处理、分析信息方面具有优势，提高收集、分析信息的能力，强化政府信息服务和指导职能，不断完善产业经济信息发布制度。通过市场机制引导企业主动退出产能过剩的落后行业，综合运用法律、经济、技术与其他措施，加快化解过剩产能。

其三，提高行业准入标准，提升资源的市场配置效率。严格限制高能耗、高污染与能源密集型企业的新建项目，地方政府充分发挥引导作用，通过创新驱动企业转型升级，重点放在钢铁、石化等领域落后产能的改造上，重点行业推广应用清洁生产技术，不断提升资源使用效率。

其四，加快“走出去”步伐。贸易出口和向国外转移能有效治理产能过剩，加快过剩产能向海外转移的步伐，化解产能过剩，增强中国企业的国际竞争力和跨国经营能力。

9.3　长江经济带传统产业高端化发展的实施路径

9.3.1　以绿色低碳为导向，升级产业核心技术

推动传统产业制造生产的资源循环使用，不断提高能源使用效率。推广绿色循环生产模式，鼓励行业间原料互供、资源共享，减少传统产业的

废物排放，提高单位产品或产值的资源利用率。以开发区、工业园区为载体，以上海、江苏、湖南、安徽、四川等省（市）的传统产业基地以及浙江、重庆、湖北、江西等省（市）的国家级园区为示范试点，发展循环经济的发展模式。打造资源循环利用产业链，全面推进工业园区循环化改造，优先建设再生资源利用产业示范基地，在长江上、中、下游地区建设再生资源回收系统。

加快传统产业生产流程的技术改造。推进沿江各地区钢铁、有色金属冶金及加工、石油化纤、纺织原料、建筑材料以及轻印染等高污染高能耗制造业流程绿色改造，推进产业向服务型制造转变，不断提高纺织产品的科技含量与附加值。在钢铁产业方面，着力突破柔性制造技术、筛选技术等，支持并鼓励水循环利用技术、余热余压回收技术等先进循环利用技术的推广与应用；在有色金属冶金及加工产业方面，重点开发生物冶金、低压电解、强化熔炼等先进技术，加快应用清洁锻造、锻压、焊接等绿色化加工工艺；在石化产业方面，开发和形成以合成树脂、合成橡胶等为基础的完整产业链及相关配套技术和服务；在纺织服装产业方面，重点开发纤维新材料、清洁印染技术等。

专栏9－1　传统产业生产流程改造关键技术

- **钢铁产业**

  处理目标：高炉渣、钢铁废弃物、粉煤灰、铁泥

  关键技术：在大型复杂化装备、重点复杂技术与工艺以及流程关键核心技术等方面，开展黑色金属装备的设计与制造，开展钢铁产业与新一代信息技术深度融合发展

  依托载体：苏州工业园、南昌钢铁物流园、攀枝花工业园等

- **石化产业**

  处理目标：工业盐、碳氧化物、化工废水

  关键技术：加快炼化一体化进程，重点提升精细化工产品、化工新材料、农用化学产品的开发技术

  依托载体：武汉化学工业区、南京化学工业区、宁波石化经开区、上海化学工业经开区等

- **有色金属产业**

  ➢ 处理目标:硫化物、硝、电石渣冶金废水等

  ➢ 关键技术:有色金属冶炼过程中的废弃物回收提取、精深加工以及贫矿提取等关键技术

  ➢ 依托载体:重庆九龙坡有色金属材料基地、云南祥云有色金属产业、湖北黄石黑色金属材料基地、湖南株洲有色金属新材料等

- **纺织产业**

  ➢ 处理目标: 废旧聚酯、废丝、废旧服装

  ➢ 关键技术:纤维材料技术、清洁印染技术、推行节能降耗技术

  ➢ 依托载体:上海鑫凤纺织园区、重庆金考拉(国际)服装产业城、湖北襄阳服装产业园等

- **汽车产业**

  ➢ 处理目标:汽车尾气、废机油、含氰废水等

  ➢ 关键技术:发动机自动启停技术、制动能量回收技术、低滚阻轮胎等

  ➢ 依托载体:湖南汽车产业走廊、南京高新区汽车产业园、上海嘉定汽车产业园

9.3.2　以“互联网+”为支撑，创新产业商业模式

推动沿江企业以“互联网+”为基础重点进行商业模式创新，促进传统产业的互联网化发展与传统产业价值链的重构，加强互联网对长江经济带产业的渗透，引导产业在互联网基础上进行细分，推动传统产业向智能化与信息化方向发展。

其一，钢铁产业应转变现有的“制造—贸易”商业模式，逐步向以“互联网+”为主导的跨境电商模式、B2B电商模式以及平台模式等多种钢铁电商模式转变，推动钢铁产业向智能制造方向转变。加快产业绿色化发展步伐，实行更加严格的行业管理，提高钢铁产业节能减排标准，鼓励企业进行节能改造，淘汰落伍设备，提高资源利用率。引导企业通过改造搬迁、重组兼并、跨国产能合作、转型升级等手段，拆除不符合要求的冶炼设备，淘汰钢铁落后产能，加紧化解钢铁产能过剩。

其二，纺织产业发展服装用品和家用纺织品，培育服装自主品牌，推动互联网与纺织服装业相融合，充分利用“互联网+”的优势，加强流行趋势和文化创意研究，提升产品开发创新能力，提高市场竞争力。进一步加大对纺织材料与产品的研发力度，提升服装面料的附加值，加大市场开拓投资力度，充分发挥著名商标品牌在上海、江苏、浙江等长江经济带沿海地区的产品免检优势，自主研发适销对路的纺织新产品，找准服装面料市场的突破口，不断提升纺织产品的档次与附加值。

其三，石化产业加强电商在涂料、轮胎、化肥、农药、PVC（聚氯乙烯）等领域的应用，将资源整合与渠道优势作为化工电商的发展重点，鼓励发展B2B、O2O、平台商业模式等专业电商模式，打造多种电商模式并存的石化大宗商品交易平台，依托平台减少经营成本与交易环节，引导社会资本投入，助推石化企业转型升级。例如，浙江寿尔福化学有限公司，联合生产“物联网概念”防盗门，在进行了商业模式的创新之后，实现了由亏损变为大幅盈利的华丽转身。

其四，汽车产业要牢牢把握住汽车电动化、轻量化和智能化的发展方向，使长江经济带的汽车产业向“互联网+汽车”的商业模式创新。建立“互联网+汽车”的发展机制，在技术标准、发展规划等方面打破壁垒，放宽准入管理幅度，使汽车产业管理体制不断适应市场需求。注重纯电动与混合动力汽车产业的发展，推动电动与混合动力汽车生产制造的参与者进行有效的分工合作，打造新型商业模式。

其五，有色金属产业通过运用“互联网+”实现商业模式创新。通过“物联网+信息平台”的新型商业模式促进仓储物流的信息化发展，实现线上线下结合，流通生产衔接的目标。运用“互联网+”创新有色金属产业金融模式，将民间资本注入有色金属企业，实现产业融资需求与民间投资需求相融合，从而减轻企业融资压力，实现产业网络化、数字化发展。

专栏9-2 传统产业商业模式创新重点

- **钢铁产业**

  ⚐ 依托载体:重庆钢铁、攀枝花钢铁、武汉钢铁、上海钢铁等

  ⚐ 商业模式:制造过程生产新模式、智能化服务制造模式等

  ⚐ 重点企业:上海宝钢、武汉钢铁、攀枝花钢铁等

- **石化产业**

  ⚐ 依托载体:上海漕泾石化基地、江苏连云港石化基地、浙江宁波石化基地

  ⚐ 商业模式:数字车间模式、智能工厂模式等

  ⚐ 重点企业:上海石化、金陵石化、镇海石化等

- **有色金属产业**

  ⚐ 依托载体:江西铜矿基地、云南个旧锡多金属基地、湖南柿竹园基地等

  ⚐ 商业模式:互联网定制生产新模式、电子商务贸易模式等

  ⚐ 重点企业:九江有色金属冶炼、云南锡业、株洲冶炼等

- **纺织产业**

  ⚐ 依托载体:江苏省太仓纺织基地、浙江瑞安服装基地、浙江泉镇化纤基地等

  ⚐ 商业模式:集配套服务+供应链金融为基础的P2P模式、智能家居、跨境电商、社交类移动互联网等电商模式等

  ⚐ 重点企业:徐州远大纺织、杭州宏祥纺织、浙江梅容布业等

- **汽车产业**

  ⚐ 依托载体:上海汽车产业基地、湖北沿江汽车工业走廊商业模式:汽车会所模式、汽车之家B2C商业模式等

  ⚐ 重点企业:上海大众、湖北东风、重庆力帆、四川一汽丰田等

9.3.3 以信息技术为指引，推进传统产业高端化

加快长江经济带产业信息化发展，推动传统产业与新一代信息技术的融合发展。在生产管理方面，面向传统企业开发和普及企业资源计划（ERP）、绿色供应链管理等信息系统，推进企业数据库建设，特别是开发一批大型企业管理软件、金融评估与分析软件；在生产流程方面，重点突破以设计及工程分析、工业控制系统、数据采集系统、故障识别诊断为主导的软件开发技术；在生产服务方面，重点开发和推广电子商务技术、

高速宽带技术、移动互联网技术和现代物流技术以及相应的支撑软件开发技术。以大数据战略为支撑，深化互联网技术和大数据技术在产业发展过程中的开发和应用，推进产业生产过程的智能化升级和改造。

其一，对于汽车行业推动车联网、智能汽车的研发，促进汽车服务业从传统4S店拓展到4S店与保险公司、车厂、车联网服务供应商一体化提供服务。例如，位于安徽省的安庆环新集团，广泛应用信息技术，鼓励企业往网络化、智能化、数字化的制造方向改变，活塞环产品达到了市场占有率国内最高，铝包容缸套产品国内市场占有率超过80%。

其二，对于钢铁行业鼓励开发具备深度感知、智慧决策、自动执行等新功能的高档数控机床、工业机器人以及智能化生产线，研究开发控制系统、智能测量仪表、新型传感器等关键性智能设备，推进智能化和数字化。以新一代信息技术为支撑，开发风电设备、大型工程装备制造、大飞机、海运船舶和军工用钢，实现钢铁制造、能源节约、废弃物再利用的新型循环化。

其三，对于有色金属行业支持关键领域数字化生产线建设，推广工业机器人、智能物流、人机智能等技术的应用，鼓励镀锌钢板、镀锡钢板、建筑及桥梁用钢、钢帘线等金属制品的发展。加快推动制造工艺的仿真优化、数字化控制，促进新一代信息技术的融合发展，实现状态信息实时监测与自适应控制。以西南铝业、铜陵有色、云南锡业等为依托，加强沿江产业信息化建设。

其四，对于石化行业，应加快危险化学品、稀土、农药等重点行业智能检测监管体系建设，以及油气水井生产数据管理系统、ERP系统、生产及勘测指挥系统的开发与应用。推动物联网技术在石化产业产品、物流及资产管理、石油管道输送监测、石油钻井监控等方面的广泛运用。采用云计算技术对沿江石化企业服务器进行整合，通过虚拟化平台，实现石化资源快速部署以及IT管理的自动化。

其五，对于纺织行业，推进印、染等企业智能检测监管体系建设，提升智能化水平，推动企业生产设备的智能化改造。推广纺织服装制造企业应用自动物料输送系统、立体整烫系统、“嵌入式纺纱技术”、自动裁剪系统等新技术以及各种新型、环保、智能的纺织生产设备的应用。

9.3.4　以协调发展为目标，促进产业集聚集约化

推动产业协同发展，按照长江经济带上、中、下游的资源禀赋条件和主体功能定位，立足各区域资源和社会的特点，坚持推进长江经济带上中下游地区传统产业协调发展，科学规划传统产业集群未来发展重点领域（专栏9－3）。合理规划和布局沿江产业的分布和发展方向，逐步形成支撑长江经济带各区域发展的完整产业链分布，通过重点带动、区域联动、良性互动措施，形成长江经济带传统产业绿色发展新格局。推动区域内产业园区间开展战略性协作，促进承接产业转移发展新模型，实现区域间合作互利双赢。

依托长江经济带上、中、下游产业基础的不同，发挥比较优势，积极化解过剩产能，依靠分工协作，共同承接产业转移，不断提高传统产业竞争力，打造一批有较强竞争力的优势传统产业基地，构建具有长江经济带区域特色的传统产业集群。引导和调控区域内产业转移，推动传统产业向高端化转型，防止污染落后产业转入。以沿江国家级自主创新示范区为载体，以大型企业为龙头，发挥中心城市的产业优势和辐射带动作用[77]。

专栏9－3　传统产业集群发展重点

- **钢铁产业集群**
  - 长江上游地区：攀枝花钢铁基地、重庆钢铁基地等
  - 长江中游地区：武汉钢铁基地、南昌钢铁物流园区等
  - 长江下游地区：上海钢铁基地、连云港新型钢铁基地等
- **石化产业集群**
  - 长江上游地区：四川彭州石化基地、重庆化工园区等
  - 长江中游地区：武汉石化基地、荆门石化基地等
  - 长江下游地区：上海漕泾石化基地、江苏连云港石化基地、浙江宁波稀土基地

- **有色金属产业集群**

  ⚐ 长江上游地区：云南个旧锡多金属基地、云南祥云有色金属产业基地、重庆九龙坡有色金属材料基地等

  ⚐ 长江中游地区：湖南株洲有色金属新材料基地、安徽铜陵有色金属基地、江西赣南钨矿基地、湖北黄石黑色金属材料基地等

  ⚐ 长江下游地区：江苏科创锌粉产业基地、江苏铜山有色金属精密成型产业基地

- **纺织产业集群**

  ⚐ 长江上游地区：重庆金考拉(国际)纺织服装产业城等

  ⚐ 长江中游地区：湖北襄阳纺织服装产业园等

  ⚐ 长江下游地区：江苏常熟服装城、浙江柯桥中国轻纺城等纺织产业园区、上海纺织鑫凤园区等

- **汽车产业集群**

  ⚐ 长江上游地区：北汽银翔、长安铃木鱼洞二工厂、四川成德绵南资汽车产业带、长安福特新工厂及发动机基地等

  ⚐ 长江中游地区：湖南汽车产业走廊等

  ⚐ 长江下游地区：杭州汽车(零部件)产业园区等

第10章　长江经济带战略性新兴产业规模化发展研究

10.1　长江经济带战略性新兴产业规模化发展的总体思路

（1）基本原则

坚持市场带动，引领产业发展。厘清市场作用与政府职能关系，全面深化改革，坚持市场带动，提高资源分配效率，充分发挥企业的市场主体地位，将市场潜在需求转为有效供给，带动产业发展。聚焦政府引导和监管、服务职能，加强平台搭建、产业发展环境优化的作用。

坚持科技创新引领，培育产业发展新引擎。不断完善产学研用协同创新体系，充分发挥企业创新主体的主导作用。转变政府职能，健全区域技术创新财政支持政策体系，引导企业对创新资源整合、吸收、再利用，挖掘企业创新活力，推动新兴产业结构性改革。优化科技创新成果转化、应用和知识产权保护机制，突出新兴产业在产品、技术、工艺方面的科技创新成果转化及产业化。

坚持集聚发展，优化产业生态。以制定发展规划引领长江经济带新兴产业生产空间分布，鼓励各类创新资源以多种形式向各类园区集中，建立产业发展集聚区。依托上海、武汉等创新资源集中的城市，建立产业发展策源地。延伸和整合产业链，创新完善大型龙头企业和中小企业配套协作机制，形成大型龙头企业、中小企业协作共生的产业生态系统。

坚持开放融合，推动产业联动发展。实施“对外对内”的双向开放，谋求国际产业合作，注重国内各地区之间的合作，充分利用好“两个市场，两种资源”，推动更高层次的开放水平。顺应产业跨界融合趋势，推进“两化”

融合，深化新兴产业与现代服务业、农业的融合，推动不同产业协调、联动发展。

（2）主要目标

到2020年，产业规模进一步壮大，成为长江经济带各地区发展的支柱产业。产业结构得到进一步优化升级，现代产业新体系基本形成，创新能力和竞争力得到提升，成为全球战略性新兴产业重要的制造中心和创新中心。绿色制造体系得到逐渐完善，新兴产业绿色发展水平大幅提升。

产业结构不断优化升级，产业引领经济发展作用明显增强。以新兴产业发展为主的现代产业新体系基本形成，行业排头兵企业明显增多，具有“专精特新”特征的中小企业持续涌现。重点领域、关键领域和前沿领域，形成一批具有全球影响力的产业发展策源地、特色产业集聚、集群发展区，形成一批地区发展支柱产业和主导产业，经济发展的贡献率逐渐提升，使之成为长江经济带产业转型升级、绿色发展的重要支撑。

产业创新能力和竞争力显著增强，产业绿色发展水平大幅提升。战略性新兴产业工业企业研发投入逐步增加，打造一批国家级科技创新中心，形成一批创新发展示范区，突破一批绿色低碳、节能环保关键核心技术，推动清洁生产方式广泛应用，绿色制造体系基本形成。

（3）发展思路

紧抓“中国制造2025”“互联网+”行动、长江经济带建设等国家战略重大机遇期，坚持创新驱动发展，培育经济发展新动能，适应经济发展新常态。强化供给侧结构性改革，整合延伸产业链，坚持战略性新兴产业创新、融合、开放发展，以布局重大项目为抓手，培育和发展壮大新兴产业主体。加强质量品牌建设和创新型人才队伍建设，引导创新要素向园区集聚，推进关键共性、核心技术研发及产业化，提升产业规模化发展水平（如图10－1所示）。

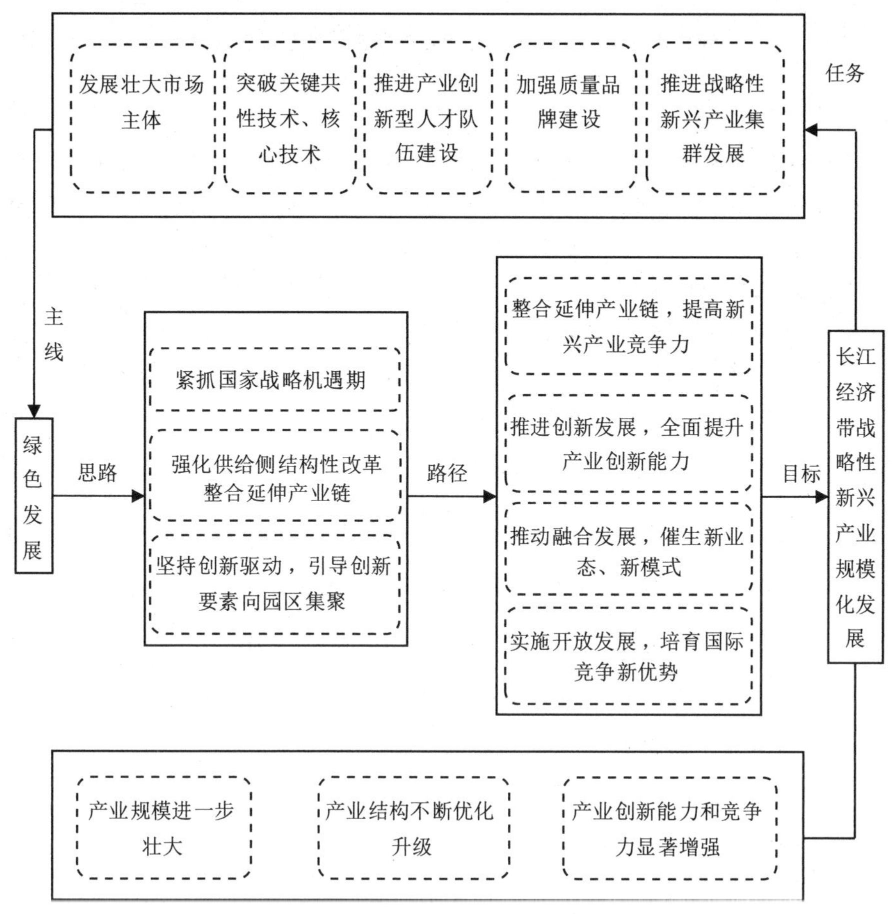

图10－1　长江经济带战略性新兴产业规模化发展的总体思路

10.2　长江经济带战略性新兴产业规模化发展的主要任务

10.2.1　发展壮大战略性新兴产业市场主体

优化产业发展环境，壮大企业家队伍，提升企业现代管理水平，加强产业龙头企业的引进培育，发展壮大一批市场主体，打造行业标志性领军企业。加强政策支持，完善创新服务平台功能，加快推动科技型中小企业向“专精特新”方向转型升级（专栏10－1）。

专栏 10－1　战略性新兴产业市场主体发展壮大工程

- **标志性行业领军企业**

  重点围绕新一代信息技术、高端装备制造、生物产业等产业发展的重点领域、关键领域和前沿领域，积极引进和培育行业龙头企业，发展100家左右示范作用明显、竞争优势突出、影响力大的行业标志性领军企业

- **“专精特新”中小企业**

  充分发挥行业标志性领军企业的示范、引领作用，加强科技型中小企业协作配套能力，推动其向着专业化、精细化、特色化和新颖化方向发展，打造一批“专精特新”特征明显的科技型中小企业，强化产业链竞争力

发展壮大行业标志性领军企业。聚焦产业发展的重点领域、关键领域和前沿领域，长江经济带各地区应有目标、有步骤地重点引进一批跨国企业，支持其设立子公司，加强完善产业链配套，培育一批有发展潜力、产业基础牢固，成长性好的创新型企业。支持徐州工程机械、中联重科、万向集团等有条件的大企业，通过并购重组、跨所有制融合等方式，集中创新资源，促进技术创新，打造一批技术先进、竞争优势突出、影响力大的行业标志性领军企业。

加快科技型中小企业转型升级。完善财税金融政策体系，推动长江经济带浙江明筑新材料、浙江康和机械科技、江苏诚信药业等科技型中小企业向“专精特新”的方向发展，提高中小企业自主创新能力。促进科技服务公共平台为科技型中小企业“专精特新”产品、技术提供检验检测、人才培训、研发设计、投资融资等服务。鼓励科技型中小企业建设创新机构，突出行业关键共性技术的研发、推广及应用，培育新动能，形成新的竞争优势。

10.2.2　突破战略性新兴产业关键核心技术

坚持新兴产业科技创新驱动、绿色发展，深化科技体制机制改革，强化企业创新主体的作用，以重大工程项目为支撑，着力推动一批产业重点领域、前沿领域的关键共性技术、核心技术攻克。激发企业创新活力和创造力，加

强知识产权保护力度，促进技术成果转化及产业化（专栏10－2）。

专栏10－2　关键共性技术、核心技术及其产业化工程

- **新一代信息技术**

  ➢ 重点推动柔性显示技术、量子点电视机技术、射频发生器制造技术等一批关键共性技术、核心技术研发及产业化

- **高端装备制造**

  ➢ 重点推动增材制造技术、多设备协同控制技术、工程机械可靠性技术、全数字高档数控系统技术、大功率冷坩埚熔炼技术、电磁约束底注技术等一批关键共性技术、核心技术研发及产业化

- **新材料**

  ➢ 重点推动非晶态合金、新型铅酸电池、陶瓷基复合材料烧结、石墨烯材料规模化制备、纳米复合材料制备等领域一批关键共性技术、核心技术研发及产业化

- **现代生物**

  ➢ 重点推动干细胞与再生、基因编辑、合成生物等领域一批关键共性技术、核心技术研发及产业化

- **新能源**

  ➢ 重点推动高纯多晶硅生产技术、薄膜电池生产技术、先进生物质能源与化工技术等一批关键共性技术、核心技术研发及产业化

- **新能源汽车**

  ➢ 重点推动电驱动系统技术、整车集成技术、燃料电池系统技术、能量存储系统技术等一批关键共性技术、核心技术研发及产业化

- **节能环保**

  ➢ 重点推动铝电解添加KAlF4高效节能、湿法锌冶炼废渣绿色高值化综合治理、NGL炉铜再生冶金等领域一批关键共性技术、核心技术研发及产业化

- **数字创意**

  ➢ 重点推动创作生产、增强现实、虚拟现实等领域一批关键共性技术、核心技术研发及产业化

优化技术创新体系。适应经济发展新常态，营造有利于市场主体科技创新的外在环境，坚持市场引领，完善政府部门公共服务职能，进一步优化产学研协同创新体系。在长江经济带中，优先布局一批国家级、省级重点工业

技术研究院、工程技术中心等创新平台，充分发挥其在技术创新体系中的重要作用。搭建区域技术创新服务平台，促进企业间资源共享、协作创新。

加强知识产权保护力度。加速推进专利产权、产品商标等法律法规体系建设，营造良好的知识产权保护的法律环境，强化知识产权开发、经营使用、收益和处分管理。利用云计算、大数据等现代互联网技术，搭建公共服务平台，不断完善知识产权运营服务体系。加强知识产权保护执法能力建设，提高专利、商标保护行政执法力度，突出做好大数据、云计算等新兴业态和重点民生领域知识产权保护。

促进科技成果转化。面向世界科技前沿、经济主战场和国家重大需求，深化科技成果使用权、处置权和收益权改革，加快科技成果转化，提高转化效率和质量。鼓励成都仪表机床研究所、上海生物制品研究所、武汉大学、重庆大学、中南大学等科研院所、高等院校及科技人员通过多种方式向企业转移科技成果。完善创新创业投融资环境，搭建不同层次的科技成果转化平台和科技服务中介机构，加快培育技术经纪市场，提高社会科技成果转化服务水平。

10.2.3 推进战略性新兴产业人才队伍建设

围绕生物技术、航天航空装备、量子通信、核技术等战略性新兴产业，以提升产业创新能力为目标，扎实推进人才体制机制创新，聚焦战略性新兴产业领军人才及团队引进培养，统筹产业发展高技术人才队伍、紧缺急需人才队伍建设，构建多层次协同创新型人才队伍。鼓励科技人才开展原创性、颠覆性创新，有重点有目标攻克一批关键共性技术、核心技术，不断催生新产品、新工艺、新模式、新业态。

产业领军人才及团队。创新人才引进方式，搭建好人才承接平台，依托重大项目、企业，大力发展人才引进中介服务机构，完善产业创新人才引进途径和方式，加强对产业领军人才及团队的引进及培养工作。完善人才激励机制，设计灵活的措施激励符合条件的国家级、省市级的产业领军人才及其团队。对引进产业领军人才及团队的企业、中介服务机构，按照不同的级别给予一定的资金奖励。积极创造条件，鼓励和支持产业领军人才及团队携带创新技术、智力成果等与本土企业对接，促进科技成果转化及产业化。

产业高技能人才。围绕各地区产业基础好、发展潜力大的战略性新兴产业领域，加强对技术知识熟练、技能精湛的高技能人才引进与培养，壮大产业高技能人才队伍。对具有或新获得“中华技能大奖”“全国技术能手”表彰的引进人才及相应企业，按照不同等级，给予相应的奖励。支持各地区创造条件，整合资源，搭建地区高级技工、技师学校。支持有条件的地区依托大型企业、科技创新平台等，打造若干个不同级别的高技能人才实训基地。

产业紧缺急需人才。根据战略性新兴产业发展现状及未来发展需求，瞄准产业重点领域、前沿领域，大力引进培养企业高级经营管理人才、科技人才等产业紧缺急需人才。定期向社会公布产业紧缺急需人才需求目录，到人才集聚的东部中心城市招聘人才，对入选省级、市级的产业紧缺急需人才，按照等级给予一定的资金补助。

10.2.4　加强战略性新兴产业质量品牌建设

把产品质量和品牌价值提升作为提高长江经济带战略性新兴产业竞争力的核心要素，以打造具有国际影响力的高质量产品、知名品牌为目标。鼓励和支持企业加强质量管理，全面推进产业标准化体系建设。完善品牌培育管理机制，提升企业产品品牌价值，形成一批全球知名的品牌产品。

加强产品质量管理。鼓励企业进行 ISO 9001 认证，引进先进的质量管理方法，实施全面的质量管理。产品质量优异的标杆企业，给予一定的政策倾斜和资金奖励，形成良好的示范效应。鼓励、支持企业自主创新质量管理技术和方法，推动企业开发新产品，提升产品档次和质量水平。

全面推进产业标准化体系建设。创建长沙高新区新材料、贵安新区大数据、江苏安靠智能输电工程科技股份有限公司、常州太平通讯科技有限公司等一批产业标准化示范基地和企业。围绕新材料、生物、节能环保等优势领域，不断完善现有标准体系，支持具有比较优势的企业制定高于国家标准、行业标准的企业标准。增强企业标准化能力，促进有条件的企业主导或参与国际、国家、地方和行业标准的制定和修订，加强对主导或参与标准制定的相关企业的扶持和奖励力度。及时将产业先进技术转化为技术标准，不断提升现有产业标准的层次，创建一批拥有完全自主知识产权的国际标准。

管理提升品牌价值。大力实施长江经济带“标志性品牌”产品发展战略，培育和打造一批长江经济带标志性知名品牌产品、品牌企业和产业集群区域。加强国外知名品牌企业的引进，引导企业树立品牌消费观念，创新品牌培育管理体系，着力提升品牌价值，推动产品向品牌转变。依托长沙、杭州、苏州等地高新区创新要素富集优势，促进企业创新发展，培育一批国际知名品牌产品和企业。

10.2.5　推进战略性新兴产业集群规模发展

统筹长江经济带区域联动发展，立足各地产业基础、资源禀赋和特色优势，坚持因地制宜、优势互补、特色发展、协调共享，优化资源配置，整合创新资源，形成一批产业发展策源地、特色集聚区和特色优势产业集群（专栏10－3）。

专栏10－3　战略性新兴产业集聚发展工程

- **战略性新兴产业发展策源地**

  以上海、武汉、成都、合肥、长沙等城市为依托，布局一批产业发展策源地

- **战略性新兴产业特色集聚区**

  依托长株潭衡、合肥都市圈等城市群建设，基于产业基础和特色优势，发展壮大轨道交通、现代生物技术、增材制造、工业机器人、大数据等一批战略性新兴产业特色集聚区

- **战略性新兴产业特色集群**

  依托武汉东湖高新区、上海高新区等现有产业集聚区，聚焦轨道交通装备、智能制造、生物医药、大数据、新型显示、前沿材料等领域，培育发展一批优势突出、影响力大的特色产业链和特色产业集群

布局一批战略性新兴产业发展策源地。立足于武汉、成都、重庆、上海、长沙等中心城市创新资源富集的优势，建设一批世界一流大学、一流学科和科研机构，培育发展新兴学科和交叉学科，形成产业发展策源地。重点支持关键领域基础研究，加强科技成果转化，推进原创性、颠覆性、支撑性技术的研发、推广及产业化。大力建设各类科技创新平台，推动开展“双创”，支持科研人才、大学生到策源地创业创新，形成一批战略性新兴产业创业创新高地。

壮大一批战略性新兴产业特色集聚区。依托长江经济带城市群建设，因地制宜，加强实施产业承接与转移，优化当地产业结构，形成一批配套设施比较完善、影响力大的产业特色集聚区。上海、武汉、长沙等城市群中心城市有良好的产业基础，创新要素集聚，要建设若干个具有全球竞争力的产业集聚区。依托长江经济带中上游城市群建设，结合地区产业基础，打造若干个国际知名的产业集聚特色发展区，实现区域内各地区联动、错位发展。

培育一批战略性新兴产业特色集群。围绕现有产业集聚区支柱或主导新兴产业，构建技术创新联盟，以重大科技项目带动关键共性技术、核心技术研发、转化及产业化。整合延伸集聚区内产业链，推动价值链高端发展，培育发展一批优势突出、影响力大的特色产业链和特色产业集群。

10.3 长江经济带战略性新兴产业规模化发展的实施路径

10.3.1 整合延伸产业链，提高新兴产业竞争力

瞄准市场需求，鼓励长江经济带各地区影响力大、创新性强的主导产业或支柱产业中大企业、大集团公司，通过多种形式加强产业链上的信息、技术、人才等资源整合，促进战略性新兴产业链纵向整合与横向整合延伸，优化资源配置，提高资源使用效率，提高产业集中度，做大做强做优长江经济带比较优势战略性新兴产业，提升产业竞争力。

纵向整合延伸产业链。瞄准市场需求，充分发挥产业大企业、大集团公司的主导作用，支持有条件的企业实施纵向一体化战略，通过纵向并购、参股、建立战略合作伙伴关系、成立子公司分公司等方式，有效整合产业链上下游资源，增强企业竞争力。各地区应该积极承接产业链上下游企业，营造良好的环境，加强大型企业、大集团公司与承接企业的合作、并购重组，促进产业链纵向整合延伸。

横向整合延伸产业链。鼓励和支持大型企业、大集团公司实施横向一体化战略，通过横向并购、建立战略合作伙伴关系、成立分公司或子公司等方式，横向整合产业链上资源，实现优势互补、资源高效利用，提升产业竞争能力。各地区应该积极承接产业链配套企业，完善产业链配套政策，支持大型企业、大集团公司与配套企业开展合作、重组等，促进产业链横向整合延伸。

10.3.2 推进创新发展，提升产业创新能力

深化科技体制机制改革，以科技创新驱动新兴产业发展，抢占未来经济发展的科技制高点[78]，不断催生新业态，提高产业规模化发展水平。以技术创新为核心，注重制度创新与服务创新，引导企业增加研发投入，释放企业创新活力。

技术创新是推动产业规模化发展的核心动力。以市场为导向，完善技术创新体系，加强政府引导和服务功能，营造企业想创新、能创新的外在环境，并能获得对等的经济回报，激发其创新活力。鼓励企业、科研院所等之间开展合作，成立技术创新联盟，实现创新资源共享，推动关键共性、核心技术研发及产业化。

制度创新是推动产业规模化发展的重要保障。深化科技创新体制机制改革，构建有利于技术创新的制度环境。健全知识产权保护机制，加强知识产权保护力度，提高科技成果转化的效率和速度，以便促进企业科技成果的加速转化及产业化，获得经济回报。

服务创新是推动产业规模化发展的有力支撑。支持各地区大力发展科技中介服务机构，创建技术创新服务平台，积极开展科技咨询、检验检测等服务，提高全社会科技服务水平。深化金融服务改革创新支撑企业技术创新，鼓励金融机构开发创新金融服务和产品，为创新型企业提供知识产权质押融资、投贷联动等业务。

10.3.3　推动融合发展，催生新业态新模式

紧抓“中国制造2025”和“互联网+”行动重大机遇期，大力推进以信息化与工业化、制造业与现代服务业融合发展为核心的跨界融合，不断催生战略性新兴产业新业态、新模式。加快发展服务型制造，促进产业链向高端延伸，价值链向高端发展，打造战略新兴产业发展新的增长点。

推进信息化与工业化深度融合。大力实施“互联网+”行动，以高端智能制造为重点，加快推进“两化”深度融合，推进产品与装备制造智能化，提升开发智能化装备与产品的智能化水平，催生个性化定制、协同制造、众包设计等新型制造新模式。围绕重点产业集群、行业、重点企业，加速新一代信息技术融合，推动“互联网+产业集群”“互联网+行业”“互联网+企业”发展。着力推进工业互联网建设，推进“两化”深度融合。

推进制造业与现代服务业深度融合。加快发展服务型制造，支持有条件的制造业企业提供融资租赁、研发设计、科技咨询、售后服务、服务外包等服务，推动制造业向服务业拓展。支持占据产业链高端的服务企业发挥自身比较竞争优势，通过设立下属工厂或连锁经营等方式，促进产业链向制造业延伸。

10.3.4　实施开放发展，培育国际竞争优势

以自由贸易区为引领，实行双向开放，提高经济对外开放水平。搭建国际互动交流平台，深化国际产业合作领域，促进共建产业园区建设。基于各地区市场潜力、产业优势等，充分利用好“两个市场、两种资源”，争取在全

球范围内引进战略性新兴产业方面的外资、核心技术、高端人才和关键设备，加强引进消化吸收再创新，培育长江经济带战略性新兴产业发展国际竞争新优势。

发挥自由贸易区的引领带动作用。加快实施自由贸易区战略，大力发展开放型经济，充分发挥上海、浙江、四川、湖北、重庆等地自由贸易区引领示范带动作用，打造长江经济带开放型经济“新高地”。以国际产能合作与高端装备制造合作为重点，推动产业更高水平的对外开放。

深化国际产业合作。更加主动积极地参与到全球价值链分工，扩宽合作领域，扩大合作范围和深化合作层次，实现更大范围更宽领域更深层次开放合作。进一步放宽战略性新兴产业领域外资企业市场准入限制，着力打造开放合作新平台，积极推进长江经济带重庆中德产业园、中意宁波生态园等国际合作园区建设，加强外资企业总部、研发机构、创新团队等方面的引进力度。

第 11 章　长江经济带现代服务业网络化发展研究

11.1　长江经济带现代服务业网络化发展的总体思路

（1）基本原则

系统规划，统筹推进。以市场需求为导向，提升技术创新能力，提高市场竞争力和特色发展水平，统筹规划长江经济带现代服务业网络化发展。重点针对生活性服务业、生产性服务业、科技服务业、特色服务业，探索创新适合现代服务业网络化发展的商业模式，提高长江经济带现代服务业网络化发展水平。

市场牵引，政府推动。发挥市场主导功能，通过政府在信息收集、政策制定、整合资源上的优势，全面规划和引导长江经济带现代服务业网络化发展。制定适用于长江经济带现代服务业网络化发展的政策体系，支持实施服务业跨界融合、集成融合等发展模式的改革，充分发挥政府在长江经济带现代服务业网络化发展中的主动作用。

模式创新，技术支撑。以加强技术创新提升服务业市场竞争力和产业增加值，重点提高服务业技术水平，商业模式创新和服务创新并重。充分发挥共性关键技术对服务业的核心功能，改革已有的商业模式，以网络化发展带动商业模式创新，促进服务业技术成果的系统集成和综合应用。

因地制宜，突出特色。坚持市场实际需求和区域特色并重的原则，因地制宜，针对不同地区优势发展长江经济带优势服务业和特色服务业，形成长江经济带现代服务业资源共享和优势互补的新局面。

（2）主要目标

提升服务业综合生产能力，打造现代服务业网络化产业基地。确保长江经济带服务业固定资产增长率平均每年达到8%，到2020年投资总额达到10万亿元，服务业生产总值占地区生产总值的比重提高到45%左右，增长速度高于国内生产总值1个百分点。提高服务业发展质量，新产品收入每年增加1000亿元以上。[①] 针对服务业领域中技术密集型行业，利用现代服务业网络化发展集群效应带动整个经济发展，显著提高现代服务业网络化的比重和水平。

增强服务业网络化技术创新能力，形成具有引领和带动作用的示范知名企业。针对服务业重点领域，加强核心技术的研发，探索先进的商业模式和服务模式，坚持技术创新和商业模式创新相结合，在长江经济带区域内建设现代服务业网络化技术创新服务中心和服务业网络化发展支撑体系。培育一批在国内外影响力强、技术创新能力强、市场竞争力强的大型企业，充分发挥知名企业和优势品牌的引领和带动作用，培育出现代服务业网络化新业态，在长江经济带培育出一批服务业领域内的知名企业和优势品牌。

（3）发展思路

按照国家长江经济带建设要求，结合“互联网＋”的战略部署和现代服务业与实体经济相结合的需求，完善长江经济带现代服务业网络化发展体制，利用网络化发展推动现代服务业商业模式创新。以创新驱动为引领，以服务实体经济、满足居民需求、发挥沿江优势资源为目标，加强移动互联网信息技术与服务业融合，全面提高长江经济带服务业网络化发展水平（如图11－1所示）。具体来看：以长江经济带上、中和下游资源为基础，以五大城市群和沿江各类国家级园区为主要载体，以“互联网＋”行动计划为依托，加快生产性服务业，重点促进生产性服务业与高端制造业的融合发展；推进生活性服务业，重点加强基础设施建设、服务业内外合作发展；大力发展沿江特色服务业，重点打造城市文化特色、培育服务业新兴业态。

---

① 目标数据测算依据主要来源于各省统计年鉴。

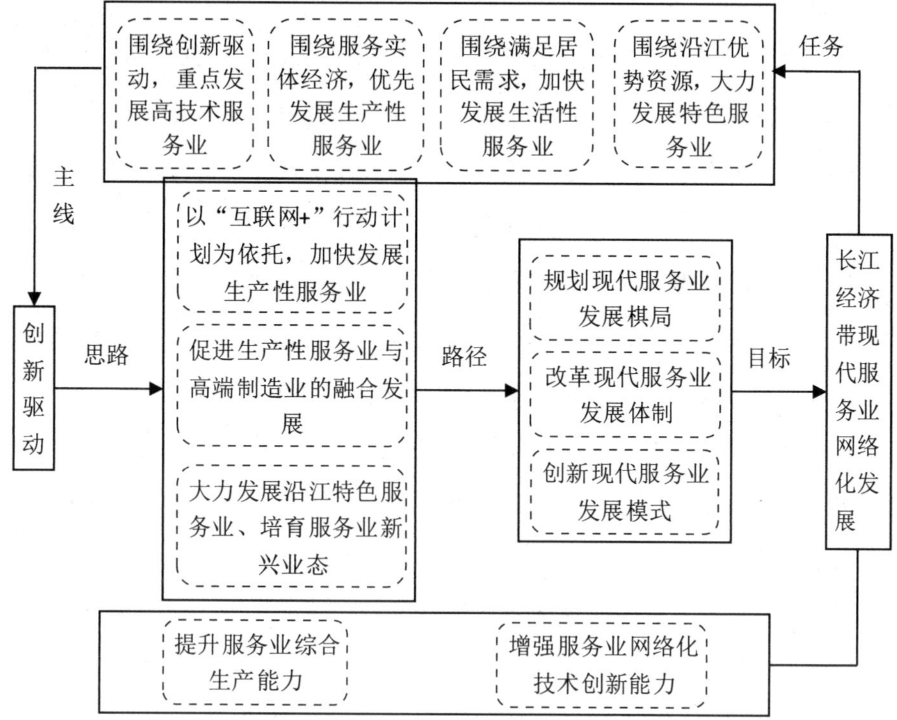

图 11－1　长江经济带现代服务业网络化发展的总体思路

11.2　长江经济带现代服务业网络化发展的主要任务

11.2.1　围绕创新驱动发展，重点发展高新新技术服务业

依托长江经济带高新技术产业基地和国家新兴产业园区，提高服务业关键性技术和核心技术水平。加快完善服务业信息平台和服务体系的建设，以创新为驱动力，全面发展长江经济带高科技服务业。

其一，发展信息化服务体系。依托上海、武汉、徐州、合肥、重庆在移动互联网、云计算上的优势，杭州、台州、无锡、苏州、长沙在信息化、新模式上的优势，上海、昆明、杭州、武汉在物联网技术、新业态方面的优势，带动周边地区，建立完整的信息化数据库、先进系统应用推广、异地协同等信息化服务体系。

其二，发展开放共享服务平台。依托上海、重庆、成都、南京、镇江、杭州等地的教育、技术基础发展水平，研究开发关键共性技术，以南昌、常州、长沙、贵州为重点，设立开放性的共享服务平台，推广应用服务业核心技术。

其三，发展知识产权服务体系。以上海、昆明、成都、南京、杭州、赣州、连云港、长沙为重点，培育多元化知识产权服务市场，在长江经济带形成传统式、一站式、代理式等多种模式融合的知识产权服务体系。

其四，发展质量检验检测体系。以安徽、江西、湖北、云南为主要质量检测省份，在云南、贵州、湖北、江苏等省份，推进科技服务业、生产性服务业、生活性服务业产品质量检验检测站点的建设。

其五，发展电子商务支撑体系。依托苏州、徐州、连云港、赣州、常州等地区物流的发展，扬州、杭州市、嘉兴市、宁波市、台州市等地区电商的发展，在长江经济带健全物流、支付、信用等电子商务支撑体系。

11.2.2 围绕服务实体经济，优先发展生产性服务业

以加强实体经济发展为主要目的，加快商业模式创新为手段，完善长江经济带金融服务体系、商务服务中心、物流中心建设等服务环节，优先发展长江经济带生产性服务业。

其一，加强物流信息平台和口岸大通关建设。依托上海、南京、武汉国际航运基础，重点打造上海、南京、湖北国际货运中心，加快重庆、成都、无锡、连云港、常州、株洲、杭州、合肥、南昌、长沙、昆明等全国性物流平台的发展。

其二，加快推进融资、租赁、理财、创业投资等金融服务。推进上海、南京向专业化、规模化的国际金融中心转变，建设杭州、合肥、苏州、连云港、南昌、长沙、昆明、贵阳等区域性金融中心，实现精准化、高效化的金融服务。

其三，鼓励发展法律咨询、会计审计、资产评估等商务服务业。充分发挥上海、杭州、南京等地商务会展的优势，以合肥、苏州、连云港、扬州、常州、南昌、武汉、长沙、昆明、贵阳为重点建设一批大型商务服务企业，加快标准化的新国际会展中心建设。

其四，依托上中游各地区经济基础，大力发展外包服务业。依托宁波、杭州、南昌零售业的发展，连云港、重庆、上海在物流业的发展，长沙、昆明、常州生活服务业的发展，贵州、无锡、武汉商务服务业的发展，通过线上线下互动，大力发展外包服务业（专栏 11－1）。

专栏 11－1　长江经济带服务外包

- **软件与信息技术研发外包**

  依托上海、南京、温州、合肥、绍兴、徐州、金华、镇江、湖州、扬州等地在计算机发展上的优势，对软件和信息技术开发进行外包
- **金融服务外包**

  依托上海、武汉、杭州、重庆、南京、南通、嘉兴、南昌、徐州、贵阳、金华、台州、镇江、湖州、扬州等地在金融发展上的优势，对金融服务进行外包
- **工业与工程设计外包**

  依托苏州、宁波、无锡、常州、合肥、绍兴等地在工业发展上的优势，对工业与工程设计进行外包
- **医药研发外包**

  依托贵州、云南、吉首、井冈山、合肥、金华等省市在医药发展上的优势，对医药研发进行外包
- **数据分析外包**

  依托成都、宁波、昆明、绍兴、南昌、徐州、台州、镇江、扬州等地在数据收集上的优势，对数据分析进行外包

11. 2. 3　围绕满足居民需求，加快发展生活性服务业

依托建设新型城镇化的基础，重点发展生活性服务业（专栏 11－2），大力开发长江经济带旅游、文化、医疗养老等生活服务业，努力提高人民生活水平。

专栏11－2　长江经济带生活性服务业发展重点

- **健康养老**
  - 在杭州、成都、重庆、长沙、温州、绍兴、嘉兴、江西、贵州等省市开展以养老度假为一体的新业态
  - 在云南、湖南、江苏等地试推行宜居、便利的健康养老新基地
- **家庭服务**
  - 以互联网技术促进家庭服务业多样化、智能化、绿色化，丰富家庭服务业的发展
  - 在杭州、无锡、长沙市、常州、合肥、绍兴、南昌、徐州、贵阳等地推广智能化品牌家居的应用
- **文化教育**
  - 在江苏、湖南、上海、昆明、合肥、贵州等推进创意产业基地、数字产业园的建设
  - 加快安徽、无锡等地国家动漫游戏产业振兴基地，徐州、杭州、重庆等地国家软件产业基地的建设
- **旅游休闲**
  - 充分发掘曲靖、张家界、丽江、庐山、九寨沟等地的自然风光，开发生态旅游区
  - 充分发掘井冈山、赤水、乌镇等地的历史文化，开发历史文化旅游区
  - 充分发掘泸沽湖、湘西等地的风土人情，开发风土文化旅游区
  - 积极推进昆明、张家界等地国际文化旅游示范区的建设

其一，搭建互联互通的旅游信息平台。充分开发长江经济带沿线旅游资源，重点突出打造国际黄金旅游品牌，搭建联通快捷、旅游信息共享平台。同时不断依托长江上中下游特色历史文化和风土人情，利用良好的文化氛围吸引游客，从而加快九寨沟、黄龙、张家界、庐山、井冈山等生态文化旅游区建设。

其二，支持多功能健康养老基地。重点支持苏、云、湘、皖、赣、川、贵、渝等地打造集住、行、娱乐、医疗等综合性健康养老基地。为顺利解决我国养老问题，鼓励社会资本与健康养老融合，可从医疗保障、健康检测、卫生保健、康复护理等健康服务业着手进行大力发展。

其三，推动互联网的线上线下互动。信息技术的高速发展使商业模式也在不断进行创新，线上线下互动高效简洁，不仅大力促进消费，并能开拓新

途径新模式实现商贸流通便捷，从而使得普通实体店能够抓住机会转型，并可在益民服务、家庭设备等领域的广泛应用，从源头上不断补充经济发展的新活力。

其四，打造文化创意产业集聚区。当前发展势头良好的上海国际时尚中心、中国光谷创意产业基地、重庆两江国际文化创意产业带等文化创意产业集聚区应当发挥行业带头作用，为快速建设一批高效有影响力的文化产业园，可从现代传媒、数字出版、动漫游戏等文化创意产业着手，为我国现代文化创意事业添砖加瓦。

11.2.4　围绕沿江优势资源，大力发展特色化服务业

大力挖掘沿江优势资源的潜力，从城市文化特色、发展服务业新概念方向上升级传统服务产业。

其一，针对下游地区，沪、苏、浙经济形势发展超前，重点发展文化创意产业、国际性物流业，以提高长江经济带服务业在国内外的竞争力为目标。同时，为逐步打造现代智能化社会，以大力建设信息基础设施为手段，打造以信息化为核心的特色商业街区，响应“互联网+”时代的号召，逐步完成城市智能化商业的蓝图。另外，加强城市农村交流建设，继续推进现代化农业的实施，形成农产品农业适宜的电商发展路线。

其二，针对中游地区，湘、鄂、赣地处内陆，以发展势头良好的赣南、湘南、荆州三个国际级承接产业转移示范区为基石，加强与长江下游地区产业的延伸合作，重点完善国内外市场一体化的后续工作，发展跨境电商以增强其核心竞争力，依据实际情况的变动深化改革，重点发展旅游服务、电子信息服务和文化旅游等产业，推动产能合作发展。

其三，针对上游地区，贵州、四川、云南地形独特，位置较为偏远，民族文化丰富，具有独特的地理特征与自然优势，制定以发展特色产业为主，休闲旅游新型概念为辅的发展路线。同时，在“三线”装备制造项目的基础上，继续打造完善重庆沿江国家级承接产业转移示范区，加强与长江中下游

地区产业的项目合作。充分发挥沿江资源优势，从打造城市文化特色、培育服务业新兴业态等方面大力发展特色服务业。

11.3 长江经济带现代服务业网络化发展的实施路径

11.3.1 规划长江经济带现代服务业发展棋局

其一，做好长江经济带现代服务业网络化发展顶层设计。从“龙头”到“龙尾”，长江经济带上下游不同城市群的经济现状、环境制约、历史条件的差异，使得它们宏观上的发展速度与水平也存在较大差异[43]。因此从宏观角度总领全局，依托各城市群实际特点与资源要素优势特色，确立基础发展路线，确立各区域现代信息产业、新兴服务业的定位才是当务之急。同时坚持双管齐下，以总体规划为舟，横向加强各地区的文化、经济、社会的交流、融合与衔接工作，建立有机统一的综合性城市群，打造长江经济带现代服务业网络化发展的新局面。

其二，在区域层面上，现代服务业发展规划要体现出长江经济带上中下游资源特点、优劣势以及经济基础。长江经济带的“龙头”——上海牵头的长江三角洲城市群，需要根据其经济中心的地位，重点打造好下游现代服务业信息化、新经济化的实验田，发挥重点示范领域的模范带头作用，成为其他地区的发展的引路人。“龙腰”——以两湖地区等为核心的长江中游城市群，是衔接上下游地区的闸门，承担着长江经济带创新发展的重大责任，着重做好交通运输、物流等衔接工作。“龙尾”——以重庆、成都等为核心的长江上游成渝城市群，以其贯通西部与国内外的独特优势，可逐步发展其生产性服务功能，力争为“一带一路”的建设做出重大贡献。

其三，在现代服务业产业层面上，发展规划要依托优势技术兼顾技术性、生产性、特色性服务业。纵向上，对传统服务业去其糟粕取其精华，充分发挥现代科学经营理念，充分运用先进技术手段改造传统服务业，形成现代化服务业的形态；横向上，服务业的发展兴起势必离不开其他行业与产业的帮助扶持，加强分工合作，达成和谐发展的共赢局面。同时，政府做好全局统筹工作，做到政府引导、市场主导，以领路人的身份，合理配置市场资源，发挥企业主体作用，鼓励各种经济成分在更为丰富的概念与领域中支持服务业的大力发展，提高长江经济带服务业的三化程度。

其四，在现代服务业主要发展领域方面，要加强经济带 11 省（市）之间的资源融合、市场融合。长江经济带旅游资源丰富，地处长江中上游的湖南、四川、云南、贵州等内陆省份自然资源丰富，人文资源多彩有特色，在旅游产业上有着极大的竞争力；地处长江中下游的安徽、江西、浙江、江苏经济发达、消费能力强，是长江经济带旅游产业的重要贡献者。长江经济带上、中、下游若能实现商业化与旅游业融合发展的良好局面，势必对整体旅游业有突出贡献。

11.3.2　改革长江经济带现代服务业发展体制

革新长江经济带现代服务业的源头之水即体制创新，不断挖潜现代服务业的内在，以体制机制改革为重要手段，促进现代服务业的发展。

其一，彻底打破长期以来形成的体制机制障碍。长期以来，由于行政区划和城乡二元结构的禁锢，沿江流域服务业发展机制扭曲，难以实现资源共享和公平竞争。因此，贯彻长江流域“同带同享、统一公平”的理念，充分发挥中心城市大市场的主要作用，市、县（区）、乡镇专业市场的支撑作用以及边界区域市场的关键作用对建立长江经济带现代服务业发展机制至关重要。同时，要保证能够及时提供所需的生产要素和快速建立电商平台、基础设施，形成井然有序并且高效率高竞争力的市场服务体系和销售平台，充分利用人力、物资、信息、科技完善服务体系，建立服务优势。

其二，沿江服务业应坚持市场主导、政府引导的发展方向。建立区域协调、治理、预警机制，实现跨区域合作，健全票、证、卡等互认制度，消除由于行政区划而形成的区域禁锢和地方保护行为。为增强整体创新能力与竞争能力，组织建立行业企业项目之间的战略联盟，同时在不同城市群内外部建立有效的合资合作机制，而城市群与其周边地区间应采取联合执法，综合治理，形成联防联控；另外，建立跨区域合资联营机制，组建跨省跨国公司与企业集团，促进各区域在基础设施建设、市场体系构建以及行政立法等领域实现合作和统一，形成共赢多赢的友好发展局面。

其三，建立网络化的领导机构和行业联盟机构。形成以国家相关部门领导为核心，11 省（市）负责人及重点院校、大型企事业单位负责人共同参与的高水平协同机制。该机构内部在明晰各责任分工的前提下，协调、指导政策法规的实施，在有强大资金保障的支持下，加强进度评估，质量监督，商业监督，以问责制的手段保障长江经济带现代服务业的建设发展。同时，积极促成长江经济区战略联盟和集团公司等行业联盟机构。整个流域要大力推进跨行业跨区域跨省（市）的电子信息、物流运输、金融贸易、旅游、科技信息等服务业和企业的发展，形成战略性联盟或运营集团，构建跨地区现代服务业网络，提升长江经济带现代服务业的综合实力。

11.3.3 创新长江经济带现代服务业发展模式

通过产业结构升级实现长江经济带发展模式的创新，促进互联网与实体经济的深度融合，实现信息、资金、人员、物资等要素的优化配置，提升全要素生产率。在产业融合的发展趋势下，实现服务业与新型工业化、农业现代化的和谐发展是现代化沿江服务业发展的关键，同时，推动服务业内部行业的交叉渗透、跨界集成服务，是加快“互联网+”等新兴领域发展的重要措施。

其一，借力“互联网+”实现生产性服务业集聚与制造业升级的“跨界融合”。长江经济带区域要建立“互联网+制造业”的发展模式，通过价值链重建，以轻资产、扁平化达成快速响应市场的目标，建立新的市场竞争优势。以“制造设备智能化”为目标，实现信息技术与产业整合；加快推动重点行业设备智能化建设，围绕 M2M（机对机）业务，推动物联网大数据挖掘服务；借助云计算大数据产业链，找到中小企业适宜的发展路线，稳步提升制造业服务化的商业水平；在长江经济带新批的“国家级互联网骨干直联点”的基础上，聚焦数据中心和数据处理，深化生产性服务业领域。

其二，优化空间布局实现生产性服务业集聚与制造业升级的“互动融合”。长江经济带内的各城市要充分发挥“服务业和制造业”空间集聚效应，带动互动互联，增强城市间的整合度。各地政府要在“十三五”规划中制定明确的方针，全面布局，实现各类制造业与相关生产性服务业资源共享，形成以生产性服务业为主体，制造业为辅助的新型合作模式，达到共赢的目的。此外，各地政府要在城市核心区建设现代化服务产业群，充分发挥集群优势，提高生产服务的密集度和核心生产力。

其三，强化供应链协同实现生产性服务业集聚与制造业升级的“集成融合”。通过供应链的衔接作用，促使生产性服务业形成“嵌入式”制造业形态，一方面通过行业电商与智能物流打造品牌，建立新型营销模式；另一方面，以协调生产服务业供应链为手段，进一步完善管理模式。在扩大建立第三方电子商务平台的基础上，继续探索第四方物流服务系统，提升制造业供应链协调物流的响应能力，充分发挥供应链在服务业的协同作用，实现制造业和服务业的集成融合。

第6篇　长江经济带产业绿色发展与产业协调发展研究篇

第12章　长江经济带产业绿色承接转移的效应研究

12.1　长江经济带产业转移的经济效应分析

（1）长江经济带产业转移的资本积累效应

其一，产业转移促进资本积累的机制分析。在经济全球化背景下，资本要素全球化流动，发展中国家通过承接产业转移加速了产业资本的积累速度。发展中国家经济发展受到国内资金不足的制约，通常会招商引资，承接外资转移的产业，从而利用外国直接投资来促进本国资本形成，而这些外资会影响地区的资本存量。

产业承接地FDI对资本积累作用的影响因素较多，导致不同国家或地区利用FDI促进资本积累的效果具有异质性（冷俊峰，2016）[79]。一方面，FDI对国内资本积累具有正向促进作用，如新设立的企业扩大国内投资规模，企业之间兼并、重组等方式可以盘活东道国国内资金；另一方面，FDI对国内资本积累具有负向减少作用，如放宽外国企业进入本国市场准入门槛，会刺激国内消费（王丹，2015）[80]，减少国内投资。结合FDI对长江经济带地区资本积累的作用机制来看，其影响可概括为以下两个方面（如图12-1所示）。

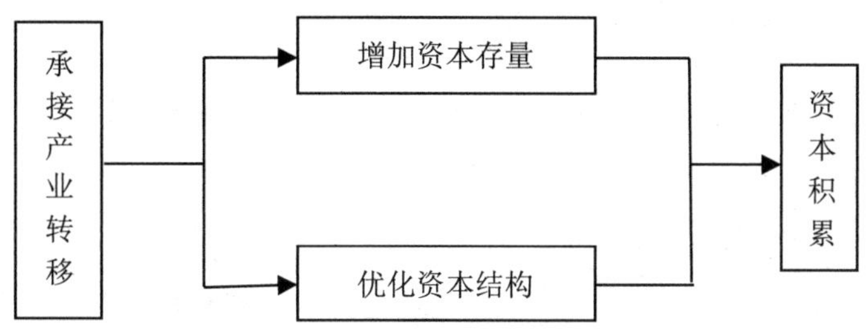

图 12－1　承接产业转移的资本积累机制

增加资本存量。产业转移资本在一定程度上直接影响了重庆沿江城市带、湖南湘南等承接产业转移示范区的资本存量，提升产业承接地资本存量。一方面，产业转移所带来的资本可以解决长江经济带产业承接地在经济发展的资本与外汇不足问题，提高示范区产业发展投资水平，不断加速地区经济增长[81]；另一方面，资本流入可以填补示范区发展面临的资本缺口，一定程度上缓解资金不足导致的约束问题，增强区域经济发展稳定性。

优化资本结构。产业承接地投资增量与外商直接投资增量具有互补关系，产业转移不仅可以有效地提高湖北荆州、江西赣南等承接产业转移示范区的投资水平，使得产业承接地的投资增量大于外商直接投资增量，而且外来资本可以调整承接产业转移示范区产业发展结构，引导示范区资本投资，进而优化资本结构，同时达到促进示范区产业结构优化的目的。

其二，承接产业转移示范区资本积累效应。如图 12－2 与图 12－3 所示，"十二五"期间，安徽皖江城市带实际使用外商直接投资年均增长率为 18.16%，承接产业转移的规模逐年增大，固定资产投资年均增长 17.71%，这说明该示范区承接产业转移促进了地区资本存量增加，资本积累效应明显。

江西赣南实际利用外商直接投资规模年均增长率为 11.79%，承接产业转移的规模逐年扩大；固定资产投资规模年均增长率为 23.27%，这说明承接产业转移有效刺激了该示范区资本存量增加，资本积累效应明显。

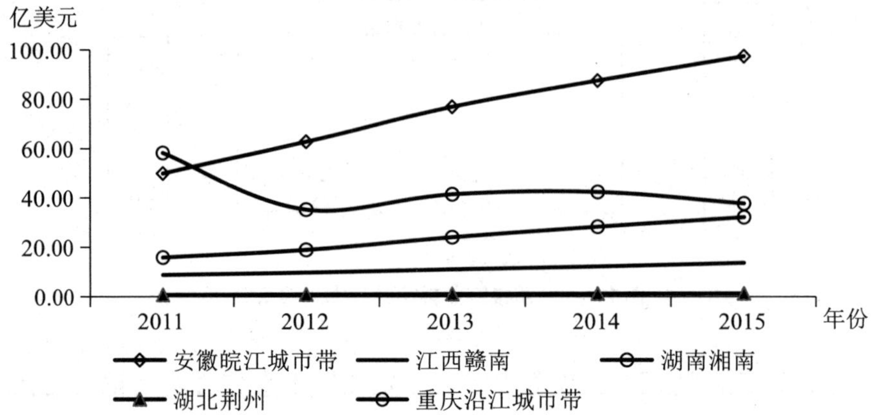

图 12－2　长江经济带五个国家级承接产业转移示范区实际使用外商直接投资

说明：由于湖北荆州、重庆沿江城市带两个国家级承接产业转移示范区有关指标统计数据缺失，故采用湖北荆州、重庆市对应指标数据替代分析，下图同。

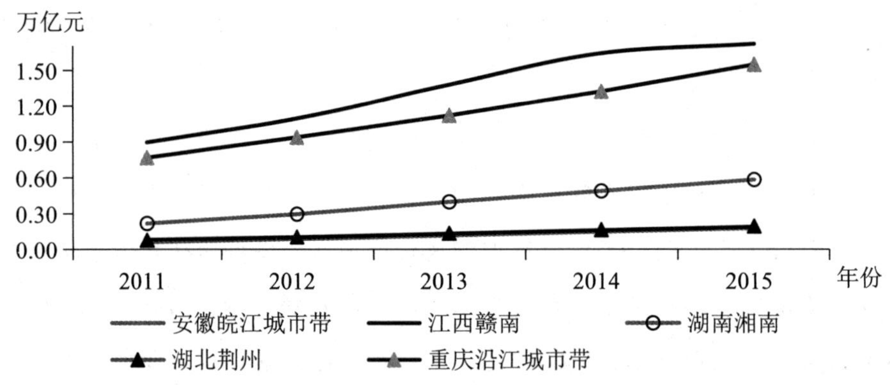

图 12－3　长江经济带五个国家级承接产业转移示范区固定资产投资

说明：由于江西赣南城市带、湖北荆州城市带固定资产投资数额较为接近，上图中两条折线略显重合。

湖南湘南实际使用外商直接投资规模年均增长率为 19.35%，固定资产投资规模年均增长率达 27.84%。因此，整个“十二五”期间示范区固定资产投资增长幅度要大于实际利用外商直接投资增长幅度。这说明，该示范区承接产业转移有效刺激了地区资本存量增加，资本积累效应明显。

“十二五”期间，湖北荆州实际使用外商直接投资与固定资产投资均保持平稳较快增长，但年均增长率差异较大，分别为15.66%和26.10%。这说明承接产业转移确实促进了该示范区资本存量增加，资本积累效应明显。

重庆沿江城市带实际使用外商直接投资呈现下降趋势，年均降幅10.30%；而固定资产投资逐年保持平稳增加，年均增长率为19.13%。这说明该示范区资本存量的增加并不是承接国外产业转移带来的资本积累导致的，而可能是承接国内转移导致的。其中，2012年示范区承接产业转移的规模最小，实际使用外商直接投资为35.24亿美元。

（2）长江经济带产业转移的技术溢出效应

其一，产业转移促进知识溢出的机制分析。一般而言，转移到示范区的企业会比原有企业拥有更先进的技术水平、更完善的物流体系、更丰富的管理经验以及更优秀的人才培养模式等诸多优势[82]。但这些优势随着承接产业转移的推进，被直接注入示范区企业中，这正是产业转移的技术溢出所产生的生产率提升机制[83]。此外，产业转移所引入的企业还会通过生产、经营、投资、销售等活动对承接产业转移示范区的经济发展产生促进作用，间接地提升产业承接地全要素生产效率[84]。具体而言，产业转移的过程中，技术溢出的渠道主要包括行业竞争、关联传染和人员培训（如图12-4所示）。

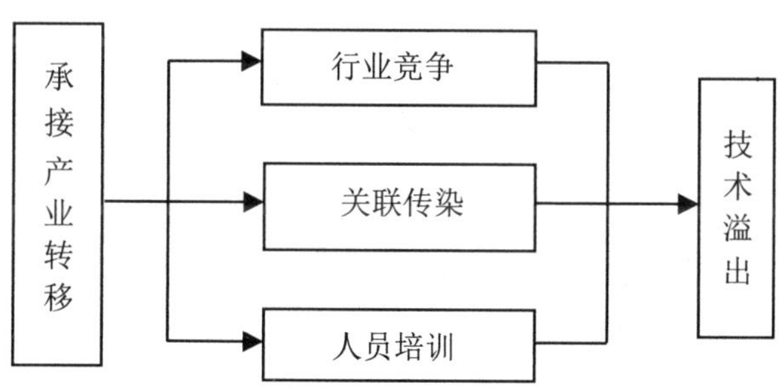

图12-4　承接产业转移的技术溢出机制

行业竞争。产业转移有效改变承接产业转移示范区的市场结构，加剧了这些地区企业竞争，形成更加活跃的竞争格局。在新市场格局下，示范区原有企业被迫加大研发投入，或采用更高效的技术，或进行制度创新，以降低生产成本提高竞争力。与此同时，迫于市场竞争的外资企业也通过提高产品技术含量、增加研发投入等方式确保已有竞争优势，进一步提升行业竞争力度，促进技术溢出[85]。

关联传染。转移企业通过与示范区企业形成产业上下游联系，进而改进供应商或采购商的技术与管理[86]。例如，为了节约生产成本，转入企业通常会就地购买原材料，在这个过程中，转入企业会给当地供应商提供必要的技术支持，以生产满足自身要求的原材料；为当地供应商提供培训，并协助管理等。另外，在某些情况下，湖北荆州、安徽皖江城市带等示范区企业仅仅通过观察、模仿就可以学习到转移企业的先进技术和管理经验[87]，如此便间接地提高了这些示范区的劳动生产率，并带动了原有企业的技术水平提升。

人员培训。转入企业除将高层管理人员同时转入外，还在示范区雇用一定比例的当地员工，这些员工通过在转移企业内的工作培训与学习积累，自身的技术水平获得提高，间接地带动了示范区企业的技术生产率。实践证明，较高技术水平的外资企业员工流动是技术扩散的重要途径之一[88]。

其二，承接产业转移示范区技术溢出效应。如图 12 - 5 所示，“十二五”期间，安徽皖江城市带专利申请受理量逐年保持增加，年均增长率分别是 18.16% 和 27.14%。示范区在承接产业转移过程中的技术溢出效应较强，技术创新水平得到提升，专利申请受理数量增多。“十二五”期间，江西赣南专利申请受理量逐年保持平稳较快增加，年均增长率为 51.92%。这说明示范区承接产业转移发生了明显的技术溢出效应，区域技术创新水平得到提升，专利申请受理得到增加。

2014 年之前，湖南湘南专利申请受理量逐年增加，技术溢出效应显著，区域技术创新能力不断提高。当期专利申请受理量到达 0.25 万件，2011 年该指标值仅为 0.14 万件，年均增长率有 21.42%。但是在承接产业转移过程中技术溢出效应还不够稳定，2015 年专利申请受理量并未随着外商直接投资的增加而增加。

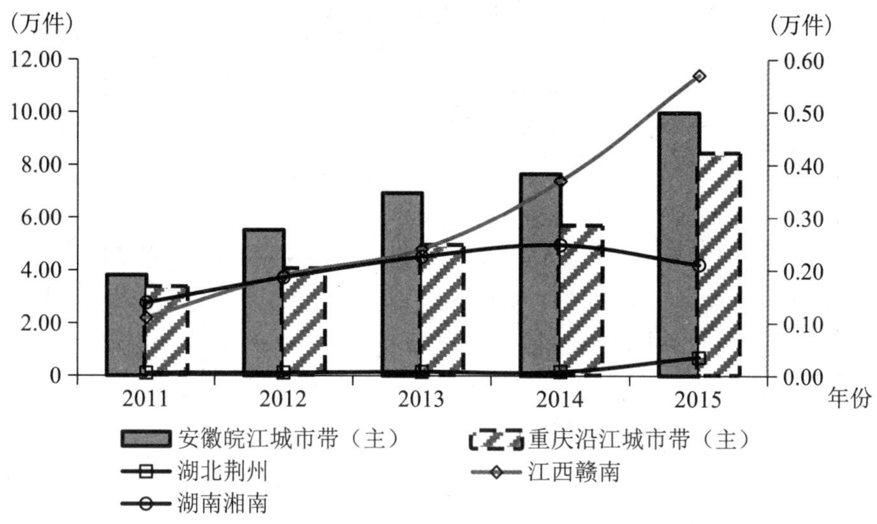

图 12－5　长江经济带五个国家级承接产业转移示范区承接产业转移的技术溢出效应

湖北荆州专利申请受理量出现了类似指数式增长形式，这说明该示范区承接产业转移发生了显著的技术溢出效应，增加了地区专利受理量。2015 年，承接产业转移过程中技术溢出效应更加凸显，专利申请受理量明显增多，较 2014 年增加了 3 倍以上，远超过同期该指标增长规模。

"十二五"期间，重庆沿江城市带专利申请受理量逐年变化趋势与实际使用外商直接投资变化趋势相反，这说明示范区技术创新能力增强、专利申请受理量的增加并不是由承接国外产业转移带来的技术溢出效应引起的，可能是承接国内产业转移、研发投入增加、高科技人才引进等导致的结果。其中，2015 年技术溢出效应更加凸显，专利申请受理量同期增加了 2.75 万件。

（3）长江经济带产业转移的产业结构升级效应

其一，产业转移促进产业结构调整的机制分析。长江经济带上、中、下游地区经济发展之间的差距，表面上是区域之间经济增长速度的差距，但更深层次地反映了区域间产业结构之间的差距。上游地区要实现高速发展，中游地区要实现跨越式发展，都需要借助产业转移来促进产业结构由低级向高级演变。从图 12－6 可看出，长江经济带产业转移过程中资源供给、社会需求和贸易结构变化会影响产业结构。

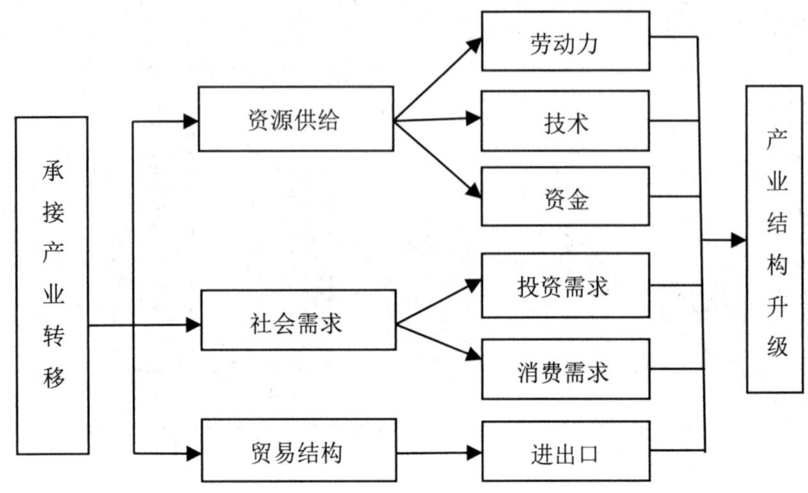

图 12-6　承接产业转移的产业结构升级机制

资源供给变化对产业结构升级的影响。一方面，在湖南湘南、安徽皖江等承接产业转移示范区的承接产业转移过程中，劳动力就业需求、资源投资方向、技术研发的偏向及自然资源等因素变化对这些地区产业结构变动产生了重大影响。其中，承接产业转移示范区劳动力资源比较丰富，劳动力供大于求，在就业压力下，示范区重点承接比较发达地区的劳动密集型产业，而产业转出地区以发展资金密集、技术密集型产业为主。另一方面，承接产业转移促进示范区技术进步，提高劳动生产效率，降低这些产业劳动力需求。这些“失业”转移出来的劳动力部分流入第三产业，优化示范区产业结构[86]。产业转移带来的资金流入是产业形成与发展的主要动力来源，它对产业结构的影响分为资金充裕程度对整体产业结构的影响，以及投资方向对不同产业结构的影响。

社会需求的变化对产业结构升级的影响。承接产业转移的推进过程中，安徽皖江、江西赣南等承接产业转移示范区消费需求和投资需求会发生变化。消费需求变化会影响示范区生产结构和供给结构，从而引起产业结构变化。投资需求是企业经营发展中表现出的对资金、人才等的一种需求，它是企业扩大规模和产业扩张的一个重要条件。新投资的产业会比未获投资的产业获得更快的发展先机，从而会逐渐改变示范区原有产业结构。同时，依据投资比例差异，已获得投资的产业发展程度也有差异，从而也引发示范区产业结构变化。

贸易结构变化对产业结构升级的影响。承接国外产业转移促进了资源、产品、劳动在全球范围内的流通，也会导致进出口结构发生变动，由此促进地区产业结构变化进一步优化[87]。一些产业在发展初期并没有比较优势，但这些区域内有较高的资源要素禀赋，承接国内外产业转移有助于创造原有产业竞争新优势，获得新的发展机会，从而改变现有的产业结构。

其二，承接产业转移示范区产业结构升级效应。如图 12－7 中，“十二五”期间，安徽皖江城市带第三产业增加值占地区生产总值的比重增长缓慢，承接产业转移规模、快速增长。这说明承接产业转移使得示范区第三产业占比得到提升，产业结构升级效应显著。“十二五”期间，实际使用外商直接投资规模年均增长 18. 16%，而第三产业占比年均增长 4. 84%。

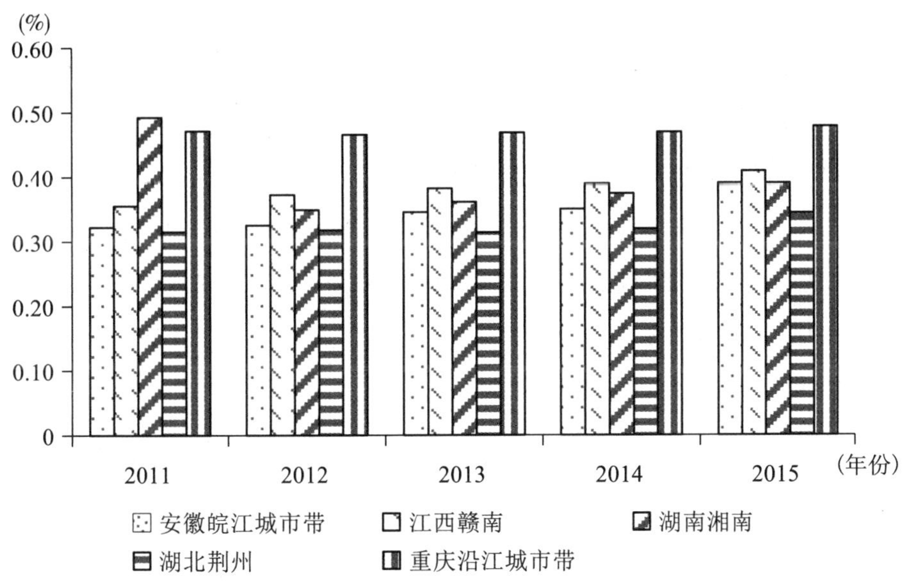

图 12－7　长江经济带五个国家级承接产业转移示范区承接产业转移的产业结构升级效应

江西赣南第三产业占比年均增长率为3.77%，实际使用外商直接投资规模年均增长11.78%。这说明承接产业转移有效提升了当地第三产业占比，优化了产业结构。

湖南湘南第三产业占比表现出了“V”形特征。2011年，该示范区第三产业占比0.492%，为“十一五”期间最大值；2012年，第三产业占比下降到最低值，仅为0.347%；2015年，示范区第三产业占比上升到0.39%。

“十二五”期间，湖北荆州实际使用外商直接投资规模年均增长15.67%。第三产业占比呈波动式上升，2013年后，该指标持续增长，产业结构升级效应凸显。2012年，示范区第三产业占比0.318%，为“十二五”期间的一个极大值；2013年，第三产业占比为0.314%，这是“十二五”期间的一个极小值；2015年，第三产业占比达到0.341%。

重庆沿江城市带第三产业占比较高，接近0.5%。2014年之前，第三产业占比变化与承接产业转移的规模变化趋势相似，承接产业对该示范区产业结构升级具有显著影响。2012年，第三产业占比0.464%，为“十二五”期间的一个极小值。2015年，第三产业占比突增到0.477%，这可能是重庆市大力发展服务业的结果。

（4）长江经济带产业转移的就业效应

其一，产业转移促进就业的机制分析。基于新古典经济学理论，在控制技术、资本和劳动的比例情况下，为达到充分就业状态，经济水平会随着劳动数量的增加而不断提高。如图12－8所示，长江经济带承接产业转移通过以下三种途径来创造更多的就业机会。

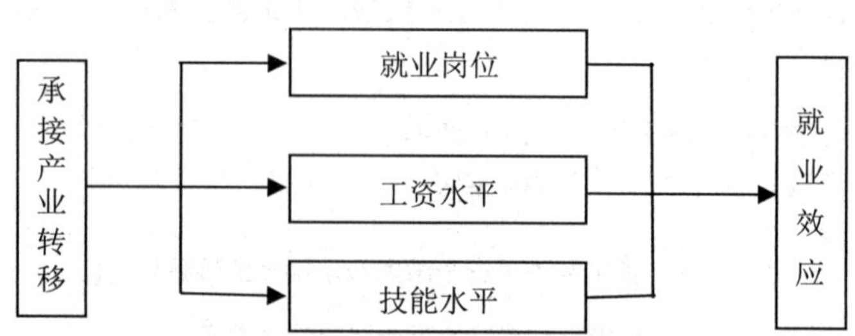

图12－8　承接产业转移的就业机制

增加就业岗位。在区域政策的干预下，劳动力不会在区域间无限制流动，转移流入企业除高层管理人员外，其他绝大部分岗位都将从当地直接雇用，为产业承接地创造大量的工作岗位[89]。现阶段，长江经济带中上游地区承接流入产业以劳动密集型产业为主，这些产业转移的目的是利用当地劳动力低成本的优势。

提高劳动力工资水平。承接产业转移的过程中，产业承接地原有的劳动力市场需求增多，这必然会导致长江经济带产业承接地的劳动力市场的竞争加剧，有利于提高劳动力平均工资水平。与此同时，工资水平提高促进劳动力供给量增加，细化示范区产业分工，形成一个创造就业岗位的良性循环，创造更多的就业机会[90]。

提高劳动力技能水平。转移流入企业技术要求会比当地原有企业技术水平更高，转入企业需要更高技能水平的劳动力，使得湖南湘南、安徽皖江城市带等示范区必须加大投入培养高技能的人才[91]。高技能人才的供给增加将会形成企业的成本优势，有利于示范区承接其他相关产业转移，不断扩大就业效应[92]。

其二，承接产业转移示范区就业效应。如图 12 –9 所示，在“十二五”期间，安徽皖江城市带城镇就业数呈上升趋势，而实际使用外商直接投资的保持逐年增长，这说明承接产业转移过程中，就业量大幅提升，就业效应显著。其中，2012 年，城镇就业人员数最低，较 2011 年少 4 万人。在“十二五”期间，江西赣南城镇就业数年均增长 6. 6%，实际使用外商直接投资规模年均增长 11. 79%，这说明该示范区承接产业转移创造更多的就业需求，有效促进区域就业水平提高。2014 年之前，湖南湘南城镇就业人员数逐年增长，但增长幅度要低于该地区实际使用外商直接投资增长幅度，说明示范区承接产业转移就业效应明显，劳动力需求上升，导致区域就业水平提高。2011—2014 年城镇就业人数年均增长了 3. 8%，而 2015 年，该指标数值直降到 122 万人。

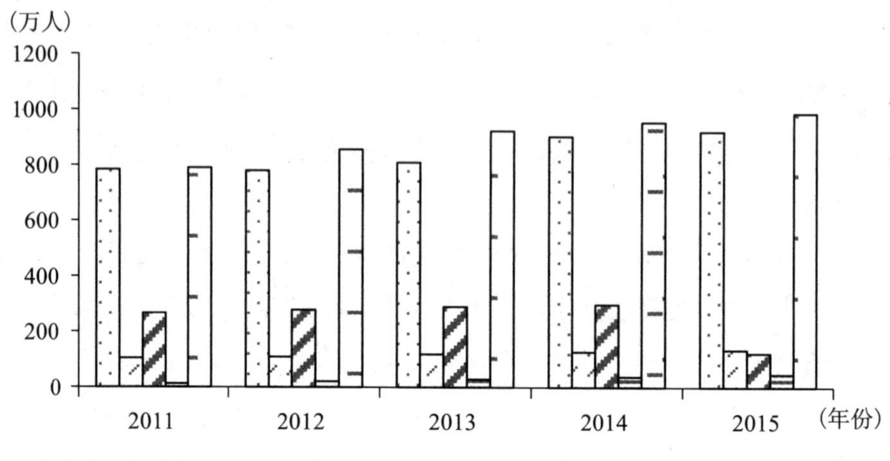

图 12－9　长江经济带国家级承接产业转移示范区的承接产业转移的就业效应

“十二五”期间，湖北荆州城镇就业人员数呈逐年快速增长的趋势，说明该示范区承接产业转移有利于增加劳动力需求，提升区域就业水平，并且 2015 年该指标数值达到 47 万人，整个“十二五”期间年均增长了 39%。

2012 年之后，重庆沿江城市带实际使用外商直接投资呈现倒“U”形，而城镇就业数年均增长率仅为 5.7%，表明在承接产业转移过程中，重庆沿江城市带示范区就业效应不明显。

12.2　长江经济带产业转移的环境效应分析

（1）产业转移对环境的影响机制分析

从图 12－10 可以看出，承接产业转移对环境效应主要有两种作用途径。一方面，转入污染产业导致污染物转移和资源过度开发，产生环境负效应；另一方面，转入环保产业使得承接地实施更加严格的环境保护标准，当地环保意识提高，环保技术水平提升，从而产生正的环境效应。

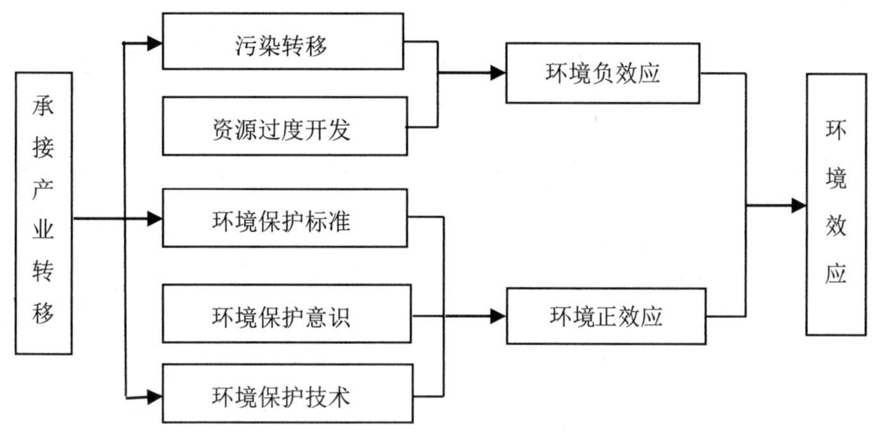

图 12－10　产业转移的环境效应机制

其一，环境负效应说明转入产业会降低承接地环境质量。环境负效应主要有污染物转移和资源过度开发两种类型[93]。根据“污染天堂”假说，发达地区实施的环境标准较严格，企业倾向于选择向环境标准较低的欠发达地区转移。发达地区企业将即将或已经淘汰的技术、产品、生产工艺转移到欠发达或不发达地区，虽然促进了当地的经济发展，但也会造成当地的排污增多，这就是污染转移效应。这些产业转入地则成为企业避免发达地区受到严格环境约束的“污染避难所”，这种环境负效应主要有污染物转移和资源过度开发两种类型[93]。

其二，环境正效应说明转入产业会改善承接地的环境质量。根据“污染光晕”假说，转入产业会引发长江经济带湖南湘南、安徽皖江等承接产业转移示范区实施更加严格的环境技术标准。随着产业转移过程的推进，产业承接地的经济快速发展，公众的环境保护意识随之增强。同时，产业转移过程中知识扩散、技术溢出与转让、资金投入促进承接产业转移示范区的环保技术提升，有利于企业实施清洁生产。环境标准提高、公众环境保护意识增强及环境保护技术发展均有助于改善长江经济带承接地的环境质量[94]。

接下来，我们从工业废水排放、工业二氧化硫排放及工业烟粉尘排放，阐述长江经济带五大国家级承接产业转移示范区承接产业转移的环境效应。

（2）工业废水排放

“十二五”期间，安徽皖江城市带实际使用外商直接投资逐年增长。2013年之前，示范区工业废水排放量年均增长32.11%，表现为“污染避难所”效应。2013年该指标数值比2011年增加了0.57亿吨，2013年，之后，工业废水排放量年均减少13.01%，表现为“污染光环”效应。2011—2013年，江西赣南工业废水排放量先升后降，“污染避难所”效应不明显。2013年，江西赣南国家级承接产业转移示范区工业废水排放量最低，为1.07亿吨，较2011年只是降低了0.03亿吨。2013年之后，该指标数值年均增长35.74%，表现为明显的“污染避难所”效应。

2011—2015年湖南湘南工业废水排放量表现出倒“V”形，实际使用外商直接投资规模年均增长率为19.35%。2012年为转折点，该指标数值为2.73亿吨。2011—2012年，工业废水排放量逐年增多，发生了“污染避难所”效应。2012年后，该指标数值逐年明显下降，2015年下降到1.84亿吨。湖北荆州工业废水排放量先减后增，具有“U”形特征。在2014之前，工业废水排放量逐年减少，这说明示范区承接产业转移反而降低了工业废水排放，存在“污染光环”效应。2014年该指标数值为0.99亿吨，2015年又增加了0.1亿吨，此时湖北荆州示范区在承接产业转移的过程中发生工业废水污染转移。“十二五”期间，重庆沿江城市带两个指标数值变化趋势相似，都是“先减后增”变化趋势，表现为“污染避难所”效应。2012年为折点，当期实际使用外商直接投资下降到35.24亿美元，工业废水排放下降到3.06亿吨。

（3）工业二氧化硫污染排放

“十二五”期间，安徽皖江实际使用外商直接投资规模年均增长18.16%，工业二氧化硫排放量年均减少了3.66%，这表明示范区承接产业转移并没有发生工业二氧化硫污染转移。江西赣南工业二氧化硫排放量呈现上升趋势，这说明江西赣南示范区在承接产业转移的过程中发生了“污染避难所”效应。“十二五”期间，2012年工业废水排放量下降到最低水平为5.09

万吨，2015 年该指标上升到 5.74 万吨，年均增长率 2.75%。2011—2015 年湖南湘南实际使用外商直接投资规模年均增长率为 19.35%。2011—2012 年二氧化硫排放量略微增加，2012 年后该指标数值连续减少，2015 年下降到 13.19 万吨，年均减少了 4.27%，这说明示范区承接产业转移有效控制了工业二氧化硫排放转移。与湖南湘南示范区类似，湖北荆州实际使用外商直接投资规模变化与工业二氧化硫排放量变化特征相反，此指标数值年均下降了 8.4%，表明该示范区承接产业转移存在“污染光环”效应，而减少了工业二氧化硫排放。重庆沿江城市带实际使用外商直接投资规模出现了波动，而工业二氧化硫的排放一直保持逐年减少，这说明示范区承接产业转移发生了“污染光环”效应，减少了工业二氧化硫的排放。

（4）工业烟粉尘排放

“十二五”期间，安徽皖江城市带工业烟粉尘表现出波动，整体上具有增长趋势，表明该示范区承接产业转移表现为“污染避难所”效应。2011—2013 年，工业烟粉尘排放一直逐年减少，2013 年排放量达到“十二五”期间最低水平，较 2012 年减少了 0.45 万吨。在“十二五”期间，江西赣南工业烟粉尘排放呈“V”形特征。以 2013 年为折点，该指标数值为 4.94 万吨。在 2013 前，该指标数值逐年下降，表现“污染光环”效应，年均减少 19.58%。在 2013 后，该指标数值逐年增加，表现为“污染避难所”效应，年均增长 12.16%。湖南湘南实际使用外商直接投资规模逐年上升，而工业烟粉尘排放表现出下降趋势，这说明该示范区承接产业转移存在较大的“污染光环”效应，导致工业烟粉尘排放下降。整个“十二五”期间，该指标数值年均下降 8.51%，2015 年较 2011 年减少 3.91 万吨。“十二五”期间，湖北荆州实际使用外商直接投资规模保持增长，而工业烟粉尘排放情况表现为指数式增长，说明示范区承接产业转移发生了“污染避难所”效应，增加工业烟粉尘排放。重庆沿江城市带两项指标数值变化趋势相似，表明该示范区承接产业转移发生了工业烟粉尘污染转移，发生了明显的“污染避难所”效应。

12.3 长江经济带产业绿色承接转移的模式构建

(1)“飞地经济”承接产业转移

“飞地经济”是指原本行政管辖相互独立，经济发展存在梯度的两个地区，通过扶贫帮扶、对口支援等区域合作机制，打破原有行政区划限制，实现两地区优势互补，合作共赢，经济协调发展。“飞地经济”是跨区域产业转移的重要模式，主要有以下几种形式。

其一，高水平共建产业园区。长江经济带上中下游经济发展不平衡，同一地区的内部经济发展存在着差异性与互补性，为发展“飞地经济”创造了有利条件。产业“飞入地”应当加强园区基础设施建设，科学制定配套措施，优化经济发展软硬环境。鼓励长江经济带各省（市）实施“走出来”与“引进来”并举政策，推动建立跨省（市）的区域合作共建产业园区。搭建区域产业合作平台，深化“飞出地”与“飞入地”合作深度与广度，根据“项目输出，理念先行”原则，全面推动“飞出地”的管理模式、人才、资金、招商经验、项目与中介服务机构等向“飞入地”输出，实现产业“飞入地”跨越式发展，打造地区经济增长极，辐射带动周边地区的经济发展。

其二，创新共建产业园区管理体制。实施产业“飞入地”与“飞出地”常态化议事协调机制，成立共建产业园区管理委员会，实行定期会议制度，协调解决共建产业园建设、产业发展、项目引进和运营管理等方面的重大问题。鼓励“飞入地”和“飞出地”按照市场化运作，共同设立投融资公司，引入 PPP 模式积极引导社会资本参与园区开发。以特许经营、政府购买服务等方式，探索第三方机构运营管理园区，支持园区管理与日常运营相分离。将园区管理与生态环境治理有机结合，改善园区环境，提高园区空间利用率。

其三，探索“飞地经济”国际合作新机遇。鼓励长江经济带各省（市）大力发展开放型经济，打破地域限制，提升对外开放水平，谋求国际合作发展新机遇，实现深层次多领域的国际合作。不断完善国际合作新机制，支持国内“飞入地”与国际“飞出地”共建产业园区的“飞地经济”模式。积极探索这些国际产业“飞出地”参与“飞地经济”合作方式，实现“国内资源”与“国外资源”优势互补。探索产业“飞地经济”双方合理的责任与利益共享机制，推动两地合作共赢。

（2）跨产业梯度承接产业转移

优先承接生产性服务业。长江经济带各省（市）应依托当地优势产业与支柱产业，跨梯度承接更高梯度、高附加值的产业。放宽生产性服务业市场准入门槛，优先承接与现代农业、现代制造业发展紧密相关的检验检测、会计审计、知识产权、服务外包等生产性服务业。推动生产性服务业集聚化、集群化、特色化发展，推动长江经济带各产业承接地农业、制造业向专业化、精细化方向发展，不断优化承接地的产业结构。实现生产性服务业与农业、现代制造业在更高水平上的融合发展，向价值链高端延伸。

大力承接生活性服务业。长江经济带各地区应注重发展生活性服务业，培育壮大市场主体。以需求为导向，增加有效供给，促进地区消费结构升级，扩大服务供给能力，进而优化升级产业结构。进一步放宽市场准入门槛，大力承接教育培训、体育、大健康、旅游等生活性服务业。推动生活性服务业与其他产业融合发展，培育新兴生活性服务业态，实现品牌化、精细化、特色化发展，提升生活性服务业品质。

（3）生态化产业链承接产业转移

基于产业转移，长江经济带各地区要打造生态产业链，着力转变“资源—产品—废弃物”的产业传统发展模式，实现经济发展由资源消耗的粗放式增长向以科技创新驱动、资源循环利用的集约式增长转型，以“解链”与“补链”为途径，实现生态产业链的重构与生态产业链网络化发展。

其一，生态产业链重构。以产业关联性和互补性为基础，以“解链”为手段，要求长江经济带各省（市）在判断承接产业与地区产业的关联性和互补性基础上，分解转入产业生产过程中产生的副产品与次级资源，形成专业化、精细化分工的产业体系，构建区域生态产业链子链，通过生态产业链的横向与纵向耦合的方式，重新整合产业链资源（原料、副产品、信息等），实现子链间分工与合作，形成资源循环利用的产业链，实现生态产业链重构。

其二，生态产业链网络式发展。以长江经济带各产业承接地产业集聚发展为导向，以“补链”为手段，长江经济带省（市）依托产业园区，以资源环境可承载容量为上限，以比较优势产业为基础承接相关产业转移，重点承接产业链的短板，提高生态产业链的稳定性，促进产业分工更加专业化、精细化，加强产业链上下游企业联系。比较优势产业是地区经济发展的主导产业，也是打造生态网络式产业链中的关键节点，承接产业应该与其有效衔接。随着承接产业转移进程的推进，横向耦合形成多条共生态产业链，使生态产业链网络化发展。

第 13 章　长江经济带产业生态化布局的调整与优化

13.1　长江经济带现代农业布局的调整与优化

牢固生态立农的发展理念，紧抓“三区三园一体”平台建设①，做好现代农业布局与主体功能区、环境功能区规划衔接，以加快推进农业供给侧结构性改革为主线，以提质增效为目标，走出一条生态高效、资源循环、产品安全的农业现代化道路。着力完善现代农业产业体系，开展多种形式的适度规模经营[95]。实施“农业 +”行动，推动农业在融合中发展，培育和发展壮大现代农业新业态，打造农业竞争新优势，实现“新四化”同步发展。优化农业产业布局，形成“多圈—两区—五大板块”现代农业发展空间格局。

其一，建设上海、武汉、合肥、长株潭、成都、重庆、杭州、南昌等都市现代农业发展圈。以中心城市为核心，服务区域市场需求为导向，不断完善中心城市与周边地区农业基础设施，推进种养结合，优化产业布局与结构。提升科技支撑农业发展水平，转变传统生产方式。深化信息技术与农业融合，打造智慧型现代农业，促进都市现代农业经济、生态、服务功能协调发展。

其二，环鄱阳湖、洞庭湖高效生态农业发展示范区。以江西鄱阳湖生态经济区为主体，不断提高示范区优质粮食生产能力，大力开发绿色、健康、安全、环保的有机农产品。围绕粮油、生猪、油菜等示范区特色优势农产品，打造一批农产品深加工、精加工生产基地和特色产业集群，建成国家重要的禽畜、水产养殖和粮食主产区。环洞庭湖高效生态农业发展示范区。以洞庭湖生态经济区为主体，扎实推进种养结合，布局发展生态高效、绿色循环的

① 三区：粮食生产功能区、重要农产品生产保护区、特色农产品优势区。三园：现代农业产业园、科技园、创业园。一体：田园综合体。

现代农业。围绕粮油、茶叶、水产等示范区特色优势主导产业，创建一批特色农产品生产基地，推动农业集聚集群发展。实施农产品“品牌化”发展战略，鼓励和支持示范区内农业企业进行“三品一标”认证。

其三，发展特色农业板块。

特色农产品大板块。以长江经济带粮食生态功能区、农产品主产区为主体，布局特色农产品生态循环农业。提升科技支撑农业发展水平，转变传统生产模式，提高产出，生产优质、安全的农产品。推进连片标准良田建设，加大“三品一标”农产品开发力度，培育和发展壮大若干个农产品领头企业。

生态循环农业大板块。以江苏、浙江、湖北、江西、湖南等省份为主体，重点发展生态循环农业。以生态环境容量为约束，加快转变农业发展方式，实施种养结合、清洁生产，发展农业新业态，推动资源利用的集约化、高效、清洁。推进生态循环农业试点，形成一批具有示范引领作用的循环农业示范工程、示范企业、示范区，加强开发一批可复制、可推广、可借鉴的生态循环农业发展模式。

高原特色现代农业大板块。主要分布在云南省，立足当地资源禀赋优势，重点发展生猪、咖啡、茶叶、中药材、核桃等十大特色农产品，形成一批产品质量高、成长性好的“农业小巨人”。推进中低农田标准化改造，提高农业技术水平。实施“农业 +”行动，催生新兴业态，促进农业在融合中发展。支持企业产品进行“三品一标”认证，形成一批高原特色农产品精深加工生产基地和产业园区。

现代特色效益农业大板块。在重庆、四川、贵州等省市，重点布局现代特色效益农业。坚持因地制宜，着力打造具有地域特色的榨菜、茶叶、渔业、调味品等产业链，打造一批农产品加工示范基地、现代农业示范区。加强农业科技研发，提高农业科技支撑水平，不断完善农业生产基础设施建设，促进农业生产高产稳产、生态高效。

现代生态高效农业大板块。以安徽为主体，重点布局现代生态高效农业。依托安徽资源优势，发展壮大蔬菜、玉米、禽畜等比较优势产业。以农业规模化发展为导向，延伸农业产业链，创建一批集种养、加工和流通一体化的现代农业生产区。扶持有条件的企业“走出去”，大力发展“三品一标”产品，打造一批知名品牌，推进农业品牌化发展。

13.2　长江经济带传统产业布局的调整与优化

充分利用各地区比较优势，根据自身资源禀赋条件、产业发展基础和功能定位，坚持创新驱动，突出资源节约、环境友好，扎实推进供给侧结构性改革，淘汰过剩产能和落后产能，优化产业结构，实现产业高端化、绿色化、智能化发展。深化“两化”融合，充分利用和拓展信息技术在传统产业领域的使用，实施“互联网 + 传统行业”行动，积极培育和发展新模式、新产品、新技术、新业态。积极融入国家“一带一路”倡议和“长江经济带建设”等重大战略，坚持“引进来与走出去”并举，积极承接产业链高端、高附加值的产业，集聚集群发展，形成“六核”示范、“三群”辐射带动、“五带”提质升级和“多区”发展的传统产业发展空间布局。

（1）依托“六核”示范区促进传统产业发展

传统产业转型升级——上海核心示范区。充分发挥上海在长三角城市圈中的示范作用，依托上海张江、上海紫竹等产业园区，围绕汽车、钢铁、化工、船舶等行业，重点打造以新能源汽车整车、高温合金、航空航天用钢、高端船舶、高端精细化工为重点的上海传统产业转型升级核心示范区。

传统产业转型升级——武汉示范区。充分发挥武汉创新要素集聚、技术创新能力强的优势，以高新区、经开区等园区为主体，围绕电子信息、食品烟草、石油化工等，打造以光电通信、水果与茶叶加工、粮食与食用植物油加工、合成树脂及塑料、有机化工原料为重点的武汉传统产业转型升级示范区。

传统产业转型升级——长沙核心示范区。充分发挥长沙市人才集聚、高校和科研院所、产业基础等的优势，依托长沙高新技术产业开发区、麓谷国际工业园等，围绕食品加工、建材化工、烟草工业、烟花爆竹产业、服装家纺等，打造以食品精深加工、绿色建筑、新型烟草制品研发、服装高端设计等为重点的长沙传统产业转型升级示范区。

传统产业转型升级——重庆核心示范区。依托重庆经开区、高新区等，围绕汽车、化工、建材、食品、纺织服装等产业，打造以中高档商用车、改装车及特种车、氟化工产、天然气化工产品、特殊钢、专用水泥、绿色有机食品、食品精炼加工制品等为重点的重庆传统产业转型升级示范区。

传统产业转型升级——成都核心示范区。依托成都高新区、经开区等，围绕食品、轻工、建材、冶金等产业，打造以品牌白酒、茶叶精深加工、五金、服装纺织、节能建材、新型建材、粉末冶金及制品、高端钢材重点的成都传统产业转型升级示范区。

传统产业转型升级——合肥核心示范区。依托合肥高新技术产业开发区、合肥循环经济园等，围绕家用电器、装备制造、汽车及零部件、食品加工、新型化工、采矿与冶金、建筑业等，打造以智能家电、农机装备、电工电器、乘用车、粮油制品、乳制品、绿色建筑为重点的合肥传统产业转型升级示范区。

（2）依托“三群”辐射带动传统产业发展

长江经济带下游传统产业群。依托合肥城市圈、苏锡常城市圈等长江经济带下游城市群，以合肥、苏州、常州、宁波等地产业园区为平台，打造以电子信息、轻工纺织、冶金化工等为重点的长江经济带下游传统产业群。长江经济带中游传统产业群，依托武汉城市圈、环鄱阳湖城市圈、长株潭城市圈，以长沙、武汉、南昌等地的经开区、工业园为基础，打造以汽车、食品、纺织服装、钢铁、烟草、石油化工等为重点的长江经济带中游传统产业群。

长江经济带上游传统产业群。以成渝城市群为主体，基于成都与重庆两地的工业和产业园区等，打造以汽车、化工、冶金、建材、食品、轻工和纺织服装等重点的长江经济带上游传统产业群，辐射带动区域传统产业绿色化、高端化发展。

（3）依托“五带”提质升级传统产业

以长江经济带分布的国家级承接产业转移示范区为主体，打造五个传统产业提质升级带。立足当地资源禀赋、产业基础等差异，实施转入产业市场准入负面清单，调整产业结构，积极承接东部沿海地区及国外地区产业，突出高端化、绿色化，推动示范区传统产业绿色化、高端化发展，建设一批传统产业集群。

（4）依托“多区”发展传统产业

根据各地区产业发展基础、资源禀赋等差异，因地制宜，合理引导生产要素、资源集聚，打造一批具有特色鲜明、竞争优势突出的地区传统产业集群。通过“补链”“解链”等方式，重构地区支柱或主导传统产业链，促进资源高效使用，价值链向高端延伸，增强产业竞争力。

13.3　长江经济带战略性新兴产业布局的调整与优化

准确把握新一轮科技革命和产业变革的方向，紧抓“中国制造2025”和“互联网+”行动的历史机遇，以高端化、规模化、智能化和服务化为导向，加快推进战略性新兴产业发展，抢占科技发展制高点，主动适应和引领经济发展新常态。扎实推进“互联网+”行动，积极拓展互联网技术在生产领域的应用，加快发展服务型制造，催生新业态、新模式、新产品、新工艺。深化国际合作，实施双向开放带动发展，加快布局关键新领域，打造未来竞争新优势。科学把握长江经济带各省（市）比较优势，加快形成协同创新、错位发展、特色突出的“五区”引领，“五群”示范带动，“五带”集聚，“多点”特色发展的战略性新兴产业发展格局。

（1）发挥“五区”引领战略新兴产业优化发展

长江经济带下游——上海核心引领区。充分发挥上海作为长三角城市群中心城市的引领作用，以上海张江、紫竹等园区为载体，加快发展新一代电子信息、集成电路、工业机器人、生物医药等产业，建设世界级产业发展上海策源地，辐射带动下游地区战略性新兴产业的发展。

长江经济带中游——长沙核心引领区。充分发挥长沙作为长江中游中心城市的引领带动作用，以长沙高新区、经开区等园区为载体，加快发展大数据、工程机械、工业机器人、先进储能材料等产业，建设世界级产业发展长沙策源地，辐射带动长江经济带中游地区战略性新兴产业的发展。

长江经济带中游——武汉核心引领区。充分发挥武汉作为长江中游地区中心城市的引领带动作用，以经开区、高新区等园区、创新平台为载体，加快发展光通信、智能电网、3D 打印、前沿新材料等产业，建设世界级产业发展武汉策源地，辐射带动长江经济带中游地区战略性新兴产业的发展。

长江经济带上游——成都核心引领区。充分发挥成都作为长江上游中心城市的引领带动作用，以成都高新区、经开区等园区、创新平台为载体，加快发展下一代电子、卫星及应用、新能源汽车电池等产业，建设世界级产业发展成都策源地，辐射带动长江经济带上游地区战略性新兴产业的发展。

长江经济带上游——重庆核心引领区。充分发挥重庆市的引领带动作用，以现有高新区、经开区等园区为载体，加快发展物联网、数控机床、智能汽车、前沿新材料等产业，建设世界级产业发展重庆策源地，辐射带动长江经济带上游地区战略性新兴产业的发展。

（2）“五群”示范带动战略新兴产业发展

紧抓“中国制造 2025 试点示范城市群建设”机遇，长株潭衡依托国家级、省级各类园区，结合各市产业的发展基础，根据比较优势，大力实施智能制造工程，围绕现代轨道交通、海洋工程、高端电力装备、下一代电子、生物等产业。宁波战略性新兴产业群以宁波高新区、高端装备专业园等为载体，重点围绕新一代信息技术产业、集成电路、新型元器件、大数据、中高档数控机床、工业机器人、轨道交通、新材料等领域，着力打造一批标志性世界级产业集群，带动宁波及周边区域战略性新兴产业发展。苏南战略性新兴产业群以镇江、南京等地的国家级、省级园区与创新平台为载体，重点围绕智能电网、云计算与大数据、航空航天、生物医药等产业，着力打造一批标志性世界级产业集群，示范带动区域战略性新兴产业发展。合肥战略性新兴产业群以现有高新区、经开区等园区、创新平台为载体，重点围绕新型显示、智能语音、工程机械、新能源汽车等产业，着力打造一批标志性世界级产业集群，示范带动区域战略性新兴产业发展。湖州战略性新兴产业群以湖州经开区、莫干山高新区等园区、创新平台为载体，实施绿色制造，围绕地理信息、智能电子元器件、太阳能光伏等产业，着力打造一批标志性世界级产业集群，示范带动区域战略性新兴产业发展。

（3）依托“五带”集聚发展战略新兴产业

以长江经济带分布的五个国家级承接产业转移示范区为主体，打造五个战略性新兴产业集聚带。立足示范区的产业基础与比较优势，聚焦生物医药与高端医疗器械、新材料、集成电路、工业机器人、太阳能光伏等战略性新兴产业，形成一批竞争优势明显、配套完整的产业集群，打造若干个影响力大、高端化发展的战略性新兴产业发展示范基地、产业集聚区和集群。

（4）促进战略新兴产业“多点”特色发展

以长江经济带其他地区分布的国家级、省级园区与创新平台为载体，立足当地产业发展基础、比较优势及未来产业布局，创建良好的软硬环境，积极培育战略性新兴产业市场主体。大力培育和优先发展地方特色型、主导型或支柱型的战略性新兴产业，布局一批特色鲜明、竞争力强的产业发展基地、集聚区和集群。

13.4　长江经济带现代服务业布局的调整与优化

坚持双向开放，立足产业基础、差异化定位和错位发展，以推进供给侧结构性改革为动力，壮大发展服务业市场主体。以商贸咨询、健康养老、教育培训、信息技术等行业为重点，创新服务内容和模式，推进生产性服务业向专业化、集聚化和高端化方向发展，生活性服务业向品牌化、精细化方向发展（陈钧，2014）[96]。做到优势突出，协调推进，引导资源要素流动，打造一批现代服务业产业集聚区。实施“服务+”行动，推动跨界融合发展，扩大现代服务业在制造业的应用，催生新模式、新产业、新业态、新产品。大力发展服务型制造，着力构建长江经济带“三核”引领、“九圈”联动、“五带”发展、“多点”支撑的现代服务业发展格局。

（1）依托“三核”引领现代服务业发展

长江经济带下游上海核心引领区，发挥上海作为国际都市与区域中心城市的辐射带动作用，全面推进上海自贸试验区建设和国家级服务业综合改革试点，打造若干个具有全球竞争力的现代服务业创新发展示范区。坚持开放合作，加大金融、商贸、物流、航运的开放程度，建成国际金融中心和现代商贸中心。长江经济带中游武汉核心引领区，发挥武汉作为长江中游城市群中心城市的辐射带动作用及枢纽带动作用，依托武汉东湖新技术开发区国家现代服务业试点区，重点推动商贸金融、现代商贸、研发设计等服务业发展，构建层次清晰、功能完善的现代服务业产业体系，打造成具有一定国际竞争力的现代服务业中心。长江经济带上游成都核心引领区，发挥成都作为上游地区中心城市的辐射带动、核心枢纽作用，引导高端要素集聚，优先发展信息、金融、科技、健康等服务业。打造成国际性商贸物流中心及长江经济带上游金融服务中心，辐射带动区域服务业发展。

（2）实现现代服务业“九圈”联动发展

成渝高端服务业联动发展圈依托成渝城市群建设，以成都与重庆为中心，优先发展物流、服务外包、养老健康、科技等现代服务业，实现生产要素区域内自由流动，以形成各地区服务业联动发展的格局。长株潭衡生产性服务业联动发展圈以研发设计、检验检测、科技咨询、服务外包、现代金融为主的生产性服务业，构建现代服务业产业新体系，促进制造业服务化转型发展。南昌都市高端服务业联动发展圈以南昌为中心，重点发展商贸物流、总部经济、文化创意、健康养老等现代服务业，支持南昌建设成中部地区商贸物流中心，建设一批具有一定规模、竞争力强的服务业发展集聚区。环鄱阳湖生态服务联动发展圈立足区域内生态资源优势，推进服务业供给侧结构性改革，促进产业结构调整、功能优化，优先支持住宿餐饮、生态旅游、教育、物流等生活性现代服务业发展，建设若干个生活性服务业集聚发展区。

合肥都市高端服务业联动发展圈以合肥为中心，推进高端服务要素集聚，加强合肥服务业发展对周边城市的辐射带动作用，以知识产权、研发设计、电子商务等服务业为重点，打造一批国家级现代服务业集聚区，支持合肥建设成国家级的金融中心、研发设计中心。杭州都市高端服务业联动发展圈以杭州为中心，重点推动电子商务、文化创意、现代会展、研发设计等服务业高端化发展，形成一批现代服务业发展集聚区，支持杭州建设成国际电子商务中心，打造成国家智慧物流中心。南京都市高端服务业联动发展圈以南京为中心，推进供给侧结构性改革，加速服务业融合发展，重点发展商务物流、金融服务、高技术服务等，引导资源集聚集约发展，建设南京金融服务集聚区，支持南京建设成长江经济带下游区域现代物流中心。宁波都市生产服务业联动发展圈以宁波为中心，紧抓宁波国家服务业综合改革试点，重点推动科技金融、知识产权、金融服务、科技咨询、现代物流等行业高端集聚化发展，打造国际物流中心。支持宁波建设为长江经济带下游区域生产性服务业中心城市。苏锡常生产服务业联动发展圈以检验检测、知识产品保护、信息技术服务等服务业为重点，加快实施“服务+”行动，推进制度创新、技术创新，发展服务型制造，打造一批生产性服务产业集聚发展区。

（3）依靠“五带”发展现代服务业

“五带”，即指以长江经济带分布的五个国家级承接产业示范区为主体，建设布局五个生产性服务业集聚发展带。结合地区产业基础、资源禀赋等具体实际，大力发展科技成果转化、服务外包、融资租赁、商务咨询、检验检测等生产性服务业。突出行业特色、竞争优势，培育和壮大一批服务业品牌企业，使得产业集聚、集群效应凸显。

(4) 推动现代服务业“多点”支撑发展

依托长江经济带其他地区分布的国家级、省级高新区、经开区、产业园等，综合地区比较优势、资源禀赋差异，积极培育市场主体，优先支持电子商务、信息技术、融资租赁、知识产权等生产性服务业发展。推动高端要素集聚，坚持生活性服务业高端化、精细化、品牌化发展，不断催生行业新业态，充分发挥行业品牌企业示范带动作用，打造一批行业竞争力强、集中度高的现代服务业发展区。

第14章 长江经济带产业生态补偿机制研究

14.1 长江经济带产业生态补偿的目标

其一，优化生态补贴对象，实现精准扶贫。在实施生态补偿资金分配时，应重点照顾生态系统极其重要但贫困落后的地区，生态补偿资金安排适当向贫困地区倾斜，适当提高生态补偿比例，有针对性地给予当地参与生态保护的人员合理的补贴。

其二，调整产业结构，协调区域产业发展。生态补偿资金的选择性分配应当促进补偿地区产业结构调整，淘汰污染严重的产业，优化补偿地区的产业布局，促进产业转型升级，推动区域产业协调发展。

其三，保护和修复生态环境，实现经济与生态环境可持续发展。逐步建立多元化生态补偿机制，不断提升区域生态环境保护与修复的能力，改变传统生产与生活方式，实现经济发展的绿色化、低碳化。

其四，提升生态服务功能，保障生态安全。生态补偿资金分配要提高精确性、有效性，以提升主导生态服务功能为重点，不断强化生态功能区服务，增强生态产品供给，保障长江经济带流域生态安全。长江经济带生态产业化生态补偿的主要内容及补偿机制如图14－1所示。

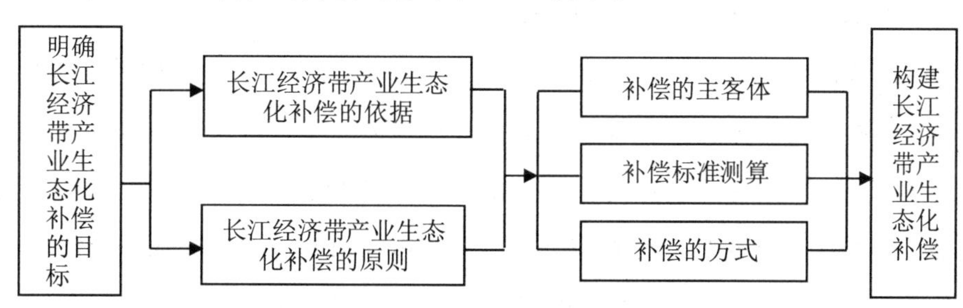

图14－1 长江经济带产业生态化补偿的机制分析

14.2 长江经济带产业生态补偿的原则

政府主导、全社会参与。强化政府主导作用，完善法律法规，健全生态补偿机制，扩大生态补偿资金来源，引导社会公众积极参与。统筹兼顾、转型发展。将生态补偿与主体功能区规划、精准扶贫、创新驱动战略、长江经济带战略等相结合，逐步提升和完善生态系统服务功能。加强科技创新，优化产业结构与布局，经济发展与环境保护同步。

谁受益，谁付费。享受生态系统服务的受益者，应当有责任、有义务，给生态系统保护实施者提供一定的资金补偿，以弥补生态系统的保护成本。各地区要搭建区域内与跨区域的生态补偿交易平台，建立受益者付费的运行机制。谁治理，谁受益。生态环境的外部性决定了生态环境改善的受益者，不仅包括环境治理者，还有其他受益者，这时环境治理者应该得到合理的补偿，加快形成治理者受益的运行机制。

因地制宜，分类指导。在建立生态补偿机制的过程中，应结合区域生态保护成本、经济发展水平及生态服务价值的空间差异，因地制宜，实施有差别的生态补偿方式和标准。

14.3 长江经济带产业生态补偿的主客体

（1）长江经济带生态补偿的主体

现阶段来看，长江经济带初步形成了“纵向补偿为主，横向补偿为辅”的以政府补偿为主体的生态补偿格局。补偿主体为中央政府、各级省市政府的相关部门，补偿方式主要包括资金直接补偿、政策支持、生态补偿基金等。例如，新安江流域生态补偿试点中补偿主体包括财政部、环保部和浙江省政府，东江源水生态补偿试点的补偿主体为江西省政府。

（2）长江经济带生态补偿的客体

生态保护的贡献者。处于水源地或重要湿地的居民和政府，为保护当地的生态进行退耕还林、退耕还湖等生态方面的投资，应当实施产业准入清单制度，限制部分效益好但污染严重的企业进入，在一定程度上制约了当地经济发展。因而，那些受益者应该给予这些生态保护的贡献者（上游地区）一定的资金补偿。例如，东江源水生态补偿的客体是崇义县、石城县等。

生态破坏的受害者。生态环境破坏导致生态服务功能下降，生态产品服务的供给不能满足区域生产、生活需求，对当地政府、企业、居民等利益相关者造成严重损害。例如矿产资源企业的开采会对当地造成严重的生态破坏，对当地居民生活产生严重影响，企业应该对当地受害者进行补偿。

生态治理的受损者。生态环境治理会涉及许多方面，此过程中极有可能会损害或减少某些利益相关者的利益。例如，生态功能修复是一个长期动态过程，应当禁止发展不适宜生态功能区的产业，迁出高污染、高能耗、高资源投入的企业，适当搬迁居民，损害了这些利益相关者的利益，应当对其进行适当补偿。

14.4　长江经济带产业生态补偿标准与方式

（1）生态补偿标准

其一，确定生态补偿标准的方法。生态环境具有一般公共物品的属性。环境保护外部性行为与生态服务功能紧密相关，设计生态补偿标准关键在于如何促使这些正外部性内部化[97]。从环境保护行为正外部性结果内部化来看，生态补偿标准的测度方法主要包括成本法、价值法等；从负外部性结果成本内部化角度来看，生态补偿标准的测度方法主要是费用分析法。

成本法。可以细分为直接成本法与机会成本法。直接成本法是指将生态环境保护者的所有环保投入加总作为生态补偿标准。参与生态环境保护，不仅需要耗费保护者的财力、人力和物力，也使环保保护者失去其他发展机会，也就是环境保护者的机会成本，机会成本法的生态补偿标准是直接成本与机会成本之和。

生态服务功能价值法。按照市场化方式获取生态产品（服务）的市场价格，常用确定生态服务功能价值的方法是条件值法，通过模拟市场引导受访者表达出支付意愿或受益意愿，从而评估生态服务功能价值。然而，生态服务价值确定存在很多不确定因素，评估指标、估算方法尚未形成统一标准，不同评价方法评估结果差异较大。

费用分析法。这种方法要求核定生态环境保护与修复的成本，包括水土流失治理成本、污染物减排成本、废水治理成本、退耕还林建设成本等，将所有成本之和作为生态补偿标准。与成本法相似，费用分析法同样需要核算投入成本，它们之间的区别在于，前者的补偿主体是生态环境的破坏者，而后者的补偿主体是环境保护的受益者。

其二，生态补偿标准的理论依据。制定生态补偿标准需要考虑是否存在补偿过度或不足。补偿过度可能会超过补偿主体的支付能力，导致生态补偿标准无法实施；补偿不足低于补偿客体的意愿，很可能导致预期环保目标失去意义，降低了环境保护者的积极性，项目补偿结束后反弹的可能性较大。

依据微观经济学理论，正外部性行为表明生态系统服务功能保护者个人边际成本（直接成本和机会成本）要高于社会边际成本，个人边际收益则低于社会边际收益。如果补偿标准低于个人边际成本，则导致保护者积极性下降，生态产品（服务）供给不足。由此可见，生态补偿标准的理论范围限于个人边际成本与生态（产品）服务市场价格之间。

分类划分区域，构建多层次生态补偿标准体系。不同区域的生态服务存在价值差异、机会成本差异，大范围地制定生态补偿的标准不能有效地反映保护者的真实成本，极易造成标准过高或不足的问题，出现资金补偿偏差。在实际中，应根据经济发展水平、生态服务价值划分补偿区域等级，并在每个区域内考虑补偿客体的成本与受偿意愿、补偿主体的支付能力和支付意愿。

（2）生态补偿方式

其一，政府补偿。政府补偿一般发生在政府主体之间，既有同级政府之间的横向补偿，也有上下级政府间的纵向补偿。现阶段，长江经济带中横向补偿机制正处于探索发展阶段，而纵向政府补偿处于主导位置，补偿方式主要包括财政收入转移支付、政策倾斜等，目的在于保障国家生态安全，实施区域协调可持续发展。

财政收入转移支付。中央财政或上级政府将财政收入直接按照生态服务功能无偿提供给下级政府或保护者。在长江经济带各省（市）中的政府纵向补偿主要表现为中央财政、上级政府向下级政府转移财政支付，多为专款专项管理。这种补偿方式适用于补偿客体较多、难以确定补偿主体、生态问题突出的情形。而横向补偿是为解决不同地区间生态补偿问题，上游地区为保护环境，牺牲经济发展机会，下游地区政府并未参与环境保护，却从环境改善中受益，这时下游受益者应给予上游保护者一定的资金补偿。横向补偿适用于补偿主客体比较明确的情形。在采用横向补偿形式难以达到环境保护目标时，宜采用纵向补偿和横向补偿的混合形式。

政策倾斜，即差异化的区域政策。根据区域生态环境、经济发展水平等具体实际，政府部门按照一定标准将长江经济带划分成若干个补偿标准不同的片区，制定一系列政策，优先支持生态服务功能最重要，而生态环境问题突出，并且比较贫困落后的地区发展。例如实施税收减免政策，加强农业人才专业技能培训，鼓励区域发展绿色生态产业，优先安排生态环境保护项目和基础设施建设项目。

其二，市场补偿。与政府补偿相比，市场补偿不足体现在更注重短期行为，其优点在于补偿主客体多元化、资金来源广，交易决策更为理性[98]。参与主体以市场价格为基础，自愿地协商补偿方式与标准，但这种协商是反复博弈的过程，有时候难以达成补偿交易。

产权交易。在产权明确的情况下，具有商品性质的产权客体在一个特定市场上可流动、可交易，如污染物排放许可、用水许可等。因而，建立一个产权交易市场首要考虑的因素是该产权的可流动性和交易性，进而影响区域资源合理配置。此外，交易成本也是影响区域资源配置的重要因素，当交易成本为零，不论产权归属，区域资源配置始终是最合理的；这说明交易成本不为零，会引发资源配置扭曲的问题。在现阶段，长江经济带产权交易市场发展不够健全，仅部分地区建立了排污权、用水权交易市场。

生态标记。绿色消费者一般会更愿意以较高的市场价格购买使用绿色生产方式生产的、标记有节能环保的生态标签的产品。因而，生态标记可以算得上以价格溢出的形式间接地向绿色消费者额外收费，并将溢出的价格补给那些企业，以弥补参与环境保护带来的成本。一个独立、可信的生态标记认证体系，加上这些标记产品的有效市场推广，是该方式取得成功的关键。

其三，社会补偿。社会补偿是社会公众与政府部门间的协商合作，自愿参与到生态补偿中。社会公众自愿参与生态保护，利用技术、资金、设备等优势资源实现生态补偿目标，主要包括企业集团、非政府组织、环境保护者、金融机构等。长江经济带各地区应着力提高社会公众环境保护意识，加强政府引导，推动社会补偿主体多元化发展。

14.5　鄱阳湖生态经济区生态补偿机制案例研究

（1）鄱阳湖生态经济区概况

鄱阳湖生态经济区是我国重要的鱼米之乡和农产品主产区，以鄱阳湖为核心，围绕长江经济带与京九经济带交会点，包括江西南昌、鹰潭、景德镇3市以及抚州、上饶、九江等部分市县，国土面积5.12万平方千米，毗邻长株潭衡城市群、南昌都市圈、皖江城市带，是长江经济带中游新的经济增长极。经济发展基础良好，初步形成了以生物医药、精细化工、先进装备制造等为核心的产业体系，已经建成生物医药、钢铁与光伏产业等六大产业基地。

鄱阳湖是我国最大淡水湖泊，鄱阳湖湿地是世界六大湿地之一，作为长江流域的重要调节器，负有调洪蓄水、调节气候、净化水质、保护生物多样化等多种生态服务功能。水生生物资源和湖滩洲地生物资源丰富，湖中水生微管束植物102种，鱼类122种，已鉴定的贝类87种。鄱阳湖保护区有鸟类332多种，珍禽50多种，是世界上最大的鸟类保护区，越冬白鹤最多数量超过了世界的95%，素有“白鹤世界”“珍禽王国”之称；森林植被种类多达2403种。此外，还出产众多的水禽、莲藕、虾等水生动植物。

（2）鄱阳湖生态经济区生态补偿实施现状

其一，生态补偿机制法制体系建设持续推进。“十一五”期间，江西省开始探索生态补偿机制，2008年出台《江西省生态公益林补偿资金管理办法》，明确生态公益林补偿标准6.5元/亩。2010年，江西省开始实施湿地保护。2012年颁布《鄱阳湖生态经济区环境保护条例》。自2015年始，出台《江西省流域生态补偿办法（试行）》和《江西省流域生态补偿配套考核办法》，生态补偿流域范围扩大，针对“五河一湖及九江东江流域”生态补偿资金，明确指出按照因素法结合补偿系数进行二次分配。

其二，政府补偿为主，市场补偿为辅。中央部委、省级政府的补偿方式包括财政转移支付、专项资金补偿、智力补偿，支持鄱阳湖生态经济区公益林保护与流域生态保护。例如，2014年，国家林业局“农作物受损补偿金”以每亩56元/亩补偿试点县区的当地农民。[①] 2015年，鄱阳湖公益林补偿提高到了20.5元/亩。[②] 虽然市场补偿方式单一，碳排放权交易、排污权交易、用水权交易等市场机制正在处于探索阶段，但是农产品“三品一标认证”的作用突出，创造了大批附加值高、竞争优势强、市场影响力大的农产品品牌。

其三，落实一批重大生态工程。为了保护鄱阳湖湿地，江西政府实施了一系列重大生态工程，包括退耕还湖、湿地和生物多样性保护、生态综合治理工程、水利枢纽、造林绿化、农村清洁等。例如，鄱阳湖水服务功能衰退严重，对湖区居民、生物造成了极大影响，通过实施湖区水利枢纽工程，有效地改善了湖水服务功能，保护了湖区生物的多样性。

---

① http：//news. xinhuanet. com/politics/2016 -03/04/c_ 1118233420. htm.

② http：//www. chinanews. com/df/2015/03 -12/7124738. shtml.

其四，生态补偿改革初见成效。按照“试点先行”原则，鄱阳湖生态补偿机制不断完善，以湿地、生态公益林、流域为主的多元化生态补偿机制初步形成，很好地保护了当地生态环境。例如，经过5年努力，湖区湿地面积增加了27372.3公顷，森林覆盖率提升了3.05%，地表水检测断面水质达标率为80.0%，提高了4.5%①。

(3) 鄱阳湖生态经济区生态补偿机制问题分析

其一，生态补偿方式缺乏多元化。现阶段，鄱阳湖生态经济区生态补偿还停留在以政府补偿为主、市场补偿为辅、社会公众参与度严重不足的发展阶段，补偿资金来源单一问题突出。政府补偿有财政收入转移支付、智力补偿、政策倾斜等，市场补偿方式以生态标记为主导，如农产品“三品一标”认证，用能权、用水权、碳排放权等产权交易机制正处在探索阶段。

其二，补偿资金缺口大，补偿范围有限。生态补偿包括湿地、耕地、流域、公益林等，补偿所需资金巨大，而江西经济发展相对滞后，财政收入可用于生态补偿支付力度有限。此外，江西从中央政府争取到的财政转移支付规模也有限，导致湖区生态补偿标准普遍较低，生态补偿对象范围较小。

其三，生态补偿机制不健全。生态补偿以政府纵向补偿为主，而横向政府补偿发展滞后。市场补偿方式不健全，森林碳汇交易、用水权交易等发展缓慢。湖区生态补偿管理部门职能重叠，多头管理现象严重，协调沟通机制不健全，补偿主体责任不明，生态补偿资金使用效率低下。

(4) 鄱阳湖生态经济区生态补偿机制建设的对策建议

其一，完善补偿方式，提高补偿强度。积极争取国家重点生态功能区生态补偿的财政转移支付，扩大环境资源税的征收范围，积极探索实施包括“一揽子补偿”的综合性补偿办法。加强横向补偿机制研究，因地制宜，探索实施跨区生态补偿模式。明确水资源产权，实施资源有偿使用交易制度，搭建地区水资源产权交易平台，鼓励地区间进行水权与碳排放权交易。以生态

① http://www.jxdpc.gov.cn/zdgzdd/phlake/zxdt/201412/t20141217_114534.htm.

产品产能为基础，构建区域差别化的生态补偿标准体系，适当提高重点地区、生态服务价值高的地区以及贫困地区的生态补偿标准。

其二，扎实推进生态补偿机制法制体系建设。尽快出台鄱阳湖生态保护补偿条例，特别是重点功能区的湿地、森林、水资源等领域生态保护补偿条例。清晰界定资源产权与使用权，积极开展湖区自然资源有偿使用试点，规范水、土地、森林等资源有偿使用。因地制宜分类制定生态补偿标准，着力构建多层次有区别的生态补偿标准体系推进补偿标准的制度化。

其三，开发生态产品，提升生态服务价值。发展特色生态旅游业，加快发展生态涵养区经济，为生态补偿“造血”，达到“以生态促旅游，以旅游养生态”的效果。发展特色生态农业，大力推广资源循环利用技术，打造一批品牌声誉好、特色突出、竞争力强的生态农产品，实现“生态环境改善与居民收入提高”的双赢。

14.6　洞庭湖生态经济区生态补偿机制案例研究

（1）洞庭湖生态经济区概况

洞庭湖生态经济区位于沿长江经济带与京广线交会处，横跨湖南、湖北两省，包括湖南岳阳、常德、益阳 3 市和长沙望城区，湖北荆州市，总面积 6.05 万平方千米。毗邻长株潭衡城市群，区位优势明显，立体交通网络便捷，水路交通发达，陆路交通纵横交错，产业基础较好。2015 年，区内生产总值为 6949 亿元，较同期增长了 8.7%，占到全省的 22.8%（《2016 年湖南统计年鉴》）。

洞庭湖是我国第二大淡水湖。作为我国重要的湿地保护区，洞庭湖湿地拥有调洪蓄水、保护生物多样性等生态功能，对维护长江流域生态安全具有重要价值。洞庭湖流域自然资源丰富，例如东洞庭湖国家级自然保护区中，鸟类有 338 种，其中，国家一级保护鸟类 7 种，国家二级保护鸟类 45 种，淡水鱼类 117 种，植物品种达 1186 个[99]。

（2）洞庭湖生态经济区生态补偿实施现状

其一，生态补偿项目有序推进。洞庭湖生态经济区获批后，益阳、常德和岳阳3市实施一系列生态环境保护项目和治理工程。例如，岳阳市开展河湖沿岸垃圾治理专项行动、生态效益补偿试点项目、水利枢纽工程、退田还湖工程等，益阳市开展湿地生态补偿试点项目、“一江两岸”生态工程、五湖连通工程等。

其二，生态补偿配套制度体系不断完善。分类领域、分区块的生态补偿标准体系初步建立，生态监测能力有所提升。设立洞庭湖生态环境监测中心，提高湖区生态环境监测能力，承担洞庭湖水生态、水环境、水资源的监测等重大功能。该中心委托湖南城市学院开展《洞庭湖富营养化遥感评价》课题研究，开始湖区“天地一体化生态监测”，研究结果准确反映洞庭湖区富营养化情况。

其三，生态保护取得初步成效。为了保护洞庭湖湿地，维护区域生态安全，常德、益阳和岳阳三市基于管辖的洞庭湖区域实际情况，实施一系列生态保护和修复工程。“试点先行”策略得到重视，生态保护工作取得了初步成效。例如，2011—2015年，湖南省政府投资8.4795亿元，支持洞庭湖治理专项项目，取得了显著成效①。

（3）洞庭湖生态经济区生态补偿机制问题分析

其一，生态补偿法制体系不健全。现阶段，中央与地方政府关于湖区生态补偿的法律法规不完善。尽管《湖南省洞庭湖区水利管理条例》对湖区水资源利用、水资源保护提出了一系列措施，但并未对生态补偿标准、主客体、方式等做出详细规定。《湖南省生态环境损害赔偿磋商管理办法（试行）》明确规定了生态环境损害赔偿范围、赔偿主客体，但缺乏针对性，尚未考虑湖区可能存在的特殊情况。在地级市场层面，益阳、岳阳和常德三市尚未出台关于湖区生态补偿的具体标准，仅在相关规章或文件中简单提及，如常德市《2017年环境保护工作要点》提出要完成洞庭湖“五大”

① http://ny.rednet.cn/c/2015/11/04/3831095.htm.

水环境治理专项行动。

其二，补偿方式单一，补偿力度不足。益阳、岳阳、常德等地湖区生态补偿均以中央与地方政府的财政转移支付为主，适当提供政策倾斜补偿，生态补偿方式单一，区域内部与区域之间人才培训、对口合作等横向补偿发展缓慢；市场补偿方式发展滞后，社会补偿方式有待探索。益阳、岳阳和常德三市均面临环境保护压力，但从现阶段来看，由于用于生态补偿的资金存在一定的缺口，各市生态补偿范围较窄，补偿标准较低。

（4）洞庭湖生态经济区生态补偿机制建设的对策建议

探索多元化补偿方式，拓宽补偿资金来源渠道。积极探索开展试点多种市场补偿方式，实现政府补偿与市场补偿并举。搭建区域间沟通交流平台，积极探索建立区域间实施人才培训、产业转移、对口合作等横向补偿模式。扎实推进界定湖区资源产权，促使水权、森林碳汇、碳排放等产权交易市场快速发展，优化市场补偿模式。建立生态基金，积极吸收社会资本，引导社会公众参与生态补偿，扩大补偿资金筹集渠道。

健全法制体系建设，规范资源有偿使用制度。加快生态补偿立法，健全配套制度，完善测算方法，建立耕地、水资源、湿地等不同方面的生态补偿标准，推进多元化生态补偿标准体系建设。建立湖区水、湿地、耕地、森林等自然资源有偿使用制度，推动所有权与使用权分离，界定补偿主客体，提高生态补偿效益。

强化统一组织领导职能。洞庭湖区采用分段管理形式，将湖区分为东、西、南三个区，分别由岳阳市、益阳市和常德市管辖。管理体制存在管理机构交叉重叠，导致各部门公共管理职责模糊、资源产权界定模糊等问题，增加生态补偿的实施难度。应依托湖区建设契机，创新湖区管理体制，整合错位及明确各相关部门的职责权力。

第7篇　长江经济带产业绿色发展政策建议篇

第15章　长江经济带产业绿色发展的政策研究

15.1　长江经济带产业绿色发展的产业政策研究

绿色发展是以生态保护为前提，以绿色化发展为路径，最小环境成本与最优的资源配置实现最大的社会经济效益。加快产业绿色发展，必须实现绿色工业、绿色农业、绿色服务业的协调发展，通过绿色发展的产业政策引导绿色生产、绿色消费、绿色流通的协调发展。

15.1.1　加快引入负面清单管理

划定长江经济带生态环境保护红线，为负面清单编制提供“底线”标准。生态环境保护红线是负面清单制定的依据和标准[100]。由推动长江经济带发展领导小组牵头，负责长江经济带生态环境保护红线的划定，从资源利用、环境保护和生态平衡三个层次划定产业发展的生态环境保护红线。一是资源利用层次可从资源利用总量和资源利用效率两个方面进行约束，包括土地、水、能源的总量及万元 GDP 等指标；二是环境保护层次可从排放总量控制和排放强度两个方面进行约束，包括工业“三废”排放总量、污染物去除量、万元 GDP 的污染物排放强度等指标；三是生态平衡层次可从生态健康和生态空间两个方面进行约束，包括水功能区水质达标率、生物多样性指数等指标[100]。

加快编制长江经济带产业发展的负面清单。由推动长江经济带发展领导小组牵头，联合国家发改委、工信部、环保部等相关部门编制《长江经济带产业发展项目负面清单》，明确长江经济带建设的限制性行业、企业和项目。一是列出长江经济带限制禁入类产业的负面清单，主要是对高耗能和高污染行业严禁准入和向长江中上游转移，明令禁止这类行业中的小微企业的准入，严格限制这类大中型企业的粗放式发展。二是列出长江经济带落后产能类产业的负面清单，主要是对有色、石化、钢铁等行业限制产能盲目扩张。三是列出长江经济带限期整改类产业的负面清单，对于关系国民经济重要命脉和安全的行业，强制要求通过绿色循环工艺改造达到节能环保标准。四是根据不同主体功能区定位制定差异化的负面清单标准，确定不同主体功能区的产业发展类型、方式、能耗及排放强度。

加快建立完善的负面清单监管机制。由正面清单转向负面清单，对政府的监管职能提出了更高的要求，需要政府的监管重心由事前监管向全运营流程监管转变。一是加强长江经济带的环境风险预警和管控体系，建立长江经济带产业发展的环境风险评估与预警技术平台，及时识别和化解负面清单管理中的环境风险。二是建立环境信息的监测和共享机制，加快整合各地区和各部门的环境统计口径，依据主体功能区制定差异化的生态环境监测标准，构建统一的环境数据共享平台，提高负面清单管理的透明性。三是定期曝光违反负面清单管理的企业，建立企业环保信用档案制度，对失信企业要加大处罚和责任追究力度。通过统一的信用信息共享平台严格控制高污染、高排放企业的准入和转移[100]。

15.1.2　加速调整优化产业结构

促进产业结构优化调整。突出发展重点领域，积极展开区域内技术合作，引领长江经济带产业实现绿色发展。优先发展战略性新兴产业，重点发展新材料、高端智能装备的产业。一是强化政策的支持与引导，积极展开产业集聚与产业集群协同发展的战略。通过产业集群实现集聚创新与知识溢出效应，充分发挥人才与技术的有效集聚。发展城市群能够有效地实现产业分工效益，同时可以促进优势产业集群，起到整合产业链、推动现有的价值链高端发展[101]。二是打造“公共云平台”，促进信息技术与传统制造业融合。积极引导产业集群，发挥集群式产业创新的优势，实现基础技术共享与核心技术的突破，提升传统制造业的整体竞争力。三是加快传统制造业转型升级，解决产能过剩问题。依托互联网实现传统制造业“+互联网”的优化升级，推进技术革新与生产改造。

构建沿江现代产业新体系。一是重视发挥沿江国家级自主创新示范区的引领示范作用，提升11省（市）的自主创新能力。围绕发展绿色化工、绿色能源、高端装备制造、新材料、新一代信息技术、现代种业、生态农业、环境保护、现代服务业等重点产业，促进产业链、创新链、资金链、服务链“四链融合”，推动核心技术与关键瓶颈突破。二是完善科技创新、技术转化、风险投资、公共服务、信息情报、人才引进等服务体系。营造良好的创新创业生态，大力推动大众创业、万众创新。三是创新承接产业转移方式。加强与上下游产业的合作，探索多种形式的产业转移合作模式，积极吸引上海、江苏、浙江到长江经济带中上游共建产业园区，发展“飞地经济”[102]。

培育一批面对新一轮技术和产业革命的新兴产业，形成发展制高点。长江经济带11省（市）围绕地区科技与产业资源优势，遴选一批符合新一轮技术和产业革命发展趋势的新兴产业，按照“一业一策”“一企一策”的思路，以“问题导向”为原则，开展全面的调研分析，摸底各产业面临的发展瓶颈和困难，为快速打造新兴产业增长点提供决策支持。长江经济带11省（市）可借鉴湖南省产业政策制定经验，加快前期调研和整体布局。

15.1.3 重点发力产业先进制造

推进长江经济带先进制造业的发展，必须以供给侧结构性改革为主线，推动新旧动能转换，巩固原有能源原材料基地、现代装备制造和高技术产业基地的基础上，按照“五化”（高端化、智能化、集聚化、绿色化、服务化）同步路径实施推进[103]。

高端化发展：找准制造业创新驱动发展突破口。一是推进传统优势制造业走向中高端，着力解决钢铁、建材等传统优势制造业的产能过剩矛盾。完善促进企业技术改造创新的长效机制，推动企业向价值链高端拓展。二是发展壮大战略性新兴产业[103]。重点推进新一代信息技术、高端装备制造等产业发展壮大，推进人工智能、3D 打印等前沿领域创新应用。三是提升制造业创新能力。发挥长江经济带在装备制造、能源材料等重点制造业领域的科技优势，开展制造业前沿、关键共性和战略高技术研究创新，增强制造业基础创新能力[103]。

智能化发展：推进工业化与信息化深度融合。一是全面实施智能制造工程，强化顶层设计，编制长江经济带产业智能制造发展规划。围绕制造业领域关键环节，主攻智能制造装备和智能产品并实现产业化生产，在重点制造业领域建设智能工厂，建立智能制造标准体系和信息安全保障系统，搭建智能制造网络系统平台。二是深化互联网在制造领域的应用。实施“互联网 +”智能制造和人工智能行动，在制造业核心领域取得突破。开展物联网技术研发与应用示范，推进大数据和云平台技术应用，建立基础数据库，实现资源、关键技术与标准的开放共享。

集聚化发展：优化制造业资源配置与空间布局。一是建设新型工业化示范基地。依托全国重要能源原材料基地和装备制造业基地的优势，建设一批规模效益突出的优势产业新型工业化示范基地和特色产业新型工业化示范基地。二是培育先进制造业产业集群。整合资源要素，改造提升现有产业集聚区。以产业链为纽带，引导产业、企业合理布局，推动产业集聚向产业集群升级，大力培育和引进制造业龙头企业、重点产业打造先进制造业产业集群。

绿色化发展：构建高效、清洁的绿色制造体系。一是促进资源集约高效循环利用。实行能源、水资源消耗等总量与强度双控制度，促进资源集约高效利用。推广先进的循环再利用技术。发展再制造业，实施高端再制造、智能再制造、在役再制造，促进制造产业链绿色共生。二是推动制造业生产过程清洁低碳。针对石油化工等高污染行业，实施清洁生产技术改造，控制削减传统能源消费量，加强绿色制造产品研发应用，淘汰落后产能和技术。三是打造绿色制造全产业链。科学规划现有工业园区，重点推进绿色工业园区建设，强化绿色监管，实施绿色评价和责任报告制度。

服务化发展：积极发展服务型制造和生产性服务业。一是强化信息技术在制造业服务化过程中的支撑作用。大力发展面向制造业的信息技术服务，以信息技术为基础，为制造业企业自动生产、系统管理、远程监控提供个性化服务。二是积极发展服务型制造。开展试点示范，引导制造业企业延伸服务链条，从提供产品向提供产品和服务转变。三是加快生产性服务业发展。重点发展现代金融、现代物流、电子商务等生产性服务业，并向专业化和价值链高端延伸。强化制造业服务化的功能区建设，依托现有产业集聚区打造生产性服务业公共服务平台。

开放合作：培育长江经济带先进制造业竞争。一是主动融入国家重大战略。以“一带一路”倡议为统领，深度推进国际产能和装备制造合作，在承接产业转移和深化区域通关一体化领域支撑京津冀协同发展和中部崛起。二是全面推进双向开放。坚持招商引资引技引智并重，提高制造业利用外资的规模和水平；坚持“引进来”和“走出去”并重，提高制造业企业国际化水平和竞争力。三是深化产城融合与区域内合作。确保产业发展有利于推进新型城镇化，使先进制造业中心建设与城市群相互协同，开展区域内省市县三级在制造业领域的协调合作[104]。

15.1.4 大力推进产业集群创新

推进工业园区建设，引导产业集群创新。以武汉东湖国家自主创新示范区为范本，在长江经济带各区域推进工业园区建设，通过产业集聚发展能够有效地提升企业的竞争力与资源的利用效率[19]。一是借鉴优秀工业园区的发展模式，结合长江经济带各区域的实际情况实施绿色工业园区规划，设置入驻门槛提高入驻工业企业的整体科技水平。二是开展园区建设试点工作，建设一批具有示范意义的绿色发展工业园区。深入研究工业园区的发展模式与企业间的互动机制，并合理确定工业园区建设的各项指标，探索工业企业与工业间相互促进的模式。三是构建产业创新网络，加速推进传统制造业与互联网的融合。借助信息网路，构建传统制造业的创新网络体系。四是打造工业绿色发展标准评估体系。借助科研机构或者第三方评估机构指定工业绿色发展评价体系，开展工业绿色发展的评价与认定。五是打造工业绿色发展咨询平台，为制造业实现转型升级提供咨询与合理的建议，同时提供企业转型升级的路径设计与解决方案。

推动长江经济带创新要素向集群产业集聚，进一步发挥创新驱动产业集群发展的效力。一是围绕长江经济带各大产业集群的发展需求，实施产业集群化科技人才推进计划，加大对产业集群发展所需的技术人才、管理人才和产业领军人才以及创新团队的培养和引进，积极引导各类科技人才围绕各大产业集群的关键环节开展创新攻关活动。同时，加快建立长江经济带畅通的科技人才流动机制，以科技攻关任务为导向，合理配置人才资源。二是按照长江经济带产业集群的发展思路，以企业为主体，加快布局一批国家重点实验室、工程技术研究中心及产业技术研究院等重大科技创新平台。加快建立长江经济带一体化的科技创新平台共享机制，减少科技平台重复布局与财政资源浪费，提高重大科技创新平台的利用效率，促进长江经济带集群产业中企业的研发能力。

鼓励长江经济带 11 省（市）集群产业建立联盟组织和行业组织。以集群内创新型龙头企业为主体，产业链重点环节的骨干企业为支撑，建立大型产业联盟和行业组织，通过社团登记和认定后，政府可给予一定数量的财政补贴，支持其服务于产业集群创新活动。对组织运营绩效较高的产业联盟和创新联盟，经过专业机构评估后，可通过以奖代补的方式给予大力支持。大力支持产业集群内企业与地区高校、科研院所围绕集群产业的重大科技需求，通过委托研发和联合攻关等形式开展协同创新活动，对于在集群产业的重大共性关键技术领域取得明显突破和产业化应用的项目，地方政府可给予一定数额的财政奖励。

15.1.5 瞄准生态资源发展产业

瞄准特色生态资源打造新的产业增长点。长江经济带具有丰富的生态资源，建议长江经济带瞄准三个关键点，紧抓三个着力点，打造三大产业增长点，即瞄准优势生态资源，着力集聚集约开发，打造清洁能源、山地绿色农林资源和生态文化旅游资源三大产业增长点；瞄准特色生态产业，着力拓宽产业发展面，打造大生态农业、大旅游产业和大健康产业三大产业增长点；瞄准重点目标市场，着力降低生态产品的市场风险，打造多元化经营、网络化营销和绿色化服务三大产业增长点[105]。

设立生态产业发展引导基金，以产业链“组团申请、打包扶持”的方式提高资金利用效益。一是建议长江经济带 11 省（市）设立长江经济带生态产业发展引导基金，以此作为母基金，并按市场化方式运作，再通过发起生态产业投资基金的方式，吸引和引导社会资金以参股投资、跟进投资、直接投资的方式进入长江经济带支持生态产业发展，发挥财政资金的杠杆效应。二是以构建完整生态产业链为目标，以龙头企业、优质企业和基地为核心，以上下游及配套企业和基地为辅助，联合申请财政专项产业发展资金，重点支持在区域内能形成完整产业链的企业及生产基地。通过“组团申请、打包扶持”，精选一批具有竞争力的生态资源、生态产业、核心企业，形成优质生态产业资源和要素集聚优势，同时带动上下游产业及配套产业发展，不断拓宽产业面，提高产业经济效益[105]。

搭建以“生态科技、市场信息与金融保险”为一体的生态产业服务平台。建议长江经济带以省为单位，由省发改委牵头，联合科技、农业、商务、金融等部门搭建统一的生态产业服务平台，该平台主要包括生态科技服务、市场信息服务和金融保险服务三大核心板块。一是以政府购买的形式提供生态科技专业咨询服务，加快对长江经济带生态资源进行价值评估，促进生态资源精深加工技术、清洁生产技术的推广和应用，鼓励科研院所以科技入股形式参与产业技术开发。二是搭建市场信息平台，充分利用大数据、云计算技术定量分析和预测市场需求，准确判断生态产品和服务的市场需求趋势，建立市场信息预警系统、信息反馈和监测系统，为长江经济带各省（市）提供市场信息服务，降低市场风险，确保产业项目有生态增收效益。三是搭建生态产业金融保险平台，探索建立财政补助的生态产业险，分散生态产业发展风险，完善产业贷款担保机制，利用产业资金成立专门的生态产业开发担保公司[105]。

加快产业绿色发展的供给侧改革，助推长江经济带依托生态资源打造产业增长点。短期的任务是改革土地流转制度和降低企业成本，一是加速农村土地流转，鼓励贫困农户以土地租赁分红、入股分红、入股经营等形式进行流转，适度提高土地流转收益，推进生态产业基地或生产园区的规模化经营和标准化建设。二是进一步加大生态性企业税收优惠力度和财政支持力度，补偿由于区位劣势和基础设施落后而产生的超额运营成本，同时加强企业和生产基地的绩效监管，建立生态企业或基地退出机制，依据生态和经济效益实施滚动扶持，避免出现“烂尾公司（基地）”。三是着力打造一批高端优质的生态产品和服务，为化解生态产业发展“低端过剩、高端不足”问题，精准定位市场需求，重点支持实施精细化管理、精品化生产、品牌化营销的企业。应长期从劳动力供给和地方政府职能转变来助推产业发展，将技能教育与基础教育相结合，提高劳动力素质，强化地方政府绿色服务职能。

15.1.6　推进资源循环高效利用

（1）建立长江经济带“互联网 +”废弃物回收物流体系

依托互联网平台构建集成化、高效化和标准化的废弃物回收物流体系，是实现我国再生资源利用产业规范化和规模化发展的重要保障，对推动我国资源节约型和环境友好型社会建设具有重要现实意义。“互联网+”废弃物回收物流体系由试点构建到全国推广，是一个复杂的系统工程。建议坚持“由简到繁、从易到难、逐步扩大”的原则，“分阶段、有目标”地推动“互联网+”废弃物回收物流体系的规范化和标准化建设。

近期：搭建网络运行平台，建立废弃物回收在线网络体系。一是严格落实准备工作，建立统一工作平台。设立废弃物回收协调工作小组，可由商务部门牵头，会同环保、工信、交通等职能部门，以及相关技术单位和受益地政府。具体负责“互联网+”废弃物回收物流体系建设的总体规划和任务分工。二是着力攻克技术瓶颈，加快基础设施建设。重点布局和攻克一批废弃物信息集成管理技术，推广应用电子标签、二维码等物联网技术，提高交易信息化、物流信息化以及流程信息化程度。建立统一的废弃物回收分类标准、价格标准及流程标准，明确回收范围、规格等项目。积极推进大数据信息中心、云计算平台、逆向物流网点布局等基础设施建设，提升再生资源的智能化识别、定位、跟踪、监控和管理能力。三是设立行业专项基金，加大财政支持力度。设立废弃物回收建设专项基金，为行业的长期技术投入、研发创新、平台建设和大规模推广提供资金支持。加大对废弃物处理行业的财政支持力度，鼓励个体户加盟废弃物回收线上平台体系。对整个“互联网+”废弃物回收物流产业给予相应的税收优惠和信贷优惠政策，助推其提高市场竞争力。

中期：推进在线交易试点示范，优化废弃物回收物流体系。一是选取试点区域和企业，推进在线交易示范建设。选取物流信息技术相对发达的地区，开展“互联网+”废弃物回收物流建设的体制机制改革试点和智能化基础设施建设。重点支持一批再生资源企业与互联网回收企业进行试点示范，通过建立“互联网+”废弃物回收物流战略联盟，整合行业资源，不断创新商业模式。建立统一的数据收集和监测平台，做好数据监测以及风险防范工作，为废弃物回收物联网在全国推广奠定基础。二是综合评估试点建设成效，优化网络管理流程。综合利用参与用户数量、废弃物回收再利用率和企业盈利效益等数据，构建模型对废弃物线上交易运营的配套建设、平台建设和服务机制进行可行性与效用性评估。根据试点评估结果，进一步将后台管理、基础设施建设等相关工作落到实处，达到不同资源的最优配置。综合利用传感和测量技术、控制方法和决策支持系统完善废弃物回收线上运营体系，完善解决废弃物回收互联网络接入问题的基础设施建设和技术准备。

远期：完善体制机制，全面推广“互联网+”回收物流新模式。一是强化立法保障和机制创新，推进“互联网+”废弃物回收物流的规范化、标准化和透明化建设。通过立法手段明确废弃物回收产业相关主体的责任和义务，明确废弃物线上交易的工作权力分配方式、责任追溯方式、基金运作方式、冲突协调方式。完善废弃物价格评估机制、在线交易机制、信用评价机制及信息安全保障机制，提高可回收废弃物的稳定供给能力，促进“互联网+”废弃物回收交易市场健康发展。二是完善“互联网+”废弃物回收物流多方协作机制，引导废弃物回收行业向集约型、效益型和服务型转变。借助互联网平台的集成优势，整合供应商、生产商、消费者、回收商及处理商的信息流、物流和资金流，同时，借助移动互联网的便利性优势，创新交易模式，减少中间流通环节和成本，提高回收效率和效益。引导“互联网+”回收企业参与循环经济园区建设，为园区和区域循环化发展提供灵活的废弃物回收处理服务模式。三是构建废弃物回收利用与互联网在线交易相结合的数据协调管理机制。利用互联网、大数据等信息化手段，开展信息采集、数据分析和流向监测，逐步建立覆盖全国的一体化废弃物运营数据资源信息网络，加速线上回收、线下物流融合，提高废弃物回收的信息化、自动化和智能化水平[101]（专栏 15-1）。

专栏 15－1　加快"互联网＋"废弃物回收物流体系建设
• **近期:搭建网络运行平台,建立废弃物回收在线网络体系** ✓严格落实准备工作,建立统一工作平台 ✓着力攻克技术瓶颈,加快基础设施建设 ✓设立行业专项基金,加大财政支持力度 • **中期:推进在线交易试点示范,优化废弃物回收物流体系** ✓选取试点区域和企业,推进在线交易示范建设 ✓综合评估试点建设成效,优化网络管理流程 • **远期:完善体制机制,全面推广"互联网＋"回收物流新模式** ✓强化立法保障和机制创新,推进"互联网＋"废弃物回收物流的规范、标准和透明化建设 ✓完善"互联网＋"废弃物回收物流多方协作机制,引导废弃物回收行业向集约型、效益型和服务型转变 ✓构建废弃物回收利用与互联网在线交易相结合的数据协调管理机制

（2）加快建立长江经济带节水产品认证、水效标志和水效领跑者"三位一体"的节水管理制度，激活节水市场的活力和内生动力

首先，加快制定节水产品认证、水效标志和水效领跑者指标体系，可参考国家和各行业现行标准，针对长江经济带水资源供需情况，制定产品的节水性能、质量及技术标准等指标体系。在此基础上，按照"底线约束"和"高效带动"的思路划分水效等级。其中，水效领跑者各项指标应达到国家及行业现行的最高值。其次，聘请第三方专业机构实施节水产品认证，建立健全长江经济带节水产品目录。水效标志管理可采取企业自我声明与政府事后监管的模式推进。水效领跑者须由国家发改委会同水利、住建等部门严格按照现行标准进行遴选。最后，制定相应的奖惩措施，以财政补贴的方式鼓励和引导长江经济带行业企业参与节水产品认证、水效标志和水效领跑者管理，进一步完善高耗水产品、工艺、技术及装备的强制性淘汰机制。

15.2　长江经济带产业绿色发展的环境政策研究

15.2.1　构建跨区域环境保护机制

长江流域环境污染严重，污染物排放总量居高不下，仅长三角地区的工业废水排放量就占全国的五分之一以上。水环境污染日益加剧，跨界水质纠纷不断，其中，长江下游太湖污染尤为突出，工业、农业等多重作用使太湖水体富营养化现象严重。太湖流域、洪泽湖流域环境问题特别突出。此外，鄱阳湖和洞庭湖生态环境现状也不容乐观。长江经济带包含 11 省（市），跨区域环境破坏问题突出，构建区域协调发展的环境政策体系是解决跨区域环境冲突的有效途径。

设立多部门多行业参与的跨区域环境保护协调委员会。一是构建环境保护综合管理委员会。整合环保局、地方环保局、发改委、国土、水利等部门，以及各种公益性的有关生态、环境、自然资源保护的社团和协会等，并谋求有效、实用的合作机制。二是建立区域行政长官联席会议制度、重大项目部门会商制度和通报制度等。统筹考虑水陆关系、上下游关系、区域内外关系以及生产与生活关系，统一协调环境基础设施建设和环境保护工程，对重大资源开发和建设项目进行区域整合，构建区域产业发展区域统筹格局的整体框架，最终保护人们的健康及环境[106]。

构建完善的区域生态环境保护责任体系。在长江经济带环境保护事业中，政府、企业、公众是区域环境保护与治理的核心主体。政府是长江经济带环境监管的主体，在生态环境保护过程中需要提供良好的环境保护制度和公共政策，而且，由于环境产品和服务的公共产品属性，需要政府承担环境监管和执法的重要职能。因此，长江经济带各地方政府应加快建立和完善环境保护监管机制，重点完善长江经济带自然资源用途管理、水体污染物总量管理、企业环境行为管制等内容。企业是长江经济带环境治理的主体，在生态环境保护过程中需要明确企业的污染治理责任、环境信息披露责任、环境损害赔偿责任。公众是长江经济带环境监督的主体，政府应保障公众在生态环境保护中的知情权、参与权、监督权、申诉权等。在长江经济带重大产业建设项目论证过程中，应积极吸纳公众关于环保等方面的意见和建议。

建立跨区域环境保护协同机制，形成长江流域“共建、共保、共防、共享”的协同保护机制。为了避免地区之间的环境地方保护主义，构建平等互利的流域生态环境保护协同机制，可以在长江流域设立跨区域的流域法庭，重点审查和处理长江经济带跨区域环境污染和责任追究问题。加快建立长江经济带环境保护信息共享机制，在区域行政长官联席会议中，可以互动长江流域各区段环境污染防治、污染源监测、断面水质、重点污染项目建设情况，协同处理生态环境污染事故。

15.2.2 建立以主体功能区为依据的分类考核机制

长江经济带跨越东、中、西三个经济地带，资源禀赋、经济发展水平、产业结构等方面存在区域差异性。根据国家的主体功能区规划，长江三角洲地区属于国家层面的优化开发区域，江淮、武汉城市圈、环长株潭城市群、鄱阳湖生态经济区、成渝、黔中、滇中属于国家层面的重点开发区域，而长江经济带的其他区域属于限制开发和禁止开发区域，是必须限制或禁止进行工业化与城镇化开发的重点生态功能区。针对现有对领导干部考核大多以GDP为主要指标，而忽视了区域主体功能定位的差异的问题，绿色考核评价制度创新的核心，就是要实施以主体功能区为依据的产业绿色发展分类考核。

设计以主体功能区为依据的两级分类考核指标体系。按照“五位一体”的建设部署和主体功能区定位，将考核指标分为两级。一级指标包括生态环境、生态经济、生态制度、生态社会、生态文化，强调生态文明建设融入经济、政治、文化、社会建设之中；二级指标根据长江经济带优化开发区、重点开发区、农产品主产区、重点生态功能区和禁止开发区的发展重点设置差异化的指标[107]。考核的指标值可参考《国家生态文明建设试点示范区指标

（试行）》进行确定。由于禁止开发区为各级各类自然文化资源保护区域，故不设置经济类和社会类考核指标。

优化开发区强调优化空间布局、产业结构、发展方式及生态系统格局，强化对经济发展质量、效益指标的考核。因此，重点考核：城市水环境功能区水质达标率、现代服务业增加值占 GDP 的比重、高新技术产业增加值占 GDP 的比重、主要工业污染物排放强度、重点企业实施清洁生产审核比率、重点企业 ISO 14000 认证率等。

重点开发区强调发展循环经济，实现资源合理开发、节约使用和综合利用，减少工业化和城镇化对生态环境的影响。因此，重点考核城市环境空气质量优良率、主要工业污染物排放强度、高新技术产业增加值占 GDP 的比重、“三废”综合利用产值占 GDP 的比重、单位 GDP 能耗、单位 GDP 用水量、绿色创建活动指数等。

农产品主产区强调发展循环农业和生态农业，着力推进农业清洁生产和废弃物资源化利用，减少农业面源污染，保障农产品供给和食品安全。因此，重点考核土壤环境质量指数、农业灌溉用水有效利用率、农村生活垃圾无害化收集处理率、有机、绿色及无公害产品种植面积比例、农村可再生资源利用指数、村庄环境整治达标率、公共财政用于环保支出的增幅等。

重点生态功能区强调涵养水源、保持水土、维护生物多样性，严格限制高污染、高能耗、高物耗产业，在不损害生态功能的前提下，积极发展第三产业。因此，重点考核森林蓄积增长率、水土流失和荒漠化治理率、生物多样性指数、主要河流断面优质水率、生态恢复治理率、第三产业增加值占 GDP 的比重等。

禁止开发区强调严格控制人为因素对自然生态和文化自然遗产原真性、完整性的干扰，依据法律法规实行强制性保护。因此，重点考核保护目标实现程度、保护对象完好程度、污染物“零排放”率、环境法律法规执行率、环境管理能力标准化建设达标率等。

以县为基本单位，按主体功能区类别分别实施考核。为了将主体功能区管理与现行行政管理体制有机结合，充分发挥长江经济带县级政府在产业绿色发展中的能动性，建议以县为基本单位，依据各类主体功能区的考核指标体系，分别考核各县的产业绿色发展绩效。一是对生态环境类指标设定“底线”值，依据不同主体功能区差异，结合节能减排、耕地保护、生态保护等“红线”政策，对违反“底线”和“红线”的党政干部坚决实施“一票否决制”。二是在权重赋分上不搞“齐步走”，突出区域的发展基础，根据主体功能区定位的差异和区域的发展基础确定相应的指标权重，总体应加大节能环保方面的指标权重，强化这些指标对经济类指标的约束性。三是考核结果只对属于同一主体功能区中的县进行排名，坚持以排名代替达标、以成效代替基础，依据不同主体功能区的指标体系分别考核对应县，优先提拔任用各主体功能区中产业绿色发展绩效较好的党政干部。

完善产业绿色发展责任追究机制，重视考用结合。一是加快建立党政干部环境责任终身追究制。建立自然资源资产损益情况的离任审计制度，评估其任期内自然资源资产的增（减）值情况，对做表面虚功、盲目决策并造成严重后果的党政干部，严格追究其责任[107]。建立环境保护党政同责机制，对在禁止开发区出现任何环境损害事件的党政干部实行“一票否决制”。二是建立有效的以产业绿色发展绩效为依据的激励机制，将考核结果作为领导干部提拔任用的必要依据，对在生态文明建设中做出突出贡献的单位和个人给予表彰奖励，在同等条件下，优先提拔任用产业绿色发展绩效较高的党政干部和个人。三是建立多部门、多主体联动的督查机制，健全环境质量政府负责制和环境保护部门联动制，实施由人大、公众、媒体等多主体组成的环境保护考核督查机制。

15.2.3　深化推进乡级河长制管理

全面推行河长制是贯彻中央绿色发展理念、推进生态文明建设的内在要求，是解决复杂水问题、维护水健康的有效举措。长江经济带已基本建立了省、市、县、乡四级河长体系，省级各部门职责已全面落实，河长制工作取得了初步成效。然而，基层政府在河湖治理中仍存在政策执行不到位、管理规范性较差等突出问题。河湖管护关键在基层，因此，强化乡级河长制管理，是破解长江经济带河湖保护的“最后一公里”难题的决胜性任务。

强化和落实乡级河长制管理，需做好以下几方面工作。出台各省市河湖治理与保护条例，建立严格的河湖管理监督考核和责任追究机制，提高乡级河长工作的责任意识。一是加快制定相关法律法规，明确河长制工作职责，确保河长制工作有法可依。二是建立河长定期巡查制度。加大对河湖排污口、乡镇工业企业、村镇出勤养殖场、河湖保洁、涉河违法等事项巡查力度。建立无人机河道巡查长效机制，降低巡查成本、提高效率。三是建立河湖治理任务交办、督办制度。采取日常督办、专项督办和重点督办的形式。四是积极引入三方机构对河长制工作进行专业化、全过程评价，提高考核评价的精准性。

加快建立健全的乡级河长制组织运行机制，提高乡级河长制的工作合力与效率。一是尽快明确乡级河长办的编制和人员，加快河长制工作由乡镇向村社区一级延伸，建立覆盖所有河道水网的组织体系。二是加快在河湖保护领域建立有效的执行执法与刑事司法衔接机制，通过建立联席会议制度、信息共享机制、介入支持制度和情况通报制度，促进行政执法机关、公安机关和检察机关三方合理打击涉水环境违法犯罪行为。三是建立灵活的生态补偿机制。县河长办可设立河长制管理保证金专户，以河长制工作综合考核结果为标准，设定全额返还＋100%保证金奖励、全额返还、全额扣除三档奖惩，激励乡级河长扎实推进河湖管理。

由县级河长办牵头统一编制《乡级河长制管理规范》，为乡级河长制的工作实施提供技术指导。一是建立河长制管理质量目标，提出针对性的河长制基本要求，包括机构设立、职能职责和人员素质等。二是明确河长制管理要求，包括河长巡查基本要求、例会要求、重点项目协调推进要求、投诉举报处理方法等，规范河长工作。三是明确河长制信息管理要求和绩效考核要求，规范乡级、村级河长巡查日志和河长工作绩效考评细则。四是制定《乡级河长督查手册》，督查项目主要包括水质情况、存在问题、水质目标等工作。

加大对乡级河长制工作的资金、技术和人员支持力度，提高乡级河长制工作的资源保障能力。在资金投入方面，加快整合现有归口水利、环保、农业、国土等部门的资金，集中财力加大乡镇重点区域、重点行业和重点污染源头的治理力度。在技术与人才支持方面，通过 PPP 模式能够充分利用专业机构在技术、人才和资金方面的优势，建议率先在污水处理与垃圾回收两个行业实施 PPP 模式试点。在公众参与方面，加强宣传引导，增强环保意识，一是引入环保 NGO 组织参与河长制工作；二是按照临水和涉水生产经营原则，对乡镇临水和涉水企业实施法人认领河道模式，由法人参与负责污染源控制、污水处理等工作；三是扩大区域“绿色卫士”环保志愿者队伍，充分调动离退休干部、党（团）、志愿者、普通民众的积极性，招募民间环保卫士，共同参与河湖保护与治理行动。

15.2.4 建立横向水生态补偿机制

长江经济带横向水生态保护补偿机制既涉及 11 省（市）之间的利益博弈和协调，也涉及具体补偿办法的制定和落实，是一项复杂的系统工程。当前，为推进长江经济带横向水生态补偿机制的建立，需要从以下几个方面入手。

（1）加强长江经济带横向水生态保护补偿的顶层设计，实现重大决策有平台、部门协调有途径、权责分配有保障

一是建立高一级生态保护补偿管理机构，由推动长江经济带发展领导小组牵头，11 省（市）主要领导联合组成，建立长江经济带水生态保护补偿管理办公室，办公室负责人由推动长江经济带发展领导小组组长兼任，统一决策长江经济带水生态保护补偿事宜。

二是建立水利、环保、国土、财政等多部门横向联席会议制度，制定统一的水资源开发、利用和保护规划，出台《关于推进长江经济带水资源生态保护补偿协同管理的意见》，形成具有约束力的规范性意见，确定各部门在水生态保护补偿中的责任和分工。

三是制定《长江水生态保护补偿条例》，明确长江经济带各省（市）的权利和义务，确定补偿方式、补偿标准、资金来源与管理、绩效考核、责任追究等核心内容，推进横向水生态保护补偿的制度化和常态化[108]。

四是编制《长江经济带横向水生态保护补偿实施方案》，由新建长江经济带水生态保护补偿管理办公室牵头，组织国家水利、环保、财政等相关部门、11 省（市）和省内长江沿线城市主要领导、沿江涉水企业、重点补偿区域公众代表、环保类非政府组织等，制定具体的实施细则和配套政策。

（2）制定长江经济带横向水生态保护补偿技术规范，实现补偿依据稳定可靠、补偿标准科学准确

一是建立科学可行的水资源监测制度。水利部长江委应加快健全重点生态功能区、跨行政区域流域断面水量水质重点监控点位和自动监测网络，实现水质监测的信息化和精确化。由国家水利部长江流域水资源保护局统一监测水量水质变化情况，确保监测结果和核算标准的权威性和公正性。

二是以全国主体功能区定位为纲，以长江流域水功能区定级为目，实施横向水生态保护分级分类补偿。由推动长江经济带发展领导小组牵头，组建包括水利、环保、国土等技术人员在内的专家组，测算长江流经 11 省（市）四大主体功能区的水质和水资源开发利用强度，评估不同主体功能区的水资源环境承载力，按照长江水资源环境承载力大小来确定一级补偿权重，在各主体功能区内，按照《全国重要江河湖泊水功能区划（2011—2030）》中的分类分级划分，确定二级补偿权重，综合两级补偿权重共同确定不同类型区域的补偿系数[108]。

三是建立反映清洁水资源的市场供求和资源稀缺程度的补偿标准。以受偿方的直接损失、机会成本及生态环境建设为基础，以水生态服务功能价值为参考，兼顾各省的水资源保护区面积、经济发展水平、人口数量、出境水质、地表径流量等参数，逐步形成水生态保护补偿标准体系。同时，应建立动态化的补偿标准，以反映日益增长的水生态修复成本和水生态损害叠加效应[108]。

(3) 建立政府、企业与社会共同参与的多主体协同补偿机制，实现补偿主体和补偿资金多元化

一是由国家财政部门会同水利、环保、国土、农业等部门，统筹和规范现有涉及水资源保护和生态补偿的财政资金，发挥资金合力，提高水生态保护补偿专项资金使用的精准性和效益。同时，建立地方政府出资与财政收入动态增长机制，各省（市）财政均按照上一年度地方财政收入的一定比例上调水生态保护补偿金基数。

二是由国家财政部门会同发改、工信、环保、水利等部门，制定《长江经济带涉水企业水资源保护准备金管理办法》，依据企业用水量和水污染物排放量确定水资源保护准备金提取标准，水资源保护准备金专项用于长江经济带水环境治理和生态补偿所需支出，从而缓解财政资金的支付压力，调动企业参与长江经济带水资源保护的积极性。

三是由11省（市）地方政府设立横向水生态保护补偿引导基金，以“母基金”方式，与社会资本共同发起设立天使投资基金、环保科技成果转化基金等，引导社会资本进入水生态环保产业。中央与地方政府通过发行长江经济带中长期水生态保护补偿建设债券、福利彩票等方式，多途径筹集水生态补偿资金，共建长江流域农业节水灌溉工程和水资源保护与治理工程，实现成本共担、效益共享、合作共治。

(4) 建立以市场化补偿方式为主的长效补偿机制，实现补偿方式灵活多样、运行机制务实高效

一是在长江流域水资源归国家整体所有的基础上，赋予11省（市）水资源二级所有权，在长江经济带全面推行“河长制”，明确各地区对长江水资源的占有、使用、收益和处分权。另外，综合考虑各省（市）的主体功能区定位、水功能区划分和地区生产、生活用水需求，制定水量和水权初始分配方案。

二是建立长江经济带水资源使用权、排污权交易机制。由国家环保部牵头，依托11省（市）现有的排污权交易中心，建立长江经济带统一的排污权

交易市场，实行国家环保部配额管理与地方政府或企业邻近交易相结合的方式。环保部根据长江经济带经济社会发展需求与生态环境质量，整体确定长江水资源利用或排污的总量标准，并以配额的方式分配给 11 省（市），促进有需求的邻近省份开展水权交易和排污权交易。

三是创新实施多样化的横向水生态保护补偿方式。由国家发改委牵头，联合农业、科技、环保等部门，以全国主体功能区建设为依据，调整跨区域对口支援工作，下游地区可通过产业转移、绿色技术支持、共建生态产业园区等“造血式”手段补偿上游地区，实现补偿方和受偿方的利益双赢。

四是实施断面水质梯级奖惩制度，强化补偿机制的激励与约束作用。依照流域水资源质量达标和改善情况，按照水质优质、水质改善、水质超标和水质恶化程度，分档拨付水生态保护补偿资金。对水质持续改进的断面应逐年提高补偿资金的基数，调动上游流域保护和治理生态环境的积极性；对水质持续破坏的断面应加大扣缴额度，严格约束水环境损害行为。

（5）选择试点流域逐步推进长江经济带水生态保护补偿机制

由于长江经济带横跨 11 省（市），资源禀赋与经济发展水平差异较大，为确保上述横向水生态保护补偿机制能够高效运行，建议按照“试点示范积经验、全面推广共保护”的步骤逐步推进。一是建议以四川“三江”流域、贵州赤水河流域、云南金沙江流域、湖北汉江干流、湖南湘江流域、长江江西九江段、安徽大别山区域、江苏太湖流域、浙江的钱塘江流域为试点，以省内的各市（县）为单位，开展省内流域横向水生态保护补偿。二是以长江干流流经省（市）为主、以省际断面为界，例如四川与重庆、重庆与湖北、湖北与湖南等，推行邻近省份横向水生态保护补偿机制。

15.2.5　系统划定并严守水体红线

总体而言，长江经济带水体红线应从两个方面考量。一是水体红线要“划得出”，一方面系统科学设定长江经济带水资源、水环境、水生态三个方面的红线约束指标；另一方面将长江经济带流域管理与区域管理紧密结合，合理确定长江经济带流域内部红线划定办法。二是水体红线要“守得住”，即建立完善的长江经济带水体红线管控制度，保证红线落在实处，发挥效用。

（1）从水资源、水环境、水生态三个层次确定长江经济带水体红线指标

水资源、水环境与水生态是一个有机联系的整体，任何一种形式的损害均会对水体造成不可估量的连锁反应。水资源过度消耗会影响整个水生态循环系统，同时对长江经济带经济社会发展造成制约，水环境损害会影响水质的高低，一旦水质遭到严重损害，居民饮水安全将成重大问题，而且水质损害后的自我修复能力及外部修复相当艰难，甚至产生不可逆的现象。水生态是关系整个长江经济带生态系统的子系统，水生态系统的破坏会影响长江生物系统等。因此，从长江经济带水体整体来看，应从水资源、水环境、水生态三个方面全面划定水体红线，系统保障长江经济带水体不受损害。

相对于“耕地红线”的数量限制和“生态红线”的空间保护性限制而言，长江经济带水体红线是一种以“量—质—序”为一体的限制，为了更好地体现水量、水质、水生态的“量、质、序”的递进约束，由“3 + 6 + 9”三个层次、六个方面、九类指标约束构成。

水资源作为一种资源属性来看，即要保证水资源总量能够持续满足长江经济带经济社会的用水需求，也要提高资源的利用效率，降低单位产值的用水量，因此，水资源层次从总量控制和效率控制两个方面进行约束，主要包括用水总量、万元工业增加值用水量、农田灌溉水有效利用系数三项指标[109]。

水环境重点从改善长江经济带水质出发，既从污染物的排放总量来控制长江经济带经济社会发展产生的废水污染物，也要从污染物排放强度出发，不断降低单位产值的废水污染物排放量。其中，COD 排放量是影响水质的重要污染物，因此，水环境层次从排放总量控制和排放强度控制两个方面进行约束，主要包括废水排放总量、污染物去除量、万元 GDP 的 COD 排放强度。

水生态重点从生态系统的角度出发，保障长江经济带的水生态健康和水生态空间有序发展，因此，水生态层次从生态健康和生态空间控制，主要包

括水功能区水质达标率、水生物多样性指数、水生珍稀物种生存状况。

（2）长江经济带水体红线采取横向分段、纵向分级、整体分期进行划定

长江经济带上、中、下游之间由于产业基础和城镇化发展水平存在显著差异，短期内难以确定统一的水体红线指标，基于区域发展的差异，长江经济带应坚持“共同但有区别”的原则，按照横向分段、纵向分级的思路分期划定。

一是长江经济带自上游至下游整体水质逐渐变差，因此，应当考虑长江经济带流域水质的阶梯性特征，建议按照优于Ⅲ类水的河长比例将长江经济带流域进行分段，便于对水质和污染源相近的流域确定统一的水体红线指标值。其中，长江经济带下游地区污染严重，可提高水体红线指标约束值，倒逼企业、居民等主体采取节水减排措施，而长江经济带上游地区水质相对较好，应保留适当的发展空间。

二是在某一流域段内，依据《全国重要江河湖泊水功能区划（2011—2030）》所划分的一级水功能区和二级水功能区，在分段确定总体指标值的基础上，对长江经济带各流域段内的水功能区分级确定差异化的水体红线指标值。例如，对一级水功能区中的保护区、保留区设置严格的水体红线指标，二级水功能区也即一级水功能区中的开发利用区，这部分应根据长江经济带各流域段农业用水、工业用水、饮用水、景观娱乐用水、渔业用水的强度等级划定具体的水体红线指标。

三是从现状分析来看，2010—2013 年长江经济带水体质量整体有所改善，各种污染物排放总量均有所下降，因此，长江经济带水体生态红线应实行分期调整，以确保长江经济带水体能持续改善，建议对长江经济带水体红线以 3—5 年为一个周期进行一次调整，调整的依据是对长江经济带水资源、水环境、水生态状况及经济社会发展需求的综合评价，调整的结果应该反映在长江经济带整体发展规划和 11 省（市）具体的五年规划之中。

（3）建立完备的长江经济带水体红线管控制度

分区域、分部门的管理方式难以有效将流域经济的整体性和系统性考虑

在内，这会人为割裂长江经济带建设的完整性。长江经济带水体红线管控应该将流域管理与区域管理有机结合，实行“集中—分散式”的管控方式，这样，有利于将区域经济社会发展规划与流域水体治理统一起来。

一是由推动长江经济带发展领导小组牵头，负责长江经济带水体红线的划定和调整。推动长江经济带发展领导小组联合水利部、环保部等相关部门制定《长江经济带水体红线划定技术指南》，确定长江经济带水体红线控制指标，划定的水体红线将通过全国人大上升为法律的层面，形成对长江经济带11省（市）具有法律约束力的指标，使长江经济带水体红线成为维护长江流域水安全的底线。

二是探索建立长江经济带水体红线管控合作机制，实行长江经济带流域保护联席会议制度，由推动长江经济带发展领导小组牵头，各省（市）主要负责人共同参与，协商长江经济带水体红线划定、水资源初始权分配、污染控制、生态保护等重大决策事宜。建立长江经济带水体保护联合监测、联合执法机制，破除水资源保护的行政壁垒。

三是制定长江经济带流域横向生态补偿办法，形成长江经济带水体“红线+补偿”的管理模式。健全的生态补偿机制是激励长江经济带水生态良好地区持续保护水体安全、倒逼长江经济带水污染物地区不断转变发展方式、实施清洁生产的重要保障。因此，长江经济带11省（市）应按照“谁受益、谁补偿”的原则，联合设立水体生态补偿基金，由中央和地方省（市）共同出资，用于对努力保护水资源的区域进行补偿。

四是建立严格的责任追究制度。首先，实施长江经济带水体保护目标责任制，明确11省（市）各级政府部门的保护目标和主要责任，以此作为长江经济带水体保护绩效评估的依据，形成严厉的倒逼机制。其次，以考核结果作为各政府部门奖优罚劣的主要依据，对长江经济带水体环境造成严重损害的领导，将实行终身责任追究制，避免行政短期行为。

15.2.6 完善绿色发展的市场机制

加快在长江经济带建立绿色市场经济制度。绿色市场经济制度是利用市场机制促进长江经济带产业绿色发展的根本制度，是提高产业绿色发展效率的根本途径。为此，长江经济带应首先建立健全资源环境产权制度，只有明晰长江经济带资源环境产权，才能明确政府、企业、公众等各个社会主体的责任和权利，进一步为资源环境定价和市场交易提供法律基础。其次，加快建立长江经济带资源环境市场交易规范，实现从绿色产品的生产、产品标准制定、绿色认证体系等全方位的绿色经济制度，提高绿色产品的竞争优势。

加快完善长江经济带资源环境的市场化配置机制。由于长期以来，企业生产过程及国民经济核算体系尚未将环境损害纳入成本核算体系中，这导致企业在经济发展过程中忽视了对环境的影响。为此，长江经济带 11 省（市）应建立全流域的排污权、能权、水权和碳排放权交易制度，在长江经济带已有的排污权、能权、水权、碳排放权交易试点的基础上，系统总结现有试点存在的问题和取得的经验，进一步扩大资源环境产权交易范围，完善资源环境产权交易的主体、范围以及初始权分配和定价机制，引导和培育资源环境产权交易市场，充分利用市场机制解决环境外部性问题。

加快完善长江经济带资源环境的价值补偿机制。首先，应加快研究制定长江经济带资源环境的价格指导意见，为长江经济带各省（市）推进环境市场机制建设提供指导。其次，研究制定基于生态环境成本的产品定价机制，将资源开采、产品生产加工、销售及废弃物回收过程中产生的环境影响或损害纳入产品定价体系之中。加快完善对清洁能源发电、园区热电联产改造等项目的补贴机制，鼓励企业、园区大力发展循环经济。制定和实施长江经济带高水耗、高能耗、高污染行业的阶梯水价和差别电价政策，通过价格机制倒逼沿江企业向节能、绿色方向转型。

率先在长江经济带 11 省（市）推行合同节水管理制度。充分利用财政政策和税收优惠政策鼓励和引导沿江省（市）的企业采用合同节水管理，优化合同节水管理服务指南和模式。由于长江下游地区的江苏、上海等省（市）属于水资源紧缺地区，而且钢铁、石化等高耗水行业集聚，因此，可在上述地区的行业企业内率先推行合同节水管理制度，为相关行业企业优先提供关于节水技术改造和设备购入的信贷服务，加快节水服务产业发展，促进在长三角地区形成合同节水管理的示范区，并逐步向长江经济带中上游地区推广实施，提高节水效率。

15.3 长江经济带产业绿色发展的科技政策研究

科技创新是推动长江经济带产业绿色发展的重要驱动力，长江经济带 11 省（市）应坚持以产业绿色发展的重大需求问题为导向，瞄准区域科技创新的短板问题，以五大创新工程建设为抓手，科学布局和优化长江经济带科技创新政策体系（专栏 15 -2）。

专栏 15 -2 推动长江经济带产业绿色发展的五大创新工程

- **绿色创新人才集聚工程**

  √实施“长江经济带产业绿色发展高层次人才集聚计划”和“长江经济带绿色科技创新领军人才支持计划”，加快形成促进产业绿色发展的科技创新人才团队

  √各级地方政府对于符合长江经济带产业绿色发展需求的人才团队，在重大项目和创新平台等方面给予重点支持

  √加大人才配套服务工作，规划和建设一批有利于科技创新的国际化人才社区

- **绿色创新重点研发工程**

  √围绕长江经济带面临的重大资源、环境问题，重大攻关和突破一批关键共性技术

  √围绕长江经济带重点优势产业链，以国家科技重大专项为依托，加快形成绿色物流、绿色质量标准控制、绿色生产与服务的全链条创新体系

  √组织实施长江经济带区域重大科技工程，培育绿色产业技术创新战略联盟

- **绿色创新环境建设工程**

  √按照点、线、面相结合的方式在企业、产业、区域三个层次系统布局科技创新平台，新建一批以企业为主体、产学研高度协作的重点实验室和工程技术研究中心

  √打造优质的仪器共享、成果转化、科技金融、检测检验等绿色创新服务体系

- **绿色创新政策体系工程**

  √协同地方发改、财政、人社、税务、环保、科技等部门，制定鼓励绿色创新的系列政策和改革措施

✓建立健全政府绿色产品采购政策、绿色产品价格补贴政策、绿色消费税收优惠政策等

- **绿色创新基地建设工程**

✓依托长江经济带国家级自主创新示范区，建立绿色创新基地，辐射和带动区域绿色创新发展

✓加快推动长江经济带国家级和省级工业园区实施绿色改造，引导经开区及市县开发区转型为绿色创新的高新区

15.3.1　推进科技体制机制改革

进一步优化改革的顶层设计。针对仍然存在的科技管理体制不顺、工作力量分散等问题，统筹科技厅、发改委、财政厅、人社厅、经信委等多个部门力量，推进科技改革与创新体系建设工作。在推动长江经济带发展领导小组统一管理下，形成科技创新工作“一盘棋”格局，确保科技创新政策在省、市、县各级各部门贯彻落实。要强化目标导向，紧密结合各地区具体实际，科学把握科技体制改革与创新体系建设目标和重点，狠抓各项任务落实，务求创新能力提升、产业技术进步的实效。加快理顺和完善科技管理体制，明晰科技管理部门行政权力清单和责任清单，实现从事务型管理向科学化管理转变，推进科技管理的公正、公平、公开、规范和高效。按照科技计划决策、执行、监督分权制衡、权责对称原则，推动科技项目和经费全过程优化管理。建立科技评审专家信用制度，形成具有公信力的科技计划申报机制与评价机制。坚持问题导向、需求导向和基层导向，建立服务企业自主创新的长效机制。

15.3.2　强化企业创新主体地位

完善以企业为主体的创新机制。企业创新与所处的环境是息息相关的，长江经济带应完善以企业为主体的创新机制。产业得到持续的创新，一是必须使科技创新者能够从不断的创新中获得足够的收益[110]。二是所处的产业发

展环境不断推动企业进行创新。三是支持具备条件的创新型企业、高新技术企业建设一批国家级的实验室与研发中心等创新平台。

加快培育发展创新型企业。建立健全产学研、创新服务机构协同参与的高新技术企业培育体系，着力支持拥有知识产权核心技术、研发投入强度大的企业快速成长。大规模培育科技型中小微企业，抓紧完善相关政策措施，通过孵化器孵化、高新技术企业派生、传统产业改造提升等途径，着力增量。发挥国家级企业孵化器、省级科技企业孵化器引领作用，重点培育科技含量高、创新能力强的先导性企业。积极支持科技型中小企业承担国家创新基金项目。加快打造创新型龙头企业，支持龙头企业通过海外并购等途径实现技术跨越。

强化政策引导，释放创新主体的活力。一是强化科技人才的创新地位，引进或培养高科技人才，建立具有区域特色的科技创新团队。二是强化领军企业的创新带动作用，以武汉东湖国家自主创新示范园区为例，建成具有全球竞争力的光电子产业基地。三是推动产学研合作，发挥高校的智力集聚效应，加快推进企业与高校的协同创新能力。具体操作产学研协同创新时，应紧扣市场的需求，即以“产学研需求”的对接方式推动高校与企业的研发工作，并促使研发成果快速转化。四是通过政策优化等措施激励社会科研机构的研发活力。社会科研机构具有研发效率高，以企业的科技需求为研发导向的显著特点[111]，通过税收优惠、财政补贴的方式能够有效地促使社会科研机构发展壮大，形成完善的社会科研组织机构，协助企业获取本行业内绝对的竞争优势。

完善科技成果转化体系，减少科技成果转化障碍。一是强化金融配套措施，解决中小型科技企业融资难的问题。设立科技成果转化基金或者政府专项资金，拓宽中小型科技企业融资。二是强化中央和地方的财税支持力度，完善对高校及其他科研机构的资助体系。激发科研机构的创新活力，推动产学研结合，加上转化具有自主知识产权的科研成果。三是落实国家技术创新工程，以市场需求为导向构建新型的研发机构。及时制定具有可操作性的科技成果转化政策，提高科技成果转化的效率，促进科技创新。

15.3.3　加大科技创新基础投入

打造金融资本、产业资本、绿色科技创新资源相互融合的“创新生态链”。一是设立推进绿色科技发展专项资金，重点用于现有政策未覆盖或覆盖力度较小的行业。对创新型的企业实施直接补贴，通过各种财政政策的综合实施进行财政支持。二是拓宽绿色金融支持面，强化信贷支持力度。落实绿色金融政策，给予实施绿色金融政策的金融机构以直接的财税优惠，可以通过减免所得税和营业税等措施，从而缓解中小科技创新企业融资难的问题。由政府机构牵头设立产业绿色发展基金，由政府和社会机构共同持股，积极引导社会资本投向绿色产业。

积极探索长江经济带科技金融结合新模式。力争设立一支科技成果转化引导基金，成立一个科技金融服务中心，建设一个科技成果和知识产权交易中心，形成“一基金两中心”的战略格局。健全科技成果转化风险补偿机制。推进天使投资基金、小微企业互助担保、新三板上市、专利权质押贷款等工作。发挥好银行、保险、证券等金融机构作用，助推不同类型、不同发展阶段的科技创新型企业发展壮大。探索成立专门机构，提供科技金融一站式服务平台。积极推进专利转让许可和专利权质押融资、企业合作成长贷款担保基金授信等产品。

加快建立健全长江经济带企业绿色技术创新长效激励机制。由于绿色技术创新具有较强的正外部性，因此，亟须通过健全的公共财政政策支持企业实施绿色技术创新活动。首先，建立完善的企业绿色研发投入持续增长机制，鼓励和支持长江经济带科技型企业围绕资源、环境问题加强自主创新，加快低碳、节能、节材、节水等绿色新产品和新技术的研发和产业化。引导企业按照《长江经济带创新驱动产业转型升级实施方案》中对产业绿色发展的需求实施研发项目。加强长江经济带企业绿色研发投入情况统计，建立长江经济带国有企业绿色技术创新绩效考核评价机制，把绿色研发投入、低碳节能技术研发和成果转化纳入其业绩考核之中。其次，充分发挥企业绿色创新优惠政策的激励作用。通过税收抵免、环保补贴、资产管理等政策，为长江经济带企业绿色技术创新和成果转化营造积极的政策环境，重点促进长江经济带两型企业环保税收优惠、绿色研发投入加计扣除、政府购买等税收扶持政策。

建立健全长江经济带11省（市）在绿色创新领域的财政科技投入稳定增长机制。适当调整和优化长江经济带11省（市）的科技计划和经费投入计划，重点向具有低碳、环保的绿色技术创新项目倾斜。围绕长江经济带生态环境保护面临的紧迫需求，综合运用无偿资助、政府采购、风险补偿等方式，确保面向环境保护的各类创新活动能够优先获得财政资金支持，从而进一步引导社会资本进入绿色创新领域。进一步梳理和优化来自不同部门的科技投入资金，将分散于科技、环保、发改等部门的绿色创新资金有效集中，按照长江经济带产业绿色发展需求集中投放，增强重大科技攻关项目的支持力度。

15.3.4 加大科技创新人才培养

培养融通科技创新思维与有助于传统产业绿色转型升级的复合型人才。一是实施科技创业领军人扶持计划，完善扶持政策，强化创业项目的指导与帮扶使其能够起到模范带动作用。二是强化科技创新人才培育，完善人才引进措施与激励措施，通过引进或培育等方式强化长江经济带科技创新团队的建设。三是鼓励校企联合开展定制式人才培养，支持建立科技创新与实体产业融合的培育模式。四是完善创业孵化器，由目前的大学与非营利机构为主导的模式转变为由政府直接参与扶持的模式。鼓励新技术、新成果实现无障碍转化，为促进传统产业实现绿色产业转型升级的项目提供投资服务。完善科研成果的评估体系，使其在转化为产业时能够得到合理的回报，激励科技人才实现科技创新。

建立长江经济带畅通的人才流动机制。围绕长江经济带创新驱动产业转型升级的五大战略重点，加大重点产业急需紧缺的高端人才的引进和培养力度，积极引进两院院士、“千人计划”、国家杰出青年、“长江学者”等高端人才到长江经济带 11 省（市）开展工作，对突破重点产业关键技术并取得显著经济、环境和社会效益的人才，中央与地方政府应给予适当的奖励和资助。鼓励长江经济带各地方政府依托绿色产业发展项目，采取联合攻关、技术咨询等方式柔性引进高端创新型人才和团队。充分发挥行业企业在人才引进和培养中的主体作用，对企业引进的符合长江经济带产业绿色发展需要的科技创新人才，并对企业发展和地方经济社会发展产生显著效益的人才，政府财政应给予适当的奖励和资助。

优化长江经济带高端人才及团队培养环境。科技创新人才是推动长江经济带产业绿色创新的重要资源，11 省（市）应将培养、吸引和用好环保科技创新型人才作为产业发展的重大战略任务来抓，企业应努力创造良好的环境与条件。围绕当前科教领域“双一流”建设的重大战略部署，在长江经济带创建一批一流的面向生态环境保护的科技创新机构，不断提升长江经济带高端人才队伍的培养质量，为产业绿色发展提供强大的智力支持。积极营造长江经济带环保科技创新型人才的创新创业环境，各级政府职能部门和沿江科研院所应集中各类资源，建设环保科技创新的配套设施和服务体系，加速环境科技创新成果孵化和产业化应用。

15.3.5　打造绿色科技创新平台

加快健全长江经济带科技创新平台总体布局。由国家科技部牵头，长江经济带 11 省（市）科技部门协同，按照点、线、面相结合的方式在企业、产业、区域三个层次系统布局科技创新平台。首先，引导长江经济带有条件的节能环保型企业按照从研发到成果转化一条龙的思路，自建或政企联合建立工程实验室、工程技术研究中心、研发中心等科技创新平台。其次，围绕长江经济带重大产业集群，支持行业龙头企业建立产业技术研究院、协同创新中心等，提升全产业链的创新能力。最后，依托上海张江、苏南、杭州、武汉东湖、长株潭、成都六大国家级自主创新示范区，打造区域绿色科技创新平台，重点探索增强企业自主创新能力、促进低碳技术研发和产业化应用的体制机制；探索构建地方优势产业、新兴产业及传统产业绿色发展的路径。

完善长江经济带实验室体系，为产业绿色创新提供原始创新能力。鼓励长江经济带 11 省（市）围绕该区域在环境、产业、技术创新、资源等重大领域的创新需求，联合申报国家实验室，打造高水平的重大创新平台，服务和支撑区域产业绿色发展。以区域重大产业节能降耗发展需求为依据，培育和创建一批省级实验室，打造在重点产业集群领域内具有引领性、综合性和突破性的全链条省级实验室体系。进一步整合长江经济带 11 省（市）重点实验室资源，鼓励和支持沿江 11 省（市）的重点高校、科研院所建立实验室共享平台。

加快建立一批绿色技术创新中心，为提升长江经济带产业绿色创新能力提供重要支撑。聚焦长江经济带新能源、节能环保、新能源汽车等战略性新兴产业及钢铁、石化等优势支柱产业领域，以提升产业绿色技术创新能力，打造以绿色经济增长点为目标，在中央和地方财政资金引导下，由行业龙头骨干企业牵头，联合重点高校和科研机构，共建一批绿色技术创新中心。鼓励和支持具有良好绿色创新基础的企业申报建立工程技术研究中心，建立健全科技创新激励机制和利益分配机制，加速科技成果转化和产业化发展。

打造“公共云服务平台”，强化示范带动，引领传统产业实现绿色转型。结合长江经济带的智力、资本、资源集聚的优势，针对不同区域实际设立相应的“公共云平台”，分别以区域中心上海、武汉、重庆，集中产学研用等多方资源，设立绿色产业发展基金，构建创新创业促进平台。一是建立目标考核、滚动支持机制，提高中小企业绿色发展的积极性。根据企业年度预期目标考核情况给予滚动支持，并通过预期目标的调整，不断激励企业研发创新。有效引导产业链上、下游创新资源整合，促进中小企业的转型升级。二是推动产学研、产业链协同创新，加快提升产业核心竞争力。扶持区域内传统的优势产业，强化示范带头作用。通过产业链协同创新的引导，实现绿色科技运用优化传统产业的产品、服务，促使传统产业实现绿色转型升级并在市场中占据有利的竞争地位。

15.3.6　加强政府支持创新力度

落实知识产权战略的实施。建立健全和完善知识产权管理机构，落实知识产权的保护。一是落实知识产权的保护措施，首先是贯彻落实知识产权的保护政策，其次是强化知识产权的管理与服务。广泛开展知识产权宣传与普及工作，强化知识产权的保护，保护知识所有者的权益。二是继续深入开展企业发明专利清零行动，加快实施创新型企业培育转化工作，支持专利技术转化与产业化，奖励优秀发明专利产业化项目。三是完善专利、商业模式创新等知识产权的价值评估，实现知识产权质押融资。积极引导区域外知识产权服务机构进驻，借鉴北京模式或者武汉模式，实现科技创新企业的再融资。

强化对绿色科技研究开发的支持力度。近年来，长江经济带各省（市）对科技研发的支持力度不断加大，但是在针对绿色科技研发的政策措施仍缺乏。政府以及相关部门应将绿色科技研发、绿色技术创新作为科技发展的一部分，制定一系列有效的支持政策，促进新技术在生态环境保护和建设中的应用。强化对区域内优势产业的支持力度，包括建立“公共云平台”强化示范带动、完善对知识产权的保护与转化等。在区域中心支持领军企业联合高校成立优势产业的科技研发机构，维持优势产业的竞争力。

强化政府绿色采购，对绿色发展企业予以间接支持。在当前的政府采购体系中，尽管已经加入了绿色产品的采购项目，但仍缺乏强制性的采购制度约束，同时采购标准不明确、绿色理念缺失等问题也比较突出。一是强化政府绿色采购的理念，制定绿色采购的制度。绿色采购制度应当具有指导性、可操作性，具体包括绿色产品的标准认定、产品清单等，在制度强制执行的过程中不断强化绿色采购的理念。二是及时公开政府绿色采购清单，建立政府绿色信息的披露制度，通过绿色采购清单制度来实现信息的透明化。同时，根据产业绿色发展的情况动态调整绿色产品和服务的范围。三是完善政府绿色采购的监督制度。通过设立专门的采购监督机构对政府绿色采购的全过程进行监督，确保政府绿色采购落实到位，并公开绿色采购明细及相关政策。

优化新兴产业管理政策。一是通过顶层设计推进管理体制与产业发展的协调。清理所涉及的行政审批项目和服务项目，部分权力下放至园区，以三张清单清除管理盲区和职权交叉问题。二是围绕“产城融合”和“软环境提升”强化园区服务能力。加强软环境建设，为初创企业提供更优质的创业服务和投融资服务；建立“孵化器—加速器—产业园”的创业扶持路径。三是通过“政策倾斜”和“做实平台”加大对中小微企业的扶持力度。引入创投考量指标，政策向成长性较好的小微企业倾斜。四是加大人才引进和培养力度。围绕高端人才“筑巢引凤”。从城市品位、基础配套、创业氛围、人才补贴等各方面创造良好的发展环境。以“军民融合”为突破口鼓励国防技术人才向企业家转变。

15.3.7 建立科技协同创新机制

建立推进科技创新引领产业绿色发展的协同机制。健全的立法是综合管理科技创新引领产业绿色发展的保障机制。一是建立专门的管理机构，负责统筹绿色科技促进三次产业转型升级的相关政策规划制定、实施工作。调动科技创新参与者参与科技创新政策制定的积极性，使政策的制定能够落实到实处，具有很强的可操作性，是推进长江经济带产业绿色转型升级的重点。二是建立长江经济带高层次科技创新联席会议制度。由推动长江经济带发展领导小组牵头、各省（市）、相关部门主要负责人共同参与、加快构建跨区域、多部门的协同创新机制。三是依托互联网构建长江经济带科技创新网络。落实产业集群式创新，强化不同产业主体之间的资源共享与协同合作，扩大知识溢出效应[112]。

打造大力推动科技创新的良好社会氛围。要进一步加强对科技工作的组织领导。各级党政要高度重视绿色发展与技术创新工作，加强产业绿色发展工作的统筹协调和整体指导。各级各部门要牢固树立全局观念，强化长江经济带、省、市以及县联动和协同配合，形成推进绿色发展的强大合力。要以督查考评为手段，贯彻落实目标责任考核指标任务。要全面营造良好的创新创业法制环境、市场环境、人文环境。加强创新文化宣传和舆论引导，让创新成为全社会的共识与实践，在全社会营造崇尚创新、勇于探索、宽容失败的创新文化，形成大众创业万众创新的社会氛围。

15.4　长江经济带产业绿色发展的金融政策研究

15.4.1　完善绿色金融顶层设计

自 2015 年 9 月《生态文明体制改革总体方案》提出“建立绿色金融体系”以来，开启了我国绿色金融政策顶层设计之路。随后，2015 年 12 月中国人民银行发布绿色金融债券公告，标志着我国绿色债券市场正式启动，2016 年 3 月“十三五”规划纲要提出，建立绿色金融体系，发展绿色信贷、绿色债券，设立绿色发展基金。2016 年 3 月和 4 月，上交所和深交所发布了《关于开展绿色公司债券试点的通知》，鼓励机构投资者投资绿色公司债券。2016 年 8 月，中央深改组审议通过《关于构建绿色金融体系的指导意见》，提出要发挥资本市场优化资源配置、服务实体经济的功能，支持和促进生态文明建设。至此，我国关于绿色金融发展的顶层设计已初步形成。

面对长江经济带实施大保护的发展战略，沿江各省（市）应在国家关于绿色金融发展的顶层设计框架下，进一步增强地方政府关于发展绿色金融政策的针对性和可操作性。一是以立法的形式明确绿色金融的法律地位，秉承“寓义于利”的理念，充分发挥政府宏观调控对市场与资源的调控作用，消除绿色产业发展带来的外部性。二是明确对“绿色金融”主体的行为规范，保障“绿色金融”支持产业绿色发展。三是限制性法律政策与激励性法律政策并举，采取列举的方式进行具体经济行为的激励与限制，可以有效地明确相关主体的法律责任。四是在投融资领域加强企业的社会责任，充分利用金融政策抑制环境不友好的经济行为（专栏 15－3）。

专栏 15－3 鼓励和引导长江经济带发展绿色金融的政策重点

- **绿色信贷**

✓完善绿色信贷政策体系，重点以长江经济带新能源、新能源汽车、节能环保产业为主体，探索和建立绿色信贷统计制度、担保机制、财政贴息政策等

✓建立银行绿色评价机制，重点建立绿色评价指标体系，设计绿色评价流程和风险管理机制

✓推动绿色信贷资产证券化，重点建立规范的绿色信贷资产遴选机制

- **绿色投资**

✓完善绿色债券发展制度，重点明确业务指引、绿色债券标准、信息披露要求等

✓建立第三方评估和评级标准，明确绿色评估报告的规范性内容，重点评估债券发行人的绿色信用记录、项目绿色程度等

✓围绕节能环保型企业，优先支持长江经济带绿色企业上市融资

- **绿色发展基金**

✓依托长江经济带重点产业集群，率先在城市群内设立产业绿色发展基金，逐步推广至全流域范围内

✓鼓励和引导长江经济带地方政府在发展绿色产业中引入 PPP 模式，重点探索以节能减排、生态环保型的项目为主体，建立绿色服务收费机制

- **绿色保险**

✓率先在沿江环保重点监测企业中建立环境污染强制责任保险制度，逐步推广和覆盖至全流域企业

✓创新绿色保险产品和服务，重点围绕长江经济带水资源保护、土壤资源保护等开发系列产品

15.4.2 创新产业绿色融资模式

当前，长江经济带的中下游区域的产业绿色发展项目存在着较大的资金缺口，仅仅依靠区域内的财政收入难以弥补市场需求，而且市场化的投融资机制不完善。实现产业绿色发展的良性循环需建立、完善市场化的投融资机

制，借鉴发达区域的发展模式，完善绿色金融投融资模式。一是建立多元化的融资渠道，从仅仅依靠政府资金到以社会资本为主、政府资金为辅的模式的转变。二是建立符合长江经济带绿色发展需要的投融资机制，构建具有可操作性、针对性强的投融资体系。三是强化社会资本在绿色发展领域的地位，加强政策引导，促进政府资金与社会资本的融合。四是构建完善的多层次的绿色金融市场，引进或者完善绿色金融工具，满足产业绿色发展的需求，搞活绿色发展。

拓宽金融，支持路径。一是加强对重大设施的金融支持力度，解决市场缺位问题。当前，西欧国家已经进入了后工业化时代，英国依靠设立绿色投资银行解决重大基础设施融资中市场缺位问题，英国模式能够有效地调动社会资本的活力，使其投向绿色金融。二是完善企业绿色信用评定，积极发展并规范银团贷款。三是完善银团贷款的二级交易市场。扩大企业绿色信用规模，提高银团贷款在企业整体贷款中的比重，落实银团贷款的运营机制，提高其运营效率。四是优化信贷种类，完善产权质押与信用担保。强化对重点项目的支持力度，实施政府担保等模式加强对重点项目的授信力度，从而支持绿色重大项目的发展。

强化债券融资体系。一是优化绿色公益项目及基础设施的债券融资体系，对该类型的债券融资提供政策优先渠道。二是发展企业债券融资额度大、成本相对低廉、结构较为简单便捷的融资方式，同时扩充融资方式的具体种类。由地方政府牵头整合各类型的筹资融资平台，实施平台联动发行集合债券，发挥金融产业集聚效应。三是金融机构积极配合地方债券发行工作，做好咨询顾问与承销服务工作。

15.4.3　设立绿色发展专项基金

积极推动各级政府设立绿色专项基金。一是根据《政府投资基金暂行管理办法》改革环保绿色相关专项资金的使用，积极在各级政府推行促进产业绿色发展的政府投资基金，并有效地引导社会资金投入绿色产业领域。二是盘活政府性资产存量，即转移具有升值空间的基础设施的经营权或者所有权。实现低效率运营的国有资产由“管资产”到“管资本”模式的转变，主要是通过资产证券化与TOT模式实现，国资委或者其他国有资产管理机构仅仅作为股东之一，并不参与基础设施的运营。“管资产”到“管资本”模式的转变不仅可以提高基础设施的运营效率，同时也能够实现国有资产的增值保值。

引导各级政府借鉴PPP模式，设立产业绿色发展基金。PPP模式是引导社会资本参与绿色发展的有效途径，能够极大地提高私人资本参与产业绿色发展的积极性。绿色产业基金主要投放在有益于环境保护、降低污染排放的产业方面。长江经济带PPP项目的发展处于起步阶段，该项目具有资金需求量大与投资周期长的显著特点，单独依靠社会资本投入很难形成规模效应。PPP模式不仅扩宽了此类产业的融资渠道，同时也能够带动数倍的社会资本参与到绿色发展领域。引入社会资本也能够提高资本的运营效率，降低社会资本的投资风险。长江经济带的江苏省与四川省分别与财政部成立了不同规模的PPP引导基金，当前长江经济带各省（市）应积极引导各级政府根据实际发展的需要设立不同层次的产业绿色发展引导基金，从而满足本区产业绿色发展的资金需求。

一是运用PPP模式推进生态文明建设过程中应首先完善管理组织架构，明确工作重点；二是建立健全法制法规体系，提高民资参与积极性；三是开展五大示范工程，拓展应用领域；四是完善金融支持体系，拓宽融资渠道。五是搭建互联网平台，加强人才队伍和专业机构建设。运用PPP模式助推绿色发展，不仅能解决财政投入不足的问题，更能提高长江经济带绿色发展的质量和效率。

15.4.4 提高绿色金融服务质量

绿色金融的发展涉及众多的部门，例如，发改委、财税部门、环保部门、金融机构等多个独立的部门，建立有效的协调与沟通机制十分必要。长江经济带绿色金融服务存在着信息沟通不足与各部门之间政策不协调等显著问题。

一是长江经济带 9 省 2 市之间尚未建立一体化的绿色金融发展机制。二是同一行政区域内各部门之间缺乏有效的沟通机制，例如，环保部门与金融监管部门之间缺少信息共享，各自实施绿色发展政策。完善各部门之间的协同机制，构建信息共享平台，能够提高金融机构对企业和项目环境成本及风险的评估能力。

构建区域绿色金融合作框架。长江经济带绿色发展管理机构成立由各省（市）共同参与的联席会议，地方政府层面也应相应地主导建立跨部门协调机构，加强长江经济带 11 省（市）促进产业绿色发展的交流合作。在联席会议之下设立金融、环保、财政等部门联合执行或者监督机构，构建联合统一的信息交流平台，完善信息共享机制。积极推动长江经济带区域内金融机构的合作，推动区域内金融管理机构及金融机构就战略决策、业务发展和争议仲裁等方面开展合作，协助拓展其他银行、证券、保险、基金等各类金融机构的沿江分支机构和业务网络布局，促进长江经济带绿色金融服务水平全面提高。

构建绿色信息共享机制。在统一的行政区域内构建绿色发展信息共享平台，完善征信系统，建立信息沟通与共享平台。环保机构通过平台及时披露企业及金融机构关于环保方面的信息，有利于金融监管部门实施有效监督。加强环保部门与金融机构的协调与合作，促进数据共享，促使绿色金融落实到实处，同时也能有效地促进绿色产业的发展。建立完善环境污染损害鉴定评估机制，规范环境污染事故的责任认定和损害鉴定工作。

15.4.5　完善绿色金融保障体系

完善对金融机构绿色信贷实施效果的评估体系。加强对金融机构绿色信贷实施与落实的情况，构建科学合理的绿色信贷监督与评估体系。一是根据测评的结果，设定合理的措施支持绿色信贷的发展，主要的途径包括再贷款与完善的担保机制。二是对于绿色信贷项目实施财税优惠，例如财政贴息等。三是将测评结果纳入对绿色金融机构的激励与支持体系，形成强有力的约束机制，起到限制资本流向高耗能与产能过剩的行业。

统一划定绿色债券与绿色信贷的补助标准。一是建立长江经济带各区域之间的协调机制，划定统一的绿色信贷、绿色债券的界定标准。二是建立共享的绿色信用信息共享平台，明确区域内对绿色金融的信息披露与监督。三是协商制定合理的绿色金融行为准则，明确绿色金融产品的发行条件与实施机制。完善的制度能够起到对金融机构的有效约束与激励，增强绿色资金的使用效率，使其真正地应用于绿色项目。

建立完善信用的监管。有效的信用结构能够防范各种金融风险，吸引社会资本的投入。强化顶层设计，通过法律制度完善绿色投资项目的债务偿还与预算约束，同时完善多层次的风险保护机制。一是加强长江经济带绿色信用管控体系，建立信用风险评估与预警技术平台，及时识别和化解可能存在的信用违约风险。二是建立信用信息的共享机制，加快整合各地区和各部门的信用信息统计口径，构建统一的信用数据共享平台，提高金融风险管理的透明性。同时，根据信用监测数据动态调整和优化负面绿色金融项目。三是定期评定企业信用等级，建立企业信用档案制度，对失信企业要加大处罚和责任追究力度。通过统一的信用信息共享平台严格控制金融风险，强化地方政府在信用监管中的监督与督促作用，从而可以有效地促使社会资本投入绿色金融领域。

15.5 长江经济带产业绿色发展的财税政策研究

15.5.1 完善绿色发展财税政策体系

加强长江经济带产业绿色发展的财税政策的顶层设计。促进长江经济带产业绿色发展的财税政策需要一个完整的体系，既包括国家层面具有强制性的法律政策，如发展低碳经济、循环经济、生态文明建设等国家发展层面的基本政策；同时也需要具体的实施性政策，如生态补偿的财政补贴政策、促进产业朝向绿色发展方向转变的税收优惠政策等。

深化财税政策的可操作性。目前，长江经济带各省（市）出台的促进产业绿色发展的政策法规原则性、引导性的内容多，可操作性有限。政策不能只停留在书面，要注重政策的可执行性，对于产业绿色发展的财税政策的设计，在顾及国内外经济发展的机遇与挑战的同时，要充分结合长江经济带自身经济社会可持续发展的需求，增强政策的针对性[113]。

落实促进产业绿色发展的财税优惠政策。落实财税优惠政策是促进产业绿色发展的关键，针对长江经济带产业发展的状况，针对不同的行业制定相应的优惠政策。例如，鼓励发展循环经济、低碳经济，对于从事符合条件的公共污水处理、节能减排技术改造等环境保护、节能节水等项目予以直接财政补贴和相应的税费减免。税收优惠政策应考虑各省（市）产业发展的具体阶段，及目前发展的具体困境，短期优惠政策与长期优惠政策并行。

15.5.2 调整产业绿色发展财税结构

根据长江经济带经济发展的战略目标调整相应的财税政策。在对财税政策的结构进行调整时需要遵循长江经济带实际的发展状况，以及要达成什么样的目标，总体概括下来应遵循以下两点。第一，根据促使长江经济带产业绿色发展，构建经济发展与生态环境协调发展模式的要求；第二，根据长江经济带产业政策和整体市场的需求。

财税政策的调整包括财政支出结构调整与税收结构的调整，两者对产业的发展都具有积极的引导作用。财政政策是国家进行宏观调控的有力工具，特别是税收能够明确体现政策导向作用。财税结构的调整主要可以分为两种。第一，创新财税政策，即在现有的财税政策的基础上根据经济发展的需要增加新的财税政策；第二，废除陈旧的财税政策，为长江经济带产业的发展减负。财政支出政策和税收政策两者相辅相成，在进行财税政策结构调整时需要取决于当前的经济发展状况。

长江经济带 11 省（市）重点应从资源开采、产品生产及绿色消费等环节精准发力，促进产业绿色可持续发展。例如，在资源开采环节，可加大对煤炭、石油、天然气、金属矿产和非金属矿产等征收资源税，抑制企业的资源过度消耗行为。在企业生产与资源综合利用环节，加大对一次性原材料及产品等污染多的消费品的征税，对实施资源综合利用和循环利用的企业可实施增值税退税优惠政策。在消费环节，可对环保型产品免征消费税。

15.5.3 加大绿色产业税收优惠力度

对环保产业实行税收优惠政策，可以对环保产业生产者给予适当的税收减免补偿，对环保型固定资产允许加速折旧。通过增加新的税收优惠政策，可以有效抑制传统的高污染行业同时也能够增加政府的财政收入，调节地区的产业发展方向，促进经济发展和社会稳定的协调发展。在保障产业稳步、快速发展的前提下，通过税收手段能够有效地调节产业发展，保护高新技术产业和环保节能产业。

利用税收杠杆调控产业的发展，促进高新技术产业、低碳产业的发展。例如，日本通过减少企业的特别折旧、降低企业所得税和固定资产税率鼓励引进再循环设备和环保设施。积极引入生态税收政策，生态保护税的引入有利于从宏观上控制市场导向，倒逼企业采用先进的生产工艺和技术，通过经济手段引导企业的生产与环保行为，进而同时达到改进消费模式和调整产业结构的目的。

15.5.4 强化绿色产业财政补贴力度

财政补贴政策是一项使用广泛的财政手段，财政补贴具有激励性、援助性的显著特点，而且政策的目的性强。长江经济带的财政补贴的支付模式有待完善。国际上通用的支付模式主要包括设立产业绿色发展基金、纵向财政转移支付、横向财政转移支付。可以借鉴国外经验引入横向财政转移支付模式，例如，德国易北河流域建立区域间生态补偿制度，由生态环境受益区设立“生态主体功能区域财政平衡基金”，以实现主体功能区域之间的财政横向转移[114]。长江经济带生态环境受益的区域主要是中下游地区，可以按照受益权重指数设立“长江经济带财政平衡资金”对上游地区的绿色环保产业予以横向财政补贴。

调整和优化长江经济带财政支出结构，重点支持发展绿色工业，大力培植长江经济带绿色经济增长点。一是制定和优化长江经济带 11 省（市）招商引资指导目录，重点支持引进新材料、新能源开发、节能环保等绿色现代产业。二是利用财政贴息、科技专项扶持等方式，支持长江经济带大力发展高端装备制造业、生物医药等战略性新兴产业，推进工业化与信息化深度融合。三是利用财政补贴的方式鼓励长江经济带化工、钢铁、有色、造纸等传统行业进行绿色改造。

从资金投入、财政补贴、技术支持等多方面着手，加大对绿色农业生产的扶持力度。借鉴发达国家绿色农业发展的方式，完善绿色农业投入路径，结合产业经济学的相关理论建立多渠道、多方位的绿色农业支持机制。一是建立农业绿色发展保证金制度，对绿色农业发展提供制度保障。二是加强对绿色农业的财政支持力度，对于绿色农业的技术改造、建设污染药品的使用等方面直接予以财政补贴。三是积极拓宽绿色农业发展的融资渠道，鼓励企业投入农业生产之中，对有助于农业绿色发展的技术研发进行扶持，形成多方面的扶持机制。

第8篇　长江经济带产业绿色发展实证研究篇

第16章　长江经济带环境规制与产业生态效率实证研究

16.1　研究背景与研究问题

党的十八大报告指出，我国必须贯彻落实节约资源和保护环境的基本国策，旨在进一步发展绿色生态、循环经济，改善产业发展结构，使之朝着低碳化、绿色化方向发展。习总书记指出，要深入把握发展与生态环境的辩证关系，既要发展经济，也要改善生态环境，绝不可以牺牲生态谋取经济发展，这样的经济增长是不长久的，是不可持续的。针对长江经济带的独特性，无论是当前还是今后都要把长江经济带的生态环境修复与保护放在首位，不进行大开发，要用改革创新的办法抓长江生态保护。因此，如何实现长江经济带工业发展与环境保护的双赢是未来的焦点。

生态效率从本质上来说是一种兼顾环境效益和经济效益的绩效评价指标，也是产品生态周期和可持续发展观念的完美融合，其目的在于用最少的资源消耗及环境损害获取最大化的经济产出[115-116]。当前阶段，国内外专家学者针对生态效率问题所开展的研究，通常采用指标体系法[117]、经济/环境单一比值法以及模型法三种方法。

针对工业生态化发展，我国政府制定了一系列的环境保护政策。自 2000 年以来，我国政府相继颁布《固体废物污染环境防治法》《大气污染防治法》《节约能源法》等多部环境保护法律。而且长江沿岸各省（市）也颁布了相关环保政策，如《上海市大气污染防治条例》《重庆市环境保护条例》《湖南省大气污染防治条例》等，这些环境保护政策以法律或者强制性方式确定企业生产技术标准和污染物排放标准。同时，中国环保部颁布《排污费征收管理条例》等市场型的规制政策，通过环境税（费）或排放许可证交易等工具来实现节能减排。此外，中国环保部颁布《突发环境事件信息报告办法》《环境保护公众参与办法》等自愿型的规制政策，有效引导企业及公众积极参与环境保护。总体来看，中央与地方政府已基本形成基于强制型、市场型及自愿型环境规制的环境保护体系。

基于当前的现实状况，关于环境规制与工业生态效率的研究主要集中在以下几个方面。其一，长江经济带产业生态效率水平如何，如何对其进行测度及科学评价？其二，诸多的环境规制工具对我国长江经济带经济与环境的协调发展是否具有促进作用，影响效果是否存在显著差异。其三，环境规制工具对长江经济带产业生态效率的作用机制是怎样的。针对长江经济带下游、中游以及上游不同地区，由于区域经济发展水平、产业结构及生态环境状况存在差异，环境规制工具对产业生态效率的作用机制是否存在显著差异。

16.2　长江经济带环境规制与产业生态效率评价模型构建

16.2.1　产业生态效率的评价模型

基于能源—经济—环境（3E）系统理论运用网络 DEA 方法来测度长江经济带工业生态效率，把产业生态系统的“黑箱”打开，将其分为经济、能源及环境三个子系统，并且三者之间相互关联。改变了之前对工业经济研究的单一视角，强调工业经济增长并不是单一的物质增加过程，而是能源消耗及环境污染过程，整体的工业生态系统是由工业经济系统、能源系统及环境系统三者耦合形成，且三者之间相互关联，具有很强的相互依赖关系。

因此，将工业经济、环境、能源三个子系统，分别用 S_1、S_2、S_3 表示。如图16－1所示，三者既有各自来源于外部的投入与产出，又有系统内部之间相互的输入与输出，用 $\text{Link}_{ij}(i \neq j;i,j = 1,2,3)$ $\text{Link}_{ij}(i \neq j;i,j = 1,2,3)$ 表示，此含义表示 S_iS_i 对 S_jS_j 输入，比如 $\text{Link}_{12}\text{Link}_{32}$ 表示工业经济子系统对环境子系统的输入。

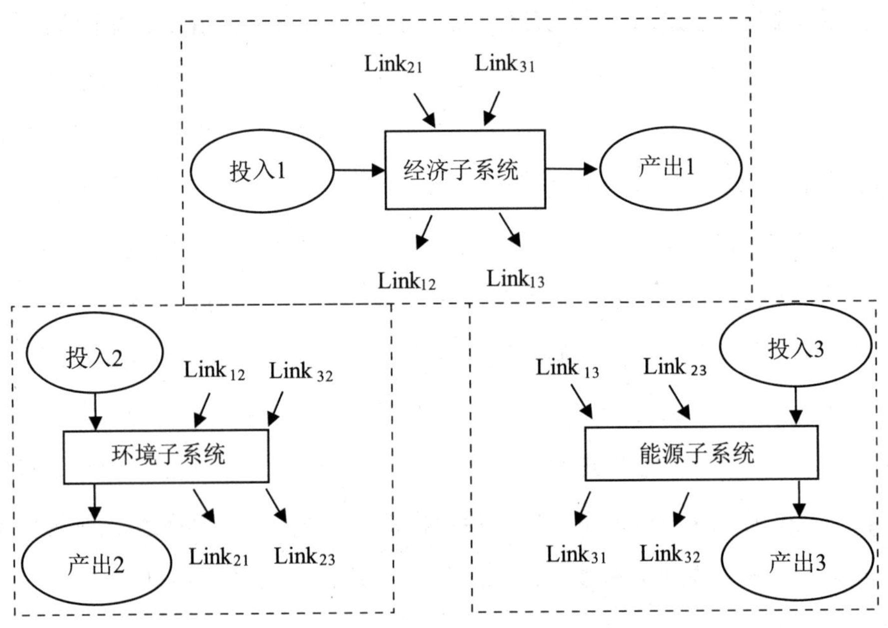

图16－1　长江经济带工业经济生态效率测算网络分解

工业生态系统中的 n 决策单元，其每个决策单元的三个子系统用 $S_P(p=1,2,3)S_P(p=1,2,3)$ 表示，且k决策单位的 $S_p(p=1,2,3)S_p(p=1,2,3)$ 子系统的外部输入为 $x_k^p x_{pk}$，k决策单元的 $S_p(p=1,2,3)S_p(p=1,2,3)$ 子系统的外部输出为 y_k^p；k 决策单位的子系统中，S_i 对 S_j 的输入为 $g_k^{(i,j)}$，S_i 对 S_j 的输出为 $h_k^{(i,j)}$。且 $ij \in pi, j \in p$，当 $i=j$ 时 $g_k^{(i,j)}=0$，$h_k^{(i,j)}=0$ 由此，我们可以得出决策单位 $\text{DMU}_k(k=1,2,\cdots,n)$ 的任意子系统 $S_p(p=1,2,3)$

的所有投入与产出可以表示为 $[x_k^p, \sum_{i=1}^{n} i \neq j\, g_k^{(i,j)}, y_k^p, \sum_{i=1}^{n} i \neq j\, h_k^{(j,i)}]$。其中 $x_k^p \in R_p^m$；而 m_p 是系统 S_p 的 m 个投入要素，$y_k^p \in R_p^l$ 而 l_p 是系统 S_p 的 l 个产出要素，且 x_k^p，$g_k^{(i,j)}$，y_k^p，$h_k^{(i,j)} \geqslant 0$。

长江经济带工业系统效率可以通过对子系统效率加权得，根据程昀与杨印生（2013）[118]的网络 DEA 模型中提出的方法，将各子系统外部投入占外部总投入的比值作为权重，求出综合系统的效率值。因此，本书子系统权重为：

$$\beta_p = x_k^p \sum_{p=1}^{3} Xp_k \text{ 且} \sum_{p=1}^{3} \beta_p \tag{16-1}$$

$$\left(x_k^p, \sum_{i=1}^{n} i \neq j\, g_k^{(i,j)}, y_k^p, \sum_{i=1}^{n} i \neq j\, h_k^{(j,i)} \right)$$

因此，长江经济带产业生态效率评价模型可以表示为：

$$\min \theta = \sum_{p=1}^{3} \beta_p \theta_p$$

$$\text{s. t.} \begin{cases} \sum_{k=1}^{n} x_k^p \lambda_k^p \leqslant \theta_p x_o^p \\ \sum_{k=1}^{n} y_k^p \lambda_k^p \leqslant \theta_p y_o^p \\ \sum_{k=1}^{n} g_k^{(i,j)} \lambda_k^p \leqslant \theta_p g_o^{(i,j)}, i,j = 1,2,3 \\ \sum_{k=1}^{n} h_k^{(i,j)} \lambda_k^p \leqslant \theta_p h_o^{(i,j)}, i,j = 1,2,3 \\ \lambda_k^p \geqslant 0, k = 1,2,\cdots,n \end{cases} \tag{16-2}$$

另外，选取长江经济带 11 省（市）作为研究对象，样本时间跨度 2000—2014 年，同时结合目前苏静（2013）[119]、高珊（2010）[120]、陈黎明（2012）[121]、刘衍君（2010）[122]、孙晓梅（2010）[123]及王锋（2016）[124]等人的研究，以及长江经济带的实际情况进行指标选取，构建了如表 16－1 所示的长江经济带工业生态系统投入、产出指标体系。

表 16－1 工业生态系统投入、产出指标

分　类	投入指标(单位)	产出指标(单位)
工业经济子系统	工业资本投入/亿元 工业研发投入/亿元 工业劳动力/万人 工业能源消耗量/万吨标准煤 工业固废综合利用量/万吨	工业总产值/亿元 工业“三废”排放量/万吨 工业主营业务成本/亿元
环境子系统	治污投入/万元 工业“三废”排放量/万吨 碳排放量/万吨	工业废水排放达标量/万吨 工业 SO_2 排放达标量/万吨 空气质量指数 工业固废综合利用率/% 工业固废综合利用量/万吨
能源子系统	能源工业资本投入/亿元 工业主营业务成本/亿元 工业固废综合利用率/%	工业能源消耗量/万吨标准煤 碳排放量/万吨 工业能源强度/吨标准煤/万元

16.2.2 环境规制强度的测度模型

由于当前多数文献对环境规制工具的研究采用的测度方法不一，同时指标选取也比较单一。基于此，为全面准确测量长江经济带环境规制的效果，参考傅京燕等（2010）[125]的做法，并同时根据所选取的指标进行适当的调整。以下为详细测度过程。

首先，对指标进行处理，消除不同指标间因单位的不同而带来的问题，如不能简单相加合并，需将指标作归一化处理。

其次，对于长江经济带来说，各省份经济发展水平、产业发展结构均存在一定的差异，因此选取的指标之间也会出现差异。为此需要对相关系数进行调整，该调整系数即为权重，通过设置不同的权重系数对各指标进行调整。以下是具体的公式：

$$W_j = \frac{I_{ij}}{\sum_i I_{ij}} \bigg/ \frac{O_i}{\sum O_i} \tag{16-3}$$

上式中，W_j 即是各评价指标的调整系数，I_{ij} 表示污染物排放量，O_i 表示工业总产值，i 表示省份。

最后，将上述处理后的指标经过一定的运算可计算出各省环境规制强度及区域环境规制强度。计算公式如下：

$$S_i = \sum_{j=1}^{p} W_j^* UE_{ij}^s \tag{16-4}$$

$$ERS = \frac{1}{n}\sum_{i=1}^{n} S_i \tag{16-5}$$

上式中，p 表示每种环境规制类型所选取的指标个数，n 表示不同区域所包含的省份数。ERS 越大，说明环境规制强度越大。

另外，基于对环境规制工具的分类，同时结合赵玉民（2009）[126]、贾瑞跃和赵定涛（2012）[127]、张江雪（2014）[128]等研究对环境规制指标的选取，以及考虑到数据的可获得性、完整性，选取以下指标测度不同环境规制工具，具体指标见表 16－2。

表 16－2　　环境规制工具指标选取

指　标	具体指标选取	单　位
强制型环境规制指标	废水排放达标率	%
	二氧化硫去除率	%
	烟（粉）尘去除率	%
	固体废物综合利用率	%
市场型环境规制指标	排污费综合利用率	亿元
自愿型环境规制指标	公众自愿参与	次
	环境标志	家
	环境事件披露	件

16.2.3 计量回归模型

本部分采用 Dietz 等（1997）[129] 提出的 STIRPAT 模型进行实证检验。STIRPAT 模型是基于 IPAT 等式提出的，其一般表示为：I = P × A × T。但其考察的变量数目有限，为了克服 IPAT 方程的不足，Dietz 等[129] 建立了 IPAT 方程的随机模型——STIRPAT 模型，其表示为：

$$I_i = aP_i^b A_i^c T_i^d \mathrm{e}_i^{\varepsilon_t} \quad (16-6)$$

引入环境规制工具变量 ER；同时，为准确分析造成产业生态效率差异的原因，引入产业结构变量 IS，确定具体的模型变量后，得到最终的 STIRPAT 模型如下：

$$EE_{it} = aER_{it}^{\partial} P_{it}^b A_{it}^c T_{it}^d IS_{it}^{\beta} \mathrm{e}_{it} \varepsilon_{it} \quad (16-7)$$

为了消除各变量指标数据中存在的异方差现象，提高模型估计的准确性，两边同时取对数得：

$$\ln EE_{it} = \alpha + \partial \ln ER_{it} + b\ln P_{it} + c\ln A_{it} + d\ln T_{it} + \beta \ln IS_{it} + \varepsilon_{it} \quad (16-8)$$

借鉴上述方法，并对部分变量进行对数化处理①；与此同时，为获取长期动态影响，将被解释变量的一阶滞后量也作为解释变量。构建环境规制影响产业生态效率的动态计量回归模型如下：

$$EE_{it} = a + \alpha_1 EE_{it-1} + \alpha_2 CER_{it} + \alpha_3 CER_{it-1} + \alpha_4 MER_{it} + \alpha_5 MER_{it-1} + \alpha_6 VER_{it} + \alpha_7 VER_{it-1} + \alpha_8 P_{it} + \alpha_9 \ln A_{it} + \alpha_{10} T_{it} + \alpha_{11} IS_{it} + \varepsilon_{it} \quad (16-9)$$

上式中，α_i 表示估计参数，ε_{it} 表示随机扰动项，其中 i、t 分别表示 i(i = 下游、中游、上游) 地区和第 t($t = 1,2,\cdots,15$) 年；EE 表示生态效率水平，用网络 DEA 方法计算得出；CER、MER、VER 分别表示强制型、市场型和自愿型环境规制工具强度；IS 表示产业结构，用第三产业比重进行衡量；P 表示城镇化率，用城镇人口与总人口之间的比值进行衡量；A 表示富裕程度，用人均 GDP 来衡量；T 表示技术水平，用单位地区生产总值能耗来衡量。

① 环境规制水平（ER）在此之前做了标准化处理，因此不宜再取对数；人口结构、产业结构和技术水平都用分数表示，取值小于1，也不宜取对数。为了消除异方差的影响，仅对富裕度一个指标进行了对数处理。

16.3　数据说明与分析

16.3.1　数据来源与处理

本部分使用的数据涉及 2000—2014 年我国长江经济带各省（市），变量的数据来源如下。

一是产业生态效率各指标数据来源。各省（市）的工业能耗数据源于《中国能源统计年鉴》（2000—2014），使用发电煤耗计算法得出的终端消费总量为工业能源消耗量。各省（市）的工业“三废”排放量、“三废”达标量以及固废综合利用量数据来自《中国环境年鉴》（2000—2014）中的工业废水排放及处理情况、工业废气排放及处理情况、工业固体废物产生和排放情况。治污投入数据来自《中国环境统计年鉴》（2000—2014）。CO_2数据需要参考（Ren et al.，2016）[130]的计算方法进行计算获得。各省（市）的资本投入、研发投入、劳动力投入、行业总产值、产业结构等数据来源于《中国统计年鉴》（2000—2014）。空气质量状况数据来源于长江经济带各省（市）统计局网站关于环境统计数据。

二是环境规制测度各指标数据来源。长江经济带各地区能源消耗、土地消耗、水资源消耗、人力资本消耗、经济发展总量、工业废水排放量、COD 排放量、SO_2排放量、烟尘排放量、工业粉尘排放量、工业固体废弃物排放量等数据均来源于《中国统计年鉴》（2001—2014）；各地区废水排放达标率、二氧化硫去除率、烟（粉）尘去除率和固体废物综合利用率等数据均来源于《中国统计年鉴》（2001—2014）；排污费征收总额数据来源于《全国环境统计公报》（2000—2014）；各省环境信访量数据来源于《中国环境年鉴》（2001—2014）；环境标志数据来自中国环保部环境认证中心官网；环境事件披露数据来源于历年各省（市）第一大党报［省（市）委机关报］新闻报道。其余部分数据来源于《中国区域经济统计年鉴》（2000—2015）及 9 省 2 市的《统计年鉴》（2000—2014）。

16.3.2 描述性统计与分析

运用 Eviews 7.0 软件对计量回归模型的变量进行描述性统计处理，并按长江经济带下游、中游及上游三大区域进行描述性统计得表 16－3。

表 16－3 主要变量的描述性统计值

地区	统计量	EE	CER	MER	VER	P	A	T	IS
长江经济带	均值	0.849	0.724	0.520	0.068	0.452	8.605	1.221	0.399
	最大值	0.891	0.901	0.969	0.086	0.544	16.951	1.633	0.422
	最小值	0.794	0.622	0.067	0.052	0.374	3.582	0.605	0.377
	标准差	0.020	0.074	0.320	0.011	0.039	4.442	0.342	0.0136
下游地区	均值	0.881	0.484	0.868	0.126	0.582	13.301	0.875	0.424
	最大值	0.930	0.523	1.361	0.162	0.664	24.799	1.226	0.465
	最小值	0.834	0.412	0.150	0.096	0.516	5.591	0.474	0.391
	标准差	0.016	0.037	0.448	0.022	0.038	6.391	0.243	0.023
中游地区	均值	0.835	0.873	0.366	0.047	0.425	6.337	1.054	0.378
	最大值	0.882	1.170	0.972	0.054	0.505	12.914	1.273	0.385
	最小值	0.789	0.685	0.031	0.038	0.326	2.659	0.553	0.363
	标准差	0.025	0.136	0.304	0.005	0.040	3.384	0.252	0.009
上游地区	均值	0.826	0.809	0.321	0.029	0.343	5.612	1.694	0.392
	最大值	0.876	1.063	0.655	0.045	0.454	12.130	2.308	0.413
	最小值	0.781	0.655	0.018	0.020	0.268	2.265	0.776	0.358
	标准差	0.013	0.117	0.246	0.007	0.041	3.303	0.517	0.017

从表 16－3 中可以看出，就生态效率而言，下游地区的产业生态效率明显高于中游与上游地区。从强制型来看，中游地区强度最高，其次是上游地区，下游地区最低。就市场型环境规制而言，下游地区市场型环境规制强度最高，其次是中游地区，上游地区最低。就自愿型环境规制而言，也是下游地区强度最高，其次是中游地区，上游地区最低。就城镇化率而言，下游、中游与上游地区城镇化率呈从高到低排列。就富裕度指标来看，下游、中游及上游地区也是呈从高到低排列。就技术水平来看，由于技术水平指标由能耗水平来反映，可以看出上游地区能耗水平最高，因而技术水平就最低；而下游地区能耗水平最低，技术水平则最高。就产业结构而言，下游地区第三产业结构占比均值最高，上游次之，中游最低。

同样，对长江经济带环境规制与产业生态效率影响的计量回归模型中各变量之间的相关性进行分析，统计分析结果见表 16－4。可以看出，三种环境规制工具及产业结构与产业生态效率之间呈显著正相关关系，而城镇化率及技术水平与产业生态效率之间呈显著负相关关系。

表 16－4　　　　计量回归模型中各变量之间的相关系数

变量	EE	CER	MER	VER	P	lnA	T	IS
EE	1.000							
CER	0.491**	1.000						
MER	0.357***	0.097**	1.000					
VER	0.553*	0.045*	0.322***	1.000				
P	－0.421***	0.539	0.225*	－0.471**	1.000			
lnA	0.789	－0.503	0.194***	0.210	0.099**	1.000		
T	－0.325*	0.376*	－0.086*	0.182***	－0.386**	－0.198***	1.000	
IS	0.481**	0.074	0.382	－0.073*	0.471	0.447*	－0.379**	1.000

注：***、**、*分别表示 1%、5%、10% 显著水平。

16.4 实证结果分析

根据上述理论模型与数据，首先，利用 MATLAB 软件计算得到 2000—2014 年长江经济带产业生态效率的值。其次，根据环境规制工具分类，测算出不同环境规制工具的规制强度。最后，将长江经济带划分为下游、中游及上游三个区域，分别检验不同环境规制工具对三个区域产业生态效率的影响机制。

16.4.1 产业生态效率分析

从图 16－2 可以看出，长江经济带产业生态效率水平整体呈上升趋势，但变化较小；其效率均值为 0.849，平均每年增长 0.81%。可能的原因是长江经济带产业生态效率水平主要取决于长江经济带工业结构、能源消耗及环境治理情况等。2014 年长江经济带工业总产值占其 GDP 的比重为 46.89%，占比高于第三产业的 44.75%；产业能源消耗量大，2013 年长江经济带工业能源消耗量占其全部能源消耗量的比重为 68.18%、占全国工业能源消耗总量的比重为 42.72%；工业污染物排放量多，2014 年长江经济带废水排放量为 307.85 亿吨，工业二氧化硫的排放量 666.41 万吨，占全国排放总量的比重分别为 42.98%、34.38%。

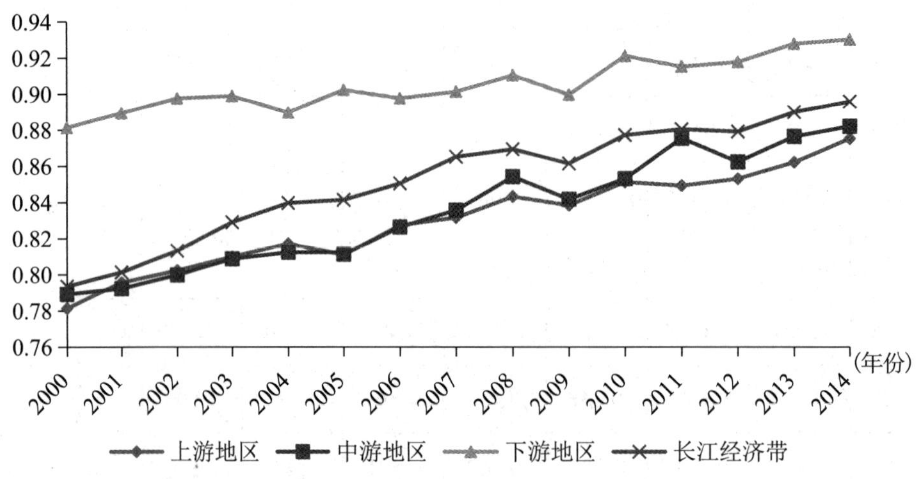

图 16－2 长江经济带 2000—2014 年产业生态效率

长江经济带上中下游三个区域产业生态效率水平虽然整体均呈上升趋势，但其趋势变化呈明显差异；其中下游最高、中游次之、上游最差，效率均值分别为0.881、0.835、0.826，变化幅度分别为0.78%、1.02%、0.7%。出现这种差异的原因是长江经济带三个区域的工业经济水平、工业能源水平及环境状况存在显著差异。其中，从经济发展水平来看，长江经济带上、中、下游工业总产值平均增长率分别为18.14%、27.11%、28.82%；从工业能源消耗强度来看，2014年长江经济带上、中、下游工业能源消耗强度分别为0.474吨标准煤/万元、0.553吨标准煤/万元、0.776吨标准煤/万元；从环境质量来看，长江经济带上、中、下游地区空气质量达到二级以上的天数平均为258.8天、261.5天、273天。

16.4.2　环境规制强度分析

如图16－3所示，从长江经济带整体来看，2000—2014年，强制型环境规制工具强度整体上呈现增大趋势，并且在2009年也出现较大的波动。这可能与2009年世界气候大会上中国政府做出减少碳排放的决定有关。从区域角度来看有两个特点：一是强制型环境规制工具强度呈现出中游地区最强、上游地区次之、下游地区最弱的现象；二是中游和上游地区强制型环境规制工具强度高于长江经济带整体水平，下游地区的强制型环境规制强度低于长江经济带整体水平。这可能是由于中游和上游地区承接大量高污染、高排放的

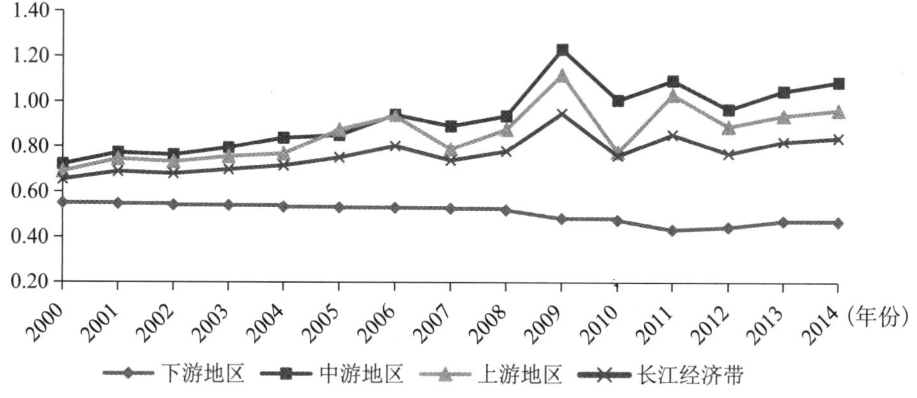

图16－3　长江经济带2000—2014年强制型环境规制工具规制强度

产业转移，致使生态环境状况非常严峻，而强制型环境规制工具对污染排放起到最直接的作用。

如图16-4所示，从长江经济带整体来看，市场型环境规制工具强度呈现出不断增大的趋势，这与中国市场逐渐完善、市场化程度不断提高有关。从区域的角度来看，一是下游、中游及上游地区的市场型环境规制工具强度整体上也呈现出不断增强的趋势；二是下游地区的市场型环境规制工具强度最高，其次是中游地区，上游地区市场型环境规制工具强度最弱；三是下游地区市场型环境规制强度高于长江经济带整体水平，而中游及上游地区市场型环境规制工具强度低于长江经济带整体水平。相比中部及西部地区，下游地区市场比较开放，市场化程度高，通过采取一些相对灵活的市场环境治理手段达到的效果更显著。

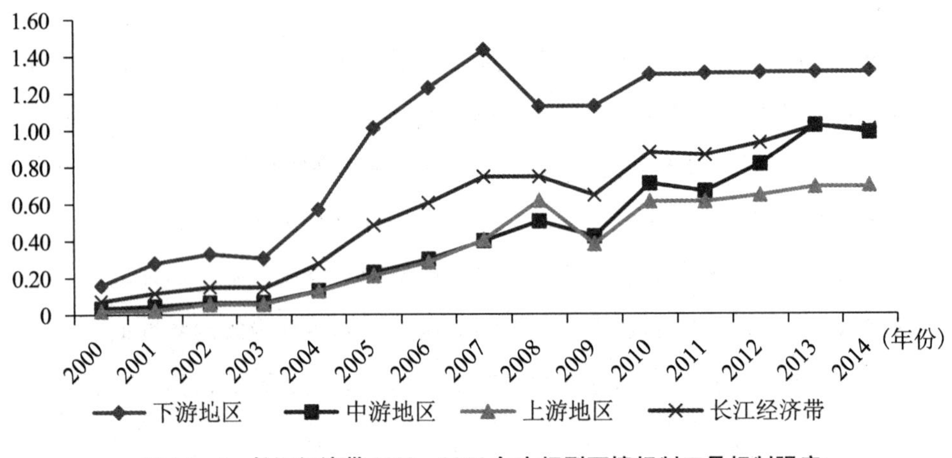

图16-4　长江经济带2000—2014年市场型环境规制工具规制强度

如图16-5所示，从长江经济带整体来看，自愿型环境规制工具强度呈现不断增强的趋势，这与长江经济带企业及公众参与环保的积极性不断提升有关。但就三种环境规制工具强度而言，自愿型环境规制工具强度最弱，这说明长江经济带仍需加大鼓励企业及公众参与环保的力度。从区域视角来看，一是下游、中游及上游地区的自愿型环境规制工具强度整体上也呈现出不断增强的趋势；二是下游地区自愿型环境规制强度高于长江经济带整体水平，而中游及上游地区自愿型环境规制工具强度低于长江经济带整体水平，这与下游地区信访制度比较健全、环境事件惩罚力度比较大等因素相关。

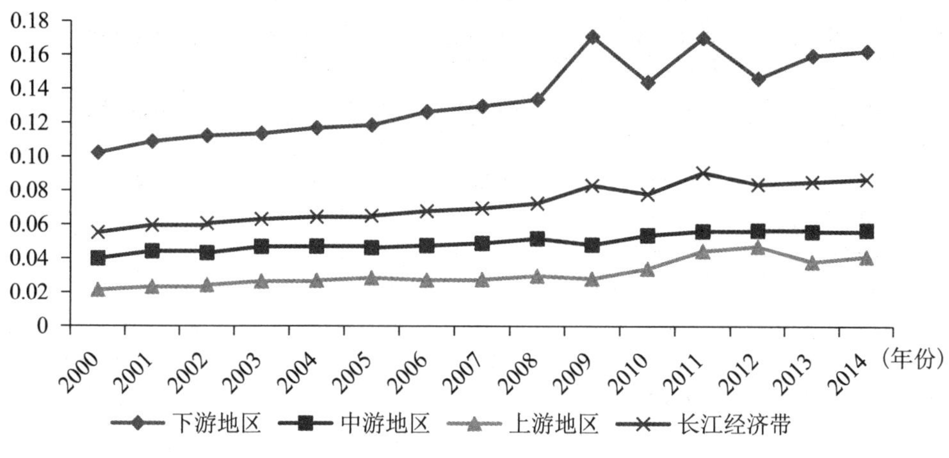

图 16－5　长江经济带 2000—2014 年自愿型环境规制工具规制强度

16.4.3　计量回归结果分析

在估计方法上，使用广义矩估计（GMM）方法进行估计，之所以选用这种方法，主要原因有如下几点。首先，应用方向性距离函数来测度生态效率水平，而实际上生态效率水平在时间上有连续性，上一期的生态环境状况可能影响下一期的生态效率水平，且上一期的环境规制强度也影响下一期的环境规制强度。其次，长江经济带各地区本身可能会存在的不可观测的固定效应（α_1，α_2）与被解释变量相关，此时运用面板数据对模型进行估计，所得到的参数值将会是非一致性的估计量，从而导致估计结果产生偏差。最后，实际中，环境规制强度与产业生态效率之间可能存在双向因果的关系，在这种状况下，会造成估计检验产生偏差，所以，对解释变量内生性的控制就显得尤为重要。

（1）长江经济带整体实证结果分析

采用 GMM 方法与 Eviews 7.0 软件进行实证分析，Sargan 检验的结果表明，本书在GMM模型中使用的工具变量是有效的，检验结果还表明，除极少数几个变量外，各变量均具有统计上的显著性[131]。具体结果见表16-5。

表16-5　　长江经济带动态面板计量结果

变量	长江经济带	下游地区	中游地区	上游地区
EE(-1)	0.073*	0.076*	0.058*	0.030*
CER	0.088**	0.073***	0.088***	0.117***
CER(-1)	0.096**	0.090**	0.097**	0.150**
MER	0.849**	0.110**	0.068**	0.045*
MER(-1)	0.060*	0.078**	0.066*	0.037*
VER	0.066*	0.084*	0.055*	0.033*
VER(-1)	0.036*	0.041*	0.036*	0.028
P	-0.351*	-0.186*	-0.589*	-0.653
lnA	0.008	0.046	0.070	0.091*
T	-0.532**	-0.132**	-0.147**	-0.160**
IS	0.139*	0.072*	0.090	0.136
R^2	0.995	0.898	0.859	0.885
$AD-R^2$	0.968	0.836	0.791	0.784
F值	23.266**	22.657	23.752	23.807
Sargan Test p值	0.215	0.289	0.276	0.264
AR(2) p值	0.212	0.193	0.203	0.225

注：***、**、*分别表示1%、5%、10%显著水平。

从表16－5估计结果可以看出，Sargan检验结果表明工具变量是有效的，这也表明不管是模型的设定还是对工具变量的选择都是有效的。实证结果如下。

其一，生态效率的一阶滞后项系数为0.073，同时其显著性水平是10%。结果表明产业生态效率在一定程度上存在持续性，上一期生态效率水平与下一期的生态效率水平显著正相关，这也进一步证明考虑变量的动态调整是合理的。

其二，对于长江经济带产业生态效率水平来说，三种环境规制类型的估计系数显著为正，这表明长江经济带三种环境规制工具均对产业生态效率的改善具有积极作用。另外，无论从短期还是长期来看，强制型环境规制工具的规制效果比市场型和自愿型环境规制工具的规制效果显著，这说明当前强制型环境规制对提高长江经济带产业生态效率水平效果最显著；市场型环境规制工具和自愿型环境规制工具在一定程度上也促进了产业生态效率水平的提高，这说明长江经济带市场型环境规制工具和自愿型环境规制工具对改善环境质量的作用正逐渐凸显。

其三，城镇化率对产业生态效率影响为显著负向作用，这说明长江经济带快速的城镇化在显著改善人民生活水平的同时，也带来了一系列的环境问题，导致生态效率降低。产业结构与产业生态效率的关系为显著正相关，表明第三产业占比越大，其对产业生态效率水平的提升作用越高。以单位地区生产总值能耗测度的技术水平，对生态效率的影响为显著负向作用，说明单位地区生产总值能耗越高，绿色技术水平越低，生态效率水平越低。富裕程度对生态效率的影响为正，但不显著。

（2）长江经济带区域实证结果分析

为进一步分析长江经济带产业生态效率在不同地区环境规制工具的实施效果，将全体样本划分为下游地区、中游地区及上游地区三个子样本，基于同样的方法对三个子样本进行实证检验，结果见表16－6。

表 16-6　　长江经济带动态面板计量结果

变量	长江经济带	下游地区	中游地区	上游地区
EE(-1)	0.073*	0.076*	0.058*	0.030*
CER	0.088**	0.073***	0.088***	0.117***
CER(-1)	0.096**	0.090**	0.097**	0.150**
MER	0.849**	0.110**	0.068**	0.045*
MER(-1)	0.060*	0.078**	0.066*	0.037*
VER	0.066*	0.084*	0.055*	0.033*
VER(-1)	0.036*	0.041*	0.036*	0.028
P	-0.351*	-0.186*	-0.589*	-0.653
lnA	0.008	0.046	0.070	0.091*
T	-0.532**	-0.132**	-0.147**	-0.160**
IS	0.139*	0.072*	0.090	0.136
R^2	0.995	0.898	0.859	0.885
AD-R^2	0.968	0.836	0.791	0.784
F 值	23.266**	22.657	23.752	23.807
Sargan Test p 值	0.215	0.289	0.276	0.264
AR(2)p 值	0.212	0.193	0.203	0.225

注：***、**、*分别表示1%、5%、10%显著水平。

第一，三个地区强制型环境规制系数均显著为正，表明强制型环境规制工具对产业生态效率水平具有促进作用。但下游地区强制型环境规制系数明显低于中游和上游地区，表明中游和上游地区强制型环境规制工具对产业生态效率水平的提升具有较大影响。可能的原因为中游和上游地区承接大量高污染、高排放的产业转移，致使其边际损害远大于下游地区，而且，在长江经济带统一的规制标准下，下游地区承受较为严格的环境治理标准，在边际治理成本相同的条件下，下游地区的环境规制遵循成本高于中游和上游地区。从强制型的污染物排放标准执行来分析，面对既定的污染物排放标准，下游地区受到的惩罚较低，即边际治理成本大于边际惩罚成本。因此，下游地区的企业将会增加污染物排放量，致使下游地区强制型环境规制对生态效率作用效果没有中游和上游地区明显。此外，三大地区强制型环境规制滞后一期的系数也显著为正，且大于当期系数，这表明强制型环境规制工具的实施具有明显的滞后性，而且长期规制效果更为显著。

第二，三个地区的市场型环境规制系数均显著为正，但下游地区市场型环境规制系数明显大于中游和上游地区且依次减小。这说明市场型环境规制工具对产业生态效率水平具有促进作用，而且下游地区市场型环境规制对产业生态效率的促进作用更明显。从市场型的排污费指标来分析，排污费政策的成功实施需要企业以竞争压力为条件。在此条件下，竞争压力会促使企业努力降低成本，削减排污费以减少其所需缴纳的排污费。另外，长江经济带下游地区市场化程度最高，中游地区次之，上游地区最低。因此，下游和中游地区通过市场的手段去改善生态环境，解决产业发展与生态问题较为恰当，而且也会更有效率。此外，三个地区市场型环境规制滞后一期系数也显著为正，但明显小于当期系数。这表明上一期市场型环境规制工具对下一期生态效率水平具有促进作用，但是作用效果弱于当期市场型环境规制效果，这是因为市场具有动态性及开放性。

第三，比较三个地区自愿型环境规制的系数，发现三个地区自愿型环境规制系数均显著为正，且下游地区自愿型环境规制系数明显大于中游和上游地区。这说明自愿型环境规制工具能够促进产业生态效率水平，而且对于下游地区来说，其自愿型环境规制工具的促进作用更显著。在对自愿型环境规制工具进行衡量时，选取的指标是环境信访量、环境标志、环境事件披露等，对下游和中游地区而言，有关信访体制机制相较健全，该区域内企业自愿申请环境标志的较多，加之言论比较自由，环境披露迅速扩展。此外，上游地区生态环境问题的披露较为缓慢，企业环保意识比较淡薄，使得出现环境问题时很难得到及时处理与关注。所以，对于上游地区而言，采用自愿型环境规制工具对产业生态效率的作用效果弱于其他工具形式。此外，下游和中游地区自愿型环境规制滞后一期系数显著为正，而上游地区是不显著的，这也进一步说明了上游地区的自愿型环境规制机制不健全，对生态效率影响较弱。

16.5 研究结论与政策建议

（1）主要研究结论

研究结果表明，长江经济带生态环境问题突出，产业生态效率存在区域化差异，不同环境规制工具对长江经济带不同区域的产业生态效率作用机制也存在显著差异。

其一，长江经济带层面的数据表明，无论从短期还是从长期来看，三种环境规制工具的实施均对长江经济带产业生态效率水平的提高具有正向影响。但是，强制型环境规制工具的规制效果比市场型和自愿型的规制效果要更加显著，这表明强制型环境规制工具对提高长江经济带产业生态效率水平效果更明显。

其二，区域层面的数据表明，下游地区市场型和自愿型环境规制工具的效果比强制型环境规制工具效果更显著；中游地区强制型环境规制工具的规制效果优于市场型环境规制工具和自愿型环境规制工具的规制效果；上游地区强制型环境规制工具的规制效果对生态效率的影响比市场型环境规制工具和自愿型环境规制工具的规制效果显著。一方面，下游地区市场经济较发达，政府管理成本高而市场的交易成本低，市场型环境规制工具的效果较明显；另一方面，由于下游地区企业与公众自愿参与环境保护的意识较强，这就使得下游地区自愿型环境规制工具效果比中游和上游地区显著。而中游和上游地区，经济发展水平、市场化水平、科技水平及教育水平均明显弱于东部地区。此外，中游和上游地区有大量产业转移示范区，这些示范区承接了下游地区大量高污染、高排放及高耗能产业，这些使得中游及上游地区采取强制型环境规制工具更有效。

（2）政策建议

针对不同环境规制工具对长江经济带不同区域生态效率作用效果的显著差异，为进一步提高长江经济带整体生态效率水平，可以根据区域差异有针对性地采取差异化的环境规制组合，同时，为保障环境规制政策的有效落实，政府仍需不断完善相关政策法规。

其一，实行差异化的环境规制组合。长江经济带涉及省份众多，不仅区域经济发展水平不同，即呈现下游地区较好、上游地区较差的现状；生态环境污染状况也是存在差异。因此，针对经济发展水平、生态环境状况的不同，应该有针对性地采取不同的环境规制工具组合，以实现最大化的环境规制效用。

针对下游地区来说，实行以市场型环境规制与自愿型环境规制为主，强制型为辅的环境规制组合。长江经济带下游地区主要是长三角地区，该地区市场比较完善，公民素质水平相对较高，而且产业结构较为合理。因此，长江经济带下游地区应该坚持强化市场的主导作用，改革环保税费制度；加大开放公众对保护生态的言论，鼓励企业生态化发展；同时还要坚持环境政策底线不放松，执行国家相关技术标准和达到污染排放标准。

针对中游地区来说，实行以强制型环境规制和市场型环境规制为主，自愿型环境规制为辅的环境规制组合。由于沿海地区污染产业转向内陆，尤其是沿江城市化工产业众多，污染较大，使得长江经济带中游地区产业生态效率水平较低[132]。因此，对于长江经济带中游地区来说，要加强执行国家相关环境政策和环保标准；同时完善市场主导作用，强化相关税收制度以及创新补贴标准；激励公众参与环保的热情，倡导企业积极申报生态环境标签以及相关生态环境认证。

针对上游地区，实行以强制型环境规制为主，市场型环境规制与自愿型环境规制为辅的环境规制组合。由于长江经济带上游地区地处我国中西部地区，产业结构较为不合理，污染产业占比依然很大。因而，针对长江经济带中游地区来说，必须严格贯彻实施国家与区域相关环保政策，同时应该制定相对严格的环境标准；同时加快构建和完善市场机制，通过运用征收环境税费等市场手段推动污染治理；最后要鼓励公众积极向相关部门反映环保问题，激发他们参与环保的热情，引导企业绿色化发展，坚决淘汰落后产能。

其二，完善相关环境规制政策保障。环境规制工具能否顺利实施、实施后能否发挥其最大规制效果，这都与相关政策保障息息相关。因此，在运用环境规制工具的过程中，长江经济带有关部门应该从以下几个方面完善相关政策法规，保障环境规制工具的有效实施。

随着长江经济带产业不断转型升级，城镇化进程也在逐步推进，相应的环境法规也应与时俱进，针对作用对象及适用范围的改变进行修订[133]。为适应新时代、新形势、新要求，完善相关法律法规、标准体系等执行范围，明确各级监管部门的执法责任与要求，避免在执行环境政策法规过程中出现行政冲突与矛盾。同时，在运用环境规制工具解决生态环境问题时，应该建立跨区域的生态环境治理与管理机构，加强区域协调机制的建立，实现区域协同合作、共同治理的目的。

积极营造一个宽松的市场环境，发挥市场的主导作用。环境规制工具能够实现创新补贴效应的前提是创新要素在市场中不断流动，企业能够有效捕捉自身所需的技术创新要素，从而实现自身的创新效益。因此，构建一个完善的市场体系至关重要。

保障公民的环境知情权，建立健全多渠道的公民环保参与途径。对于有关长江经济带发展的生态环境政策法规以及对环境有重大影响的工程项目建设，公民有权表达自己的意见。加强保障公众在环保问题上事前有知情权，事后有监督建议的权利及途径。同时针对企业，政府部门应该完善相关绿色认证标准，规范认证标准，坚决淘汰落后产能，建立企业环境披露责任平台。

第 17 章　长江经济带中游城市群产业绿色发展的实践研究

17.1　长江经济带中游城市群创新驱动产业绿色发展的实践研究

17.1.1　长江经济带中游城市群创新驱动发展的基本概况

在国家实施创新驱动战略的背景下，长江经济带中游城市群将提高自主创新能力作为发展战略的核心。实施创新驱动战略能够有效优化经济结构，改变经济发展的方式，促进区域创新水平的提高，对于实现长江中游城市群的平稳发展具有重大意义。长江中游城市群有望发展成中国经济增长第四极，已成为我国区域经济研究热点之一。2015 年 4 月国务院批复了《长江中游城市群发展规划》，是我国第一个国家层面的跨区域城市群规划，以实现区域间的协调发展为目标。

其一，创新基础逐步夯实，创新保障能力增强。如图 17－1 所示，从经济发展水平来看，2011 年后长江中游城市群经济发展速度有所放缓，其中在 2015 年武汉城市圈人均 GDP 达到 49097.00 元，长株潭城市群为 47682.60 元，环鄱阳湖城市群为 41696.64 元。而经济发展水平与区域创新能力及创新绩效有着高度的耦合性，即经济水平发展较高的地区通常有着较高的区域创新水平。

其二，创新人才储备更加夯实，人才资源丰富。长江中游城市群已具备国内一流的科教水平和密集的人才储备，为中西部甚至全国人才和智力资源最为密集的区域之一。截至 2017 年，坐落于长江中游城市群的普通高等院校超过 300 所，在校学生超过 320 万人。以武汉城市圈为例，作为继北京、上海之后我国第三大教育、科技基地，截至 2013 年武汉市拥有高等院校 78 所，在校生超过 130 万人。长江中游城市群基本形成了以院士、长江学者、科技

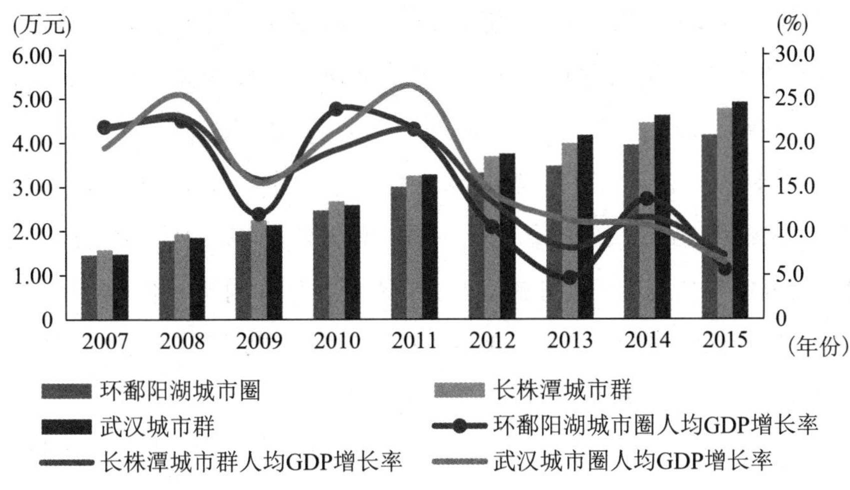

图 17-1　长江经济带中游城市群经济发展水平及其增长率

领军人才等为学术技术带头人，年轻博士为骨干力量的创新人才队伍。

其三，科技投入产出比稳步增长，创新能力显著提升。长江中游城市群科技创新水平显著提高，创新驱动发展能力不断提升。企业自主创新能力初显，逐步成为长江中游城市群的创新主体。其中，规模以上工业企业科技创新投入与科技创新产出水平增长显著，规模以上的工业企业创新指数呈现显著增长趋势。长江中游城市群的创新平台体系不断健全，产业集群创新的集聚效应优势明显。科研经费投入在逐年增加，以武汉城市圈为例，武汉市创新人员和科技经费投入年均增长率在 20% 以上。科技项目增幅稳定，科技经费投入在逐年增加，技术创新成果不断涌现。

其四，科技创新主体逐步发展壮大，创新产出水平不断提高。创新示范区产业集聚效果明显，以武汉东湖国家自主创新示范区为例，超过 2000 家高新技术企业入驻，已经初步形成以光电子信息产业为主导的产业分类聚集的格局。武汉东湖国家自主创新示范区已经形成了自身的品牌——“武汉 · 中国光谷”，光纤光缆在全球化的竞争中具有绝对优势。创新驱动的核心是科技创新，2006—2013 年，湖南取得各类科技成果 7000 多项，其中 200 多项获国家科技奖励；获专利授权近 9 万件，其中发明专利占 20% 。

其五，创新成果的经济转化效率提高较快。武汉东湖高新科技示范区的经济规模与工业增加值两方面发展迅猛。2009—2014 年，武汉东湖高新区营业收入平均年增长率达到 30. 40%。其中，2014 年武汉东湖高新示范区实现工业总产值 6412. 30 亿元，同比增长 26. 07%，平均年增长率为 26. 55%；实现净利润 489. 96 亿元，同比增长 24. 14%，平均年增长率 29. 97%；其中，2014 年实现外贸出口 123. 90 亿美元，同比增长 18. 31%。各项主要经济指标连续 9 年保持 20% 以上的增长速度。企业获奖比例和创新水平大幅提高，科技成果应用转化效益明显。2014 年的获奖项目都经过了三年以上的实践检验，并且取得了显著经济效益。

其六，创新驱动政策频繁出台，政策保障基础坚实有力。从体制机制改革方面来看，长江中游城市群在科技体制机制改革创新方面走在前列，在体制机制改革、产业转型、环境保护和产学研合作等方面进行了成功的探索（见表 17－1）。长江中游城市群可以充分发挥依靠以武汉、长沙、南昌为中心的科教优势与人才资源优势，同时，国务院与长江中游城市群各区域鼓励自主先行先试实施创新政策。先后出台了多项配套政策支持长江中游城市群以创新驱动带动经济发展，涵盖了财税政策、产业政策、科技创新、金融政策及创新等，使得长江中游城市群形成了比较完善的产业政策与科技政策支持体系。

表 17－1　　关于长江中游城市群的政策概况

年份	批准/参与单位	政策及文件
2006	中共中央、国务院	《关于促进中部地区崛起的若干意见》
2012	湖北、湖南、江西	长江中游城市集群三省会商会
2013	湖北、湖南、江西、安徽	长江中游城市群四省会城市首届会商会上达成《武汉共识》
2013	湖北、湖南、江西、安徽	召开首届长江中游城市群建设论坛
2014	湖北、湖南、江西、安徽	长江中游城市群省会城市第二届会商会签署《长沙宣言》
2015	国务院	《长江中游城市群发展规划》

17.1.2　长江经济带中游城市群创新驱动发展的问题分析

其一，科技投入偏低，多元化投入机制尚未建立。研发投入强度与创新驱动的要求相差较远，区域间投入力度相差较大。以长株潭城市群为例，长沙、株洲、湘潭 2014 年的研发内部经费支出分别达到 1710711.95 万元、369083.4 万元、278057.2 万元。创新支出存在严重的不均衡，其中，长沙市占整个城市群研发内部支出的 50.14%，基础研究支出的 67.80%，应用研究支出的 51.39%，试验发展支出的 49.30%（见表 17－2）。

表 17－2　长株潭城市群 2014 年研发内部支出情况　单位：万元

区域	R&D 经费内部支出	基础研究支出	应用研究支出	试验发展支出
长沙	1710711.95	74806.3	198814.55	1437091.1
岳阳	435570.6	4804.2	99458.1	331308.2
常德	253113.75	884	14084.05	238145.7
益阳	75537.4	171.6	1906.1	73459.8
株洲	369083.4	2192.5	21034	345856.9
湘潭	278057.2	20470.2	45002.9	212584.1
衡阳	158538.9	6509.9	4873.3	147155.7
娄底	131481.2	488	1721	129272.2

数据来源：《湖南省统计年鉴》。

其二，科技产品转化能力较弱。2014 年长江中游城市的科技转化能力落后于东部和西部省份[134]。长江中游城市群高技术产品出口额占总出口额的比例远远落后于下游地区城市群和成渝城市圈。例如，科技部发布的《全国科技进步统计监测报告》（2014）显示，湖南省科技促进经济社会发展指数排在全国第 25 位，高新技术产业化指数排在全国第 23 位。2013 年湖南省高技术出口额为16.6亿美元，占全省商品出口额的11.5%，居全国第20位，落后于湖南省综合科技实力全国排名。

其三，科技服务体系不完善，科技创新能力与创新效率较低[135-136]。以武汉东湖高新技术开发区为例，武汉东湖国家自主创新示范区产业集聚发展本质上是集群创新发展，科技园区和创新平台是实现产业集群创新的有效平台。根据产业集群创新的NRC理论框架分析武汉东湖国家自主创新示范区，对比武汉东湖国家自主创新示范区的创新网络指数、创新能力指数两个方面，其与上海张江国家自主创新示范区相比仍有不少的差距。武汉东湖国家自主创新示范园区科技创新驱动能力不足，其年科技创新中心指数值低于上海的年平均增长12.9%。创新体系效率偏低，政府作用与市场机制的互补性有所欠缺。技术创新服务尚未实现市场化，存在着服务效率低下等问题，东湖国家自主创新示范区的科技服务体系仍具有政府的性质。

其四，人才政策体系建设不完善，高端创新人才储备不足。创新的关键在于人才，人才是开发区发展的重要支撑力量。长江中游城市群高端人才的数量与质量都难以达到目前的产业发展需求。首先，是科技创新能力不足，表现在科技创新人才总量不足，高端创新人才储备不足，长江中游城市群存在着高层次人才队伍中的拔尖人才和领军人物尤其匮乏的现象。其次，人才政策体系不健全，创新人才集聚步伐不快。现有的人才引进配套政策缺少详细的落实措施，难以吸引高端人才加入。再次，企业缺乏人才培养体系，人才层次不高。长江中游城市群聚集了大量科技型中小企业，对人才培养投入资金较少。更多的小企业为减少人力成本，根本没有人才培养计划。

17.1.3 长江经济带中游城市群创新驱动发展的总体思路

（1）中游城市群创新驱动发展的总体思路

以技术创新为基础，打造沿江产业新优势，着力提升长江中游城市群企业的自主创新能力，构建符合未来可持续发展的现代绿色化产业体系。总体思路如图17-2所示。

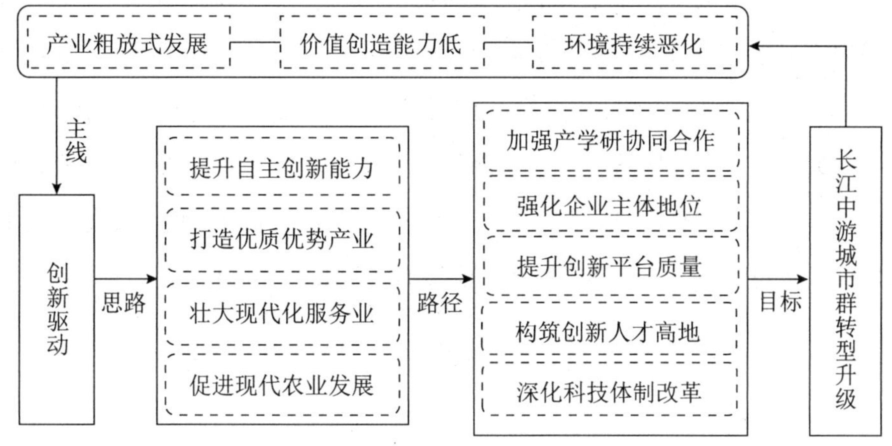

图 17 – 2　长江中游城市群发展思路

（2）中游城市群创新驱动发展的总体目标

其一，加快推进长江中游城市群创新能力的培育，全面提升企业自主创新能力。加大对基础科学研究的投入力度，为进一步的科技创新打下基础。推动政策创新，完善科技创新体制，实现政府由直接参与主导科技创新到政府服务于科技创新的转变，实施知识产权战略，建立健全知识产权管理体系，落实知识产权的保护。完善以企业为主体的创新机制，建立一个持续的良性循环的科技创新机制。强化政策引导，释放创新主体的活力，支持具备条件的创新型企业。

其二，鼓励高校与企业联合开展应用型高科技人才培养，支持建立科技创新与实体产业融合的教育培养模式。鼓励有条件的高新技术企业与高校联合设立科研平台，深化产学研模式。根据武汉东湖优势产业的特点及发展战略性新兴产业的需要，应积极发展光电子信息产业等优势产业，以使其在产业竞争中享有绝对的竞争优势。打造“公共云平台”，强化示范带动作用。推动产学研、产业链协同创新，加快提升产业核心竞争力。扶持区域内传统的优势产业，强化示范带头作用。

其三，加强基础服务创新，提升服务水平与提高产业区域内整体竞争力。建立科学合理的园区管理结构。创新园区发展的组织形态，建立责任与利益相匹配的管理结构，建立完善的监督约束机制。引入竞争机制，建立以企业发展需求为导向的服务机构，提高园区内的基础服务。创新管理模式，制定完善的项目管理机制，确保项目有专人负责及企业发展遇到的问题能及时得到有效的反馈。完善区域内的利益分配，构建完善的利益协调机制。实现创新空间与产业区域布局的有效融合，同时实现产业价值链与创新价值链的有效统一，构建优势产业集群，增强产业集群创新水平。

17.1.4 长江经济带中游城市群创新驱动发展的主要任务

其一，建立推进科技创新引领产业绿色发展的协同创新机制。依托推动长江经济带领导小组的组织领导，统筹绿色科技促进三次产业转型升级的相关政策规划制定、实施工作。调动科技创新参与者参与科技创新政策制定的积极性，使制定的政策具有可操作性。形成由长江中游城市群发展的相关部门主要负责人共同参与、多部门协同创新机制。落实产业集群式创新，强化不同产业主体之间的资源共享与协同合作，扩大知识溢出效应。

其二，探索协同创新法律法规保障机制建设，完善以创新驱动促进经济发展的法律法规体系。加强顶层设计，以立法的形式明确以创新驱动促进产业绿色发展的法律地位，秉承“寓义于利”的理念，充分发挥其对市场与资源的调控作用。限制性法律政策与激励性法律政策并举，借鉴国外经验采取列举的方式进行具体经济行为的激励与限制，可以有效明确相关主体的责任。完善各部门之间的协同机制，构建信息共享平台，实现区域间的联动。

其三，打造“创新生态链”，实现金融资本、产业资本、绿色科技创新资源的三链融合。设立推进绿色科技发展专项资金，重点用于现有政策未覆盖或覆盖力度较小的行业。对创新型的企业实施直接补贴，通过各种财政政策的综合实施进行财政支持。拓宽绿色金融支持面，强化信贷支持力度。充分发挥专项资金的引导作用，综合采取研发补助、股权投资等多种方式，引导金融市场，扩宽融资渠道。由政府机构牵头设立产业绿色发展基金，政府和社会机构共同持股，积极引导社会资本投向绿色产业。

其四，打造“公共云平台”，强化示范带动作用，引领传统产业实现绿色转型。结合长江中游城市群智力、资本、资源集聚的优势，针对不同区域实际设立相应的“公共云平台”，以区域中心长沙、武汉、南昌集中产学研用等多方资源，设立绿色产业发展基金，构建创新创业促进平台。建立目标考核、滚动支持机制，提高中小企业绿色发展的积极性。根据企业年度预期目标考核情况给予滚动支持，并通过预期目标的调整，不断激励企业研发创新，扶持区域内传统的优势产业，强化示范带头作用。通过产业链协同创新的引导，实现绿色科技的运用优化传统产业的产品、服务，促使传统产业实现绿色转型并在市场中占据有利竞争地位。

17.1.5　长江经济带中游城市群创新驱动发展的保障措施

其一，推进区域经济一体化，打破创新要素交流的行政壁垒。完善区域创新资源交流机制，积极实施创新人才战略，健全科技人才支撑体系。逐步健全和完善科技创新人才会聚机制，构建跨区域统一的泛长江中游城市群人才服务平台。促进人才在泛长江中游城市群内跨区域自由流动，强化人才供需间的衔接水平。区域一体化产生的规模经济导致区域创新系统对创新资源的直接需求，创造了对诸如人力资本、技术、资本等创新要素交流成本减少的引致需求，对创新软投入的直接需求创造了对创新要素的交流频次增加的引致需求；区域一体化能够对创新资源交流成本的减少以及创新资源交流频次的增加产生直接影响。

其二，构建区域创新平台与示范园区，打造长江中游城市群高技术产业专业化集群。高技术产业集聚通过对区域内的创新要素的配置产生直接影响，进而对区域内各创新组织的协同创新产生影响，具体表现在创新要素交流成本的减少和创新要素交流频次的增加，区域内的创新部门主要包括科研组织、高校、企业。区域内的政府机构与金融机构间接对协同创新活动产生影响，政府机构通过实施各项优惠政策可以有目的地促进产业集聚，同时也能够通过税收减免、财政补贴等方式直接激励企业进行创新。

其三，优化区域创新环境促进金融业集聚，推进创新软硬环境的优化升级。联合推进科技体制改革，建立与市场经济和科技发展规划相适应、鼓励城市群内的企业与高等院校、科研院所采取股份制等多种形式组建合作创新群体。打造长江中游城市群金融系统一体化，金融业集聚对区域创新绩效的影响主要通过以下方式实现：金融业为区域创新系统的直接创新部门提供有效的融资，有效降低创新部门的融资成本；金融业集聚提高自身的服务质量，金融业通过整体缩短金融业服务的平均周期来提高自身的竞争力，提高区域创新资源（研发资本）的交换频次。

其四，构建以高校—企业为基础的产业关键科技试验平台，以产业需求为导向实施新技术的测试与产业化推广。完善以企业为主体的创新机制，建立一个持续的良性循环的科技创新机制。企业创新与其所处环境是息息相关的，长江经济带应完善以企业为主体的创新机制。产业得到持续的创新，必须使科技创新者能够从不断的创新中获得足够的收益，所处的产业发展环境不断推动企业进行创新。支持具备条件的创新型企业、高新技术企业建设一批国家级的实验室与研发中心等。完善政府的科技创新引导和资金保障机制，强化政府对科技创新方向的引导作用，由政府提供产业创新资金。建立重大科技项目申请机制，引导企业立足产业发展需求申报政府科技基金项目，强化政府资金对企业科技创新的支撑作用，解决企业科技创新资金不足的难题。

其五，完善人才引进政策，加强科技人才队伍建设。以集中培养和引进产业领域高层次领军团队和人才为重点，加强紧缺急需人才队伍建设，为科技创新强市提供坚实的人才智力支撑。鼓励和支持企业、高校、科研院所等，加大对创新型企业家、高级经营管理和研发人才的支持力度。以产业发展和市场需求为导向，以提升职业技术能力为重点，实施高技能人才培育资助计划，鼓励区域内高等院校、科研机构、企业以市场为导向，大力培养各类紧缺高技能人才。实施科技创业领军人扶持计划，完善扶持政策，强化创业项目的指导与帮扶使其能够起到模范带动作用。

其六，完善科技成果转化体系，减少科技成果转化障碍。强化金融配套措施，解决中小型科技企业融资难的问题。设立科技成果转化基金或政府专项资金，拓宽中小型科技企业融资。强化中央和地方的财税支持力度，完善对高校及其他科研机构的资助体系，激发科研机构的创新活力，推动产学研结合，加快转化具有自主知识产权的科研成果。落实国家技术创新工程，以市场需求为导向构建新型的研发机构。及时制定具有可操作性的科技成果转化政策，提高科技成果转化的效率，促进科技创新。

17.2　长江经济带中游城市群产业转型升级的实践研究

17.2.1　长江经济带中游城市群产业转型升级的基本概况

其一，产业规模进一步扩大，产业结构明显优化。截至 2015 年年底，长江中游城市群三次产业生产总值分别为 6242.23 亿元、31114.06 亿元、25096.02 亿元，第一、第二产业比重持续降低，第三产业在产业布局中的比重持续上升。从 2010 年至 2015 年，第一产业所占比重下降 15.9%，第二产业发展相对平稳，所占比重略微降低 2.16%，而第三产业的所占比重大幅增长为 7.46%。以武汉城市圈为例，主营收入超过三千亿元的主导产业，从 2010 年年底的 1 个增长为 2015 年年底的 7 个；轻重工业总产值由 2010 年的 28.9∶71.1，调整到 2015 年的 37.8∶62.2；截至 2015 年六大高耗能产业的工业所占比重为 27.3%，比 2011 年下降 5.5%，产业转型升级步伐加快。

其二，战略性新兴产业不断发展壮大。“十二五”期间，长江中游城市群战略性新兴产业相对于其他工业行业呈现出快速发展态势，占全部工业和经济发展比重逐年上升。先进轨道装备制造、工程机械、新材料等领域的一批企业达到国际领先水平，高铁、电子通信、航空航天等重点领域国际化发展迅速。其中，一批产值 1000 亿元规模的新兴产业加速了长江中游城市群产业转型升级。截至“十二五”规划期末，2015 年武汉城市圈新兴产业主营收入超过 1 万亿元，经济总量的占比为 8.5%，其中，新兴产业技术合同交易超过

830 亿元，增长幅度为 38%。

其三，现代服务业的优势明显。长江中游城市群人口、资源以及区位优势，决定了现代服务业发展具有巨大的市场潜力与发展空间。依托“中国制造 2025”、《长江经济带发展纲要》、中部崛起战略、人口资源优势以及现代服务业市场规模，增加现代服务业的市场动力。在国家信息化建设的推动下，长江中游城市群网络基础设施已经具备一定规模，互联网用户、固定宽带、广电网与移动用户不断攀升，固定宽带普及率指数达到 65.7%，互联网普及率指数达到 56.11%，为现代服务业快速发展提供基础设施服务。长江中游城市群具有劳动力资源、人口资源等优势，现代服务业发展的市场潜力巨大。

其四，产业园区建设不断扩大，高新技术发展优势明显。长江中游城市群产业园区发展良好，截至 2015 年 9 月，长江经济带沿线省（市）共有国家级经济技术开发区 108 个，产业园区布局已经取得初步成效，大产业、大企业、大项目在产业园区相继落户。长江中游城市群共有国家经济开发区 34 个，占长江经济带总数的 31.48%。高新技术开发区产业优势明显，截至 2015 年 9 月，长江经济带 11 省（市）的国家级高新技术开发区共有 50 个，其中，中游城市群有 13 个，占长江经济带总数的 26.0%，湖北省、湖南省均有 5 个。

17.2.2 长江经济带中游城市群产业转型升级的主要问题

就产业发展水平而言，长江中游城市群产业发展相对落后，产业总体规模、生态效率、产业结构、创新水平、两化融合等方面，与长三角、珠三角以及环渤海等发达经济地区差距比较大。

其一，产业结构与空间布局不尽合理。从产业结构方面来看，尽管近年来，长江中游城市群的产业结构不断优化，但相比长三角、珠三角以及环渤海等城市群，其进程缓慢，当前第一、第二产业比重较大。在工业化进程方面，武汉、长沙尚处于工业化中后期，第二产业在产业结构中占比较大，现代服务业发展起步晚，主要是“中高端”服务业。从城市圈体系来看，长江中游城市群与长三角、珠三角等发达地区相比，中心城市之间在带动作用与辐射能力方面具有差距，城市圈内部中心城市在 GDP、城市功能等方面远超其他城市。例如，在武汉城市圈中武汉市一家独大，而对周边城市的带动力与辐射作用不强，而长株潭城市群中株洲、湘潭与长沙的经济实力相差不大，长沙在区域内的辐射能力与带动作用不强。

其二，产业层次不高，缺少世界知名品牌。长江中游城市群经济发展中技术含量低、环境污染高、资源消耗大、附加值低的产业占主导，高新技术产业发展加快，但其占经济总量比重仍较少；传统服务业发展较快，而新兴服务业缺乏竞争力，发展滞后。制造业智能化生产尚未形成规模，互联网普及度低于全国平均水平，基于互联网的服务型制造发展相对滞后，生产性服务业发展缓慢，缺乏具有世界竞争力的企业。

其三，信息化水平不高，两化融合发展滞后。新一代信息技术推广应用不足，制造业数字化、智能化水平不高，如表 17－3 所示，长江中游城市群两化融合发展进程中，多项指标低于全国平均水平，并且区域内发展水平相差较大。中游城市群智能制造生态系统构建缓慢，中心城市对区域内周边城市的带动作用与辐射力弱。

表 17－3　　长江中游城市群 2015 年两化融合发展水平情况

省份	城（省）域网出口宽带指数	固定宽带普及率指数	固定宽带端口平均速率指数	互联网普及率指数	两化融合专项引导资金指数	中小企业信息化服务平台指数	重点行业典型企业信息化专项规划指数	基础环境指数
湖南	63.97	62.4	86.32	55.52	100	135.94	73.42	76.91
湖北	62	76.18	71.29	61.95	100	95.34	77.48	74.01
江西	70.05	58.5	83.96	50.86	100	70.75	43.82	63.54
全国均值	65.82	72.51	82.18	63.97	—	108.35	60.85	75.38

数据来源：中国电子信息产业发展研究院。

其四，基础设施建设滞后，互联互通网络不健全。长江中游城市群交通、能源、水利、信息等基础设施建设虽然发展迅速，但与长三角、珠三角以及环渤海地区相比，基础设施建设相对滞后。长江中游城市群高速网络、铁路网络建设仍然不完善，地域分割、财政体制、空间布局等障碍，使得长江中游城市群的一体化快速交通网络难以形成，难以支撑产业协调发展的需求。高速公路、铁路、高铁等交通设施大多围绕武汉、长沙、南昌等地进行布局，没有构成面向整体的交通网络。长江中游城市群陆路交通不对接、功能不健全等问题突出，互联互通的城际高速公路网络纵横不通，难以做到基础设施的共建共享；部分省级、县乡公路设施等级水平较低，难以满足社会经济发展的需要；长江、湘江、赣江等内河航道与港口建设滞后，长江“黄金水道”运输能力发挥不足；中游城市群内互联网普及程度不高，缺乏面向整个城市群的信息服务平台支撑。

其五，产业国际化水平低，企业跨国经营效益不足。长江中游城市群一些产业虽然参与全球产业分工的程度在不断加深，获得了一定的国际分工收益，但总体处于低端加工制造环节，多数领域技术水平与国际领先技术仍有差距。与国际大企业、研究机构和大学之间的战略合作少，在国内设立开放实验室、产业创新联盟、创新孵化器、集成创新网络等多种模式在长江中游城市群很少。国际化经营能力不足，整合利用国际创新资源的能力有待提高，国际服务水平较低，缺少具有全球影响力的“互联网＋”应用平台。

17.2.3 长江经济带中游城市群产业转型升级的总体思路

(1) 中游城市群产业转型升级的总体思路

长江中游城市群产业升级的总体思路紧紧围绕“四个全面”战略的规划，以“创新、协调、绿色、开放、共享”作为发展理念，充分发挥“互联网＋”的优势，依托武汉城市圈、长株潭与环鄱阳湖城市群，加快创新驱动产业升级步伐，优先发展先进制造业，推动生产型制造向服务型智造转型，促进产业向全球产业链中高端延伸，现代服务业向规模化发展，推动产业高端化、绿色化、智能化、服务化、融合化（如图 17 – 3 所示）。

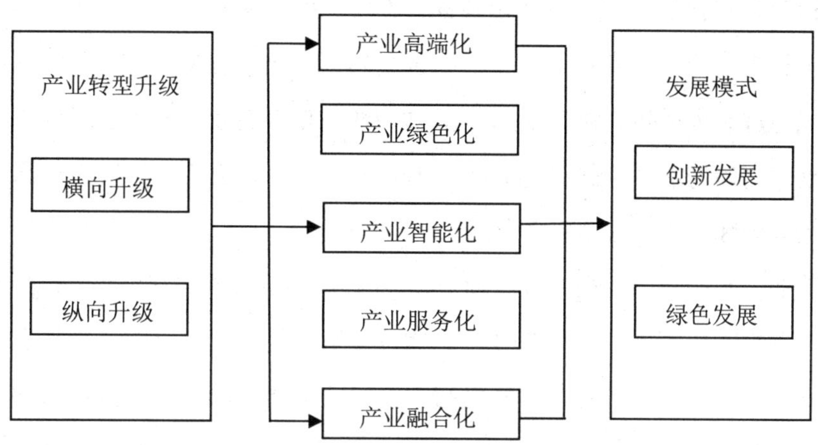

图 17 – 3　长江中游城市群的发展思路

（2）中游城市群产业转型升级的总体目标

到 2025 年中游城市群产业升级取得实质性进展，构建技术创新水平高、品质服务优、地区协调发展、生态环保的现代化产业的发展体系。

其一，产业规模持续壮大。到 2020 年，中游城市群工业增加值比重不断提高。重点产业持续、快速、稳步发展，工业发展质量、水平逐步提高。长株潭城市群在高端装备、工程机械、新材料、新能源汽车等传统产业方面做大做强；武汉城市圈围绕智能制造装备、新能源汽车、生物医药等重点领域，打造一批具有国际影响力的产业集群与跨国企业。

其二，产业结构加快优化。加快推进制造业向中高端发展，制造业与服务业快速融合发展，产业布局向集约高效、协调优化转变，产业结构趋于合理。全力推进长株潭强化制造四大标志性工程建设，三次产业结构持续优化，核心竞争力不断增强。环鄱阳湖城市群集中力量培育发展战略性新兴产业，加快传统优势产业的转型升级，推动制造业体系向低碳、循环、可持续发展方向转变。武汉城市圈产业结构明显优化，到 2025 年，制造企业技术创新水平进一步提升，产品科技水平与附加值大幅提升，培育一批具有国际影响力的制造业知名品牌，打造一批具有跨国经营能力的产业示范试点。

其三，创新能力显著提升。攻克一批重点领域核心、关键技术，布局一批制造业研发创新平台，在高端装备、工程机械、新材料、节能环保等新兴行业创新驱动能力跻身行业前列，有色金属、石化、纺织、钢铁等传统产业创新能力进一步增强。到2020年，长江中游城市群创新投入和创新成果转化率达到国内领先水平，制造企业技术创新能力进一步提高，打造一批国内领先并具有国际影响力的创新平台。

其四，智能制造加快推进。到2020年，中游城市群产业两化深度融合，重点领域推广应用新一代信息技术，制造业数字化、网络化、智能化发展取得显著成效，智能制造能力显著提高，多层次两化融合试点示范体系初步建成，信息化发展指数保持全国前列。到2025年，绿色智能制造生态系统初步形成，两化融合发展成为全国示范基地。

17.2.4 长江经济带中游城市群产业转型升级的主要任务

其一，推动传统产业高端化，提升全球产业链地位。坚持创新驱动、品牌引领的发展道路，突破核心技术与关键零部件全面提高精深加工、精密制造的能力，打造一批具有国际影响力的龙头企业与知名品牌，全面提升中游城市群制造业在全球产业链的地位。引导武汉、长沙、九江、南昌等地构建汽车产业联盟，合作研发汽车发动机核心技术与节能环保新产品，打造体系完整的整车以及零部件产业链。建立钢铁、有色金属、纺织、化工等传统优势产业集群，以自主创新为核心，打造基础研发平台，提升在全球产业链中的影响力。以武汉、荆门、岳阳、九江等产业基地为依托，坚持园区化、集聚化与精细化发展。

其二，推进生产型制造业向服务型制造业转型升级。引导长江中游企业从供应产品制造向供应产品与服务转型，由提供设备向提供总集成总承包服务和专业化方案转型，支持航空航天、玩具家具、纺织服务等行业发展个性化定制服务、全生命周期管理与在线支付服务等，加快生产型制造逐步向服务型制造转型。推动武汉、长沙等科研院所众多的中心城市发展制造服务，加大对先进设计工具软件的研发投入，开拓工业研发设计、环保工程设计等服务，发展壮大专利技术产业化等科技服务业。长、株、潭在高端装备、先进轨道制造等重点领域，打造服务型支撑平台。

其三，持续优化产业结构，推动产业集聚发展。在中游城市群中，着力打造一批标志性产业集群，形成一批具有地域特色的产业示范基地，着力壮大一批行业领军企业，着力培育一批国际知名品牌。按照大项目—领军企业—产业集群—产业基地—知名品牌的集聚发展方向，以产业集群、基地、领军企业和知名品牌创建为产业主要发展内容，以重点产业园区作为依托，以行业领军企业为带动，促进产业向中高端转型升级。以“武汉·中国光谷”为主体，以光通信、激光加工产业为主攻方向，大力发展生物医药与高端医疗器械、先进装备、新材料等产业集群，打造一批创新能力突出、服务功能完善的新型工业化生产基地。

其四，推进两化深度融合，促进智能制造发展。推动武汉、南昌、长沙等建设现代化智慧城市，进一步推进制造企业与“互联网+”的深度融合，加快中心城市的信息传输、应用与管理平台建设，打造智慧城市群。加快部署长江中游城市群大数据、云计算基础设施，建设城市群信息港，推动信息与服务共享，推动工业云平台建设，鼓励龙头企业建设工业云服务中心。实施“智能制造工程”专项行动，在智能产品与装备、绿色制造体系、服务智能化、智能化管理等关键环节深度融合“互联网+”，突出长株潭城市群在先进轨道制造、新材料、高端装备、工程机械等重点领域，着力实现智能制造的重点突破，不断提升智能产品、高端装备的智能化水平。

其五，推动产业绿色生态化发展。在长江中游城市群推广绿色制造，强化可持续发展理念，坚持生态文明发展道路。在长江中游城市群开展实施“绿色制造工程”专项行动，推广应用节能环保技术、工艺与装备，在钢铁、纺织、石化、高端装备等制造领域推行绿色制造，实施传统产业技术改造、清洁生产与节能节水技术示范、机电设备再制造等绿色低碳示范工程，促进绿色制造模式快速发展。长沙、株洲、湘潭以及湘江流域等以石化、冶金等高污染行业为重点，积极推广清洁生产应用。大力发展绿色产业园区，以华中科技低碳示范园区、循环化改造示范试点、新型工业化示范基地等作为依托，加快推动园区产业耦合，提高产业示范基地的产城融合度。

其六，以开放促发展，推动产业国际化。加强长江中游城市群合作平台建设，提高企业利用外资水平，进一步放宽外商投资准入条件，优化开放结构，提高区域对外开放水平。鼓励境外企业和科研机构在武汉、长沙、南昌等中心城市设立全球研发机构，发挥区域人才资源优势。深化产业国际合作，加快推动长株潭先进轨道、武汉光电等优势产业“走出去”。以更加开放的视野，加强长江中游城市群顶层设计，抓住国家“一带一路”倡议的发展机遇，制定制造业“走出去”发展总体战略，推广上海自贸区可复制的经验，逐步扩展长江中游城市群制造业国际化的新方向。

17.2.5 长江经济带中游城市群产业转型升级的保障措施

其一，加强组织领导。强化推动长江经济带领导小组职能，协调解决长江中游城市群在产业升级与协调发展过程中的重大问题，针对长江中游城市群创新驱动、转型升级、空间布局、绿色制造等发展问题，为产业转型升级提供决策咨询。完善城市群相关统计监测、绩效考核、动态调整优化各项政策，实行中期考核机制。鼓励包括高校智库、企业智库、社会智库在内的多形式的智库建设，为长江中游城市群快速发展贡献智慧。

其二，加大财政税收政策支持力度。实施产业转型升级的税收优惠政策，结合税收政策“营改增”的全面推广，深化并促进企业加大研发投入。发挥多层次资本市场的融资功能，创新财税资金支持产业转型升级的方式，推进政府和社会资本结合，设立基础投资基金，准许社会资本参与、投资重点领域的重大项目。统筹现有财政专项资金，进一步加大对智能化改造、智能装备生产、智能制造系统集成及软件开发等重点领域的扶持力度，加强资金绩效考核和动态调整。落实国家扶持产业转型升级的各种税费优惠政策，积极向国家相关部委争取产业扶持资金。

其三，完善金融扶持相关政策。充分发挥社会资本的融资作用，支持符合条件的企业通过境内外上市、发债、资产证券化，在“新三板”、上海股权托管交易中心等挂牌融资。对企业在境内外 IPO、发债、挂牌等成功融资的给予一次性政策性补助。积极开发货币信贷政策工具，通过政府财政引导银行资金为企业发展提供服务，引导金融机构加大对重点领域开展产融结合试点，通过融资租赁驱动产业升级。强化政府扶持资金的引导作用，推动社会资本、企业资金与金融机构优先在新材料、先进装备制造、新一代信息技术等领域开展租赁资产证券化试点。鼓励信用机制为企业提供担保服务，特别是在新一代信息技术、新材料、先进装备制造等领域的贷款担保服务。

其四，营造公平竞争的市场环境。全面深化市场进入规范改革，加大对国家强制性标准实施的检查力度，强化市场机制引导产业结构优化与升级。全面推进依法行政，大力实行企业投资准入负面清单，不断完善政府权力清单、责任清单、行政审批清单制度，加快使政府职能从事前审批转向事中与事后监管，不断规范权力运行和行政行为。深化政府行政审批制度改革，从减少环节、精简流程、缩短时间等方面提高行政效率。严格市场行为监管，打击制售假冒伪劣行为，强化知识产权运用和保护，维护正常的市场经营秩序。

17.3　长江经济带中游城市群产业协调发展的实践研究

17.3.1　长江经济带中游城市群协调发展的基本概况

其一，三次产业联动发展，产业结构协调水平有所提高。各地政府立足地方特色资源，在做强本地特色产业的同时，做强做大支柱产业，加快四大传统产业改造升级，有机耦合一、二、三产业，产业结构调整成效显著。如图17-4所示，长江中游城市群三次产业结构由2010年的11.9:50.9:37.2调整为2015年的10.0:49.8:40.2，产业结构协调发展状况不断优化。一是制造业产业实力增强，武汉城市圈食品、机械、纺织等产业，长、株、潭城市群医药、装备制造等产业、环鄱阳湖城市群航空及零部件等产业规模不断壮大；二是高技术产业及新兴产业发展水平得到提升，产生了一大批创新能力强、技术水平高的企业和产品，在多个领域取得了创新性突破；三是农业现代化水平增强，农业可持续发展成效明显。以江西省为例，2014年江西省取得历史性“十一连丰”粮食生产大关、“三品一标”农产品总数达到2416个、农村居民可支配收入首次突破万元大关，同比增长11.3%。

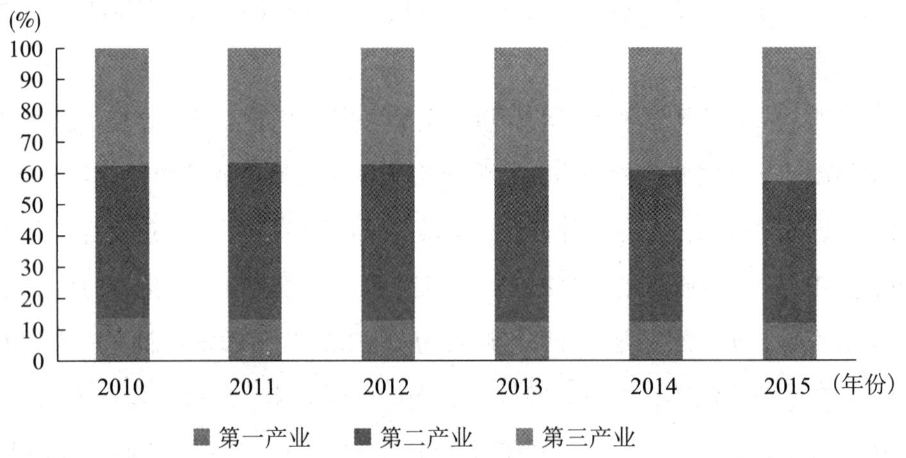

图17-4 长江中游城市群2010—2015年三产结构变化

数据来源：《中国统计年鉴》。

其二，产业转型升级初见成效，产业绿色协调发展水平逐步增强。长江中游城市群承接长三角、珠三角产业绿色转移，内部城市联手打造战略性新兴产业联盟，在城市群之间形成合理布局。制造业智能化、服务化、绿色化取得一定进展，截至2015年年底，长江中游城市群单位工业增加值能耗1.145亿元/万吨标准煤、二氧化硫排放量102.74万吨，工业固体废物产生量1.769亿吨，同比2010年，分别减少36.32%、26.40%和50.81%。大力培育战略新兴产业，中游城市群科技创新综合实力稳步提升，中游城市群的区域科技创新体系基本完善，创新、创业环境得到进一步优化，科技投入规模稳步增长。传统农业现代化、生态化工作随着“两型”社会建设的推进而成效显著，中游城市群大力开展低碳农业、生态农业、循环农业建设，以环鄱阳湖城市群为例，截至 2014 年年底，江西省共建设国家级生态农业建设示范市 1 个、国家级生态农业示范县 3 个、国家级循环农业示范市 5 个、省级生态农业示范县 5 个。

其三，各地整合要素资源，城市群协调发展水平提升明显。三大城市圈充分发挥比较优势，整合要素资源促进产业集聚、融合发展，成功联手打造一批规模大、技术优、实力强、特色突出的产业集群，截至 2015 年，武汉城市圈已拥有 14 个国家级和 26 个省级新型工业化示范基地、7 个国家级高新技术开发区、200 多个各类产业集群。利用耦合协调度模型建立协调度评价体系测度长江经济带中游城市群协调状况，结果发现武汉、长沙、南昌和宜昌的系统耦合度发展程度总体而言较好，呈现“平行四边形”格局，近年各地平均耦合度处于勉强协调状态与频繁协调状态的城市数量变化不大，处于轻度失调状态的城市比例从 2010 年的 46% 增长为 2014 年的 57%，处于中度失调状态的城市比例从 2010 年的 18% 下降至 2014 年的 14%。

其四，整体经济发展水平较弱，但发展空间巨大。目前，长江中游城市群的开发速度较慢，经济密度远低于沿海三大城市（如图 17 - 5 所示）。2015 年，长江中游城市群平均经济密度为 3021.89 万元/平方千米，相当于长三角的 79.04%、京津冀的 79.96%，人均 GDP 为 4.338 万元/人，相当于长三角的 48.33%，珠三角的 64.64% 和京津冀的 49.07%，但是，随着中国经济进入新常态，珠三角、长三角、京津冀等地区的经济增速放缓，长江中游城市群与其相比，保持着中高速增长态势，并且长江中游城市群面积大，其在科技、教育、生态环境等方面具有明显开发优势，这表明，未来长江中游城市群的开发潜力巨大。

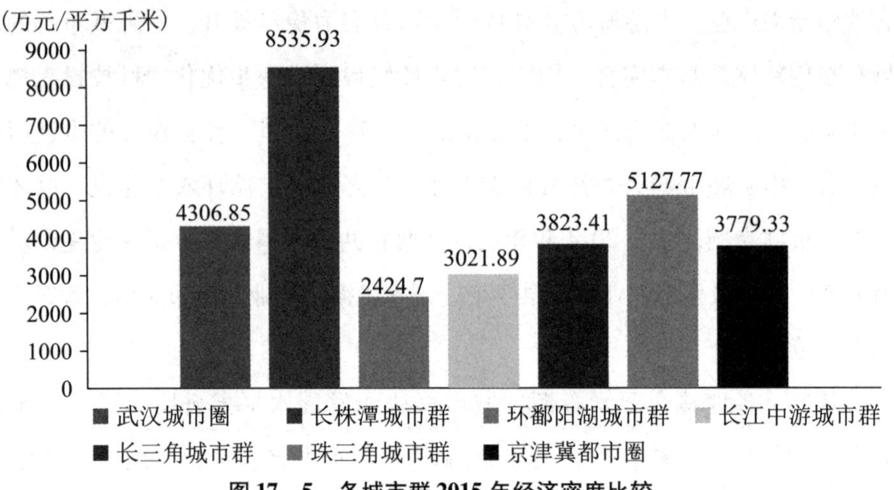

图 17－5　各城市群 2015 年经济密度比较

数据来源:《中国统计年鉴》。

17.3.2　长江经济带中游城市群协调发展的主要问题

其一，行政壁垒明显，区域合作体制机制落后。一是国家层面引领支持强度不够，缺乏系统、权威的相关制度来约束相关方行为。当前，中部三省在承接下游地区产业绿色承接转移、环境保护、人才流动等方面存在较大政策差异，缺乏促进中游城市群协调发展的实质性法律法规，一定程度上给中游城市群的产业协调发展造成障碍。二是非政府组织未充分发挥作用。虽然近年来中游三省合作步伐日益加快，高层交流开始增多，但长江中游城市群的合作机制体现在社会、企业层面的自发合作行为不足。三是中游城市群合作保障机制不健全。区域利益协调机制不完善，各省存在“本位主义”，致使各地忽视区域整体利益而不利于长江中游城市群的整体协调发展，例如，区域人才、资本等要素资源流通不畅，长江中游流域缺乏相关稳定投资等。

其二，对外开放不足，经济发展外向度偏低。总体来看，长江经济带中游城市群对外贸易和利用外资规模较小。2015 年中游城市群进出口总额为 1185.81 亿美元，GDP 为 62250.85 亿元，进出口总额占 GDP 的比重仅为 11.79%。由表 17－4、表 17－5、表 17－6 可知，中游城市群除武汉市、南昌市、九江市、鹰潭市、衡阳市、上饶市、吉安市外，其余各市外贸依存度低于中游城市群的平均水平。特别是黄冈市、常德市、益阳市、娄底市、鄂州市、荆州市、咸宁市、岳阳市外贸依存度低于5%，说明其与外部联系较为松散，经济封闭性较强。

表 17－4　　武汉城市圈 2015 年 12 市外贸依存度　　单位：%

市区	武汉	宜昌	黄冈	鄂州	孝感	咸宁
外贸依存度	16.01	5.67	2.54	4.64	5.07	2.92
市区	仙桃	天门	荆门	潜江	黄石	荆州
外贸依存度	8.10	1.55	5.26	5.04	15.45	4.72

资料来源：由中游城市群各市 2015 年国民经济和社会发展统计公报及各市政府工作网站相关数据计算而得。

表 17－5　　长株潭城市群 2015 年 8 市外贸依存度　　单位：%

市区	长沙	岳阳	常德	益阳
外贸依存度	9.47	2.44	1.79	2.78
市区	株洲	湘潭	衡阳	娄底
外贸依存度	6.63	8.03	46.64	4.71

资料来源：由中游城市群各市 2015 年国民经济和社会发展统计公报及各市政府工作网站相关数据计算而得。

表 17－6　　环鄱阳湖城市群 2015 年 9 市外贸依存度　　单位：%

市区	南昌	九江	景德镇	鹰潭	上饶
外贸依存度	17.83	19.60	6.46	35.18	16.28
市区	新余	抚州	吉安	宜春	
外贸依存度	11.93	9.38	22.94	9.88	

资料来源：由中游城市群各市 2015 年国民经济和社会发展统计公报及各市政府工作网站相关数据计算而得。

其三，产业趋同现象严重，结构性产能过剩。长江中游城市群各省市具有相似的资源禀赋，以相似资源禀赋为基础所建立的产业具有较大的相似性。由表 17－7 可见，大多数区域以装备制造、纺织服装、石油化工、农副食品加工为主导产业，中游城市群优势产业结构反映了各省市微观层面上依然存在较大的产业结构相似程度。即使已经制定了长江中游城市群发展规划，对中游各省市的产业分工与整体布局做了统筹安排，但从实际情况来看，中游城市群各省市及各区县在产业规划方面以自我经济发展为中心，不同区域间的产业规划缺乏协调机制，频繁出现产业同构和重复建设的问题。

表 17－7　　长江中游城市群 2015 年部分县市主要资源及主要产业

	部分区县	主要产业
武汉城市圈	武汉市	钢铁、汽车、机械装备（含船舶）、石化、电子信息、食品、纺织服装、能源环保、生物医药、造纸
	荆州市	食品、造纸及纸制品、专用设备制造、纺织服装、木材加工、煤炭开采和洗选业、化学原料及化学制品制造业
	仙桃市	纺织服装、机械电子、医药化工、农副食品加工
	潜江市	化工医药、食品制造、家具制造、冶金机械、农副产品深加工、纺织服装
长株潭城市群	长沙市	工程机械、食品、烟草、材料制造、电子信息、汽车及其零部件制造、生物医药
	岳阳市	石化、工程机械、食品、电子信息、造纸、纺织、生态农业、农产品加工业
环鄱阳湖城市群	南昌市	水产、油料、航空及零部件、医药和食品、服务外包、新材料产业、光电子和家电、汽车及零部件产业、冶金和新材料、纺织服装、光电光伏等
	抚州市	电子信息产业、汽车及零部件产业、现代农业、有色金属加工、化学建材、生物医药
	上饶市	生态特色种植业与养殖业、有色金属加工、机械电子、建材、能源、特色农产品加工、农副制品加工

资料来源：根据长江中游城市群各省市政府网站及 2015 年政府工作报告相关资料整理得出。

其四，区域经济发展不平衡。长、株、潭城市群及武汉城市圈因地理和交通便利得到较快的发展，而鄱阳湖生态经济区由于规划较迟，且有大湖阻隔，没有形成能够与其他三省相对称的城市群体系。从各项经济指标上来看，2015 年南昌生产总值仅分别为武汉、长沙的 36.86% 和 47.00%；全社会固定资产投资仅分别为武汉、长沙的 51.78% 和 62.86%。从城市角度来看，既有像武汉、南昌、长沙这样面临城市病的特大型城市，也有相对落后的农村地区。作为长江中游城市群的区域中心，武汉、长沙和南昌在 2015 年的全社会固定资产投资、生产总值、地方财政收入分别占整个中游城市群 29 个城市总和的 35.67%、37.62% 和 62.35%。而其他城市占比较低，比如鄂州、仙桃、景德镇、鹰潭等地的 GDP 的占比都不足 2%，衡阳、天门等地全社会固定资产投资的占比都不足 1%，衡阳、娄底、鄂州、吉安等地财政总收入的占比不足 1%。

17.3.3　长江经济带中游城市群协调发展的总体思路

（1）中游城市群协调发展的总体思路

发挥中游城市群产业的比较优势，从追求区域共赢这一原则出发来推进中游城市群建立制度化协调运作机制、确定沟通有效的政府合作模式、搭建顺畅的合作平台，促进资源优化配置。联手打造冶金工业、石油化工产业、装备制造业、战略性新兴产业、家电产业等优势产业集群，建设旅游业、金融业、物流业、文化产业等现代服务业集聚区发展，有序推进跨区域产业转移与承接，加快产业的转型升级速度，构建中游城市群的现代产业体系，实现中游城市群之间的优势互补、资源共享、分工协调、共赢发展（如图 17－6 所示）。

（2）中游城市群协调发展的发展目标

其一，绿色协调发展不断增强。推动生态文明建设，建立中游城市群跨区域生态环境保护联动机制，促进城市群绿色发展，形成产业绿色协调发展格局。将环洞庭湖生态经济区、长株潭城市群建设成“生态文明建设”引擎，

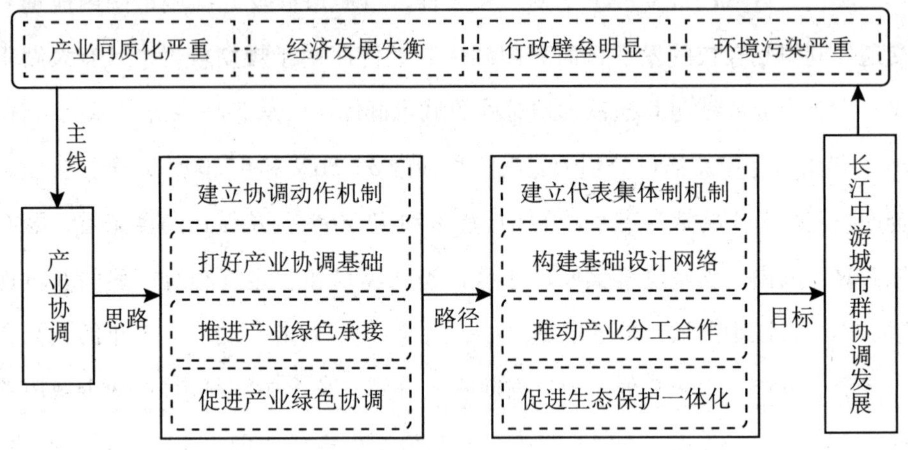

图 17－6　长江中游城市群总体发展思路

发展新余、荆门、长株潭等成为国家节能减排财政政策综合示范城市。形成以沿江、沿湖和主要交通轴线绿色廊道为生态屏障的城市群"绿心"，筑成以长江水系、道路绿化带、湿地、山体、农田林网为主要框架的网络化生态廊道。

其二，产业融合发展不断深入。在更高水平上实现农业、工业及服务业的有机、融合发展。实现城市群农业现代化协调发展，建立多形式利益联结机制，通过供应链、产业链及价值链来有机衔接农产品加工、生产、流通及服务等各个环节，基本形成组织形态优化、数量质量效益并重、农民收入水平明显提升、生态环境可持续化，能与二、三产业融合发展的农业现代化产业体系。促进信息技术与制造业的融合发展，在培育壮大战略性新兴产业的同时改造提升传统制造业，实现工业总量稳定增长、产业结构逐步优化、创新能力明显提升的目标，全力打造工业发展新优势，不断加快转型升级步伐，实现中游城市群不同时期、不同领域制造强省建设的新突破。

其三，产业创新协调不断深化。进一步推动产业结构优化，建设一批特色鲜明的战略性新兴产业集聚区及重大产业技术创新平台，发展一批原创能力强、具有国际影响力和品牌美誉度的行业排头兵企业。改造提升优势传统行业，高效利用新一代信息技术，提高战略新兴产业占制造业的比重，不断培育制造业服务化的新模式，形成布局合理、统筹协调并与传统产业体系融合发展的城市群科技创新体系。到 2020 年，制造业数字化、绿色化、智能化水平明显提升，建成较为完善的智能制造生态系统，产业集聚水平、行业集中度和综合实力大幅提高。

17.3.4　长江经济带中游城市群协调发展的主要任务

（1）构建互联互通的区域基础设施网络

完善互联互通的陆运网络。以中游城市群三大省会城市为核心，优化路网布局；加快推进快速铁路、其他干线铁路、既有线路、高速公路的建设，推进长江中游城市群城际轨道交通网络建设，完善环长株潭城市群内部综合交通体系，以城际快速铁路、高速公路为主，推动建立长沙与环长株潭城市群其他城镇联系的快速交通网。

打造紧密协作的水运网络。整合港口资源，利用中游区域天然河流的有利条件，建设形成以长江航道为主轴，以武汉新港为主体，岳阳港为支撑，宜昌、九江、荆州、黄石等港口为补充的一体化的长江中游港口群体系；加快长江干线及主要支流航道的综合整治工作，推进长江中游地区水利和水务一体化；加快湘江高等级航道建设，深化长沙港与岳阳港、武汉港、九江港、南昌港等主要港口的合作，构建水运网络。

建设高效便捷的空运网络。中游城市群的空运网络建设主要以武汉天河机场、南昌昌北机场、长沙黄花机场为重点，加强重点机场与其周边地区机场的分工合作。加快推动支线机场的建设，推动岳阳、上饶、武冈等机场建设，主动扩建九江庐山机场、襄阳刘集机场、景德镇罗家机场等改扩建工程，提高中游城市群与其他主要城市间航班密度。建设干支结合、客货并举的长江中游城市群高效便捷的空运网络。

（2）推动产业优势合作，促进产业协调发展

打造长江中游城市群优势产业集群。其一，做强汽车及交通运输设备制造、装备制造、生物医药、石油化工等主导产业。引导中游城市群各地建立

主导产业相关产业链，如武汉、长沙、九江、株洲等地构建汽车及零部件产业链，长沙、南昌、武汉、株洲、景德镇等地优化装备制造业结构，联合打造具有国际影响的装备制造产业基地。其二，做大移动互联网及光电产业等先导产业。推动武汉城市圈光电产业、光电新兴产业发展，扩大光通信、激光及半导体照明等优势产业规模；促进环长株潭城市圈导航应用、移动互联网等产业发展，持续以创新应用服务带动技术、模式和产品创新，推动人机交互、移动安全等应用加速发展。

推动跨区域产业转移与承接。其一，推动承接沿海地区产业转移。建立跨区域产业转移合作机制，探索产业承接转移的新模式，促进中游城市群各省互利共赢。其二，促进各地产业双向转移。促进城市群产业布局调整，鼓励长沙、南昌、武汉着力发展现代服务业及高新技术产业的同时，积极引导劳动密集型产业、资源加工型产业向城市群周边地区转移，推动中游城市群各企业到武汉、长沙、南昌等区域中心设立行政总部及营销、研发、物流中心。其三，大力推动“回归工程”。通过金融、财政等多方面的政策吸引，鼓励海内外的湘商、赣商、楚商返乡投资，支持符合条件的产业园区及开发区建立创业园，鼓励有条件的企业通过各种方式来引进各类高层次人才。

强化中游城市群区域合作交流。一方面，消除行政壁垒和地方保护主义，加强园区合作。推动中游城市群在人才、资金、技术等要素方面自由流动，推动中游城市群产业园区共同探索多园多基地建设、产学研合作、中小企业发展、人才引进等方面的有效做法，推动武汉、南昌、长沙与周边城市共建产业园区，促进城市圈内企业、科研机构研发合作。另一方面，推动长江中游城市群产业链重组，打造长江中游城市群优势产业链，促进产业向集群化方向发展。

（3）积极推进生态环境保护一体化

共同加强生态系统保护与修复，加强水资源及湿地资源保护。中部三省要坚持保护优先和自然恢复为主，维护汉江、赣江、长江及洞庭湖、鄱阳湖、东湖等重点河湖的健康生态。促进节约水资源，着力推进洞庭湖及鄱阳湖水生态安全保障、长江干流饮用水水源地保护和再生水利用等项目。加快落实长江中游城市群湿地生态恢复工程，优化水位和水文周期调节，完善引水设施体系，修复湿地功能，恢复湿地植被。

推动资源能源节约集约利用。其一，严格控制能源消耗。全面推进长江中游城市群工业、交通、建筑等重点领域的节能工作，推进黄石、株洲、南昌等城市的区域性热电联产工程。其二，推动土地资源的集约开发与利用。依据国家政策，落实节约用地制度和耕地保护制度。紧抓耕地保护，严格控制各类建设占用耕地。推进城市土地高效利用，推动节地型公共建筑及住宅建设，提高城市土地集约化水平。其三，大力推广循环发展模式。长江中游城市群要构建覆盖生产、流通、消费等各环节的资源循环综合利用体系，有效促进资源在生产、流通以及消费过程中的高效利用。

加强环境治理合作。其一，加强中游城市间的合作，推进生态型城市群建设，共筑生态屏障。中游城市群积极推动建立以沿江、湖、重要交通轴线为连接的生态屏障。在“一江两湖”红线范围内，规划重要湿地及水域保护区的控制线，推广清洁生产与工艺以及绿色消费。其二，以“一江两湖”为重点，三省联合推动江河湖泊综合治理工作。以岳阳洞庭湖、江西鄱阳湖、武汉东湖为治理重点，同时加强长江下支流、鄱阳湖、洪湖等沿岸地区的污染治理。其三，做好水、大气、工业污染源防治。建立点源达标排放的长效管理机制，加强流域污水处理厂、垃圾处理厂等基础设施建设。大气污染防治要以改善城市大气环境质量为中心，实施城市清洁空气行动计划，完善建立中游城市群大气污染的防治、控制与治理机制。

（4）建立中游城市群合作体制机制

推进建立横向利益分配机制。建立中游城市群各城市区域间市场互融互通机制，制定统一的市场体系、投资和金融体系、城市间劳动力自由流动的市场体系等，使市场在资源配置中发挥决定性作用，消除区域内阻碍产品和生产要素流动的制度性障碍。建立重大项目责任共担机制，围绕交通基础设施、信息基础设施等项目，各城市共同、合理负担城市基础设施的投入。加快建立长江中游城市群区域环境保护协调机制，污染联防联控平台、重大环境事件通报机制等。建立产业转移与跨地区投资利益分享机制，鼓励长江中游各城市园区与有合作基础或意愿的企业建立联盟组织并围绕优势及重点行业跨区域投资。

深化生态文明建设机制体制。建立中游城市群生态补偿制度，设立跨区域生态补偿基金以便开展生态补偿试点，制定相关法律法规和制度来规范资金征收、资金监管、使用范围等方面内容，明确生态补偿的责任对象、经费及范围等。建立跨区域环保应急防控机制，建立覆盖长江中游地区所有城市立体的应急监测体系及跨界环境污染事故通报协商处置机制。完善建设生态文明法律法规体系，在建设生态文明的要求下，修订并协调统一各省政府规章、地方性法规和规范性文件，着重在实施清洁生产、发展循环经济、资源保护开发利用和环境保护等方面出台配套的法规、规章及标准。确立生态文明建设考评制度，建立符合生态文明要求的目标体系、奖惩机制以及考核办法，在考核办法中充分反映环境损害、资源消耗、生态效益等相关指标。

17.3.5　长江经济带中游城市群协调发展的保障措施

其一，推进立法工作，推进区域合作规范化、常规化。出台《城市群规划实施管理条例》及《城市群规划编制审批办法》，联手制定城市群合作公约，推进城市群一体化。推动各地政府在相关法律、法规、条例中加入“明确省区际协议的法律效力”及“促进中游城市群产业协调发展，调控城市群差距”等条文，以明确缔约各方约束力进而提高城市群政府合作的权威性。全面贯彻落实相关协议，切实提高政府合作的执行力，并逐步建立统一的调解、仲裁、投诉等机制。

其二，完善财政政策，增强区域财政一体化。一是在已有的框架上，多方面完善现有城市群跨区域的公共财政机制，实现城市群地区结构优化、优势互补、合作紧密、整体发展。二是建立城市群公共财政储备制度。对中游城市群得到的共同财政来源，可按增值税收入或本地 GDP 的恰当比例上缴给城市群地区协调发展管理委员会，中游城市群区域信息网的建设以及信息分析、传播等方面的费用由区域共同财政负担。

其三，确立协调组织，促进区域沟通便捷化。确立长江中游城市群协同共治的理念，形成城市群跨城市、跨行业的协调联动机制。推进城市群地区成立行业性协调性组织机构，如环境保护协调组织、产业协调组织等，进而解决跨区域的环境保护、基础设施建设、产业发展等问题，促进中游城市群成员政府之间、政府与民间的合作与交流。

参考文献

吴得文、汤小华、吴华等：《发达地区县域经济差异与协调发展研究——以泉州市为例》，《海南师范大学学报》（自然科学版）2004 年第 17 期。

陈文科：《论中国经济转型的难点》，《江汉论坛》2011 年第 3 期。

陶文昭：《科学发展观的第一要义是发展》，《思想理论教育导刊》2008 年第 3 期。

李家祥：《对新形势下加快发展天津先进制造业战略的思考》，《理论与现代化》2015 年第 5 期。

张建强：《云贵川人力资本与经济增长比较研究》，硕士学位论文，西南财经大学，2010 年。

罗锡莲：《河北省基于工业污染的绿色 GDP 核算研究》，硕士学位论文，石家庄经济学院，2008 年。

乔娟：《我国碳排放影响因素实证分析》，硕士学位论文，山东财经大学，2014 年。

郑桂章：《用生态和谐理念引领现代农业发展》，《领导科学》2007 年第 19 期。

薛超：《江苏省科技创新投入与产出绩效关系研究》，硕士学位论文，扬州大学，2014 年。

陈蕾：《基于创新系统的中国区域自主创新能力评价及提升对策研究》，硕士学位论文，东北财经大学，2011 年。

陈敦贤：《流动人口社会保障体系论略》，《中南财经政法大学学报》2005 年第 3 期。

盛来运、侯税、马治鑫：《我国不同地区粮食综合生产能力研究》，《经济研究参考》2006 年第 85 期。

蔡元成、朱恩涛、赵敏等：《西部农村农业产业化与金融支持问题研究——基于四川省凉山州的实证分析》，《西部经济管理论坛》2015 年第 26 卷第 2 期。

邢公奇、郭菊娥、何建武：《黄河流域和长江流域水资源利用与价格变动效应分析》，《水利经济》2003 年第 21 卷第 6 期。

黄季焜：《深化农业科技体系改革，提高农业科技创新能力》，《农业经济与管理》2013 年第 2 期。

仇焕广、栾昊、李瑾、汪阳洁：《风险规避对农户化肥过量施用行为的影响》，《中国农村经济》2014 年第 3 期。

游和远、吴次芳：《供地控制指标引导产业碳排放的效率分析》，《经济地理》2014 年第 34 卷第 3 期。

董旭、吴传清：《长江经济带战略性新兴产业发展政策——基于规划文本和政策文本梳理的视角》，《湖北经济学院学报》2015 年第 11 期。

吴传清、龚晨：《长江经济带沿线省市的工业集聚水平测度》，《改革》2015 年第 10 期。

刘晓珍：《我国服务业结构与经济增长的关系研究》，硕士学位论文，北京工商大学，2010 年。

林海榕：《服务外包业与制造业协调发展研究》，博士学位论文，福建师范大学，2014 年。

谢曙光：《粮食主产区经济结构调整和优化的途径探讨》，《中州学刊》2004 年第 3 期。

姜江：《促进电子信息产业向中西部地区有序转移》，《宏观经济管理》2012 年第 11 期。

聂倩：《我国流域生态补偿财政政策研究》，博士学位论文，江西财经大学，2015 年。

欧阳昌永：《广西建设环境友好型社会的财税政策研究》，《经济研究参考》2008 年第 17 期。

吴敏：《武汉城市圈产业结构生态化研究》，硕士学位论文，武汉理工大学，2009 年。

冯凤玲、成杰民、杨圣军：《济南市水安全问题成因分析及防治对策》，《水土保持研究》2006 年第 13 卷第 4 期。

丛澜、陈祥彬：《借鉴莱茵河污染治理经验，加强我省流域水环境管理》，《福建环境》2003 年第 20 卷第 1 期。

杨德才、余伟：《制度创新、区域分工协作与长江经济带良性发展——基于国外流域经济带发展经验的思考》，《中国发展》2014 年第 14 期。

岑晓喻、周寅康等：《长江经济带资源环境格局与可持续发展》，《中国发展》2015 年第 15 卷第 3 期。

夏冀、肖永芹：《密西西比河开发经验及对长江流域发展的启示》，《重庆社会科学》2006 年第 5 期。

许卓、刘剑、朱光灿：《国外典型水环境综合整治案例分析与启示》，《环境科技》2008 年第 21 卷第 2 期。

郭焕庭：《国外流域水污染治理经验及对我们的启示》，《环境保护》2001 年第 8 期。

姜礼燔：《英国治理泰晤士河污染的基本经验》，《中国渔业经济研究》1999 年第 2 期。

高令梅：《太湖流域治理的投融资模式研究——基于与泰晤士河流域治理的对比分析》，《经济论坛》2009 年第 22 期。

王彬：《短缺与治理：对中国水短缺问题的经济学分析》，博士学位论文，复旦大学，2004 年。

孙艳霞：《基于能源有效性的企业竞争优势对策研究》，《中国军转民》2012 年第 7 期。

胡鞍钢、周绍杰：《绿色发展：功能界定、机制分析与发展战略》，《中国人口、资源与环境》2014 年第 24 卷第 1 期。

诸大建：《绿色经济新理念及中国开展绿色经济研究的思考》，《中国人口、资源与环境》2012 年第 5 期。

马洪波：《绿色发展的基本内涵及重大意义》，《攀登》2011 年第 30 卷第 2 期。

刘纯彬、张晨：《资源型城市绿色转型内涵的理论探讨》，《中国人口、资源与环境》2009 年第 5 期。

祁晓玲：《四川省产业组织结构与企业竞争力研究》，中国经济出版社 2006 年版。

吴传清、陈文艳：《长江经济带经济增长与环境质量关系的实证研究》，《生态经济》（中文版）2016 年第 32 卷第 5 期。

李晓西、刘一萌、宋涛：《人类绿色发展指数的测算》，《中国社会科学》2014 年第 6 期。

白永亮、郭珊：《长江经济带经济实力的时空差异：沿线城市比较》，《改革》2015 年第 1 期。

岳书敬、邹玉琳、胡姚雨：《产业集聚对中国城市绿色发展效率的影响》，《城市问题》2015 年第 10 期。

齐建国：《循环经济与绿色发展——人类呼唤提升生命力的第四次技术革命》，《经济纵横》2013 年第 1 期。

Shenggang Ren，Zhen Hu，Effects of Decoupling of Carbon Dioxide Emission by Chinese Nonferrous Metals Industry，*Energy Policy*，2012，（43）.

任胜钢、袁宝龙：《长江经济带产业绿色发展的动力找寻》，《改革》2016 年第 7 期。

胡丽华：《节能环保等战略性新兴产业发展的财政促进政策》，《辽宁省社会主义学院学报》2012 年第 2 期。

王松、胡树华、牟仁艳：《区域创新体系理论溯源与框架》，《科学学研究》2013 年第 31 卷第 3 期。

国务院发展研究中心、施耐德电气：《以创新和绿色引领新常态：新一轮产业革命背景下中国经济发展新战略》，中国发展出版社 2015 年版。

李礼连、张利国：《长江经济带粮食产量时空变化及驱动因素分析》，《鄱阳湖学刊》2017 年第 2 期。

罗文：《“互联网 +”：制造强国的新引擎》，《决策探索月刊》2015 年第 5 期。

胡燕、王恬：《关键共性技术在优势产业中研发协同机制》，《科学管理研究》2014 年第 6 期。

庄雷：《纵向多边网络的产业链组织模式的研究》，《产业经济评论》2015 年第 3 期。

高福一：《山东海洋高技术产业发展战略》，《宏观经济管理》2014 年第 7 期。

罗珉、李亮宇：《互联网时代的商业模式创新：价值创造视角》，《中国工业经济》2015 年第 1 期。

宋春光、李长云：《基于顾客价值的商业模式系统构建——以移动信息技术为主要视角》，《中国软科学》2013 年第 7 期。

杜传忠、李彤：《我国战略性新兴产业商业模式构建研究——以合同能源管理为例》，《济南大学学报》（社会科学版）2013 年第 23 卷第 3 期。

邓伟、李楠希、索晨霞：《绿色价值链的框架分析》，《商场现代化》2008 年第 11 期。

汪涛、王铵：《中国钢铁企业商业模式绿色转型探析》，《管理世界》2014 年第 10 期。

王琴：《基于价值网络重构的企业商业模式创新》，《中国工业经济》2011 年第 1 期。

张桃荣：《青白江区建设世界现代田园城市的区位优势与发展路径》，《党政研究》2011 年第 1 期。

简兆权、肖霄：《网络环境下的服务创新与价值共创：携程案例研究》，《管理工程学报》2015 年第 29 卷第 1 期。

曹柬、吴晓波、周根贵等：《制造企业绿色产品创新与扩散过程中的博弈分析》，《系统工程学报》2012 年第 27 卷第 5 期。

李涛：《农化服务模式创新与农村生态环境保护——基于浙江兰溪常富粮食专业合作社农化服务创新的分析》，《农业环境与发展》2012 年第 3 期。

魏玮、毕超：《环境规制区际产业转移与污染避难所效应——基于省级面板 Poisson 模型的实证分析》，《山西财经大学学报》2011 年第 33 卷第 8 期。

马凯：《积极稳妥地推进资源性产品价格改革》，《求是》2005 年第 24 期。

温桂芳：《深化资源性产品价格改革的基本思路与总体构想》，《价格理论与实践》2013 年第 7 期。

李裕瑞、杨乾龙、曹智：《长江经济带农业发展的现状特征与模式转型》，《地理科学进展》2015 年第 34 卷第 11 期。

伍国勇：《农业生态化发展路径研究》，博士学位论文，西南大学，2014 年。

方淑荣、游珍、蒋慧等：《生态化：中国现代农业发展的必然选择》，《农业现代化研究》2010 年第 31 卷第 1 期。

张军：《加强区域合作推动长江经济带农业融合发展》，《中国社会科学报》2015 年 3 月 4 日。

李蔚、杨秀琴、蓝新国：《加强“三品一标”认证后监管提高农产品质量安全》，《吉林农业》2010 年第 12 期。

杨伟清：《大鹏一日同风起——记长春高新区汽车高技术产业发展》，《经济视角》2003 年第 9 期。

王伯承、李玲：《新时期加快民营经济发展的对策探微》，《中国商论》2012 年第 28 期。

国务院：《关于加快培育和发展战略性新兴产业的决定》，2010 年。

冷俊峰：《湖南省利用 FDI 区域差异收敛》，《经济地理》2016 年第 3 期。

王丹：《外商直接投资对资本和金融账户影响的研究》，《统计与决策》2015 年第 10 期。

邹建华、韩永辉：《引资转型、FDI 质量与区域经济增长——基于珠三角面板数据的实证分析》,《国际贸易问题》2013 年第 7 期。

许晓娟、智冬晓:《中国本土企业获得 FDI 垂直技术溢出了吗? ——基于 1999 - 2006 年中国制造业企业的实证研究》,《中国软科学》2013 年第 8 期。

张方华、李守芹:《FDI 技术溢出、智力资本与创新能力的关系研究》,《上海经济研究》2013 年第 2 期。

林进智、郑伟民:《FDI 促进内资技术创新产生溢出效应的实证研究》,《科研管理》2013 年第 34 卷第 11 期。

李梅、柳士昌:《对外直接投资逆向技术溢出的地区差异和门槛效应——基于中国省际面板数据的门槛回归分析》,《管理世界》2012 年第 1 期。

ChangHsing Chang, Zhang MingRu, The Technology Spillover Effect of Foreign Direct Investment, the Cumulative Effect of Human Capital of Labor Transfer, and Economic Growth, *Journal of Statistics & Management Systems*, 2013, 11 (3).

Fujimori A, Sato T, Productivity and Technology Diffusion in Lndia: The Spillover Effects from Foreign Direct Investment, *Journal of Policy Modeling*, 2015, 37 (4).

Gui - Fu X. U., Impact of FDI Technology Spillover Effect on the Economic Growth of Haixi Economic Zone, *Journal of Inner Mongolia University of Finance & Economics*, 2015 (3).

罗军、陈建国:《FDI、人力资本门槛与就业——基于门槛效应的检验》,《世界经济研究》2014 年第 7 期。

Kambayashi R, Kiyota K., Disemployment Caused by Foreign Direct Investment? Multinationals and Japanese Employment, *Review of World Economics*, 2014, 151 (3).

Tsou M. W., Liu J. T., Hammitt J. K., et al., The Impact of Foreign Direct Investment in China on Employment Adjustments in Taiwan: Evidence from Matched Employer - employee Data, *Japan & the World Economy*, 2013, 25 - 26 (3).

丁翠翠、郭庆然:《外商直接投资对我国就业影响的动态效应与区域差异——基于动态面板数据模型的 GMM 估计》，《经济经纬》2014 年第 31 卷第 1 期。

杨昌举、蒋腾、苗青：《关注西部：产业转移与污染转移》，《环境保护》2006 年第 15 期。

晏彤：《污染产业转移的环境效应分析》，硕士学位论文，湖南科技大学，2016 年。

郭秋莎：《安徽省新农村建设中的生态问题及解决对策研究——以六安市裕安区为例》，硕士学位论文，安徽农业大学，2013 年。

陈钧：《培育开放型服务业发展新优势的重点领域探讨——以河南为例》，《北方经贸》2014 年 8 月。

李国平、李潇、萧代基：《生态补偿的理论标准与测算方法探讨》，《经济学家》2013 年第 2 期。

徐光丽：《流域生态补偿机制研究》，硕士学位论文，山东农业大学，2014 年。

高磊：《衡水湖园林景观规划的几点思考》，《陕西林业科技》2010 年第 3 期。

任胜钢、刘勇：《引入负面清单管理 促进长江经济带产业绿色发展》，《经济日报》2016 年 5 月 19 日。

贺宏、吴震、周兴国：《苏州市再生资源网络平台线上线下交易的理论研究与建设构想》，《再生资源与循环经济》2015 年第 7 期。

唐宇文：《借力长江经济带助推“一带一部”战略》，《新湘评论》2017 年第 7 期。

吴传清、董旭：《中部地区如何发力先进制造》，《经济日报》2017 年 3 月 13 日。

任胜钢：《关于瞄准湘西地区生态资源实施产业精准扶贫的建议》，《湖南日报》2016 年 9 月 1 日。

许传阳、郝成元：《区域协调发展的环境政策体系框架：以五大区域为例》,《生态经济》2013 年第 1 期。

王雪松、任胜钢、袁宝龙:《我国生态文明建设分类考核的指标体系和流程设计》,《中南大学学报》(社会科学版)2016 年第 22 卷第 1 期。

任胜钢:《依托河长制,全面推行水生态保护横向补偿机制》,《湖南日报》2017 年 8 月 29 日。

范群芳、张芯、张强等:《珠江用水统计方法探讨》,《人民珠江》2013 年第 34 卷第 4 期。

方茜、郑建国:《协同创新体系的结构特征及系统实现路径——基于解释结构模型》,《经济学家》2015 年第 12 期。

马一德:《创新驱动发展与知识产权战略实施》,《中国法学》2013 年第 4 期。

杨皎平、侯楠、王乐:《集群内知识溢出、知识势能与集群创新绩效》,《管理工程学报》2016 年第 3 期。

张亮:《促进我国经济发展绿色转型的政策优化设计》,《发展研究》2012 年第 4 期。

张宁:《德国生态账户制度对我国生态文明建设的启示》,《中国土地》2016 年第 9 期。

孙源远、武春友:《工业生态效率及评价研究综述》,《科学学与科学技术管理》2008 年第 29 卷第 11 期。

任胜钢、蒋婷婷、李晓磊等:《中国环境规制类型对区域生态效率影响的差异化机制研究》,《经济管理》2016 年第 1 期。

尹科、王如松、周传斌等:《国内外生态效率核算方法及其应用研究述评》,《生态学报》2012 年第 32 卷第 11 期。

程昀、杨印生:《矩阵型网络 DEA 模型及其实证检验》,《中国管理科学》2013 年第 21 卷第 5 期。

苏静、胡宗义、唐李伟:《我国能源—经济—环境(3E)系统协调度的地理空间分布与动态演进》,《经济地理》2013 年第 33 卷第 9 期。

高珊、黄贤金:《基于绩效评价的区域生态文明指标体系构建——以江苏省为例》,《经济地理》2010 年第 30 卷第 5 期。

陈黎明、邓玲玲:《我国 3E 系统协调度测度及其影响因素分析》,《统计与决策》2012 年第 16 期。

刘衍君、张保华、曹建荣等:《省域生态文明评价体系的构建——以山东省为例》,《安徽农业科学》2010 年第 38 卷第 7 期。

孙晓梅、崔兆杰、朱丽等:《生态工业园运行效率评价指标体系研究》,《中国人口、资源与环境》2010 年第 20 卷第 1 期。

王锋、傅利芳、秦豫徽:《省域“能源—经济—环境”(3E)系统协调度的时空差异与趋势预测》,《山西财经大学学报》2016 年第 6 期。

傅京燕、李丽莎:《环境规制,要素禀赋与产业国际竞争力的实证研究——基于中国制造业的面板数据》,《管理世界》2010 年第 10 期。

赵玉民、朱方明、贺立龙:《环境规制的界定,分类与演进研究》,《中国人口资源与环境》2009 年第 19 卷第 6 期。

贾瑞跃、赵定涛:《工业污染控制绩效评价模型:基于环境规制视角的实证研究》,《系统工程》2012 年第 30 卷第 6 期。

张江雪、蔡宁、杨陈:《环境规制对中国工业绿色增长指数的影响》,《中国人口资源与环境》2015 年第 25 卷第 1 期。

Dietz, T. , & Rosa, E. A. , Environmental Impacts of Population and Consumption, Environmentally Significant Consumption: Research Directions, 1997.

Ren S. , Li X. , Yuan B. , et al. , The Effects of Three Types of Environmental Regulation on Eco – efficiency Across – region Analysis in China, *Journal of Cleaner Production*, 2016.

黄顺武、史言信:《贸易对环境污染的影响——基于 GMM 方法的实证研究》,《当代财经》2010 年第 4 期。

张如波、任胜钢、蔡立燕:《长江三角洲城市群工业生态效率评价》,《商业研究》2017 年第 6 期。

任胜钢、胡兴、袁宝龙：《中国制造业环境规制对技术创新影响的阶段性差异与行业异质性研究》，《科技进步与对策》2016 年第 33 卷第 12 期。

阳小华、马文玲、李莹：《以科技创新驱动中部经济发展》，《科技创新与生产力》2012 年第 2 期。

吴传清、黄磊、文传浩：《长江经济带技术创新效率及其影响因素研究》，《中国软科学》2017 年第 5 期。

游达明、黄曦子：《长江经济带省际工业生态技术创新效率评价》，《经济地理》2016 年第 36 卷第 9 期。